JOGAR É ESTAR PERTO DOS DEUSES
A ESTRUTURA LÚDICA DO UNIVERSO

Volume II

Francisco Alberto Ramos Leitão
Isilda Maria de Sousa Leitão

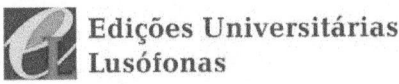

Edições Universitárias Lusófonas

Lisboa
2017

Ficha Técnica

[Título]
Jogar é estar perto dos Deuses
A Estrutura Lúdica do Universo - Volume 2

[Autor]
Francisco Alberto Ramos Leitão & Isilda Maria de Sousa Leitão

[Design da Capa]
Mª Helena Catarino Fonseca

[ISBN]
978-1545049006

[Depósito Legal]
430081/17

1ª edição - Abril 2017

[Todos os direitos desta edição reservados por]
Edições Universitárias Lusófonas
Campo Grande, 376 - 1749-024 Lisboa
Telef. 217 515 500

ÍNDICE

APRESENTAÇÃO

O PRAZER DE ENTRAR NO JOGO

É um privilégio imerecido, mas irrecusável, escrever algo que procure, mais que introduzir, incentivar o início da leitura deste livro que desde as primeiras páginas se transforma em descoberta, memória, prazer e conhecimento.

Descoberta da função crucial e insubstituível do jogo na vida de cada um de nós, na relação estabelecida com o outro, na vivência comunitária, na aprendizagem e desenvolvimento individual e colectivo, na insaciável necessidade de imaginar e ousar criar o diferente, mesmo respeitando – por vezes em demasia - normas e regras actuais.

Memória do que fizemos, dos contextos em que fomos crianças e jovens e de como, em todas as circunstâncias – as mais diversas e estranhas – iludimos a realidade criando outra, jogando; lembrança de noções e conceitos e revisitação de autores que marcaram a nossa formação no início dos anos setenta (Caillois, Chateau, Huizinga).

Prazer intrínseco à capacidade e possibilidade de sonhar e, por momentos que seja, torná-la realidade e ficar feliz; conhecimento e deslumbramento do infinito desconhecido em permanente criação.

"Deus quer, o Homem sonha, a obra nasce" escreveu Fernando Pessoa; admitindo que também Deus é sonhado/desejado pelo Homem, teremos a dimensão maior deste jogo que é a Vida. Com todas as consequências, incluindo a responsabilidade das opções tomadas; e incluindo a ancestral e perene busca de criar outra vida, ainda e sempre, iludindo a morte.

Além da vasta e diversa documentação, cada página desta obra expressa um modo de estar e entender a vida e o mundo e remete o leitor para uma mais atenta e profunda análise da sua própria existência. Um permanente e complementar fluir entre o real e o virtual, a ponto de tornar ininteligível o predomínio ou, até, a própria identificação, de um e outro.

Recordei episódios e jogos sem conta na infância e adolescência, tempos e fases de maturação e desenvolvimento contíguos, mas com identidade própria, vividas em contextos geográficos e socioculturais assaz diversos; a pequena aldeia beirã e... Lisboa.

Como os autores, aprendi "que a vida é o jogo da permanente construção. Construirmo-nos construindo o mundo que nos rodeia" e que "No jogo, tanto se aprende a respeitar e estabelecer convenções como a transcendê-las e renová-las, tanto se aprende a ordem como a subversão".

No jogo e através do jogo vivemos a dialéctica dos contrários, percepcionamos, aprendemos e incorporamos múltiplas e surpreendentes formas e significados de objectos e acontecimentos. E, porventura o mais importante, aprendemos, exercitando-a continuamente, o que é a liberdade; apercebemo-nos que sem liberdade a criatividade definha e a capacidade de jogar fica limitada e condicionada; mesmo no jogo codificado e regulado vivenciamos e aumentamos incessantemente os graus de liberdade tomando decisões e convivendo com a imprevisibilidade.

Como treinador e académico especialista em Treino Desportivo, como docente, procuro reflectir com os estudantes sobre a função insubstituível da actividade lúdica no processo de treino; a propósito das possibilidades e orientações fundamentais no desenvolvimento da Velocidade, escrevi que "o jogo, para além de ser um factor essencial na estruturação do comportamento e da personalidade do jovem, deverá constituir, também, o conteúdo preferencial no treino da Velocidade; a actividade lúdica solicita, implicitamente, no mais elevado grau, as componentes determinantes da Velocidade".

Uma última reflexão em torno dos diversos significados de um mesmo jogo para quem o joga, o prazer imediato, as relações entre resultado e comportamento do jogador, a coexistência e oposição entre autenticidade e simulacro. E, subitamente, revejo aquele terno e dramático jogo entre pai e filho em 'A Vida é Bela'. E tantos outros jogos de sedução, amor e dramatismo, de criação do (in)existente vivido.

Felicitando os autores por este "jogo" pensado, jogado e escrito, que não ouso adjectivar, convido-o, estimado leitor, a participar no desafio, tornando-o ainda mais aliciante, surpreendente, racional e apaixonante.

Professor Doutor Jorge Proença

PREFÁCIO

Escrever este livro foi um acto simultaneamente *sério* e *divertido*, um acto lúdico no sentido mais profundo do termo, que tanto nos remetia para a nossa própria infância como para a análise do que de melhor o espírito humano produziu sobre este incontornável tema do homem e da cultura.

Este curioso mundo do faz-de-conta, do *como se* – em que vemos anuladas todas as leis do tempo e do espaço, em que o *era uma vez* se actualiza, presentifica e ganha corpo, em que é possível morrer e voltar à vida, em que, como na mitologia, mas de forma mais livre e espontânea, as representações, as figurações, as divindades, não são vistas como realidades rígidas e inflexíveis, inalteráveis, enclausuradas na sua positividade – antes de ser o inevitável mundo da infância é uma das matrizes fundadoras e estruturadoras do homem e do universo. Huizinga demonstrou-o à saciedade, no seu brilhante estudo sobre a dimensão lúdica da cultura.

Paradoxalmente, numa altura em que tudo parece centrar-se na eficácia e no rendimento, no trabalho, na competitividade, na cega redução do défice, numa altura em que impera a passadista, antidemocrática e anti-lúdica ideia de que «não há alternativa», em que domina a salazarenta ideia de que «Está tudo bem assim e não podia ser doutra forma», virarmo-nos para o jogo tornou-se nesse fascínio do permanente confronto com o novo, o desconhecido, o outro e o diferente. O jogo também nos ensina que um mundo, uma vida, uma educação, uma democracia, que não se abre ao lúdico, ao sonho e aos valores da ilusão, corre o risco de sucumbir a todo esse tipo de totalitarismos que engendram pessoas irresponsáveis, resignadas e submissas.

Pareceu-nos relevante começar o nosso trabalho, o que ocorreu no primeiro volume de *Jogar é Estar Perto dos Deuses - A Transfiguração do Real*, com a problemática das origens da actividade física e desportiva, já que uma das teses desenvolvida foi a da origem lúdico-festiva dessas actividades. No entanto, centrámos inicialmente a nossa atenção nas interpretações centradas no pensamento biológico, talvez as mais conhecidas e que alcançaram uma maior relevância e tradição, interpretações que se estabeleceram fundamentalmente a partir do século XIX.

Ao longo desse século o pensamento biológico ganhará um ascendente crescente, nomeadamente após a publicação, por Darwin, de *A Origem das Espécies*, altura a partir da qual o pensamento científico se abre progressivamente à ideia de mudança e evolução, à história e à temporalidade, ao diacrónico.

Darwin desenvolve a célebre teoria da selecção natural, da luta pela existência e da sobrevivência do mais apto, da qual se extrai a ideia de que a origem das actividades físico-corporais se deve procurar, face às circunstâncias de cada momento histórico, no esforço do homem para desenvolver aquelas actividades corporais que melhor o preparam fisicamente para superar as dificuldades e constrangimentos que a luta pela vida sempre coloca.

Já as abordagens materialistas privilegiam, nas suas análises, as condições materiais que suportam a emergência e progressiva institucionalização das actividades físicas e desportivas, centrando a sua análise nas conexões entre exercício corporal e actividade produtiva, defendendo que os exercícios corporais nascem do processo produtivo e da divisão do trabalho, da criação dos meios para o homem satisfazer as suas necessidades vitais.

Esta insistência das abordagens materialistas nas condições de produção dominantes em cada etapa do desenvolvimento histórico, como factor central da génese e evolução das actividades corporais e dessa manifestação específica que é o desporto, subalternizando o papel das dimensões lúdico-festivas e religiosas, deriva do facto de, para a sociologia marxista, a superestrutura ideológica, na multiplicidade das suas manifestações, a produção de ideias, as crenças religiosas, todas as formas de representação simbólica, serem o reflexo, dependerem directamente, da infra-estrutura económica, das relações materiais que se estabelecem entre os homens, da actividade produtiva e da divisão do trabalho.

As designadas abordagens freudo-marxistas talvez sejam as mais críticas e radicais que alguma vez foram formuladas sobre o desporto contemporâneo. Com a sua ética estóica, o culto do trabalho, do esforço e da fadiga, com a sua moral competitiva, a linguagem universal da marca e do recorde, o desporto espelharia, para estas abordagens, as categorias do sistema capitalista. Reflectiria genuinamente o espírito agonista da sociedade capitalista.

Ao conceptualizarem a repressão sexual como uma preparação para a aceitação passiva da submissão e do trabalho alienado, estas abordagens vão preparando o terreno ao entendimento do desporto como um conjunto de práticas sistematizadas e organizadas, com um carácter tipicamente sadomasoquista, cujo objectivo último, como mecanismo de regulação social, seria promover a inibição e neutralização dos desejos sexuais dos jovens e adolescentes, desejos sublimados na fadiga e esforço corporal. Visto desta forma, o sistema desportivo seria um mecanismo de controlo e opressão da classe dominante ao serviço da alienação e repressão da juventude.

Foi num contexto social em que o jogo e o divertimento pareciam ter os seus dias contados, contexto em que a dimensão racional do ser humano cerceava todos os direitos a outras dimensões do homem, particularmente o lúdico, o fantástico e o festivo, que os românticos desenvolveram toda uma filosofia irracionalista valorizadora do sentimento e da intuição, do jogo e do festivo.

Os estudos de Moltmann, Hugo Rahner ou Harvey Cox, entre outros, no seguimento do trabalho pioneiro de Huizinga, apostaram numa interpretação lúdico-festiva da religião, ao privilegiarem o acesso ao sagrado a partir do lúdico.

As interpretações lúdico-festivas das manifestações físico-desportivas vêm as suas origens e fundamentos precisamente nos comportamentos rituais, defendendo que todos os exercícios corporais foram, inicialmente, actos de culto. Ou seja, não ignoram que o culto e a festa são, como já dizia Huizinga, uma espécie de jogo. Não ignoram que o culto e a festa apresentam uma estrutura verdadeiramente lúdica.

Com efeito, Huizinga defende que o jogo, nomeadamente nas suas manifestações superiores, como actividade plena de sentido, que significa ou celebra algo, ultrapassando os processos meramente funcionais e biológicos de satisfação das necessidades vitais (nutrição, protecção, procriação), pertence à esfera da festa, do culto, do sagrado. Para este autor o lúdico está impregnado de um profundo significado de *acção sagrada,* suportando que é no lúdico que o culto, o culto sagrado, se suporta, não o contrário.

Terminámos este capítulo do primeiro volume de *Jogar é estar Perto dos Deuses* com algumas reflexões sobre o lazer na sociedade pós-industrial, chamando a atenção para o facto de a generalidade dos estudos sobre o jogo conceptualizar esta actividade como complemento ao trabalho. Jogo e trabalho são pensados como dimensões claramente diferenciadas que se situam em esferas opostas ou complementares da vida. No entanto, esta diferenciação jogo/trabalho, tipicamente industrial, dadas as características que a actividade laboral assume durante este período histórico, parece ter perdido, actualmente, muito do seu significado, para além de não ter caracterizado outros períodos da história do homem.

Foi o processo de industrialização que separou, no espaço e no tempo, circunstâncias de vida, formas de comportamento, que anteriormente se organizavam de forma radicalmente distinta. A fábrica, a indústria, separaram o homem da mulher, os pais dos filhos, o lar do trabalho, o jogo da actividade séria, ou, se quisermos, o trabalho e o cansaço físico da diversão e do prazer.

Fundamentalmente há que conceptualizar o ócio, liberto da lógica social de dominação, de forma positiva e valorativa, pois o ócio remete-nos para aquela experiência humana do sentir-se desobrigado do agir compulsório, do agir imposto, determinado por instâncias que nos querem acorrentar aos seus ditames.

É neste contexto que referimos os profetas da sociedade pós-industrial e os seus esforços para recuperarem o valor do ócio, desse ócio que nos remete para a liberdade e para o princípio do prazer, quando afirmam que a sociedade pós-industrial privilegiará aqueles contextos de vida onde florescem os valores da solidariedade, da cooperação, da amizade e da sã convivência, do jogo e do amor. Precisamente aqueles valores que a sociedade industrial, mais virada para a produção material e o consumo, o trabalho e a competitividade agressiva, exclui, desvaloriza e minimiza.

No segundo capítulo, após algumas considerações sobre a constante desvalorização da imagem e a recusa em lhe atribuir autonomia e dinamismo próprio, tratando-a sempre como um epifenómeno secundário da vida psíquica, desvalorização que resulta da incapacidade de entender a imagem como símbolo, olhámos para aquelas concepções amplificadoras da imagem que pressupõem toda uma epistemologia que reconhece a dignidade e o estatuto ontológico da mesma.

Epistemologia que recusa entender o imaginário, o pensamento simbólico, o lúdico, como uma fase pré-científica ou infantil do desenvolvimento do indivíduo e da espécie, fase a ultrapassar, posteriormente, pela razão, pelo pensamento formal e abstracto.

Epistemologia que sabe que, jogando, imaginando, igualmente seduzida e apaixonada pelo tempo e pelo infinito, pela realidade e pela ilusão, pelo objecto interno e pelo objecto externo, a criança cria e tece, amorosamente, alegremente, os laços que a prendem à vida. Jogando, cresce e engrandece-se, descobre-se como criadora de sentidos.

Ao longo do tempo, o homem tem deixado múltiplos vestígios que testemunham o seu interesse pela actividade lúdica. No entanto, será com Aristóteles – talvez o primeiro grande teórico do jogo – e a sua teoria da *eutropelia*, que o jogo passa a ter um estatuto diferente colocando-se, quer no plano individual quer no plano social, a questão da função e do valor do jogo, nomeadamente a questão de saber se os jogos podem ser objecto de *virtude*, ou seja, se são lícitos e têm um papel educativo e social importante.

No entanto, nos seus primórdios, a posição da Igreja foi bem distinta. Para os Padres da Igreja, o jogo, o riso e a brincadeira, o divertimento, deviam ser evitados, já que careciam de dignidade e seriedade. Eram entendidos como uma espécie de engano do diabo, como uma *diabólica fraus*. Não admira, pois, que em pleno século XVIII, Raphael Bluteau, citado por Crespo (2012: 55), referindo-se particularmente aos jogos de sorte e azar, afirme veementemente que «é invento do demónio para o homem perder o dinheiro, o tempo e o decoro. Não fica senhor da sua fazenda, quem a depositou nas mãos da Fortuna.»

Até pelo menos ao final do século XVI (ainda hoje, embora em bases diferentes) as grandes discussões sobre o jogo centram-se na questão da sua *licitude* ou *ilicitude*, na necessidade de responder à *moderação*, de procurar *bons fins*, de respeitar a *gravidade do espírito* e a *dignidade da pessoa*.

No caso de Portugal, quer as Ordenações quer as Constituições dos Bispados e Arcebispados portugueses, não ignoram a problemática do jogo, o que revela a importância que esta temática sempre teve quer para as autoridades seculares quer para as autoridades religiosas. Trata-se de documentos preciosos que nos permitem analisar o sentido da regulação de comportamentos lúdicos considerados, na opinião das autoridades civis e religiosas, pouco consentâneos com a fé católica.

Também no plano da educação, vestígios diversos, objectos de uso quotidiano, brinquedos, a literatura, a pintura, nos mostram como o interesse pelo jogo se expressou ao longo dos tempos.

Platão reconhece já que, pelo menos até aos seis anos, a criança precisa de se divertir. Aristóteles confronta-nos com o valor formativo dos jogos das crianças, chegando mesmo a falar na necessidade de nortear e dirigir essas actividades, de forma a dar-lhes um maior valor educativo.

No entanto, no que toca aos esforços para tentar compreender o jogo, a sua importância e valor, o seu papel na educação e desenvolvimento da criança, encontramos uma grande diversidade e heterogeneidade de posições. As ambiguidades e hesitações são imensas. Se alguns elegem o jogo como um dos pilares da sua pedagogia, instrumento essencial ao dispor de todo o educador, salientando que os jogos promovem a aprendizagem, têm um valor formativo na educação da criança, devendo a escola ser considerada como um lugar universal de jogos, como um *universalis ludus*, outros consideram-no uma actividade inútil, coisa pouco digna de consideração.

Encerrámos o segundo capítulo do primeiro volume deste livro centrando a nossa atenção na função libertadora do jogo, referindo que foi com a Revolução Industrial, com as condições do processo de produção que caracterizaram este período histórico, que o jogo, verdadeiramente, se tornou em problema teórico. Para de seguida referir que esses primeiros esforços de teorização sobre a função social do jogo se inspiram e vêm, desde o início, associados aos ideais da Revolução Francesa. Aos valores, portanto, da libertação e emancipação do homem.

Em Schiller, a estética e o impulso lúdico substituem a libertação política. Impulso lúdico que, para o grande romântico alemão, era verdadeiramente um impulso estético, de transgressão, superação e libertação do homem.

Uma análise crítica das funções sociais do jogo deve ter em consideração quer as categorias estéticas de uma dada sociedade, quer as condições de produção que a caracterizam. Não pode esquecer ou ignorar o significado do lema do império romano, *panem et circenses*. Não pode ignorar que as ditaduras modernas, como aconteceu em países como Portugal, Espanha, Itália, Alemanha, sempre promoveram as práticas físicas e desportivas, nomeadamente na juventude, como forma de estabilização da moral laboral e da obediência e submissão ao poder político.

Como não pode igualmente ignorar que, através do jogo, jogando, o homem se liberta da opressão a que o sistema o submete, fazendo desta forma a experiência libertadora de que não tem obrigatoriamente que ser assim, a experiência libertadora de que são possíveis outras formas, mais livres e criativas, de contacto humano, de organização das relações entre pessoas.

O jogo, como acto e vivência concreta de liberdade e criatividade, permite criar, no presente, essas *anti* ou *contra-circunstâncias* que apontam para alternativas futuras de maior liberdade e felicidade.

Jogos e tempos livres também olhados na perspectiva da emancipação humana e não apenas como jogos alienantes, como tempos livres instrumentalizados, submetidos aos interesses dos mais poderosos. O jogo pertence, indubitavelmente, ao reino da liberdade. Como poderia deixar de ter uma função libertadora?

Em grande parte, situação que abordámos no terceiro capítulo, é esta dimensão de liberdade que nos permite afirmar que jogar não é conformar-se com a realidade, mas transcendê-la.

Neste sentido, jogar não é evadir-se e desaparecer, aereamente, *nessas regiões em que habitam as formas puras* (Schiller), não é piedoso refúgio num mundo ideal, mas antes terra firme em que se revigora a vontade de viver, superação do carácter de realidade das coisas e do mundo, capacidade de resistência, de dizer não, de protestar, de transcender a realidade. A criança joga porque não se conforma com a realidade que a cerca, porque quer transcender essa realidade, porque quer crescer e *engrandecer-se*.

Jogar é tornar presente o ausente, dar corpo ao invisível, ultrapassar-se, despertar para outras realidades, viajar, lançar-se a novas experiências, a um vida nova. Jogar é tornar próximos, viver aqui e agora, mundos longínquos, actualizar esperanças, dar vida a outros sentidos, aspirar ao infinito, projectar-se tão longe e tão alto quanto possível. Jogar é viver intensa e totalmente, a experiência do voo e da liberdade.

Como experiência de liberdade, como experiência do movimento aéreo e libertador, o jogo remete-nos para toda uma psicologia do *imaginário ascensional*, do ar e da leveza, da elevação, da luta contra o peso e a queda.

Esse espaço de jogo que a criança de qualquer idade inventa e habita é, por certo, um espaço de ilusão. Espaço que crescentemente temos que saber valorizar face ao esquecimento, ao desprezo, a que em geral é votado por uma larga franja do racionalismo míope da modernidade, ao polarizar o mundo entre a *realidade* e a *ilusão*.

Jogar, sonhar, imaginar, abrir-se à ilusão, é igualmente uma forma, fundamental e decisiva, de exercer outra sabedoria, de expressar, transitoriamente, como tudo na vida, esses *erros fortes*, essas *ilusões*, que galvanizam e agitam a vida.

O jogo é esse tempo presente que leva da promessa e da esperança ao seu efectivo cumprimento. É a edificação temporal da esperança, esgota-a como promessa de um mundo possível, preenchendo-a, confirmando-a, actualizando-a, dando-lhe um *corpo* transitório num transitório aqui e agora.

O que mata e imobiliza o mundo, o que mata e imobiliza a humanidade e cada um de nós, o que nos detém num determinado estado, numa inexistente perfeição, sistematicamente entendida como a única, definitiva e mais elevada referência, é a ausência de *valores de ilusão*, a impotência ou incapacidade de criar novos e renovados altares.

Neste sentido, o jogo é a certeza de que por detrás de um *eu* estão muitos outros *eus* possíveis, a certeza de que por detrás do rosto específico, que num dado momento um jogo revela, está a presença oculta, a possibilidade, de todos os outros deuses. Matar a ilusão é matar o jogo, matar o jogo é matar a ilusão. Matar o jogo e a ilusão é matar a vida.

O sentido do jogo é, na abertura ao estranho, ao possível, conduzir a criança para além de si mesma. No seu desejo de superar o que de si é limitado, mas sem o negar, avança e acrescenta mais um passo na construção do mundo e, portanto, na criação de si mesma. Anima o mundo, descobre-se ela própria como alma. Jogar não é, de forma alguma, uma evasão do mundo, mas antes um primeiro passo na direcção da sua *re-criação* e *re-animação*.

Ensinamentos profundos, os que os actos lúdicos da criança nos trazem. Ensinamentos profundos, os que o jogo, num mundo como o de hoje, nos traz, mundo onde, por excesso de tragédia, homens e sociedade parecem incapazes de criar valores, parecem incapazes de produzir uma esperança.

É esta vontade de ultrapassar o real, de lhe acrescentar algo, que encontramos na actividade lúdica da criança. É esta a magia do lúdico, a de possibilitar, na base da aceitação de uma perda, a reanimação e recriação do próprio mundo, problemática que abordámos no capítulo final do primeiro volume de *Jogar é Estar Perto dos Deuses*.

A privação e a separação tanto podem significar o fim de uma relação, o fim de uma relação marcada por determinados contornos, como o início de algo mais profundo, como o indício primeiro de uma relação mais matura, mais adulta, mais saudável, mais plenamente humana. O sacrifício, portanto, como condição de renovação da vida, como condição de criação de novas realidades.

Esta relação entre jogo e sacrifício ajuda-nos a entender melhor que, no plano da génese do pensamento simbólico, o símbolo é sempre a aceitação de uma *renúncia*, que envolve sempre a significação de *aceitar uma perda*.

Entendido desta forma, o jogo não é apenas uma forma de *expressão de fantasias e desejos*, mas também uma actividade que põe a criança em contacto com a *realidade*.

Do que estamos a falar, afinal, é do valor da ilusão, da formação do símbolo, de toda uma teoria da origem do simbolismo. Origem que para alguns devemos encontrar no esforço metaforizante de superar uma perda, uma privação, uma carência. No sacrifício, portanto, de uma mãe, de um centro, de um colo, que de forma total e imediata, satisfaça todas as nossas necessidades, como condição de construção de outras mães, de outros colos, de outros centros.

Compreende-se, assim, que a actividade lúdica, como superação de uma perda, de uma morte, de uma ausência, seja como que uma exigência do desenvolvimento para um encontro com uma vida mais completa, com uma outra realidade. Ou seja, cada perda, cada morte, cada sacrifício, é a nossa própria criação.

O sacrifício, portanto, como condição de criação. O sacrifício, portanto, como a *prova* da fidelidade e amor ao outro, como o perfume da relação.

Tudo parece indicar que quanto maior é a capacidade de um sistema de vida se sacrificar, maior é a sua capacidade de aprender, maior é a sua força criadora e transformadora. Talvez por isso o tema da privação, do sofrimento e do sacrifício, se apresente como uma referência antropológica universal. As interrogações e inquietações que suscita atravessam todos os tempos, todas as civilizações.

Toda a viagem supõe a experiência, sempre aberta e renovada, do confronto com o outro, com a aventura e a incerteza, com a aceitação e superação da distância e da ausência. Com a experiência da privação e do sacrifício. Com a construção de novos laços, de novas fidelidades, de novas contingências. Laços e rupturas, encontros e desencontros, sempre a restaurar.

É este o mundo em que o jogo, experiência primordial de superação de uma perda, de uma privação, nos inicia.

A dimensão sacrificial do jogo é muitas vezes desvalorizada, ignorada mesmo, já que obscurecida pelas posições que, de forma claramente redutora, aprisionam o jogo ao deleite e ao prazer, ao hedonismo, à gratificação e satisfação de necessidades e desejos. Ao ciclo ascendente, diurno e solar da vida, quando afinal o jogo é uma actividade essencialmente paradoxal, uma *coincidentia oppositorum*.

É esta, precisamente, a temática com que abrimos este segundo volume de *Jogar é Estar Perto dos Deuses*, que leva como subtítulo *A Estrutura Lúdica do Universo*.

Com efeito, o jogo é um desses fenómenos limite que dificilmente poderá ser compreendido se não dermos atenção a essa coerência paradoxal, a essa *coincidentia oppositorum*, que tão fortemente o caracteriza e envolve antagonismos e reconciliações, encontros e desencontros, o cumprimento de regras e a sua transgressão. Que envolve a presença da coacção e da liberdade, da afirmação e da negação, do previsível e do imprevisível, da decisão rigorosamente pensada e do fatalismo. *Coincidentia oppositorum* onde as normas e as regras, as intenções e objectivos, as palavras e os corpos, os gestos, não se fecham sobre si mesmos mas, renovadamente, se abrem ao outro, ao estranho, ao diferente, ao imprevisível.

O jogo nutre-se do equilíbrio entre Apolo e Dionísio, do mundo ordenado de Apolo e dos centauros que sempre rompem com essa ordem. O jogo é sempre um equilíbrio de contrários, uma coincidência de opostos, ordem e desordem, realidade e sua superação.

Espírito de divertimento, de alegria e brincadeira, entre os limites do *sério* e do *não-sério*, o jogo, que para Winnicott é condição de vida, que para Huizinga é condição de cultura, sem deixar de ser uma ilusão, não o é completamente, pois a criança, nos seus jogos, tal como os homens nos rituais e jogos festivos de todos os tempos, não deixa de ter consciência de que as coisas não são reais.

Este elemento de divertimento, de espírito brincalhão, expresse-se ele sob a forma do humor e da ironia, do riso e da gargalhada, do cómico ou do burlesco, da ilusão e do engano, ficou de múltiplas formas expresso no imaginário dos povos, como bem expressam as figuras do Trickster, de Hermes ou de Loki.

Estes e outros mitos apontam para uma função lúdica entendida não de forma redutora, como mero divertimento ou infantil libertação do excesso de energia, mas para esse sentir global que as sociedades tradicionais davam ao riso e à brincadeira, a saber, a sua função de força genésica vital, de força criadora, regeneradora, transfiguradora, do rosto do mundo.

O lúdico e o divertido, o alegre e o brincalhão, o humor e o riso, são, na *paideia* grega, elementos educativos, formativos e criadores, de grande importância, assumindo uma função de reforço da coesão social mas também de transfiguração, renovação e regeneração, das próprias instituições sociais.

Em Portugal encontramos esta atitude brincalhona, *juguetona*, nos *caretos*, que igualmente assinalam a presença do caos e da desordem, do imaturo e indiferenciado, como algo indispensável à criação ou recriação de um mundo ordenado.

Como sabemos, os jogos, o canto e a dança, os autos e as representações, com os seus matizes burlescos e licenciosos, foram banidos do interior das igrejas desde os finais da Idade Média. Muitas dessas festividades irão perdurar ainda por muito tempo, apesar do empenho dos eclesiásticos para as abolir. São disso testemunho as Constituições dos Bispados e Arcebispados portugueses, os relatos dos Visitadores das Paróquias e mesmo as Ordenações.

O esforço conjunto da Igreja e das autoridades temporais vai conduzindo à progressiva dessacralização e formatação do lúdico, nas suas diversas manifestações. Apesar desta milenar desconfiança em relação ao lúdico, apesar de todas estas investidas, ordenações, proibições, ameaças de excomunhão, o divertimento, sempre tão presente nas festividades populares, nas suas múltiplas expressões, teimou em perdurar, em continuar a fazer parte dos rituais sagrados.

No segundo capítulo, intitulado *Os Jogos de Hermes*, abordamos a forma como na sua mitologia os gregos personificaram em Hermes, o deus brincalhão, essa função de mediação entre opostos, de que falámos no capítulo anterior.

Após o seu nascimento, a primeira proeza de Hermes foi transformar uma tartaruga num instrumento musical. Ou seja, jogar e brincar, transformando um objecto, a tartaruga, num brinquedo, a cítara, algo similar ao que fazem todas as crianças, quando nas suas brincadeiras transformam, por exemplo, um pau numa espada ou num cavalo.

O que expressa a tremenda dinâmica de transformação das coisas e da vida que a criança Hermes encerra, o seu ímpeto de melhoria e mudança, de querer viver *con los inmortales* e não na gruta obscura onde nasceu. De querer transcender-se, metamorfosear-se, embelezar o *só isso*, entregar-se à arte da transfiguração das coisas.

Este jogo foi o seu primeiro acto criativo, expressão da vontade de superar a realidade, de a transcender, de com ela jogar. Algo de cósmico encontramos, como sugere Kerényi (2003), neste primeiro acto de Hermes, neste acto lúdico de transformar a tartaruga num brinquedo, brinquedo que posteriormente será oferecido a Apolo.

Kerényi acentua o facto de a tartaruga, animal inofensivo que passivamente sofre as manipulações de Hermes, surgir, nas mitologias antigas, como símbolo do mundo caótico primordial, como matriz primeira e mãe original. A substância, se quisermos, amorfa e indiferenciada, de toda a criação.

Substância do mundo que sacrificando-se a si mesma, neste caso sendo sacrificada por Hermes, ascende a um outro plano, ao plano da representação e do símbolo, onde pode ser cítara, canto, música, onde pode expressar-se ou manifestar-se de mil e uma formas.

O que interessa à criança Hermes não são as acções sensório-motora ou funcionais, o que lhe interessa é o jogo, o simbólico, o faz-de-conta. O que lhe interessa é a realidade vista de forma simbólica, lúdica. Vista mitopoieticamente, ou, se quisermos, vista pelos olhos do deus Hermes. Vista de forma metafórica, não-literal.

O encontro de Hermes com a tartaruga ajuda-nos a compreender que a substância do mundo talvez seja mesmo uma substância lúdica, que a estrutura do universo talvez seja mesmo uma estrutura lúdica. O encontro de Hermes com a tartaruga ajuda-nos a compreender que o problema da criação é o problema do jogo, o problema da origem da ilusão.

Se alguma musicalidade há em Apolo, se a cítara o acompanha, é porque lhe foi oferecida por Hermes, o mediador entre homens e deuses, o deus das ilusões e do engano, o deus criador de cultura.

Esquecer Hermes, esquecer em qualquer idade ou momento histórico, o jogo e a brincadeira, o não-literal, o simbólico, o *serio ludere*, quando Hermes é o respeito por todos os deuses e todos os altares, já que a todos igualmente sacrifica, é furtar-se a outras formas de imaginação e fantasia que, ao não relembrarem certos deuses, incapazes estão de recriar outros tipos de realidade. Incapazes estão de inventar outros jogos, outras imagens do próprio corpo, outras utopias.

Ver o mundo pelos olhos de Hermes, dada a sua grande capacidade de escuta, a sua receptividade ao outro e ao diferente, à polifonia dos deuses, é criar oportunidades para o fraterno convívio de diferentes pontos de vista, para a mútua valorização da pluralidade dos olhares.

No terceiro capítulo, tal como no quarto, partindo daquilo a que chamamos o jogo do *Ali Babá*, procuramos analisar o jogo como a festa da alegria, como um pretexto de afirmação da exuberância da vida, da alegria de viver.

Foi-nos permitido assistir ao nascimento do jogo do *Ali Babá*, à sua ritualização e santificação, à santificação de uma dada ordem, de um dado cosmos, de uma dada sequencialidade dos padrões verbais e motores, da mesma forma que pudemos assistir à introdução de alterações, de variações, no funcionamento desse mesmo cosmos. Modificações livremente introduzidas pelos seus criadores.

Assistimos à forma como os seus criadores foram assumindo o papel de *reguladores do processo social* da actividade, à forma como foram assumindo a responsabilidade e o compromisso de respeitar, interpretar e aplicar as regras. À forma de as alterar e ajustar às circunstâncias do momento.

Assistimos ao nascimento de um jogo que tem presente quer o individual e idiossincrático quer o social e o colectivo. A máxima liberdade e a máxima coacção. A aceitação e recusa da regra, a regulação e a emancipação, a tradição e a inovação. O aprofundamento duma subjectividade que inclui o outro e o social.

Reconhecendo embora a importância do que Jean Chateau designa por *o apelo do mais velho*, indiscutivelmente um dos motores do jogo infantil, o jogo do *Ali Babá* lembra-nos igualmente que o *mais velho*, às vezes é, pode ser, o *mais novo*.

O jogo do *Ali Babá* é um mundo, um universo de sentido, um embelezar, amplificar, o *só isso*. A forma de viver, criar, aqui e agora, no tempo e na história, um corpo utópico. O tempo da festa, da festa da criação, o *sábado*, plena e intensamente vivido, todos os dias da semana. A verdadeira magia do jogo é a sua profunda capacidade de criar e transformar o mundo, de o endeusar, de o fazer aparecer com outras cores e tonalidades.

O jogo é a veemente rejeição da experiência do corpo tiranizado e de todas as formas de socialização que eliminam a liberdade e a espontaneidade individual. Jogar é ser criativo, formar um novo corpo, um corpo lúdico, animado e penetrado por um espírito, um *logos*, um sentido, que expressando-se de formas múltiplas e diversas, transitórias, inequivocamente vê a vida como superação e alegria, exuberância, recusando-se a sofrer, passivamente, os inflexíveis ditames da lei da morte.

O jogo é a afirmação da paixão pela vida, paixão que é um amor à liberdade e à criatividade, paixão onde domina a entrega intensa e total, onde domina, talvez Georges Bataille o pudesse afirmar, o *excesso de energia*. O jogo é um testemunho vivo da recusa, na vida social, da unilateralidade e da unidimensionalidade, o rosto bem visível da pura alegria da existência, a alegria compartilhada de uma vida intensamente vivida. Transforma a realidade, recria o mundo, configura outras realidades, cria outras *ordens*, outros *corpos*. Ultrapassando assim as suas próprias limitações corporais. Permite, portanto, transformar o corpo num local de realização de impossíveis.

Na sua infinita vontade de superar barreiras e privações, de dar rosto e corpo, de tornar presente o que ausente está, no seu irreverente politeísmo, na sua abertura a todos os deuses, o jogo não tem absoluto. É a veemente recusa da absolutização de um qualquer relativo, de elevar à posição de deus único e absoluto, de primeiro e único altar ao qual tudo se sacrifica, o que é particular, local, específico. A recusa, portanto, de esquecer a diversidade, de esquecer o Outro. A recusa do empobrecimento da vida.

O jogo do *Ali Babá* confronta-nos com tudo isto!

INTRODUÇÃO

Ludus est necessarius ad
conversationem humanae vitae
(São Tomás de Aquino)

O desenvolvimento e a aprendizagem, a qualidade de vida, o bem-estar físico, psicológico e social do homem, derivam, em grande parte, da imaginação e da fantasia, da celebração e do jogo. Múltiplos autores, partindo de abordagens bem distintas, chamam a nossa atenção para a importância do jogo e do lugar que ocupa na criação, manutenção e transformação, dos processos culturais. Como refere Aleaz (2004: 4) «Civilization arises and unfolds in and as play. »

A arte, a dança ou a pintura, a música ou a poesia, são o jogo do homem. A vida humana, nas suas múltiplas dimensões, tem a natureza do jogo. Entre os povos da Antiguidade assistimos já a uma forte vinculação do jogo, do riso e do divertimento, com as crenças religiosas. O lúdico é um símbolo de vida nas religiões politeístas. Para os gregos, como para os romanos, os cultos de fertilidade encerravam uma dimensão lúdica digna de registo.

O ritual e a religião emergiram, de há longa data, da capacidade humana para jogar, para rir e para brincar. Nas sociedades tribais, os rituais mais não eram do que actos de jogo, de faz-de-conta, de *como se*. Por detrás das suas máscaras e ornamentos, na seriedade dos rituais de caça ou das danças de fertilidade, os dançarinos, transitoriamente, tornavam-se búfalos ou bisontes, nuvens, chuva ou trovões. Ao mesmo tempo que sabiam bem que estavam a *fingir*, a fazer-de-conta.

Eram, acima de tudo, sociedades essencialmente festivas, sociedades em que o lúdico e o sagrado, se constituíam como uma única realidade. O acto ritual, como actualização e dramatização do mito, pelo menos de uma parte importante dele, funcionava, expressava-se, na categoria de jogo, como actividade lúdica, o que não colocava nenhuma restrição ao reconhecimento da sacralidade desse mesmo acto.

Na medida em que no jogo a pessoa *sai* do seu mundo normal, projectando-se para um outro espaço e outro tempo, para outra *realidade*, transcendendo assim o seu lugar finito no mundo, negando as condições imediatas em que se vê envolvido, o lúdico assume o estatuto de actividade religiosa, sagrada, que aponta para além de si mesma.

Na sua paradoxalidade, como já Huizinga (1994) reconhecia, o lúdico tanto aponta para baixo, para a terra, para o biológico, para o ritmo simples e normal da vida, como para cima, para a superação desses condicionalismos terrestres, para o aéreo, a liberdade e o sonho. Para a construção das mais elevadas formas de existência.

Neste sentido, o jogo, o lúdico, são a condição, o cadinho, a matriz, de todas essas formas de existência vocacionadas para a comunicação e o encontro com o outro, o diferente, o estranho e o desconhecido. Para a abertura, a comunhão e o fascinante encontro – na sua absoluta inacessibilidade – com o *numinoso*, o *totalmente outro*, a divindade, como nos sugere Otto.

A relação do homem com o mundo físico das coisas, a relação do homem com os outros homens, podem ser entendidas como *ludus*, como jogo. A relação do homem com a divindade, a relação da divindade com o homem, podem ser entendidas como *sacer ludus*, como um jogo sagrado. A relação da criança consigo mesma e com tudo o que a envolve é uma relação marcada, desde a sua origem, pela maior das religiosidades.

As relações do jogo com o sagrado, as relações do jogo com o rito, com o culto, são de há muito reconhecidas, tendo mesmo sido sugerido pelas principais linhas de investigação que neste domínio concentram a sua atenção, que toda a actividade de culto pertence, essencialmente, à esfera do jogo.

Mesmo a fé e a oração, que procuram encaminhar o crente para além das circunstâncias concretas com que se confronta, sejam estas positivas ou negativas, são formas ou expressões de jogo, como nos ensina Rahner (1967), que recorrentemente refere as estreitas relações que existem entre o jogo e a oração. Actos de fantasia orientada ou disciplinada que alegremente celebram e agradecem os favores divinos ou aspiram a que, pela súplica e oração, venhamos a ser outros, ou as circunstâncias indesejáveis com que nos confrontamos sejam ultrapassadas.

O que não é de estranhar se tivermos em consideração que para São Tomás de Aquino, um dos grandes filósofos do cristianismo, Deus é um *Deus ludens*. Lúdica é a sua obra, pelo que o funcionamento do próprio cosmos sugere os padrões lúdicos do seu Criador. Valoriza o lúdico, tão necessário à vida e ao convívio humano, entendendo que em termos educativos o *fastidium* é uma das principais barreiras à aprendizagem.

Para são Tomás de Aquino, o lúdico, o jogo, a brincadeira, são coisas sérias. O jogo é o próprio *Logos*, o *Verbum*, a Inteligência Criadora de Deus.

Deus brinca, Deus cria brincando, o que de alguma forma significa que o lúdico é o fundamento da própria realidade, que a realidade tem uma estrutura lúdica. Daí que, como já intui Schiller, embora a partir de considerações radicalmente distintas, brincar e levar uma vida verdadeiramente humana sejam dimensões que andam, bem mais entrelaçadas, do que inicialmente se poderia suspeitar.

Esta ideia de considerar o jogo como o tipo de actividade mais apropriado aos deuses, de explicar a ideia de criação e funcionamento do cosmos na base do lúdico, de olhar o jogo como algo inerente à natureza de Deus, de entender que através do jogo os deuses revelam a sua natureza incondicionada e livre, é uma ideia comum ao pensamento religioso de todos os tempos.

Para compreender esta permanente presença da metáfora do lúdico, bastaria pensar no papel de *Sophia* na criação do mundo. Em *Lila*, o jogo, sinónimo, para o pensamento religioso indiano, de actividade divina. Ou, particularmente, no dinamismo de Krishna e de Shiva, os grandes dançarinos divinos, cuja actividade criativa deriva livre e espontaneamente dessa dança e não de decisões racionais longa e cautelosamente planeadas.

Bastaria pensar no taoismo e na forma como a espontaneidade é o modelo de funcionamento do Tao (Capítulo II),

> «Produz sem se apropriar,
> age sem nada esperar,
> acabada a sua obra, a ela se não prende,
> e porque a ela se não prende,
> a sua obra permanecerá.»

ou em *Philo de Alexandria*, para quem o *Logos* divino roda eternamente à volta de si mesmo sem nenhum objectivo ou intenção particular. Em *Plotinus* e na sua concepção do mundo como o campo de jogo de Deus. Nos Fragmentos de *Heraclito*, nomeadamente o fragmento DK 52/M 93, onde o mundo nos surge como o jogo e o reino da criança.

> «O tempo é uma criança que joga,
> brincando com pedrinhas; o reino da criança.»

No jogo, sagrado ou não – o jogo é sempre, de alguma forma, um espaço sagrado – um novo mundo é criado, mundo que embora ilusório não deixa de ser, temporariamente, um mundo real. Apesar de o jogo ser uma actividade que se esgota em si mesma, que tem os seus fundamentos e finalidades em si mesma, com o fim do jogo os seus efeitos não se perdem. Perduram e continuam a projectar-se na vida do dia-a-dia.

A sua radiância, valores, princípios, postulados de que se reveste, continuam a ecoar no quotidiano da nossa existência. Que valores são esses? Pois bem, essencialmente os valores da liberdade e da espontaneidade, da alegria, da vinculação e da inclusão.

Como acto social básico, primordial, fundador, o jogo ajuda o homem a estabelecer convenções, compromissos, obrigações, cumplicidades. A combinar regras, ordem e tradição, com o exercício da genuína liberdade. No jogo aprendemos a respeitar e santificar o que está estabelecido, da mesma forma que aprendemos o seu questionamento e superação. Num claro equilíbrio entre o respeito pela norma e a abertura à inovação e à mudança. Liberdade, portanto, que tanto sabe aceitar o estatuto social e institucional do corpo, como sabe denunciá-lo, ignorá-lo e ultrapassá-lo.

O jogo é, assim, um desses sistemas de desenvolvimento e adaptação relativamente autónomos, um sistema de finalidades gerais não vinculado a objectivos rígidos e específicos, o que faz com que pareça não procurar qualquer tipo de objectivos. Aberto, portanto, à imprevisibilidade dos lances, a esse tipo de espontaneidade que não resvala para o puro subjectivismo, já que sabe incorporar a convenção e o outro, o passado e a história. Espontaneidade que não volta as costas à norma e ao outro, mas que igualmente não abdica da voz interior.

Ao implicar a alteridade, ao estar alerta e receptiva a *ouvir* o significado do universo que nos envolve, esta dimensão de *contemplação* do lúdico constitui-se como elemento essencial de celebração e construção de cultura, alimentando aquela atitude questionadora que permite denunciar o hiper-activismo, o *furor agendi*, que tão significativamente caracteriza o mundo contemporâneo.

A pessoa que joga, que festeja e celebra, está consigo mesma e com o mundo, desdobrando-se em duas direcções aparentemente contraditórias, a da *evasão*, da mudança de papéis e perspectivas, de voo do pensamento, bem como a de *adaptação*, de acomodação, a quadros e modelos sociais. Jogar é a expressão clara desse *trajecto antropológico* de que nos fala Gilbert Durand (1969), dessa incessante troca entre as pulsões subjectivas do indivíduo e as *intimações* do meio cósmico e social.

Como sistema de finalidades ou objectivos gerais que se recusa a absolutizar o relativo, a hipervalorizar um único postulado em detrimento de todos os outros, sejam quais forem os perfis que esses relativos apresentam, o jogo inicia-nos no fazer coisas em conjunto, na descoberta do valor, inclusão e participação do outro, na magia da aceitação e do acolhimento.

Resistência à banalização das coisas e da vida, de transfiguração do real, inicia-nos também na superação de uma relação nos seus contornos actuais, como condição de instauração de novas relações, de novas fidelidades, de novos vínculos, às coisas, aos outros, aos deuses.

Elemento igualmente estruturante do lúdico é o espírito de divertimento, de alegria sem limites, face à vulnerabilidade e fragilidade dos corpos, face à tragicidade da condição humana. Alegria e divertimento que não deixa de incluir a seriedade e o dogma, seriedade e dogma que não deixa de conter o lúdico e o divertido. Jogo e alegria que ludicamente aceitam a seriedade e o dogma, que ludicamente os superam e transcendem.

Ordem e versatilidade, regra e espontaneidade, norma e liberdade, alegria e seriedade, manifestações diversas dessa paradoxalidade que tão significativamente caracteriza o lúdico. Lúdico que permanentemente parece querer proclamar que na não-seriedade se oculta e disfarça a mais elevada das seriedades.

Nesta sua *não-seriedade* o jogo dá substância, peso, corpo, às esperanças e fantasias sociais duma comunidade. Tem um carácter libertador, o sentido da expansão das coisas e da vida, do engrandecimento, da descoberta da grandeza humana.

O jogo não é uma miragem do momento, uma ilusão do instante, desenraizada de qualquer relação ao passado ou ao futuro. É antes uma congregação do presente com o passado, a invisível presença do ausente, dos que nos antecederam. Uma espécie de comunidade do presente com o passado que tem os olhos virados para o futuro.

Uma sociedade que educa os seus filhos na unilateralidade da ideia de que o sentido da vida repousa no trabalho, na unilateralidade do apego idolátrico ao trabalho, uma sociedade exclusivamente virada para a utilidade e para os fins, que tudo valoriza em função de critérios de competitividade e produtividade, que inculca toda uma moral da produção, que ensina, portanto, que o jogo e o divertimento são coisas pouco sérias, pouco dignas de consideração, caminha no sentido da amputação dos valores e *Postulados Fundamentais* de que o jogo se reveste.

À medida que a civilização se torna mais *séria,* um valor menor, secundário, passa a ser dado a esses *Postulados Fundamentais*. A competição torna-se no factor essencial de uma mudança social que é praticamente alheia a esses mesmos valores.

Concordamos com aqueles autores que reconhecem que as particularidades presentes no desporto fazem dele algo mais, algo de diferente, das actividades ditas de diversão e recreio, ou seja, que distinguem entre desporto, exercício físico e actividades recreativas. Jogar ténis como preparação à participação num qualquer torneio internacional, jogar na Taça Davis, jogar ténis para fazer exercício, para me recrear e divertir, são actividades distintas. A vida é mais que gratuidade, mas sem ela seria a vida possível?

Concordamos com aqueles autores que entendem que as qualidades humanas que se evidenciam no desporto são também aquelas em que se suportam as actividades da vida espiritual. A saber, a disciplina, a perseverança, a dedicação e o entusiasmo, o respeito pelo outro e pelas regras, a solidariedade e o companheirismo. O desporto poderá revelar-se como uma forte experiência de vida e de felicidade.

Mas, face à hipervalorização da dimensão agónica, da regulação, do controlo e estruturação, da dimensão organizacional e centralizadora, do resultado, será possível assegurar, preservar e desenvolver, o elemento lúdico do desporto? Será possível preservar a sua dimensão educativa? Será possível amplificar a dimensão de *jogo* que o *desporto* encerra? Será possível valorizar o que o *desporto* tem de *jogo*? Tal mudança, a ser possível, não seria a própria morte do desporto tal como o concebemos hoje? Fazer com que o espírito lúdico penetre todos os planos da vida é no entanto tarefa central de qualquer projecto de transformação social de natureza humanista.

Ignorar o jogo, desistir de brincar, é deixar de levar uma vida verdadeiramente humana. A faculdade de jogar perde-se para aqueles que se tornam homens sem mistérios, para aqueles em que o sentido do misterioso, do enigmático, do lado mágico que a vida encerra, se perdeu. É no jogo e na brincadeira que nos confrontamos com os enigmas da realidade. Com o sentido da descoberta. Jogar é transcender a realidade, transfigurá-la, manter a unidade entre corpo e espírito e ver para além da própria realidade. No jogo as coisas da terra, o sol, a lua, a água, ganham os contornos do mistério e aprendemos a ver para além dessas formas. É através do jogo e da brincadeira que muito precocemente nos iniciamos na vivência de relações sociais verdadeiramente democráticas, assentes na partilha de tomadas de decisões, na reciprocidade, na alegria compartilhada, na paixão e participação intensa e total.

Olhar o mundo como um jogo proporciona a emergência de uma visão diferente do homem, da vida, da forma de organização das relações sociais. Ao encarar a vida como um grande jogo, com a sua seriedade e não-seriedade, séria mas não de uma seriedade e importância absoluta, as nossas alegrias e sofrimentos, as nossas opiniões, crenças, atitudes, perdem a sua excessiva seriedade, seu valor único, definitivo, absoluto. São relativizadas, aprendem a conviver com opiniões, crenças e atitudes diferentes.

Somos todos personagens de um jogo do qual também participam outros actores, com outros papéis, outros lances, outras jogadas. Alguns de nós são índios outros cowboys, uns homens outros mulheres. Uns reis outros servos, uns crentes outros ateus. A atitude lúdica ajuda-nos a compreender que esses papéis não devem ser tomados demasiado a sério, que podem ser mudados e alterados, que não são absolutos e definitivos.

Referem algumas fontes que Platão, autor *sério* sempre tão avesso às coisas ligadas ao divertimento e ao jogo, no seu leito de morte, estaria lendo Aristófanes, o grande escritor cómico. Que teria ocorrido com todo o seu pensamento filosófico se tivesse descoberto, bem mais cedo, a dimensão cósmica do jogo? Se tivesse equacionado a relação com a própria divindade não apenas a partir da *seriedade* dessa relação, mas como um grande jogo, um jogo sagrado, com a sua componente de *seriedade* e de *não-seriedade*?

Na sua utópica pretensão de excluir o jogo, o riso e o divertimento, da *República*, mais não fez do que chamar a atenção para a universalidade da figura do Trickster, a sua importância e papel estruturante na vida do homem e da sociedade. Mais um exemplo típico desse fenómeno a que os próprios gregos chamavam o *esquecimento da divindade* e suas trágicas consequências.

Talvez Chesterton, citado por Lauand (2000), tenha mesmo razão quando afirma que

«Não está totalmente errado o tipógrafo quando troca "cósmico" por "cómico".»

Afinal, como sabemos, o jogo, o riso e o divertimento, eram considerados, nas culturas mais arcaicas e suas cosmogonias, um atributo divino, sendo-lhes atribuído um papel regenerador e restaurador, de renovação e elevação das forças vitais, quer no que respeita aos seres humanos e formas de organização social, quer no que respeita ao cosmos em geral e em particular à natureza vegetal.

Tinham, pois, uma dimensão hierofânica, de suscitar processos de vida e de regeneração, dimensão que nesses tempos não era apanágio exclusivo da *seriedade* dos rituais sagrados. O jogo, o riso e o divertimento, nos seus primórdios, eram algo de sagrado, o canto e a dança, verdadeiros actos de culto. Encarnavam o espiritual e tornavam patente o invisível. Nos jogos, nas danças, nos ritmos dos corpos, na música, conjugavam-se todas as possibilidades de expressar, de dar corpo, de tornar visíveis, as aspirações espirituais do homem, mas também de, dissimuladamente, proteger e encobrir essas mesmas aspirações.

Na Grécia Antiga os deuses riam, jogavam e divertiam-se, traços claramente distintivos dos imortais. Nos textos homéricos encontramos, recorrentemente, alusões às gargalhadas, aos risos e divertimentos, mesmo dos imortais considerados mais *sérios*, expressassem essas gargalhadas e divertimentos a atitude de desprezo que nutriam pelos titãs e pelos humanos, ou, ao inverso, tivessem esses comportamentos lúdicos a virtualidade de trazerem a paz e a concórdia ao reino do Olimpo, tantas e tantas vezes marcado pelas disputas, querelas, conflitos, nas relações entre os deuses.

Uma antiga tradição mítica relata que a *Daedala*, uma festa que anualmente era realizada em honra de Zeus e de Hera, terá tido a sua origem num ritual religioso, de carácter lúdico-cómico, que envolvia esses dois deuses.

Numa das habituais desavenças com Zeus, o seu divino esposo, a ciumenta Hera ter-se-á refugiado numa montanha. No sentido de o mais rapidamente possível reconquistar Hera, o senhor do Olimpo recorreu a um desses múltiplos ardis sempre tão ao gosto dos deuses e heróis gregos. Ulisses, um dos heróis mais conhecidos, era mesmo designado por *o dos mil ardis*. No caso presente, Zeus terá simulado realizar um novo casamento. Para o efeito, mandou construir uma estátua em madeira com forma feminina, anunciou as suas novas núpcias e desfilou, dentro de um veículo, com a sua "noiva".

Louca de ciúmes Hera desceu da montanha disposta a impedir esse casamento, mas logo se apercebeu que se tratava de uma farsa, de uma brincadeira do seu divino esposo. De um jogo de faz-de-conta. Soltou de imediato fortes gargalhadas de alívio, que muito contribuíram para o restabelecimento da relação entre os dois.

O mito encontrou expressão ritual nas festas da *Daedala*, no decurso das quais as sacerdotisas conduziam um veículo até à proximidade de uma montanha. Aí chegadas, rindo repetidamente, retiravam do seu interior uma estátua feminina de madeira, que depois queimavam. Simbolicamente, como que procediam à actualização das forças vitais da natureza. A presença do jogo, do riso e da brincadeira, nos processos genésicos de renovação da vida após uma morte transitória, é de todos os tempos.

Mesmo na Ilíada, o poema grego da *aretê* heróica em que a guerra é encarada como fonte de glória e imortalidade, o poema da desumanidade da guerra e da precariedade da paz, encontramos múltiplos episódios que fogem à temática bélica e nos levam a mergulhar no lúdico, no riso e no divertimento, no humor. São as permanentes desavenças de Zeus com Hera, as gargalhadas dos deuses no episódio em que Hefesto relata a traição de Afrodite, os insultos de Atenas a Ares na assembleia dos Deuses, os elementos humorísticos da cena de Tersites que termina com risos e choro,

> «Todos os outros se sentaram, contidos nos seus assentos.
> Só Tersites de fala desmedida continuava a tagarelar –
> ele que no espírito tinha muitas e feias palavras,
> sem nexo e sem propósito, para vilipendiar os reis,
> embora o que acaso lhe ocorresse dizer fizesse surgir o riso
> entre os Argivos. [...]
> Tersites agachou-se; copiosamente lhe escorriam as lágrimas.
> [...]

> Mas os outros, embora acabrunhados, riam-se aprazivelmente.»
> (*Ilíada*, Canto II, 211-270)

a exposição que Zeus faz das suas aventuras e traições amorosas, precisamente quando ele próprio está a ser ludibriado, a ser vítima de um dolo, da parte de Hera, que opondo-se aos desígnios momentâneos de Zeus pretende auxiliar os Gregos contra os Troianos.

> «Depois olhou para Zeus, sentado no píncaro mais elevado
> do Ida de muitas fontes, e odioso lhe pareceu ele ao coração.
> Reflectiu de seguida Hera rainha com olhos de plácida toura
> sobre como poderia iludir a mente de Zeus detentor da égide.
> [...]
> A ele deu resposta a excelsa Hera, congeminando um dolo;
> [...]
> "Com afinco agora aos Dânaos, ó Posídon, presta auxílio!
> Outorga-lhes a glória, exígua embora seja sua duração,
> enquanto dorme Zeus, já que o cobri com o sono macio:
> pois Hera o seduziu para com ele se deitar em amor."»
> (*Ilíada*, Canto XIV, 157-360)

Ao contrário desta atitude lúdica, brincalhona, divertida, que num contexto de violenta beligerância entre Gregos e Troianos caracteriza a relação entre os deuses e entre deuses e homens, o solitário Jeová, deus mal-humorado, nunca se entrega a ardis. Ele é a Verdade, a Palavra última, definitiva e final. Palavra séria e confiável, palavra a ser cumprida e compreendida. Talvez Jeová, deus único e absoluto, força transcendente, superior, distante, soubesse que o jogo, a brincadeira, o humor, tendem a profanar o sagrado, a questionar as verdades absolutas, os dogmas, o poder.

Os deuses gregos, na forma como a Ilíada os retracta, sem deixarem de ser *sérios*, gloriosos, excelsos, fortes e poderosos, de excelente conselho e que em conselho se sabiam ouvir uns aos outros, eram igualmente alegres e brincalhões. Banqueteavam-se em lautos festins, serviam o doce néctar e brindavam uns aos outros. Eram dados a oráculos, a enganos e duplas interpretações. Censuravam-se abertamente uns aos outros. Eram pródigos em ardis, manhas, logros, que recorrentemente congeminavam.

> «Logo falou o Zeus Crónida com palavras mordazes:
> "Quem dos deuses, Pensador de Enganos, contigo se aconselhou?"»
> (*Ilíada*, Canto I, 539-540)

> «Grandemente me iludiu Zeus Crónida com grave desvario,
> [...]
> Mas agora congeminou um dolo maldoso e manda-me
> voltar sem glória para Argos, depois de ter perdido tanto povo.»
> (*Ilíada*, Canto II, 111-115)

O Canto II da Ilíada abre precisamente com a insónia de Zeus, com as suas dúvidas e incertezas quanto à forma de honrar Aquiles e prejudicar os Aqueus, estando subjacente na mente do pai dos deuses a preocupação de tanto agradar a Tétis como a Hera. Acaba então por enviar a Agamémnon um sonho nocivo e enganoso.

> «No espírito lhe surgiu então a melhor deliberação:
> enviar um sonho nocivo ao Atrida Agamémnon.
> [...]
> manda-o armar depressa os Aqueus de longos cabelos,
> pois agora lhe seria dado tomar a cidade de amplas ruas
> dos Troianos, porquanto se não dividem já os imortais
> que no Olimpo têm sua morada [...]»
> (*Ilíada*, Canto II, 5-15)

Zeus manda dizer a Agamémnon, através de um sonho, sonho nocivo e enganador, que os Aqueus poderiam preparar-se para a vitória, para a glória, pois os deuses haviam acordado em conceder tal façanha aos Gregos. Ora, como sabemos, isso não é verdade. O deus mente, ilude, cria uma ilusão, um engano.

Mas Agamémnon, que sabe que a palavra de Zeus, que a palavra dos deuses, não é uma palavra confiável, que sabe ler a palavra dos deuses de forma simbólica, lúdica, sem se deixar enredar em literalismos, que sabe que a palavra dos deuses só ganha sentido com o concurso da acção, da iniciativa e participação do homem, mente também, dizendo aos seus guerreiros precisamente o contrário do que o sonho enganador anunciava.

Como líder nato, tão dado às questões do poder, Agamémnon mente, fazendo ver aos seus homens que não vale a pena lutar, que Zeus havia alterado os seus planos e agora, sem glória, mandava os Argivos de volta a Argos.

> «Incitemos agora na medida do possível os filhos dos Aqueus!
> Com palavras, antes de mais, irei pô-los à prova como deve ser:
> Darei ordem para que fujam com as naus de muitos remos.
> Porém vós de todos os lados devereis refreá-los com palavras.»
> (*Ilíada*, Canto II, 72-75)

Como que querendo confirmar se o sonho era verdadeiro ou enganoso, na base da mais pura das tradições míticas oraculares, que ensinam que os deuses não ocultam nem revelam, apenas insinuam ou sugerem, que ensinam que as Musas tanto se sabem silenciar como anunciar,

> «Se qualquer outro dos Aqueus tivesse relatado este sonho,
> considerá-lo-íamos um logro e mais ainda o rejeitaríamos.»
> (*Ilíada*, Canto II, 80-81)

Agamémnon tudo faz para elevar a moral das suas tropas, envolvendo todos os gregos, a Assembleia dos Aqueus, o Conselho dos magnânimos anciãos, no seu sonho.

A palavra de Zeus, neste caso enviada através de um sonho, não é uma ordem a acatar e cumprir cegamente, abre antes o caminho à liberdade e possibilidade de escolha. Não é um fim, é um início, o cumprimento de um destino, de uma história, que activamente se exerce sempre que aí se introduz o factor humano, a dúvida e a reflexão, o questionamento, a desconfiança. O poder e a fragilidade do agir humano.

Não se trata tanto da ratificação de uma fatalidade, da inexorável confirmação de uma profecia, do inquestionável cumprimento de uma lei divina, mas da liberdade que se conquista ao *fintar* a própria morte, o *insurmontable, irrémédiable* e *irréconciliable*, da condição humana, os três pilares do trágico, de acordo com Clément Rosset. Trata-se de desenhar lances e jogadas, de construir um destino, que transcenda e ultrapasse essa fatalidade, profecia ou lei divina.

Se o universo, dada a sua estrutura lúdica, não jogasse connosco, se os deuses, na sua seriedade, não fossem, eles próprios, incorrigíveis brincalhões, se Zeus, o Pensador de Enganos, placidamente sentado no Olimpo, não risse de alegria ao ver os deuses, com os seus truques, ilusões e enganos, imiscuírem-se nas coisas humanas, na luta entre Gregos e Troianos, como poderíamos nós jogar com eles? Como poderíamos ser *sapiens* construtores de uma cultura, de uma história, de um destino?

Dizendo de uma outra forma:

> A vida,
> Séria, lúdica, comprometida,
> São tantos e tantos jogos
> Por jogar!
> Mas isso que interessa,
> Que interessa que o jogo seja
> Ouvir...
> Ouvir o canto das Musas,

Ou sentir...
O vigoroso remar?!
Vista as máscaras que vestir,
Jogar é estar perto dos deuses...
É existir...
Numa outra hora...
Num outro lugar!
É... sacralizar!
E agora?!
Agora...
Vou ver o fascínio dos remos
Abraçando as águas do mar!
Agora...
Vou brincar!
Transformar figuras esquivas
Nas mais maternais,
Que a vida,
Séria, lúdica, comprometida,
É amplificar e seguir sinais!

1. JOGO COMO *COINCIDENTIA OPPOSITORUM*

> *Deus está perto mas inacessível.*
> *Mas a salvação cresce junto aos perigos*
> (Hölderlin)

Como referimos na primeira parte deste trabalho – *Jogar é Estar Perto dos Deuses - A Transfiguração do Real*, o jogo é um desses fenómenos limite que dificilmente poderá ser compreendido se não dermos suficiente atenção a essa coerência paradoxal, a essa *coincidentia oppositorum*, que tão fortemente o caracteriza.

Embora por vezes seja abusivamente colado à ideia de competição – mesmo aqui o paradoxo não deixa de estar presente, pois a cooperação é igualmente um dos seus braços – a epistemologia que o suporta não é tanto uma epistemologia da conflitualidade, marcial, esquizóide e separadora, assente no ataque e invasão às posições do outro e na consolidação e fortificação das próprias defesas, mas antes uma epistemologia que se suporta na superação, sempre inatingível, das contradições e dos conflitos. Que se suporta em Hermes, o mensageiro divino e sua simbologia do caduceu, que se suporta em Zaratustra e na presença dessas duas figuras que sempre o acompanham, a águia e a serpente.

Como todo o fenómeno humano, o jogo é uma coerência paradoxal, que envolve antagonismos e reconciliações, encontros e desencontros, o cumprimento de regras e a sua transgressão. O jogo é, simultaneamente, alusão e ilusão, realidade e ficção, perdas e ganhos, tensões, gratificações e sacrifícios, conquistas e renúncias.

Nele se conjugam dois momentos, o da distinção e da comunhão, o da presença e o da ausência. O da metafísica do *deus faber*, mas também o da metafísica do *deus ludens*, do deus que cria brincando.

O jogo não se identifica nem com a ideia de completo acaso nem com a ideia de determinismo total. Por certo que não há jogo que não tolere um quinhão de aleatório, mas o puro acaso, como o mais singelo lance de dados bem ilustra, não é jogo. O lúdico deixaria de o ser se o desfecho final da acção pudesse previamente ser conhecido. Com efeito, é o desconhecimento, a indeterminação e a imprevisibilidade, que tornam o jogo possível, mas este só se torna efectivamente jogo quando dotado de um grau mínimo de ordem, de normas, regras e estruturas, que permitam a elaboração de um plano de acção, por mais explícito, vago ou indefinido, que esse plano possa ser.

A presença do aleatório e do probabilístico, já que não detemos o prévio e total controlo do curso da acção, abre a oportunidade da criatividade e da invenção, da experimentação e da inovação. Sem ter de antemão certezas absolutas em relação aos resultados das nossas condutas, como que criamos a ilusão de que podemos *controlar* as circunstâncias com que nos confrontamos.

A domesticação do acaso, o compromisso, a cumplicidade, o abraço entre regras e acaso, entre liberdade e determinismo, são como que essa fissura que dá corpo a um possível espaço de jogo. Esta condição de liberdade, que desde sempre caracteriza a estrutura do cosmos, de alguma forma convida o ser humano a renunciar ao *furor agendi* de *dominar a natureza* e a não abdicar do sentido da festa, do júbilo, da celebração, do jogo. A não abdicar do sentido que o homem deve conferir ao *sábado*, ao sétimo dia, como o coroamento da criação.

Em qualquer tabuleiro de jogo, nesse grande tabuleiro de jogo que é a própria vida, deslocar peões, encontrar a sua própria posição, escolher a sua casa, definir estratégias e jogadas, exige sempre a presença conjunta da sorte e do azar. A presença da coacção e da liberdade, da afirmação e da negação, do previsível e do imprevisível, da decisão rigorosamente pensada e do fatalismo. Exige sempre a construção de renovados sentidos, a construção de um sentido do jogo baseado na implicação, na co-implicação, dos opostos. A construção de um sentido mútua e reciprocamente (con)sentido.

Convocar a figura reconciliadora de Hermes, convocar a transformação e a transfiguração (dos sentidos), mediar as relações entre opostos, entre Apolo e Dionísio, remediar, suturar, essa ferida, essa radical fissura que na nossa cultura tanto afasta estas duas figuras tutelares, é criar condições e oportunidades de jogo, é revitalizar a dimensão lúdica das nossas vidas.

É revalorizar, face ao pólo do antagonismo e da competição, sem nunca os negar, todo esse imaginário que de formas diversas nos aponta para a simbologia dos nós e dos laços, da corda, dos fios, dos vínculos. Dos laços e dos vínculos entre opostos, entre finito e infinito, entre realidade e ficção, entre a terra e o céu.

Nesse instável equilíbrio, nessa tensão, entre ligar e desligar, entre acordo e desacordo, entre aquilo com que se *concorda* e aquilo de que se *discorda*, parece imperiosa a necessidade de *acordar* para o reconhecimento do valor estruturante do pólo acolher e ser acolhido, do pólo superação de uma privação, do pólo restaurar os vínculos, repor a sincronia e a contingência interactiva.

O que passa pela revitalização do lúdico, da imaginação, da capacidade de jogar e brincar com as coisas, de ironizar, de fingir e fazer de conta, de mentir, de, como já afirmámos, simultaneamente dizer sim e dizer não. Então, mesmo no âmbito desportivo, fazer uma finta não é mentir? Enganar o adversário? Criar a ilusão de que vou fazer algo para de seguida fazer o contrário ou algo bem diferente? Seria possível o desporto, sem esta sua dimensão lúdica?

Na multiplicidade das epifanias possíveis (fintar não deixa de ser uma epifania que joga com o imprevisível), as pessoas mudam e permanecem, mudam e permanecem as coisas. Na multiplicidade das epifanias mudam e permanecem as nossas relações com elas, nesse eterno retorno, sempre igual e sempre diferente, que sempre ocorre no jogo da repetição e na repetição do jogo.

Situação que só é compatível com uma concepção dinâmica do mundo, com uma imagem não mecanicista que tenha em linha de conta a parcial indeterminabilidade da própria natureza, que inclua nessa concepção, nessa imagem, quer o princípio da rigidez causal quer o princípio da ordem flexível das coisas. O que é dizer que a realidade, que cada realidade concreta, cada acontecimento, é apenas a epifania, a realização ou actualização, de uma, uma apenas, das numerosas possibilidades por que pode passar o eterno devir.

1.1. Jogo, Acontecimento Simbólico Primordial

O homem só por instantes
suporta a plenitude do divino
(Hölderlin)

O mundo caracteriza-se, no plano individual como no plano universal, pela sua auto-transcendência. O universo é um sistema estruturalmente fechado (auto-centrado) e interactivamente aberto (centrado no outro), um sistema auto-poiético que se constrói a si mesmo, que tende a mudar e transcender-se, a negar-se e a ultrapassar-se. Que se supera nesse jogo onde o corpo, como elevação da matéria ao espírito, como mensageiro e construtor de sentidos, coexiste com aquele tipo de espiritualidade que é vivida nas profundezas mais abissais da corporeidade do ser.

Também o jogo, metamorfose do tempo e do espaço, como forma específica de corte ou intersecção com o tempo social, se alimenta da convergência e contradição entre espiritualidade e corporeidade, da experiência de um corpo que carrega sentidos que transportam o homem para horizontes da mais elevada espiritualidade. Jogo, a subtil experiência da convergência e contradição entre tempo e eternidade.

Curiosamente, esta natureza ambígua e paradoxal do jogo, parece começar logo no próprio nome, na diversidade de acepções, contraditórias mesmo, que pode assumir. Na Grécia Antiga, *paideia*, que remete para as ideias de cultura, educação, formação, apresentava fortes conexões com a expressão *paidia*, expressão que designa o jogo da criança. Ou seja, estes termos englobam mais do que os lazeres que eram apanágio dos cidadãos livres. Ainda na Grécia, a expressão *scholé* encerra uma mesma paradoxalidade, significando quer a escola quer, pelo menos de acordo com as nossas concepções actuais, o seu contrário, ou seja, o tempo de lazer. Uma única expressão, portanto, quer para o tempo de estudo quer para os tempos livres.

Nos povos latinos o jogo era inicialmente designado com a expressão *ludus*, que significava treino e preparação, fosse no caso do estudo fosse no caso das disputas e competições. O que quer dizer que tanto designava o jogo como a escola. Posteriormente esta expressão evoluiu no sentido de uma maior flexibilidade, de um menor grau de estruturação das actividades a que fazia alusão, acabando por ser suplantada pela expressão *jocus*, divertimento, brincadeira, jogo de palavras, expressão que acabaria por estar na origem da palavra jogo.

Ainda hoje, consoante as abordagens em que nos colocamos, o jogo tanto é o inverso da actividade séria e do trabalho como os pode englobar. Tanto é a maior coacção, sujeição, submissão, a normas e regras, a estatutos e papéis, a personagens a encarnar, como é a maior liberdade.

Coacção porque o jogador se encontra preso, vinculado, a determinados aspectos da realidade, aos valores, funções, formas de pensar, sentir e interagir, das pessoas que entram nesse mundo encantado a que se entrega. Fingir que se é soldado, pai ou mãe, índio ou cowboy, piloto ou bombeiro, é submeter-se a normas de conduta, a padrões comportamentais. Exige a presença de mecanismos de acomodação.

Liberdade, porque a vinculação a esses centros referenciadores é voluntariamente escolhida e isenta de qualquer utilidade, desligada de qualquer interesse material, de qualquer carácter mercantil ou utilitário. Porque o jogo é, também, iniciativa e possibilidade de inventar, meio de exploração e criatividade, controlo interno, espontaneidade, prazer e alegria, ausência de gravidade face ao insucesso ou ao erro. Porque jogar é criar. É esta sua natureza livre, de alegria e felicidade, de menor comprometimento com a instituição social, que leva Karl Kerényi (1999: 48) a afirmar que

« [...] la existencia lúdica es más ligera,
más feliz e insustancial que la festiva.»

Jogo é aceitação e superação do peso da terra, são convívio entre gravidade e liberdade de voar. Reconhecer os valores da gravidade e do peso sem abdicar da possibilidade de voar. É ser homem sem deixar de ter asas, é ser homem-pássaro. Dizendo de outra forma, o jogo é uma instituição social sem deixar de ser a sua negação e contestação. É espontaneidade individual e organização colectiva.

Um fenómeno limite, de fronteira, que se assume como instituição legitimada e legitimadora, no interior de um espaço e de um tempo bem delimitados, sem deixar de ser experiência individual ou colectiva de negação da realidade instituída, procurando mesmo superá-la. Fenómeno de acomodação e socialização? De submissão ou domesticação das energias psíquicas individuais? De legitimação das instituições? Por certo. Mas sem igualmente deixar de ser caminho que procura transcender essa mesma ordem social.

Frágil, sempre, este equilíbrio entre ordem e desordem, entre legitimação e subversão, confronto em que cada um dos pólos procura absorver o outro mas onde ambos são imprescindíveis. O excesso ou desequilíbrio de uma das tendências sobre a outra leva à morte do próprio jogo. A excessiva institucionalização transforma o jogo em *cerimónia*, o desequilíbrio contrário arrasta o jogo para os perigos inerentes à subjectividade da vertigem dionisíaca.

O apolíneo e o dionisíaco são, neste sentido, os dois tipos possíveis de apreensão do real. O primeiro, centrado na ordem e na razão, na rigorosa organização do tempo e do espaço, no geometrismo (algo que tão significativamente marca o mundo do desporto), no esforço de inserir o indivíduo ou os grupos em quadros de significação, em totalidades, colectivamente estruturadas. O segundo, mais direccionado e submetido à desmedida e à desordem, à subversão dos valores instituídos, a dinâmicas construtoras do real deixadas à subjectividade das forças *daimónicas* que habitam em todos nós.

O jogo nutre-se, portanto, desse equilíbrio entre Apolo e Dionísio, entre o mundo ordenado de Apolo e os centauros que sempre rompem com essa ordem. O jogo é sempre um equilíbrio de contrários, uma coincidência de opostos, ordem e desordem, realidade e sua superação. Não pôr definitivamente em causa a ordem estabelecida exige do jogo, por um lado, uma ruptura com a vida social quotidiana, mas por outro, um esforço de autolimitação, o de saber circunscrever-se a esse espaço e a esse tempo em que decorre. O que não impede aqueles autores que recorrem à metáfora do cosmos como um jogo (a vida é um jogo, o grande jogo da vida) de poderem afirmar que a civilização é um jogo, um jogo ritualizado e codificado, onde predominam determinados tipos de jogos e outros são ostensivamente excluídos.

A necessidade de ordem, normas, leis, regras, hierarquia e medida, é equilibrada, no jogo, pela tendência contrária, a necessidade de romper, inverter, superar, essa mesma ordem. Neste complexo mundo de forças contraditórias que actuam no jogo, ordem e desordem, inclusão e exclusão, rostos, máscaras, encontro e desencontro, opressão e liberdade – *mundus est immundus*, como nos ensina Santo Agostinho – certas possibilidades emergem, são activadas e realizadas, outras são marginalizadas e excluídas.

Enganar-se ou não assumir o seu papel pertence ainda ao jogo. Mesmo aqueles que recusam ou rompem com certo tipos de jogos, mais não fazem do que jogar outros jogos. Entre ordem e desordem, instituição e sua subversão, não respeitar o *fair play*, falsificar o jogo, agir na base de outros interesses, normas ou regras, faz ainda parte do jogo.

Nomeadamente no que aos jogos de sorte e azar diz respeito, como a história veementemente testemunha, tudo o que deriva da inteligência do jogador, das suas competências e capacidades, da boa ou má sorte, do acaso ou do destino, é aceite e admitido, mas nunca o recurso à *batota*, a quaisquer meios ilícitos ou ilegítimos. Mas que eles ocorrem, ocorrem. Quantas e quantas vezes fazem mesmo parte dos riscos e desafios inerentes ao próprio jogo. Sempre a mesma intransigência na aceitação e reconhecimento da nossa própria *sombra*.

O jogo é a clara negação da *Roma locuta, causa finita*, a negação da ideia de que, quando Roma fala, o assunto está encerrado. Que envolve o contacto com o real e a presença de processos de socialização, por certo, que essa presença pode passar pelo outro, pelo mais velho, pela tradição, sem dúvida, mas, como implicação e co-implicação, como compromisso intensa e plenamente vivido, não troca a exuberância da experiência livre, imediata e total, pela passiva aceitação de um qualquer dogma. Jogo é aceitação e negação, tradição e inovação. Na vida, no jogo, no jogo da vida, nunca nenhum assunto está definitivamente encerrado.

Há sempre tensão, a presença do outro, do antagonista, da oposição e do confronto, do adversário, desse elemento opositor que miticamente se expressa na figura do *diabólico*. Sem a imprescindível presença do elemento opositor, do agónico, de algo a superar e transcender, como seria possível o retorno à contingência, a sutura de feridas e fissuras, a experiência do jogo e do simbólico? Experiência que sempre se revela, como vimos, como superação de uma privação, de uma perda. Como a superação de algo entendido como *diabólico*. O *diabólico*, portanto, como condição do *simbólico*.

Façamos aqui uma ligeira pausa para, durante algum tempo, centrarmos a nossa atenção nesta dialéctica entre o *simbólico* e o *diabólico*. Comecemos por referir que o símbolo, *sym-bolon*, expressa sempre, de alguma forma, a conjugação, o encontro, o enlace, entre partes ou fragmentos que se encontram separados, um pouco à semelhança do que acontecia na Grécia Antiga, onde as duas partes de uma tabuinha, moeda ou medalha, designada por *symbolon*, eram lançadas em conjunto, o que permitia ver, a modo de contra-senha, se essas duas partes encaixavam ou não uma na outra. Eram como que o testemunho, visível e concreto, da amizade, da aliança, conceptual e abstracta, dos seus possuidores.

Esses dois fragmentos, que isoladamente nada significavam, transportavam sentido e significado quando, em relação ao conjunto que integravam, eram lançados conjuntamente. Ou seja, o acontecimento *simbólico* ocorria quando se verificava o encaixe e a coincidência, o encontro, a reunião, de ambas as partes. Sem a metade que não possuímos, a outra, a que possuímos, carece de todo o sentido. Passa a tê-lo, constituindo-se como símbolo, face ao encontro com a outra parte. Sempre que as duas partes encaixam realiza-se então o *acontecimento simbólico*. Lafon (1969) recorda-nos que etimologicamente símbolo quer dizer *lançar em conjunto, jeter avec*, acontecimento que brota dessa acção de lançamento mediante a qual os dois fragmentos se juntam e encaixam.

Há que enfatizar, pois, este carácter de aliança, diálogo, reencontro, inerente a todo o acto simbólico. Mas não esqueçamos igualmente que este acontecimento simbólico, este reencontro, como nos recorda Eugenio Trías (1994), pressupõe sempre uma cisão, uma separação, uma ausência.

Tudo se passa como que em três momentos. De uma certa aliança ou unidade prévia (união ou fusão inicial), evolui-se para um cenário de exílio durante o qual as duas partes se encontram separadas (momento da separação, da ausência), para finalmente tudo se reorientar na direcção de um cenário final em que se assiste ao desejado reencontro de ambas as partes.

Ao acontecimento através do qual a cisão, o afastamento, a ausência, a separação, se revela, chama-se *acontecimento diabólico* (do grego *dia-bállo*). Acontecimento diabólico, privação, que o acontecimento simbólico deve precisamente suturar, ultrapassar e transcender.

O jogo, como acontecimento simbólico, é sempre encontro, cenificação corporal que expressa esse carácter de aliança e reconciliação, de retorno à reciprocidade e à contingência, em relação à figura ausente. Recordando esse paradigmático jogo do *Fort Da* que analisámos no primeiro volume de *Jogar é Estar Perto dos Deuses*: face à ausência da mãe, face à mãe que se ocultou, esse outro lado da tabuinha de que a criança tanto sente a falta, o acontecer lúdico em que a criança se envolve é o testemunho da reconciliação com a mãe, a afirmação de uma relação presencial, de um encontro, de um diálogo. Diálogo que o lúdico, o simbólico, possibilita.

Diz-nos Lalande, citado por Gutton (1973: 85) que o símbolo é «ce qui représente quelque chose en vertu d'une correspondance analogue.» A experiência lúdica do pequeno Hans tanto lhe sinaliza a ausência da mãe (acontecimento diabólico) como o seu próximo retorno. O jogo do *Fort Da*, estruturando-se na base da ausência e da reaparição do carretel, como que confirma e antecipa o regresso da mãe.

As tabuinhas estão de novo juntas, a viagem, o afastamento, o desenvolvimento e a autonomia, pode continuar. Viagem segura, pois, mesmo na sua ausência, a mãe sempre estará presente, a criança sempre terá a sua companhia. Nesse plano intermédio a que chamamos jogo, no plano do fingir e do faz-de-conta. Mas plano altamente estruturador, pois permite à criança o progressivo confronto com a realidade. Face ao drama da separação, do *exílio*, do *diabólico*, o jogo, como acontecimento simbólico primordial, instaura essa dimensão criadora e festiva que todos os *exodus* encerram. Neste sentido o jogo é, paradoxalmente, exílio e êxodo.

Terminemos este breve roteiro pelo que de *simbólico* e de *diabólico* há no jogo, para referirmos agora uma outra dimensão dessa paradoxalidade que sempre o acompanha, a dimensão que nos leva a olhá-lo em termos de ideologia e de utopia. Queremos com isto dizer que o jogo tanto é submissão como rebelião. As abordagens que acentuam o primeiro eixo, o da submissão, vêm no jogo um factor de alienação, de acomodação ao real, uma forma de opressão social que reforça, preserva e mantém o grupo social, tal como ele existe. É esse, afinal, o papel central de qualquer ideologia.

A esta tendência conservadora, de consolidação dos poderes dominantes, opõe-se a utopia, à qual compete projectar a imaginação para além, para fora do real. A utopia é esse livre exercício da imaginação para sonhar ou pensar o social de um modo diferente.

O jogo, esse sonho de um outro modo de existência, sonho que no jogo é corporalmente vivido, como que torna possível, nesse plano intermédio entre o real e a realidade do próprio jogo, que a *utopia* se torne num *topos*, que o *não-lugar* se torne num *lugar* transitoriamente habitável.

O jogo inicia a criança nessa possibilidade de se poder apropriar das coisas de uma outra forma, nessa possibilidade de se poder relacionar, interagir, comunicar, com as outras pessoas, com o mundo, de uma forma diferente. O jogo inicia a criança na criação do diferente. Confrontando-a com a possibilidade de ser criadora, como que lhe confidencia que também seriam possíveis, agora num outro plano, outras formas de organizar o mundo do trabalho, de se relacionar com a natureza, de viver a sacralidade das coisas.

O jogo como que a ensina a ver a vida numa perspectiva utópica, o que se torna mais patente se tivermos em consideração que a unidade do fenómeno utópico não se encontra no rosto que assumem determinados conteúdos, mas no facto de, para além da diversidade desses conteúdos, viver a férrea vontade, o inadiável desejo, de equacionar, de propor, uma outra sociedade, uma outra forma de viver.

Nesta tensão entre a função de integração e a função de subversão, entre ideologia e utopia, enquanto o jogo dura, o *não-lugar* como que se torna possível, como que se actualiza e materializa. Movimentando-se entre a tradição e a esperança, o jogo, mesmo quando os grandes objectivos sociais parecem ter deixado de estar inscritos no desejo dos profetas que anunciam a morte das utopias, mantém viva essa chama que nos diz que outros caminhos, outras alternativas, são possíveis.

Reconhecendo embora a função de legitimação do jogo, não há que negar a sua função libertadora. O jogo não pode apenas ser entendido na sua dimensão alienante, de arma ao serviço de uma superestrutura repressiva, não pode ser reduzido à sublimação ilusória de energias psíquicas, a ópio do povo ou ilusão sem futuro.

Jogo é abertura e esperança, mesmo que esperança trágica. Superação das categorias do prazer (sempre e fortemente presentes no jogo), do ter, do instrumental e funcional, do produtivo, para elevar o homem às categorias do ser, duma existência verdadeiramente humana, com tão bem o compreendeu Schiller.

Longe estamos de poder compreender o jogo meramente em termos de forças regressivas, de realização de desejos ou ficções infantis de poder, pois as forças construtivas viradas para o futuro estão igualmente presentes. Jogar envolve sempre um olhar para a frente e para o futuro, a procura de novos sentidos, o abdicar de portos seguros e a aventura que toda a viagem envolve. Jogar é encontrar algo de importante, implicar-se intensa e totalmente, implicar todo o seu ser, pois o jogo é uma dessas artes, arte do encontro, que reclama o homem inteiro (*Ars totum requirit hominem*).

Neste percurso sempre incerto e difícil entre o progressivo desapego às coisas do passado, aos portos seguros de que a criança tem que abdicar, e a crescente capacidade de lidar com o novo e o imprevisível, o jogo, como processo de mediação e transição entre o passado e o futuro, entre o interior e o exterior, a realidade e a ficção, catapulta a criança para a aprendizagem de que andar em frente exige sempre a renúncia a uma parte do passado.

A criança que joga é uma criança que quer ser adulta, que deseja criar uma nova vida, novas mundivivências. Que deseja reordenar o seu próprio mundo, que deseja criar e criar-se, com os outros, sabendo que para isso tem que haver separações, ausências, distância em relação a um passado, a uma forma de ser, com a qual já não se identifica. Sabendo que para isso tem que se sacrificar, tem que sofrer, passar por repetidos processos de desvinculação.

É neste sentido que afirmamos que o jogo é uma imensa e criativa redenção do sofrimento. Também o jogo do *Fort Da,* esse grande paradigma do jogo que temos vindo a utilizar nas nossas reflexões, nos ajuda a compreender este equilíbrio sempre necessário, na vida e na actividade lúdica, entre o dizer sim e o dizer não, entre a aceitação da realidade e a vontade de a superar, entre as limitações com que sempre nos confrontamos e o desejo de as transcender.

O jogo não é simplesmente uma actividade agradável, superficial e pueril, que apenas conhece o prazer, o gozo e o deleite. Não é simplesmente refúgio num mundo imaginário de acordo com o que o desejo anseia. Jogar não é furtar-se às inclemências do mundo real, não é ausência de drama, irresponsabilidade, negação do sacrifício e do sofrimento.

Na sua paradoxalidade, o jogo oscila entre o mundo imediato das coisas com que diariamente nos confrontamos e a necessidade de negar e transcender esse mesmo mundo, sem a veleidade de, claro reconhecimento do sentido das limitações humanas, levar essa superação da realidade ao limite das pretensões absolutas.

Reconhecendo que a absoluta posse se confunde com a absoluta privação, o jogo, como autolimitação, como recusa da desmedida, vacila entre as limitações que não aceita e as pretensões absolutas que igualmente recusa.

Dois mitos gregos expressam essa *hybris* da absoluta posse, das desmesuradas aspirações, o mito de Midas e o mito de Sémele. O jogo é a negação dessa *hybris*. Como tributo de ajudas anteriores, Dionísio e Sileno prestaram-se a realizar qualquer desejo que Midas lhes formulasse. Midas pediu então que tudo aquilo em que tocasse se convertesse em ouro, dom que lhe foi concebido. Mas este extraordinário dom logo se revelou altamente nefasto, pois Midas nem sequer conseguia comer ou beber, já que os próprios alimentos logo se transformavam em ouro.

O segundo mito conta-nos que Hera, ciumenta dos amores entre Zeus e Sémele, terá sugerido a Sémele que pedisse ao seu divino amante para lhe aparecer em toda a sua glória. Zeus, que havia prometido a Sémele consumar qualquer solicitação que esta lhe formulasse, logo se manifestou em toda a glória divina, visão que a humana Sémele não suportou, tendo morrido logo ali.

Entre a festa e o apocalipse, entre a árvore da vida e a árvore do conhecimento, qual mediador que procura conciliar o inconciliável – o mítico-natural e o lógico-racional – o jogo, como *mythos* e como *logos*, não é clausura num mundo ideal, isento de perigos e tensões, à semelhança dessa experiência paradisíaca que Isaías (11, 6-8) nos descreve:

> «E morará o lobo com o cordeiro e o leopardo com o cabrito se deitará [...] E brincará a criança de peito sobre a toca do áspide, e o já desmamado meterá a sua mão na cova do basilisco.»

O jogo nem sequer é evolução de uma primordial natureza mítica a uma cultura progressivamente assente na lógica e na racionalidade, o jogo nem sequer é uma espécie de trânsito do princípio do prazer ao princípio da realidade. Dizendo-o metaforicamente, o jogo não é, enquanto jogamos, uma espécie de Jardim do Éden, como o jogo não é, face ao confronto com o real, uma progressiva submissão às limitações encontradas após a expulsão do paraíso. Esse não é, também, o processo de hominização, de humanização. No jogo, como na vida, expulsão e paraíso estão sempre presentes.

Confrontada com a dureza da vida a criança eufemiza-a jogando, procurando um qualquer paraíso, paraíso do qual logo sai, revigorada, para que a viagem, para que o jogo, possa continuar. Jogo é *mito* e *logos*, *paraíso* e *expulsão*, *êxodo* e *exílio*.

1.2. Tecer a Vida a Duas Mãos

Dios a dos manos teje en su telar
(Unamuno)

O jogo não é concerto para uma só mão, joga-se com ambas, a ambas implica, implica, portanto, um único cérebro, onde uma estrutura mediadora, uma ponte, une e separa, o imaginário e o conceptual, une e separa uma diversidade de muitas outras polaridades.

Tudo parece indicar que no hemisfério direito, venerável ancião, se escondem aqueles aspectos mais globais e gestálticos da apreensão do mundo, que são os sentimentos e as imagens. Se escondem todos aqueles mecanismos que permitem captar sinteticamente o mundo do não-verbal. Se esconde a actividade da mão esquerda, essa que menos predomina, que menos valorizada é no nosso mundo, actividade tantas e tantas vezes reprimida, oprimida, relegada para os planos do inconsciente ou da vida privada. Nele, no hemisfério direito, se esconde o mito, ou, pelo menos, a sua possibilidade.

Tudo parece indicar que no hemisfério esquerdo, o mais recente, se escondem a análise e a abstracção, o pensamento lógico-racional, o verbo, a actividade da mão direita, essa mão dominante que a escola, o trabalho, a modernidade em geral, parecem preferir. Mão que elegeram e veneram.

Como actividade intensa e total, que exige a presença da totalidade do ser humano, que não aceita amputações, que tanto convoca a mão direita como a mão esquerda, como poderia o jogo deixar de ser *mito* e *logos*, como poderia deixar de ser *mito-logia*?

Suporto-me na forte suspeita de que o jogo é um desses campos em que os homens e os deuses ainda conversam, ainda se encontram e confraternizam. Suporto-me na forte suspeita de que no jogo os deuses, todos os deuses, têm assento, sendo Hermes, o deus brincalhão por excelência, que, como mediador entre os homens e os deuses, cria as condições para este concerto a duas mãos, que tanto nos seduz, possa acontecer.

A criança, como o adulto que joga, têm uma forma mítica de ver o mundo e a vida, um olhar que, sem negar o mundo e a sua tragicidade, não abdica de o transcender, de o transfigurar, de lhe acrescentar novas tonalidades, novas alegrias. Neste curioso mundo do faz-de-conta, do como se, as leis do tempo como que são anuladas e o fantástico, o sonho, o *era uma vez*, convertem-se no tempo actual, animam e dão sentido ao corpo que joga.

O jogo é o momento da alegria, do sorriso e da vivacidade, esse poderoso talento de não desistir face à incursão do trágico. Jogar é recriar a vida, conservar o júbilo e o sorriso, manter essa eterna juventude, esse eterno sorriso nos lábios, que permite resistir à igualmente imperecível juventude do trágico. É esta a essência heróico-trágica do jogo, a sua fantástica capacidade de, face à ausência de algum deus que transitoriamente se ausentou, recriar e resgatar a própria vida, suturar feridas, tornar a viagem possível e o mundo mais habitável.

Imaginar a realidade, sonhá-la, permitir que pelo jogo esse sonho se materialize nos contornos perceptivo-motores de um corpo, é já uma forma de transformar essa realidade. Uma forma de a amplificar, de acrescentar valores de ilusão à realidade pura e dura. Valores fortes e poderosos, estruturadores, organizadores, criadores de outras formas de estar na vida.

Viajar, descobrir-se como sentido e destino, é esse jogo que se joga na incerteza dos lances a desenvolver, das escolhas e opções a tomar, na certeza de que deslocar as pedras do tabuleiro para porto seguro e acolhedor nem sempre se revelará a melhor jogada. Em circunstâncias específicas, esse porto seguro e tranquilo poderá constituir-se como o maior dos perigos. No meio de uma tempestade, diz-nos Melville no seu *Moby Dick,* afastar-se da costa poderá ser a jogada mais sensata, *procurando no mar aberto e sem limites*, procurando no seio do próprio perigo, do desconhecido, do distante, do que nos afasta das seguranças já criadas, a almejada salvação.

Neste sentido, sendo a educação, fundamentalmente, um processo de formação, que jogos nos ensina ela? Que jogos pode e não pode a criança jogar? Para que jogos nos prepara a educação? Para o jogo da acomodação ou da assimilação, para o jogo da domesticação ou da emancipação, para o jogo da individuação ou da socialização? Ou prepara-nos para ambos os tipos de jogos?

Se existe um campo de jogo em que ser humilde é uma virtude, em que aceitar e acolher o outro, na sua diferença, é uma virtude, em que é uma virtude saber conviver com uma pluralidade de pontos de vista, quantas vezes contraditórios, esse campo é o da educação. Quando um barco encalha ou está prestes a encalhar, quando se confronta com obstáculos que dificultam o prosseguimento da viagem, o papel essencial da educação não será precisamente apoiar esse barco no desenvolvimento de sentimentos de competência e eficácia que lhe permitam, livre e autonomamente, lançar-se na demanda das saídas mais exequíveis?

Apoiar, portanto, na mobilização de todas aquelas forças, aspirações e expectativas, que até ao momento o retinham inflexivelmente agarrado, amarrado a um qualquer porto seguro do qual não consegue sair, direccionando-as para os perigos que o alto mar encerra, mas também para o mundo infinito de possibilidades que aí o esperam. Mundo infinito esse a que Carl Jung gostava de chamar o *tesouro difícil de alcançar*. Quantas e quantas vezes o alto mar é o porto mais seguro. Principalmente se houver alguém por perto para ajudar, se houver um parceiro de jogo.

Mas este é, precisamente, o papel do jogo, ajudar a criança na procura desse tesouro difícil de alcançar, acrescentando ilusão à realidade para que a viagem possa prosseguir. O lúdico, o jogo, a ilusão, são aqueles companheiros, companheiros e condição da viagem, sem os quais a vida seria mais estreita, sem os quais a vida não teria encanto, não teria poesia. Pois, como escreve Raul Brandão, até

«A pedra espera ainda dar flor»

Os gregos sabiam-no bem, sabiam que a vida é luz e trevas, cumes e abismos, reconheciam e respeitavam a natureza *infirmitas* do universo, atitude paradoxal que reencontramos passo a passo em tantas das suas manifestações culturais. No Olimpo que imaginaram, mundo de conflitos e contradições, ou na abertura que sempre manifestaram em relação ao outro e ao diferente. Algo tão significativamente marcado na prática da hospitalidade, nessa facilidade de o estranho, o distante, o estrangeiro, rapidamente passar à condição de hóspede divinamente acolhido.

Esta atitude paradoxal expressa-se igualmente na proximidade entre os conceitos de *paideia* e de *paidia*, de jogo e educação, de jogo e cultura. Paradoxalidade que reencontramos no próprio conceito de *paideia*, conceito que na concepção grega remete para a complementaridade, na sua convergência e antagonismo, dessas duas dimensões essenciais à volta das quais se constrói a ideia de educação, a saber, as dimensões de *educare* e de *educere*.

Entendida como *educare*, a educação é essencialmente socialização, violência, imposição de comportamentos, actividade social promotora da adaptação dos comportamentos do educando aos costumes da comunidade, aos padrões culturais vigentes. Ou seja, a educação, entendida como *educare*, é essencialmente enculturação.

Toda a interacção, toda a relação educativa, seria estruturalmente violenta, ao pretender acima de tudo modificar o comportamento do outro. Esta tarefa educativa desindividualiza socializando, revelando desta forma o seu rosto de violência levada a cabo sob o peso do poder e da dominação.

Reconhecendo embora que o acto educativo envolve sempre, estruturalmente, algum grau de violência, que a educação também é *educare*, desindividualização, socialização, acomodação, imposição de comportamentos com o fim de alcançar metas e objectivos, não podemos, no entanto, deixar de referir que a educação é muito mais do que isso. A educação é, igualmente, de acordo com a *paideia* grega, *educere*.

Entender a educação como *educere* é entendê-la como individualização e desocultação, como descoberta de si mesmo, como desejo, paixão, projecto, busca incessante do absoluto. Como *aletheia*, portanto, para usar a própria expressão grega, que significa desocultação, manifestação ou epifania do que realmente sou, do meu próprio ser. O que nos coloca na senda de conceitos como os de autodescoberta, auto-reflexão, autoquestionamento, Ou então, entre outros, do conceito jungiano de *individuação* ou dos conceitos rogerianos de *growth*, *tendência actualizante* ou *autenticidade*.

A essência da *paideia*, no mundo grego, entendida como *educere*, nomeadamente em Platão, confunde-se com o conhecimento do meu próprio ser, confunde-se com o célebre dístico do panteão délfico, «*Conhece-te a ti mesmo*». É como que um convite, do educador ao educando, a que este se descubra e construa por si mesmo, um convite a que mergulhe nas sombras da caverna, na sua própria interioridade, para trazer à luz do dia os tesouros que sempre aí poderá encontrar. Um convite para, na sombra, se descobrir como luminosidade, um convite para se descobrir, renovadamente se construir e reconstruir, como sentido e destino.

Dada a sua natureza, dada a ambiguidade e paradoxalidade de múltiplas das características formais que o caracterizam, o jogo, mais do que fechar, abre horizontes e perspectivas, contém as mais ricas possibilidades criativas. No jogo não predomina a simples rotina da vida sob a forma de convenções ou tradições. Assiste-se antes a uma tensão, a uma instabilidade dinâmica e flutuante entre polaridades, o que não o deixa encerrar-se na rigidez de normas, modelos, padrões a imitar.

A vida criativa sempre está fora das convenções e da inflexibilidade das coisas que não podem mudar. O jogo é incerteza, liberdade, espontaneidade, vida empenhada e implicada em interpretar e reinterpretar, em inventar e reinventar, em criar e recriar, mais do que conformar-se a modelos ou normas a reproduzir fielmente.

No que respeita a estas conexões entre jogo e criatividade, um primeiro aspecto que nos chama a atenção é o paralelismo entre o jogo da criança e os processos criativos dos adultos. Ou seja, reencontramos na actividade criativa do adulto muitos dos mecanismos que ocorrem no jogo.

O que faz com que muitos dos estudos sobre estas relações se suportem nos vínculos entre o jogo e a imaginação criadora, nos vínculos entre o faz-de-conta e a imaginação criadora. Alguns autores consideram mesmo que o jogo é uma forma natural de criatividade, que a imaginação se desenvolve a partir do jogo da criança.

O jogo não é, simplesmente, a reminiscência, a manifestação actual, de experiências e necessidades passadas, agora expressas em termos simbólicos, no plano do faz-de-conta, mas, essencialmente, uma construção criativa. Uma reconstrução, dessas experiências, reorganizando, combinando essas impressões passadas, de forma a dar-lhes novos enquadramentos. De forma a, partindo delas, as re-imaginar, criando novas realidades, novas situações, novos comportamentos.

Na base das suas investigações sobre a relação afecto-jogo-criatividade, Fein (1987) aponta cinco mecanismos essenciais do jogo simbólico, mecanismos que, na sua opinião, são os que mais significativamente parecem potenciar o pensamento divergente e a actividade criativa.

O primeiro desses mecanismos é a liberdade referencial, ou seja, a abertura e flexibilidade que existe na relação entre significante e significado, entre o que representa e o que é representado, entre o veículo simbólico e a coisa simbolizada. O quadro de abertura que existe, portanto, na possibilidade de introduzir transformações e substituições não só de objectos (pau por espada, folha de árvore por bilhete), mas também de pessoas, tempo e espaço.

Este primeiro mecanismo diz respeito à abertura e flexibilidade das estruturas ou esquemas simbólicos, diz respeito à forma como significante e significado se estruturam, que não obedece a nenhuma relação convencional, pré-definida, fixa ou rígida. Dizendo por outras palavras, o vínculo entre significante e significado assenta numa assimilação deformante, que permanece inteiramente subjectiva, sofrendo embora um processo de socialização no caso dos jogos de regras, onde a construção de estruturas ilusórias permite à criança assimilar o real aos seus desejos e interesses.

Este mecanismo inerente ao jogo simbólico prende-se com os processos de substituição simbólica, de projecção de esquemas simbólicos em novos objectos ou pessoas, de manipulação da representação de objectos, de recombinação de ideias e imagens, processos estes que fazem estruturalmente parte do *insight* e das capacidades transformadoras.

O segundo mecanismo prende-se com o carácter de *como se*, de *faz-de-conta*, da actividade lúdica. Não se trata apenas da ocorrência da substituição de objecto mas também desse corte com o real que faz com que o jogo se transforme num espaço de evasão, de fantasia, de entrar num outro espaço, num outro tempo, em contraposição ao mundo do quotidiano.

O terceiro mecanismo tem a ver com o conceito de *affective symbolic units*, desenvolvido por Fein (1987: 292), conceito que nos diz que os esquemas simbólicos não são mais do que formas de expressão afectiva, verdadeiras unidades afectivo-simbólicas de forte carga emocional, unidades «manipulated interpreted, coordinated and elaborated in a way that makes affective sense to the players».

Este mecanismo diz respeito à vivência e expressão de afectos positivos, desse tipo de sentimentos e emoções que tão fortemente se faz sentir no decurso do processo criativo e que de alguma forma podem estar subjacentes a esse entusiasmo, a essa paixão, a essa forte motivação intrínseca, que tão significativamente caracteriza o comportamento criativo.

O quarto mecanismo é a incerteza sequencial, o carácter de liberdade, de abertura e flexibilidade, na forma como as sequências lúdicas se combinam, de forma não linear e imprevisível, em quadros lúdicos de grande complexidade.

O quinto e último factor informa-nos que a criança tem consciência do carácter não-literal do jogo, tem consciência e sabe estabelecer as fronteiras entre o jogo e o real, entre as actividades sérias da vida e o jogo. Ultrapassar essas fronteiras seria entrar no mundo do delírio.

Antes de terminar estas considerações sobre a relação entre o jogo e o comportamento criativo gostaríamos de retornar a Winnicott e às suas reflexões sobre a criatividade, que entende de uma forma não redutora, ou seja, não como mero acto, ainda que genial, de realização de algo concreto a ser aplaudido pelo grande público, mas de uma forma ampla e alargada, a saber, como uma forma de vida, como uma atitude face à vida e ao mundo.

Entendida desta forma a criatividade confunde-se com a própria vida, com a vontade de viver, com a dignidade humana. Diz-nos Winnicott (2002: 93)

> «Lo que hace que el individuo sienta que la vida vale la
> pena de vivirse es, más que ninguna otra cosa, la
> apercepción creadora.»

Criatividade é transcendência, superação da atitude de acomodação e acatamento perante as coisas da vida, atitude que tão reiteradamente implica o sentimento de incompetência e incapacidade, de inutilidade, o sentimento de «que la vida no es digna de ser vivida», acrescenta Winnicott. Para de seguida, magistralmente, assumir que o que lhe interessa na actividade lúdica, na ilusão e na fantasia, é o facto de elas serem *um universal*, um universal que «corresponde a la condición de estar vivo.»

1.3. Humor e Riso Ritual

Démasquez-vous donc, mon petit Monsieur
(Hofmann)

Este espírito de divertimento, de alegria e brincadeira, entre os limites do *sério* e do *não-sério*, que para Winnicott é condição de vida, que para Huizinga é condição de cultura, sem deixar de ser uma ilusão não o é completamente, pois a criança, nos seus jogos, tal como os homens nos rituais e jogos festivos de todos os tempos, não deixa de ter consciência de que as coisas não são reais.

De entre muitos outros autores Freud é, sem dúvida, um dos que atribui grande importância ao riso e ao divertimento, considerando que a sua importância e grandeza como que reside na vitória do narcisismo, na afirmação da supremacia e invulnerabilidade do ego, ao recusar deixar-se abater pelas tragédias, pelos traumas, com que o princípio da realidade sempre o confronta. Este aspecto constitui-se mesmo, no pensamento freudiano, como um dos elementos essenciais do riso e do humor, ao possibilitar que os próprios traumas funcionem como oportunidades das quais é possível tirar prazer.

Este elemento de divertimento, de espírito brincalhão, expresse-se ele sob a forma do humor ou da ironia, do riso ou da gargalhada, do cómico ou do burlesco, da ilusão ou do engano, mesmo da mentira, do roubo ou do desacato, espírito sempre presente no jogo, ficou de múltiplas formas expresso no imaginário dos povos. Entre os gregos era Hermes, nos mitos germânicos emerge na figura de Loki, o deus dos desacatos.

Hermes, o deus brincalhão, a que voltaremos mais tarde, que proporciona o sonho e o despertar, o inventor da lira, da arte e do jogo, não deixou igualmente de ser o deus dos enganos e das ilusões, das mentiras, do roubo, já que protector dos ladrões. Diga-se, de passagem, que esta questão da vinculação entre o lúdico e as crenças religiosas, dos vínculos entre figuras heróico-burlescas e o mundo do sagrado, era bem conhecida entre os povos da Antiguidade.

Nos textos homéricos o jogo, a alegria e o riso, o divertimento e a brincadeira, são atributos marcantes dos imortais. Bastaria lembrar as gargalhadas trágico-cómicas de Zeus ou o inextinguível sorriso dos deuses, tantas vezes ligado quer à situação trágica do homem quer às próprias cenas burlescas que recorrentemente se registam no próprio Olimpo. Como é o caso da conhecida história da infidelidade conjugal de Afrodite com Ares.

No seu estudo sobre a caricatura e o grotesco Thomas Wright, citado por Macedo (1997), refere-se ao carácter genésico do divertimento e do riso, aludindo a um episódio que terá ocorrido no ano de 361 A.C. Nesse ano Roma foi assolada por uma devastadora epidemia, tendo as autoridades da altura recorrido a actores cómicos, a *ludiones*, que mandaram vir da Etrúria, com o objectivo de, provocando a hilaridade e o riso, apaziguarem os deuses e restituírem a fecundidade e a vida à cidade. Parte integrante dessa crença no valor genésico do riso, refere ainda o mesmo autor, era a ideia da necessidade de rir para que as plantas germinassem e as crianças se desenvolvessem.

Igualmente conhecido é o *Asinus Aureus*, romance escrito por Apuleio no século II, que relata toda uma série de peripécias por que passa Lucius, o personagem principal, depois de, contra a sua vontade, ser metamorfoseado em asno. Estas peripécias são um permanente pretexto para o autor nos falar de todo esse imaginário antigo sobre o cómico e o riso, sobre as capacidades regeneradoras do humor e da brincadeira, sobre a relação entre estas características transformadoras do riso, a sexualidade – dimensão fálica do asno – e os rituais sagrados.

O riso, o jogo e o divertimento, sempre foram parte integrante de muitos rituais gregos e romanos. Os jogos, a alegria e o divertimento colectivos, eram características centrais nos cortejos e celebrações ligados ao culto dionisíaco, fortemente marcados pela presença do canto e da dança, da máscara, dos gritos hilariantes e obscenos, da própria sexualidade, essa característica geradora e criadora que afinal é um dos patrimónios fundamentais dos deuses. Nos cultos dionisíacos os participantes disfarçavam-se de animais, invertiam o género, transgrediam normas e regras, criavam como que um caos transitório, alegre e divertido, como condição de restauração da ordem social.

Um outro mito onde o carácter divertido da situação, a brincadeira e o sorriso, igualmente desempenham um importante papel, um papel transfigurador e regenerador, é o mito de Deméter. Perséfone é raptada enquanto brinca. A tristeza de Deméter, desencadeada pelo rapto da sua filha Deméter, é como que uma alusão simbólica à morte, à infertilidade e secura da terra, ao enfraquecimento da sua fertilidade durante o período do Inverno. Uma cena decisiva arranca Deméter desta profunda tristeza, deste estado de torpor, a cena da velha Baubo que tanto a faz rir ao levantar as vestes e exibir o sexo, cena a partir da qual Deméter e o mundo parecem livrar-se da morte, registando-se todo um portentoso florescer da terra e da vida.

No mito de Deméter anteriormente referido, em que intervêm Perséfone e Baubo, riso e vida, diversão e ressurgimento dos dinamismos vivificantes, surgem profundamente entrelaçados. Esta ligação perpetuou-se nos rituais sagrados celebrados em Elêusis, particularmente nas festas das *Thesmofórias*, que celebravam o renascimento da deusa para a vida, através do papel regenerador do humor, do divertimento e do riso.

Nas culturas arcaicas os cultos agrários assentavam em grande parte na crença de que para os cereais crescerem era preciso fazer rir a deusa terra.

Sobre este papel genésico que o mundo antigo atribuía à diversão e ao riso, diz-nos Macedo (1997: 99):

«Indícios da referida crença podem ser encontrados na hierogamia sagrada entre Zeus e Hera, na festa da *Daedala*, ou nos elementos constitutivos dos Mistérios de Elêusis, cultos dionisíacos, *Saturnais* ou *Lupercais* romanas; em todos os casos [...] percebe-se a transposição de características romanas e da estrutura social para a natureza, sendo a terra imaginada como um organismo feminino fertilizador e vivificador, e o riso, um dos meios para mantê-la viva.»

Este mito aponta, pois, para esse sentir global que as sociedades tradicionais davam ao riso e à brincadeira, a saber, a sua função de força genésica vital, de força criadora, regeneradora, transfiguradora do rosto do mundo.

O que é dizer que figuras míticas como as de Hermes e de Loki, ou desse fantástico deus-herói, simultaneamente criador e destruidor, que é o Trickster, não expressam apenas uma função lúdica entendida, de forma redutora, como mero divertimento ou infantil libertação do excesso de energia. Expressam, acima de tudo, uma função lúdica que se eleva a imperativo e exigência psicossocial de aniquilação ou superação de um dado modelo como condição de construção ou criação de outras realidades. O jogo, portanto, como divertido acto criativo.

De um papiro alquímico egípcio escrito em Tebas e datado do século IV (Papiro J 395), onde a criação do universo é imputada ao poder do riso divino, consta o seguinte texto:

«Quando os deuses se encontraram e riram pela primeira vez, criaram as plantas, as águas, o dia e a noite. Quando riram pela segunda vez, criaram as plantas, os bichos e os homens. Quando gargalharam pela última vez criaram a alma.»

Jogar é Estar Perto dos Deuses - A Estrutura Lúdica do Universo.

Uma vez mais esta alusão às estreitas conexões entre o lúdico e o criativo, (Bremer, 2000; Minois, 2003), entre a criação do universo e o divino poder do riso. Algo que temos vindo a afirmar em relação ao jogo, que entendemos como a expressão de um sim ao mundo, como um acto afirmativo e criador em relação à vida.

Parece-nos oportuno, neste contexto, recorrer a Miguel Leitão de Andrade e aos *dialogos* da sua *Miscellanea*, para ilustrar, no que respeita a Portugal, o carácter genésico, transfigurador e regenerador, do jogo, do riso e do divertimento. Mas antes de o fazermos, não resistimos a, partindo das suas próprias palavras, retractar a forma como o sagrado sempre conviveu tão fortemente com o jogo, o canto e a dança, o burlesco e o licencioso.

Referindo-se especificamente às festas de Nossa Senhora da Luz em Pedrógão Grande, no dia da Assunção de Nossa Senhora, Miguel Leitão de Andrade fala-nos de cruzes e bandeiras, de Missa e pregação, de janelas e ruas engalanadas, de música, harpas, rabequinhas, trombetas, danças, representações na igreja. Diz-nos que muitos vão «*bailando ao redor do seu Andor*» (Dialogo XI, folio 308) num clima de alvoroço, alegria e extraordinária devoção.

Situação isomorfa, talvez, das danças de Miriam ante o povo de Israel, da dança de David perante a arca ou dos cantares no templo de Salomão. Ou mesmo das danças dos Curetes em honra de Zeus-criança. Testemunhos do lugar sagrado, do canto e da dança, na antiguidade.

Sem igualmente deixar de referir a muita comida e bebida, as imensas folias, os touros, os cavalos e os cavaleiros, o jogo da *choca* e das *canas*, Miguel Leitão de Andrade refere, sobre este último jogo, que

«À tarde se jugarão as canas nesta deveza [...] E estas canas forão oito cavaleiros contra oito ricamente vestidos [...] E acabadas as canas escaramuçaram de dous em dous

sem lanças, & com espadas, & adargas, & logo cõ lanças &
correrão muitas carreiras»
(*Dialogo XII, folios 330 e 331*)

Estes jogos entusiasmavam tanto os populares «que o Senhor devoto se meteo no meo para virem ver hũa famosa comedia» (*Dialogo XII, folio 331*). Acentuando este são convívio entre sagrado e profano refere ainda, entre muitos outros aspectos, a presença de «*muytos emmascarados, & com muytas trovas, christes, disfarces, tregeitos, & meneyos tudo de festa*» (Dialogo XI, folio 308), acrescentando que «*E na Igreja ouve as mesmas danças, & à porta hum volteador, que em hũa corda fez cousas que parecia hum espirito malino, & o mesmo fez o trejeitador*» (Dialogo XII, folio 330).

Estas festividades, que atraiam tanta gente a ponto de encherem as «*cadeiras, & os bancos da Igrejas, & as janelas, & telhados cubertos de dózelas, & de moços, & outras molheres, que todos, se tinhão vindo das canas*» (Dialogo XII, folio 331), duravam vários dias e prolongavam-se pela noite fora.

«[...] charamelas, trombetas, & atabales estrugindo os
ares, & os ouvidos, tee ser já noita. Na qual da mesma
maneira se continuarão as musicas, & folgores por toda a
villa.»
(Dialogo XII, folio 330)

Retornemos então ao tema do carácter genésico do jogo, do riso e do humor, para confrontar o leitor com a lenda da velha Tareja, que basicamente nos remete para o repovoamento, a restituição da fecundidade e da vida, a uma região das proximidades de Pedrogão Grande, a partir da dinamização de actividades lúdicas.

No *Dialogo XIX* de *Miscellanea*, Miguel Leitão de Andrade conta-nos que nas propriedades de *Men Ioannes* e de *Pero Lobo*, que viriam a chamar-se *Outeiro do Mendinho* e mais tarde *Azinhaga*, nome da localidade donde, segundo a lenda, Tareja teria vindo, não vivia ninguém, pois toda essa região estaria assombrada. As pessoas, mesmo os pastores, evitavam passar por toda essa zona, particularmente de noite, pois dizia-se que a velha Tareja aparecia por esses caminhos.

No sentido de contrariar tão grave despovoamento uma *Fada* resolve, na base da organização de rituais festivos, nomeadamente jogos, atrair pessoas e repovoar, dar vida, a toda essa região.

> «E que a Fada, vendo isto, por ser aqui a habitação de seu mayor gosto, traçou modo com que a tornar a povoar [...] fazendo publicar certos jogos de lutas, & choca, bailos, danças, & choreyas, prometendo pera tudo seus prémios [...]»
> (*Dialogo XIX,* folio 583)

Escolheu para o efeito o lugar mais fresco e ameno, lugar que nunca mais voltaria a ser cultivado e onde plantou árvores, lugar que no futuro passaria a ser destinado, unicamente, para actividades festivas e recreativas. Por isso esse recinto passaria a ser chamado «*Devesa, ou defeza de Venus, por ella a aver defezado*» (*Dialogo XIX*, folio 584). Decidiu a Fada que a *choca* seria o primeiro jogo a ser jogado nesse local

> « [...] prometendo aos vencedores, que ella os faria vencedores na pretenção de seus amores, com suas damas, pera que ellas os favorecessem, & aceitassem por maridos, & aos vencidos certos carneiros, & outras coisas pera sua côsolação. E a estas festas acodirão muytos pastores, & pastoras, & assi muitas Nimphas, & cavaleiros andantes [...] a todas a Fada prometia favores em seus amores, & casalas.»
> (*Dialogo XIX,* folio 584)

Assim, diz-nos a lenda, com os jogos, as festas, o riso e o divertimento, com a dissimulada presença de Vénus, restitui-se a fecundidade e a vida àquelas paragens, povoam-se de novo aqueles campos de que antes todos fugiam de medo.

> «E com a continuação destas festas, & jogos, que se fazião muitas vezes, no anno, se foi pouco a pouco perdido, o medo, & povoando estes campos, & valles [...] & aqui se entretinha Venus, por elles, achandose pessoalmente em todas estas festas por onde todos a amavão, & servião [...]»
> (*Dialogo XIX,* folio 584)

Como nos diz Miguel Leitão de Andrade, «[...] *Venus vio logo ser conhecida* [...]», mas como era a deusa do amor e da beleza, «[...] *dissimulou, & passou tudo em rizo, & festa* [...]*,* pois «*o que pretendia*» era que os pastores perdessem o medo e tudo fosse de novo povoado.

Os tempos mudam, mudam as festas e os jogos, «[...] *& se forão por isso desaparecendo do milhor deles estas, & outras tais falsas deidades por onde a Fada receando outro mayor, & verdadeiro poder.*» Eliminar o Grande Pã, Baco, Vénus, matar estas falsas deidades, afastá-las das festividades populares, não foi sempre o grande desígnio das autoridades civis e religiosas? Mas os arquétipos são eternos, por isso a Fada « [...] *vendo chegarse o tempo, no qual os habitantes destes lugares, centro da Lusitânia, avião de ir conquistar partes remotíssimas* [...] *Reinos, & Imperios grandes, como já o avião feito os seus Troyanos* [...] *que ella tanto favorecia* [...]» (*Dialogo XIX,* folios 585 e 586), resolve também acompanhar e favorecer os Lusitanos.

> «Dessa mesma maneira se determinou a acompanhar os seus Lusitanos, & acharse com eles presente [...] na fundação dum novo imperio, & sustentação delle lá nesse Oriente.»
> (*Dialogo XIX,* folio 586)

Afinal, como parece reconhecer o próprio Luís de Camões, na Estância XII do Canto II de *Os Lusíadas*, reportando-se no caso a Baco, os deuses gostam de jogar, de se divertirem, ocultando e transfigurando o seu próprio rosto. Gostam de fingir fazendo-se passar por outros deuses, ou, nas palavras do próprio Miguel Leitão de Andrade, é « [...] *costume muito usado das falsas deidades, querer remedar a verdadeira.*» (*Dialogo XIX*, folio 586). Demos então atenção às palavras de Camões a que anteriormente aludíamos.

> «Aqui os *dous* companheiros, conduzidos
> Onde com este engano Baco estava,
> Põe em terra os *giolhos*, e os sentidos
> Naquele Deus que o Mundo governava.
> [...]
> [...] e assim por derradeiro
> O falso Deus adora o verdadeiro.»
> (Os Lusíadas, Canto II, Estância XII)

Não esqueçamos, no entanto, questão que abordámos no primeiro volume desta obra, que, nas suas *Metamorfoses,* Ovídio usa a expressão *cupido ludus* para se referir à paixão da criança pelo jogo, que mitologicamente o nome *lusus* surge associado aos jogos de Baco, pois *Lusus* seria o filho ou companheiro do deus, e que o próprio Camões, no Canto III de *Os Lusíadas,* se refere a Lusus, associando-o à Lusitânia.

Desta forma, seja com os *ludiones*, com o *Asinus Aureus*, com a tristeza de Deméter e a cena da velha Baubo, com as *Thesmofórias*, a *Daedala*, as *Saturnais* ou as *Lupercais*, com a hierogamia sagrada ou os cultos dionisíacos, com a lenda da *Fada* e da velha *Tareja*, tudo aponta numa mesma direcção, a da força genésica, criadora, regeneradora, transfiguradora, *povoadora*, do jogo, das festas, do riso e do humor.

A universalidade desta presença é igualmente atestada na figura do Trickster, do bufão sagrado, com os seus atributos cómico-burlescos, uma espécie de louco ou marginal, cuja voz é como que desaprovada, proibida ou condenada, mas igualmente respeitada e ouvida. Sempre envolvido em desacatos e que de alguma forma destoa, seja qual for o contexto em que se encontra, expresse-se como figura mítica, bufão, pícaro, arlequim ou *pierrot*, saltimbanco, jogral, bobo ou *clown*.

Suspensão temporária da ordem (vertigem do festivo, carnavais, rituais cómicos e satíricos) que de alguma forma procura atingir aqueles comportamentos sentidos como aberrantes, desajustados, socialmente menos aceitáveis.

Entre o caos e a ordem, entre o sério e o não-sério, o lúdico, o divertido, o alegre e o brincalhão, o humor e o riso, são, na *paideia* grega, elementos educativos, formativos e criadores, de grande importância, assumindo uma função de reforço da coesão social mas também de transfiguração, renovação e regeneração, das próprias instituições sociais.

Para a mentalidade dos povos antigos, muito em particular para o mundo grego, a instauração transitória do caos é indispensável quer para a subsistência da ordem actual quer para a criação de uma nova ordem. O lúdico, a delimitação de um tempo e de um espaço de jogo, esse parêntesis dos jogos festivos, do riso e da brincadeira desenfreada, eram a condição da criação do mundo ordenado das coisas, da ordenação de um outro cosmos, de outras formas de religião (*religio,* de *religare*), de outras formas de (re) ligação do homem consigo mesmo, com os outros e com o sagrado.

Como nos diz Carvalho (2009: 308) suportando-se em Minois (2003)

«A antiga mascarada grega significa uma forma de exorcizar a desordem e o caos, uma espécie de reordenação de uma ordem social por meio da experimentação ritualizada da desordem.»

Mundo desordenado, vertigem da alteridade experimentada nos jogos festivos mais próximos do dionisíaco, que logo é refreada, equilibrada, mantida dentro de certos limites, pela presença desse *logos* racional que Apolo representa. Não esqueçamos, no entanto, que mesmo nas dionisíacas, a *hybris* desenfreada é de alguma forma já contida com a introdução de alguns interditos, como por exemplo a proibição do riso em certos momentos desses jogos rituais.

Indiscutivelmente, o lúdico, os jogos, a brincadeira e o divertimento, o riso, foram, durante muito tempo, uma forte expressão da «*paideia*» grega, da sua pujança e vitalidade sociocultural. O jogo e a brincadeira, o riso e a alegria, eram traços marcantes dos deuses do Olimpo. É no seio dos imortais que esta atitude divertida e brincalhona é verdadeiramente alegre e genuína, pura e luminosa, não contaminada por qualquer sombria preocupação ou inquietação.

Já no caso dos homens, dos mortais, esta atitude de infinita jovialidade a que os divinos se entregam, surge associada, tragicamente associada, à angústia do nada, à vacuidade, à angústia da morte, da perda e da privação, tornando-se trágico-cómica.

Assistimos, assim, nomeadamente a partir do século IV A.C., a uma lenta mas persistente condenação desta atitude brincalhona, *juguetona*, situação expressa numa multiplicidade de textos da época. Atitude de desconfiança em relação ao lúdico, ao jogo e à brincadeira, que reencontramos na valorização crescente dos rituais apolíneos, na atitude moralista e ascética da filosofia, que vai de Pitágoras a Aristóteles, atitude marcada pelas suas ferozes críticas aos poetas trágicos, mas que igualmente reencontramos em nomes importantes da própria tragédia grega, como por exemplo em Aristófanes.

Tudo isto apesar de, paradoxalmente, o próprio Aristóteles reconhecer, num livro que escreveu sobre o riso e o humor, intitulado

Sobre a Comédia, que infelizmente não chegou ao nosso tempo, que «o homem é o único animal que ri». Também em *Ética a Nicómaco* aborda este tema, aludindo ao humor elegante e refinado, inócuo e contido, expressão de subtileza de espírito que nos contactos sociais, nos banquetes e simpósios, não fere nem desconsidera os convivas. Na obra anteriormente referida (Aristóteles, 1991: 94) expressa-se da seguinte forma:

> «Os que levam a jocosidade ao excesso são considerados farsantes vulgares que procuram ser espirituosos a qualquer custo e, na sua ânsia de fazer rir, não se preocupam com a propriedade do que dizem, nem em poupar as susceptibilidades daqueles que tomam para objecto de seus chistes; enquanto os que não sabem gracejar, nem suportam os que o fazem, são rústicos e impolidos. Mas os que gracejam com bom gosto chamam-se espirituosos [...]»

Subjacente a toda esta atitude, a esta oposição entre o *sério* e o *não-sério*, em que no primeiro pólo, o pólo valorizado, surpreendemos os valores da *razão*, do *belo*, do *ser*, da *verdade*, do *bem*, e no segundo pólo, desvalorizado, se juntam o *jogo* e a *brincadeira*, o *riso*, o *divertimento*, o *humor*, encontramos essa vontade diurna e luminosa de controlar, domesticar e subjugar o ser. Encontramos todo esse projecto de vida fundado na supremacia, domínio e controlo, da alma em relação ao corpo, da razão em relação à emoção, do sério em relação ao divertido. Com efeito, para o pensamento platónico, o jogo, o riso e o divertido, como que afastam o homem da verdadeira sabedoria.

No entanto, contra a vontade de Platão ou de Aristóteles, contra os seus esforços de interdição da brincadeira e do divertimento, do riso e do humor, os gregos, fiéis a um Olimpo politeísta onde todos os deuses, no respeito pelas suas diferenças, convivem alegremente, fiéis à ideia de que nenhum deus aceita ser esquecido, excluído, ignorado, fiéis a esse jogo do equilíbrio entre Apolo e Dionísio, continuaram a participar nas tragédias que os seus poetas lhes ofereciam. As crianças, essas, continuaram a rir e a jogar.

No mundo do festivo, a inversão da ordem habitual das coisas sempre teve um papel essencial. Dessas inversões, talvez as mais modelares, também as mais veementemente condenadas pela igreja, sejam a do homem que se disfarça de mulher e a da inversão da hierarquia social.

Nas *Saturnalias* – para alguns a *Liberalia,* as *Saturnais* e as *Lupercais*, celebrações de origem agrária, são uma das origens remotas do Carnaval – festas do equinócio de Inverno que em Roma eram dedicadas a Saturno, os escravos vestiam-se de senhores e os senhores de escravos. Durante as festividades senhores e escravos comiam juntos, realizavam-se grandes banquetes e sacrifícios, sendo costume por essa altura eleger-se, transitoriamente, de entre os jovens escravos, um rei ou *princeps*, caricatura da classe nobre, cujas ordens deviam ser acatadas.

Nestas festividades agrárias, baseadas no eterno retorno das estações do ano, na fertilidade e na abundância da terra, o riso, o canto, a libertinagem, o jogo e o riso ritualizados, tinham uma forte presença, à semelhança do que acontecia com as *Hilarias*, as festas da alegria, que celebravam a ressurreição do deus oriental Attis e onde se proibia a presença da tristeza e das lamentações.

Também na Grécia, num mesmo clima festivo, qual jogo burlesco de inversão de papéis, se dançava, cantava, comia em conjunto, escolhendo-se aleatoriamente um rei, personagem cómico que exercia o seu reinado durante esse período. Este misterioso costume de eleger um rei durante as festividades, reencontra-se noutros povos da Antiguidade, como é o caso das festas babilónicas da *Sacaea*.

Como sabemos, Saturno está intimamente ligado a Jano, o deus das sementeiras, que de acordo com as lendas teria reinado no

Lácio, numa época em que os homens eram iguais, num tempo de abundância e igualdade, em que não havia distinção entre escravos e homens livres.

De acordo com as conhecidas, mas também polémicas teses de Frazer, estas festividades suportar-se-iam na crença mágico-animista de que o destino da colectividade estaria fortemente ligado às características individuais do próprio chefe. O mesmo ocorreria com os múltiplos vestígios que, particularmente durante a Idade Média, sobreviveram nas Festas de Loucos.

Se o líder é forte, arrojado e vigoroso, não em virtude de qualquer mecanismo político mas por imperativos mágicos ligados às suas características pessoais, a comunidade beneficiará dessa situação. Dizendo de outra forma, a pujança do rei é a garantia de que a colectividade é igualmente robusta, a terra mais fértil e os animais mais fecundos, alargando-se a potência mágica do rei a tudo o que o circunda.

Ao invés, se a comunidade é vítima de infortúnios, se as catástrofes ocorrem, se as colheitas não são boas ou os animais não procriam, a culpa é do rei, que velho ou de alguma forma enfraquecido, já não consegue levar a cabo a sua missão.

Algo que nos faz lembrar Sófocles e o seu Édipo-Rei, tragédia onde o culpado pela peste que reina na cidade deve ser punido e afastado. Ora, o responsável por todos esses males é o próprio Édipo, que depois de provocar a sua cegueira sai da cidade, sendo substituído por Creonte, o novo rei. Recorde-se que Édipo havia morto Laio, o rei anterior.

Logo no início da tragédia, pela voz do Sacerdote, Sófocles (Ésquilo e Vários, s.d.: 116) diz-nos:

«Porque, como sabes, os cidadãos estão deveras aterrorizados ao sentirem, sob as cabeças de todos, desabar uma avalanche de mortes, que consome, na terra, os frutos das flores, nos rebanhos, os bois que pastam, e,

nas mulheres, os filhos que não chegam sequer a nascer.
Contra a nossa cidade se virou um deus armado de fogo: a
peste, o mais cruel dos inimigos.»

Sacerdote que logo acrescenta que se Édipo chegou à cidade
numa altura propícia, enviado por um deus para endireitar a cidade –
ele próprio se tornou rei matando Laio, o anterior rei de Tebas –
agora, que a peste grassa por todo o lado, deve rapidamente descobrir
«remédio para os nossos males». Remédio que, de acordo com o
oráculo, como diz Creonte a Édipo (Ésquilo e Vários, s.d.: 117)

> « [...] ordena que limpemos esta terra de uma mácula de
> sangue que nela caiu; e não permitamos que ela alastre
> até que se torne impossível a sua extinção.»

O que só será possível, diz-nos ainda Creonte (Ésquilo e Vários, s.d.: 117)

> «Afastando daqui o responsável, ou purificando a morte
> com a morte, já que este sangue é a ruína da cidade.»

O Édipo-Rei é a tragédia da descoberta da verdade, da
verdade de que Édipo é o assassino de Laio, de que foi ele que fez
verter esse sangue. Purificar a morte com a morte, a morte de Laio
com a morte de Édipo, é a solução. Punir os responsáveis da morte de
Laio, os culpados dos males da cidade, é a solução. Ao descobrir a
verdade Édipo mutila-se, provoca a sua própria cegueira, abandona a
cidade e vai viver para os montes Citerón, acompanhado das suas duas
filhas.

Quase no final da tragédia, o Corifeu (Ésquilo e Vários, s.d.:
1159) diz:

> «Não poderei dizer-te se está certo o que decidiste, mas
> julgo que, para viveres cego, mais te valera morrer.»

para de seguida (Ésquilo e Vários, s.d.: 160) asseverar que

> « [...] Creonte [...] é o único guardião desta terra que nos
> resta; ele tomará o teu lugar.»

Trata-se, afinal, do conhecido tema do assassínio do velho rei que perde a sua energia e força vital, sendo necessário substituí-lo por um novo rei, jovem, com vigor e vitalidade.

Não estamos longe, afinal, dessa milenar crença da renovação e restauração das coisas através da morte e do sacrifício. É o que se passa com o próprio profeta Jonas, cuja morte apaziguaria a fúria das águas. Deus ordena a Jonas que clame contra a cidade de Nínive, profetizando a sua destruição, mas Jonas segue na direcção contrária dirigindo-se de barco para Társis. Deus envia uma terrível tempestade e o naufrágio do barco parece estar eminente. Eis o sentido que é dado a essa experiência trágica (Jonas, 1, 7-12):

> «E dizia cada um ao seu companheiro: Vinde, e lancemos
> sortes, para que saibamos por que causa nos sobreveio
> este mal. E lançaram sortes, e a sorte caiu sobre Jonas.
> [...]
> E disseram-lhe: Que te faremos nós, para que o mar se
> acalme? Porque o mar se elevava e engrossava cada vez
> mais.
> E ele lhes disse: Levantai-me, e lançai-me ao mar, e o mar
> se aquietará; porque eu sei que por minha causa
> sobreveio esta grande tempestade.»

Parece não haver vestígios de alguma vez o ritual sangrento do homicídio do velho rei ter sido cumprido em Roma, embora no contexto das *Saturnalias* tenham ocorrido excessos que levaram à morte do rei transitoriamente eleito. O acontecimento mais conhecido vem relatado nas célebres actas do martírio de San Dasio. No início do século IV, no tempo de Diocleciano, os soldados romanos acampados junto ao Danúbio quiseram eleger o seu rei da *Saturnalia*, escolha que recaiu no jovem soldado cristão Dasio. Tendo recusado desempenhar o papel que lhe pretendiam atribuir, acabou por ser morto e decapitado.

Só um espírito de humor, um espírito lúdico e brincalhão, um espírito verdadeiramente humano, aceita a diversidade dos deuses. Só um espírito lúdico e brincalhão, um espírito insubmisso, sensível à dimensão da tragicomédia humana, rejeita projectos de dominação. Só um espírito alegre e brincalhão, um espírito de humor, cujo interesse pelo corpo não se confina à sua instrumentalização, não o reduz a mera utilidade e docilidade. Só ele recusa amputar o homem dessa dimensão eminentemente humana que é ser *homo ludens*.

Esta desconfiança em relação ao lúdico teve a sua continuidade no pensamento cristão, algo visível ainda nos nossos dias, mas de forma mais marcante até aos finais do século XVI. O lúdico, o jogo, o divertido, que tão significativamente caracterizam as religiões politeístas, encontram forte oposição por parte das autoridades religiosas.

O que não poderia deixar de ser, já que o cristianismo vem propor um sistema de valores e ideias bem distinto do que caracterizava as formas de sociabilidade do mundo arcaico e da Antiguidade Clássica. Vem propor uma outra ética, novas formas de o homem se relacionar consigo mesmo, com o mundo e com o sagrado. Vem propor códigos de conduta assentes numa perspectiva transcendental da vida, numa radical dicotomia entre a carne e o espírito, o mundo profano e o mundo divino, o pecado e a salvação, valorizando o celibato e a virgindade, a austeridade e a abstinência, a solidão e o silêncio. Como poderiam caber aí os valores do jogo, do riso e do divertimento?

Convém aqui não esquecer que para os latinos (*spiritus*), como para os gregos (*pneuma*) e os hebreus (*ruah*), o espiritual se confundia com a própria vida, com a circunstância de estar vivo, com a condição de vivente, não apenas com a amplificação ou intensificação dos estados de consciência e muito menos com um mundo ou entidade transcendente.

Os valores do jogo, da dança e do canto, do riso e da alegria, do corpo e da sexualidade, pelo profundo significado que tinham nos rituais religiosos ditos pagãos, passam a ser vistos como negativos, são dessacralizados e remetidos para o âmbito do pecado, de algo que permanentemente afasta o homem de Deus e da salvação.

Clemente de Alexandria (150-215) e Eusébio de Cesareia (265-339), este último considerado o pai da história do cristianismo primitivo, como outros Pais da Igreja, enfatizam as dimensões negativas do divertimento e do riso, a obscenidade das *falofonias*, dos cultos de Baco e Dionísio, que passam a ser associados à idolatria e ao pecado, à falta de probidade e de recato.

Clemente de Alexandria, erudito e mestre da filosofia neoplatónica, na sua obra mais conhecida, o *Paedagogus*, considerava que se o lúdico, o genuíno e alegre divertimento, o humor e o riso, eram dimensões humanas impossíveis de suprimir na sua totalidade, deviam pelo menos ser controladas, domesticadas e disciplinadas, sugerindo toda uma série de princípios educativos em que a disciplina, o autocontrolo físico e espiritual, a contenção dos impulsos carnais, a castidade, a humildade e a obediência, a solidão e o silêncio, emergem como grandes referências.

Vacilando entre a negação e a incorporação do riso e do divertimento, como erudito que era, não ignora os mitos do mundo pagão, procurando antes compatibilizá-los com os valores cristãos, retirando deles o que considera inadequado à nova sensibilidade religiosa. É o caso do mito de Deméter, Perséfone e Baubo, onde reduz o gesto da velha Baubo, ao levantar as saias e mostrar o sexo, a um gesto impúdico e obsceno, retirando assim ao humor e ao riso, ao divertido, aquela dimensão genésica, hierofânica, de revitalização da vida, que o mundo arcaico sempre lhes deu. O lúdico, o jogo, o riso e o divertimento, ao serem dessacralizados, veem-se circunscritos à categoria de actos unicamente ordinários e profanos.

Já Crisóstomo, nos finais do século IV e início do século V (344-407), baseando-se particularmente em São Paulo e na *Epístola aos Hebreus*, assume uma posição mais inflexível e extremada em relação ao jogo, ao divertimento e ao riso, condenando esses comportamento, já que os caminhos da purificação e da salvação, do acesso ao riso na vida eterna, passavam, acima de tudo, pela atitude piedosa, pela dor, pelo choro e pelo sofrimento, neste mundo. Crisóstomo, numa das suas homilias chega mesmo a afirmar (Rahner, 1967: 98) que

«This world is not a theatre, in which we can laugh; and we are not assembled together in order to burst into peals of laughter, but to weep for our sins. But some of you still want to say: "I would prefer god to give me the chance to go on laughing and joking." Is there anything more childish than thinking in this way? It is not God who gives us the chance to play, but the devil. »

Crisóstomo, no que à dança diz respeito, assume uma posição igualmente rígida, afirmando num das suas prédicas (Rahner, 1967: 76) que «[...] where there is dancing there is the devil». O jogo e a dança não tinham lugar, definitivamente, na liturgia da antiga Igreja, dadas as conotações, profundamente negativas, que as autoridades religiosas sempre fizeram em relação ao jogo e à dança, ao ligarem estas actividades com formas pagãs de religiosidade.

Mais próxima de Clemente é a posição de Santo Agostinho (354-430), que no entanto não deixa de referir, nas suas *Confissões*, os perigos a que o riso, o jogo e o divertimento, nos expõem, já que na sua efemeridade nos levam a esquecer e afastar das coisas verdadeiramente sérias, as coisas da fé, de Deus e da salvação.

Neste esforço da Igreja em combater a cultura popular do riso, do jogo e do divertimento, por ela considerada demasiado próxima do ideário pagão, o mosteiro, o designado *paradigma monástico*, importante fonte da criação do ascetismo medieval, desempenhou uma enorme influência.

No ano de 365, São Basílio (329-379), bispo de Cesareia, redige as normas que ficaram conhecidos como *Regra de São Basílio*, lançando as bases do que viria a ser a vida monástica, assente na comunidade dos irmãos, na oração e no trabalho. Estas normas influenciaram muito significativamente São Bento, o fundador da Ordem dos Beneditinos. No contexto de muitas outras formas de conduta, Basílio não deixa de se referir ao riso e ao divertimento. Dessas normas, retiramos (Macedo, 1997: 105) o seguinte extracto:

> «Como o Senhor condena os que riem agora, é evidente não haver para o fiel tempo algum próprio ao riso, principalmente sendo tão grande a multidão dos que ofendem a Deus, por violação da lei, e morrem no pecado; por todos eles devemos contristar-nos e gemer.»

No entanto, redigido em meados do século VI por São Bento de Núrsia (480-547), o *Regulam Sancti Benedicti*, viria a ser a base do modelo monacal, na forma como este se consolidou no Ocidente. Também aqui a disciplina corporal e espiritual, a moderação dos gestos e da palavra, a proibição do jogo e do riso, a clausura, a oração e o silêncio como formas de comunicar com Deus, se instituem como fundamentos de vida dos que abraçam a vida monástica.

Suportando-nos mais uma vez em Macedo (1997: 106), apresentamos de seguida um pequeno fragmento das normas elaboradas por São Bento no que ao riso respeita:

> «Os gracejos frívolos e as conversas ociosas e provocadoras de riso, condenamo-las a serem excluídas para sempre de todos os lugares e não permitimos ao discípulo abrir a boca para tais conversas.»

Este modelo monástico continha em si mesmo muito do que a Igreja procurava alargar aos seus fiéis, pelo que não é de espantar que já em pleno século VI, Cesário de Arles (470-543) combata, nas suas homilias, o riso e o divertimento, considerando que os seus fiéis jogam e se divertem demasiado, não só no dia-a-dia mas mesmo no decurso dos actos litúrgicos.

Desde o final da Antiguidade que assistimos a um desincentivar, por parte das autoridades religiosas, das ordens monásticas e das grandes decisões conciliares, de tudo o que tem a ver com o riso, o humor e o divertimento, sempre tão presentes nas festividades populares. O que atesta que as antigas festividades pagãs, ligadas aos rituais agrários, que se celebravam periodicamente na altura das *Kalendae Ianuariae* e mesmo dos *sacrificia mortuorum*, durante os quais as pessoas se mascaravam, jogavam e invertiam a sua identidade sexual, comiam, bebiam e dançavam alegremente, estavam ainda bem presentes no quotidiano do homem medieval.

O calendário litúrgico sempre se procurou sobrepor aos calendários astrológicos, aos cultos da fertilidade e ciclos festivos agrários, devendo-se o seu sucesso à progressiva cristianização das festividades pagãs, já que esse calendário se procurou adequar, ajustar e compatibilizar, aos antigos ritmos sazonais e agrícolas.

Os eclesiásticos não deviam participar nessas solenidades, não deviam juntar-se aos alegres e exuberantes divertimentos populares. Os fiéis eram instigados a não assistir nem intervir nas festividades profanas. Contraditoriamente, o cristianismo, que incorpora nas suas celebrações elementos pertencentes às crenças e tradições do paganismo, procura igualmente erradicar a todo o custo esses elementos. Entre eles encontram-se, precisamente, os jogos e rituais festivos relacionados com o humor e o riso ritual.

No século VI, algum tempo já passado sobre a conversão dos hispano-godos ao cristianismo, crenças pagãs, agouros e adivinhações, cultos de fertilidade ligados à natureza e divindades da floresta, do ar, da água, da terra e do fogo, são uma constante.

Nesta mesma direcção, o célebre discurso de Santo Elói (588-660), já em pleno século VII, atesta igualmente da persistência desses comportamentos festivos, da persistência do humor e riso rituais, demonstrando o quão enraizados estavam estes comportamentos, estas práticas pagãs, quer nos leigos quer mesmo numa larga franja do próprio clero. Eis um pequeno excerto desse discurso (Macedo, 1997: 108):

> «Que ninguém, nas calendas de Janeiro, faça coisas abomináveis e ridículas, como disfarçar-se de veado ou cervo [...] que ninguém, na festa de São João ou em outras festas dos santos, por ocasião dos solstícios, pratiquem danças ou saltos, carolas e cantos diabólicos [...]»

Muitos desses rituais religiosos ou para-religiosos ocorriam, durante todo o período medieval, com alguma cumplicidade e participação activa por parte dos eclesiásticos, nos próprios recintos sagrados do cristianismo, como no caso da Festa do Asno (*Festum Asinorum*), um desses estranhos rituais festivos que reflectem a presença do caos e da desordem, da inversão dos valores, da vertigem dionisíaca, do humor, do riso desenfreado, do lúdico, no seio da probidade da fé.

Estes actos de culto sobreviveram mesmo para além dos tempos medievais, como as póprias Constituições Sinodais dos bispados e arcebispados atestam ao referirem que se tratava de actos que mais pareciam gentios que cristãos.

Na sua origem, tudo indica, este acto litúrgico tinha como objectivo primeiro celebrar a fuga da Sagrada Família para o Egipto, mas muito rapidamente passou a centrar-se à volta da exaltação da própria figura do asno. No decurso dessas celebrações era acolhido na igreja um asno, enfeitado com as insígnias dos bispos, a mitra e o báculo, asno que era montado por uma mulher que figurava a Virgem Maria.

A própria figura de Cristo chegou a ser representada com um aspecto asinino, como no caso do célebre Grafite do Palatino (século II). De acordo com uma antiga tradição, os primeiros cristãos teriam chegado a venerar a figura do asno, o que mostra como as festividades populares resistiram ao processo de cristianização e a própria Igreja acolheu, transitoriamente, tradições que desejava abolir.

Nos alvores da Idade Média, no contexto geral de grandes cantos e danças, uma criança era escolhida (*episcopus puerorum*) e vestida com vestes usualmente reservadas aos bispos, sendo ela que distribuía a bênção pascal. Actividades festivas desta natureza perduram durante vários séculos, transformando-se no que no século XII eram as designadas festas de loucos (*festum stultorum*).

Ao longo da Idade Média, particularmente em França e na Alemanha, danças e jogos com bolas eram praticados, com a cumplicidade e participação dos bispos e de todo o clero, no palácio do bispo ou mesmo nas catedrais, durante as festividades da Páscoa. De entre as múltiplas referências que nos chegaram (Bachofen, Sidonius Apollinaris, John Beleth), apresentamos o testemunho de William Durandus, citado por Rahner (1967: 84), que se reporta a uma dessas festividades pascais do século XIII designada de «*libertas decembrica*»

> «On this day in various places the prelates play with their clergy, either in the cloisters or in the bishop´s palace. They even condescend to play ball or to organize dances and singing. This is called "December freedom" after the costum that once upon a time prevailed among the heathen, according to which slaves, herdsmen and serving girls were permitted a certain freedom during this month and could even give orders to their masters.»

De acordo com Rahner (1967: 86) essas festividades, misto de celebrações cristãs e de tradições do paganismo, onde confluem seriedade religiosa, jogo, humor e riso ritual, onde coabitam morte e redenção, teriam a sua origem em antigas festividades dos cultos germânicos que já envolviam jogos com bolas.

«[...] all this was a cultic development that had now taken on Christian colors, though its origin was the Easter ball game of the old Germanic tribes, for it is the conquering sun that the ball represents [...]»

No âmbito da sua análise ao mito do Trickster, Carl Jung (1972: 197) refere que

«A report from de year 1198 says that at the Feast of Circumcision in Notre-Dame, Paris, so many abominations and shameful deeds were committed that the holy place was desecrated not only by smutty jokes, but even by the shedding of blood. In vain did Pope Innocent III inveigh against the jests and madness that make the clergy a mockery, and the shameless frenzy of their playacting.»

Estas investidas da igreja contra tais manifestações populares mantêm-se durante o século XV, pois nessa altura, diz-nos ainda Jung (1972: 197), suportando-se em Du Cange, «even the priests and clerics elected an archbishop or a bishop or pope, and named him the Fools'Pope (*fatuorum papam*).»

Da obra de Campbell (2000: 312) *Las máscaras de Dios – Mitología Primitiva*, retiramos o seguinte extracto:

« [...] en la catedral de Beauvais la muchacha que interpretaba el papel de María subía hasta el altar junto con el asno y se colocaba en el lado del Evangelio, y a la terminación de cada parte de la misa pontifical que se celebraba a continuación, toda la congregación rebuznaba. Un códice del signo XI dice que «Al final de la misa, en lugar de las palabras *Ite missa est* («Id, la misa ha terminado»), el sacerdote debe rebuznar tres veces, y en

lugar de las palabras *Deo gratias* («Demos gracias a Dios»),
la congregación debe rebuznar tres veces.»

Mas o carácter hierofânico do riso e do divertimento sempre teimou em perdurar. Um dos últimos sinais da milenar crença nas características sagradas, criadoras e regeneradoras, do lúdico, neste apolíneo processo de desludização do sagrado, poderá ter sido esse ritual que persistiu pelo menos até ao final do século XVI, conhecido por *Risus Paschalis*. Tratava-se de uma espécie de inversão do acto litúrgico, realizado nas igrejas nomeadamente durante o período da Páscoa, que adoptava contornos de natureza paródica e licenciosa. Durante a missa pascal, em determinados momentos, os fiéis, obrigatoriamente, deveriam rir e divertir-se.

O lúdico, contra todas as investidas da hierarquia religiosa, dos poderes instituídos, teimou em perdurar e em fazer parte integrante dos rituais sagrados. Uma espécie de co-presença da ordem e do caos, da ortodoxia e da heterodoxia, de catolicismo e paganismo, de crença e incredulidade.

A sempre difícil coexistência entre a visão institucionalizada, representada pelo eclesiástico e sua intolerante defesa das certezas de uma dada tradição, de uma dada memória, e a visão lúdica que, aceitando a primeira, a procura igualmente negar e ultrapassar, ou seja, que procura denunciar como duvidosas aquelas posições que aos olhos do sacerdote surgem como incontestáveis, inquestionáveis, acima de qualquer suspeita.

1.4. A Dessacralização do Lúdico em Portugal

> *Cantam dentro nas dictas igrejas [...]*
> *e saltam e balham e fazem jogos desonestos*
> (Visitação à Igreja de São João de Mocharro D´Óbidos)

Em Portugal, entre muitas outras manifestações, os *caretos* assinalam igualmente a presença do caos e da desordem, do imaturo e indiferenciado, como algo indispensável à criação ou recriação de um mundo ordenado. Assinalam, ritualmente, determinadas situações de marginalidade, determinadas circunstâncias não humanas ou pré-culturais, como condição de revitalização ou restauração de uma outra ordem. Assinalam, ludicamente, festivamente, o advento de uma nova era ou ciclo, o início de uma nova primavera, na base de uma suspensão, temporária, do real.

E se é certo que todas as festividades comportam, de alguma forma, elementos sagrados e profanos, se, como nos diz Pereira (2001; 143) «[...] estes dois mundos, o do sagrado e o do profano, apenas se definem rigorosamente um pelo outro», não é menos verdade que eles tanto podem surgir mais ou menos separados como quase coexistirem.

Hoje, no Nordeste Transmontano, festividades típicas do solstício de Inverno, como as Festas dos Rapazes, esvaziaram-se da sua dimensão sagrada e oferecem-nos apenas um cariz profano. Sabe-se, no entanto, que os *caretos*, com as suas máscaras, os chocalhos e trajes típicos, eram o elo de ligação entre os vivos e os mortos, entre o homem e o divino. Presentemente, aos *caretos,* com as suas irreverências e diabruras, fundamentalmente vistos como o elemento opositor, transgressor, caótico ou diabólico, é-lhes vedada a entrada nas igrejas ou nos adros.

Em Varge, Trás-os-Montes, localidade onde se realiza uma das mais emblemáticas Festas dos Rapazes, os festejos começam no dia 24 de Dezembro com a matança da vitela, a refeição dos rapazes solteiros, a preparação da *casa da festa* e o ensaio geral das *loas*, que se prepara, com algum secretismo, fora da aldeia. No dia seguinte, sem máscaras, os Rapazes vão à Missa, mas logo que termina vão apressadamente vestir-se de *caretos* para prontamente se juntarem no largo da aldeia, onde a população já os aguarda para a encenação das *loas*, uma espécie de *crítica social institucionalizada.*

Vestígio desta aproximação entre o sagrado e o profano, igualmente com uma forte componente lúdica, são as conhecidas *romarias das ovelhas* ou *correr as ovelhas*, acontecimento festivo que até aos anos setenta (Serra, 2001) se realizava em diversas localidades do Concelho da Guarda, o que ainda hoje ocorre em Mangualde na Capela de S. Marcos. Os pastores, após a Missa, exibiam orgulhosamente as suas aptidões e a qualidade dos seus rebanhos, correndo com as ovelhas à volta da capela.

A propósito das actividades agrícolas relacionadas com a ceifa e a malha, o mesmo autor (Serra, 2001), relata-nos igualmente essas cerimónias burlescas a satíricas que são a *anha* e a *festa do último molho*. Em relação ao primeiro desses eventos, tal como acontecia recentemente na zona de Celorico de Basto, descreve uma série de episódios que vão do esconder da *anha* ao enterro do patrão. Salientando o ambiente de cortejo fúnebre das festividades, a presença fictícia de um *padre* e de um *pregador*, as ladainhas grotescas acompanhadas de gestos do sinal da cruz e a jocosa e barulhenta chegada do cortejo fúnebre à adega, que culmina com a *ressurreição* do morto, o patrão, altura em que divertidamente todos bebem por uma caneca de vinho que vai passando de mão em mão.

Suportando-se em Manuel Leal Freire, Cameira Serra (2001: 82) descreve a *festa do último molho* da seguinte forma:

> «Nas terras do Sabugal, a *festa do último molho* também metia *procissão*, formando os malhadores um *pálio*, com pértigos levantado, sustentando o último molho, "sob o

qual o proprietário dava a volta à lage, entoando o rexionis (cantado em latim macarrónico) ou fingindo entoá-lo" [...]».

As *Festas dos Rapazes*, com as *loas*, as máscaras e os chocalhos, dessacralizadas e afastadas dos espaços sagrados, as *romarias das ovelhas* à volta das capelas logo a seguir à Missa, as festividades da *anha* e do *último molho*, com as suas *procissões, padres, pregadores, pálios*, ladainhas e orações fictícias, o seu carácter satírico e burlesco, são o sinal, forte ainda, da presença e importância do lúdico no mundo do sagrado. São o sinal do esforço das autoridades religiosas para moderar e regular os costumes e festividades populares, seja no mundo do trabalho, nomeadamente agrícola e pastoril (vindima, ceifa, malha, espadeladas, debulhadas, pastorícia), seja nesse espaço imenso em que o lúdico, o sagrado e o trabalho, interagiam e se confrontavam.

Como sabemos, os jogos, o canto e a dança, os autos e as representações, com os seus matizes burlescos e licenciosos, foram banidos, do interior das igrejas, desde os finais da Idade Média. Mas, muitas dessas festividades, irão perdurar ainda por muito tempo, apesar do empenho dos eclesiásticos para abolir o que nelas havia de mais indigno e vergonhoso.

Testemunho disso são as Constituições dos Bispados e Arcebispados portugueses, os relatos dos Visitadores das Paróquias e mesmo as Ordenações. O relato da Visitação de D. Jorge da Costa, em 14 de Fevereiro de 1467, à Igreja de São João de Mocharro D´Óbidos, ajuda a compreender o ambiente cultural e religioso que se vivia na época, ao reconhecer, no título 16 das Visitação, que

«[...] em taaes romarias e vigílias cantam dentro nas dictas igrejas cantigas mundanaaes e de muytas vaydades aas quaes nom convem pera taaes lugares e saltam e balham e fazem jogos desonestos [...] e por que taaes romarias e

> vigílias sam hofensas de deus [...] mandamos [...] sob pena
> de excomunhom que cessem de fazer em as dictas igrejas
> e lugares taaes romarias festas e vigílias e nom cantem
> nem balhem nem façam jogos desonestos [...] fazendoas
> assy como deus quer com humildade e sillençio e devota
> oraçam [...] »

Todas estas festividades, jogos, vigílias, romarias, são, com efeito, expressões diversas da sobrevivência de antigos cultos pagãos. A Idade Média foi esse período fulgente de antiquíssimas tradições e usos populares de que hoje apenas subsistem vagos e ténues vestígios. Usos e tradições que a Igreja, em nome da honestidade e dos bons costumes, em nome da intransigência do dogma, da imponência do rito eclesiástico, do piedoso silêncio da oração, sempre procurou erradicar.

A própria criação da Ordem dos Templários, que surgiu na Palestina no tempo do Conde D. Henrique e de D.ª Teresa, é disso testemunho. Aprovada pelo papa em 1128, São Bernardo logo se apressa a elogiar a excelência e virtudes dessa *nova milícia*. Em *A Cultura em Portugal - Primeira Época: Formação de Portugal*, António José Saraiva (1984: 273) confronta-nos com o seguinte extracto das Obras Completas de São Bernardo:

> «O jogo do xadrez ou dos dados detesta-se aqui;
> horroriza-se a caça; não se aprecia – como noutros lugares
> – a caça de alternaria. Desprezam-se os cómicos e os
> mágicos, os contos de fábulas, as canções burlescas e
> todas as sortes de espectáculos e comédias, como
> vaidades, loucuras e falsidades [...] raríssimas vezes se
> banham.»

Antes ainda, pelo menos durante o século IX, a caça, o jogo da péla, os jogos entre cavaleiros e touros que se aproximavam das actuais corridas à portuguesa, o xadrez, os jogos de dados, eram já extremamente populares tanto na Espanha cristã como na muçulmana, pois quer num caso quer no outro as proibições em relação a estes jogos nunca eram integralmente cumpridas. Em pleno século XII havia, quer em Córdova quer em todo o al-Andaluz, uma ardor tal por estes jogos de sorte e azar, que quantidades avultadas de bens e dinheiro eram perdidas nestes jogos.

O xadrez parece mesmo ter atingido algum papel na mediação das contendas político-religiosas entre os dois países. Referimo-nos ao episódio do jogo de xadrez entre Ben Ammar, vizir de al-Mutadid, e o rei Afonso VI, relatado por al-Marrakusi (Díaz-Plaja, 1993: XXX). Eis um pequeno fragmento desse relato:

> «Quando o resultado da partida não oferecia dúvidas, Bem Ammar disse: «Ganhei o que tínhamos combinado?» «Sem dúvida; que pedes?» «Que saias desta terra e entres na tua». Afonso empalideceu [...] fizeram-no ver a vergonha que o atraiçoar a sua promessa implicaria para o maior rei cristão da época [...] No entanto, exigiu que, naquele ano, lhe pagassem em dobro o tributo ordinário.»

Em Portugal, bem mais tarde, não tanto nas grandes cidades mas principalmente na província, como atestam as próprias Constituições, a situação assume maiores proporções, pois as populações, incluindo o próprio clero, apesar das multas e ameaças de excomunhão, parecem persistir nas festividades e no lúdico, invadindo indecorosamente os espaços sagrados. A Constituição de Braga, ordenada em 1477 pelas autoridades eclesiásticas, proclama que

> «Porém mandamos e estreitamente defendemos sob pena de descomunhom que assi homens como molheres eclesiásticos e seculares que [...] nom sejam ousados fazer nem consentir nem dar lugar que hi [igreja, mosteiro ou capela] se façam jogos, momos, cantigas nem bailhos nem se vistam os homens em vestiduras de molheres nem

> molheres em vestiduras de homens, nem tangam sinos
> nem campanas nem orgoões nem alaudes, gaitarras,
> violas, pandeiros, nem nenhum outro instrumento, nem
> façam desonestidades pelas quaes muitas vezes provocam
> e fazem vir a ira de Deos sobre a terra» (Sasportes e
> Ribeiro, 1991: 10).

Esta postura de os homens se disfarçarem de mulheres e as mulheres de homens, inversão própria de todo o tipo de mascaradas, particularmente das *Saturnalias* e do Carnaval, é algo de grosseiro e desonesto, segundo a Igreja, que desde sempre condenou estes jogos e simulacros.

Mas estas proibições vêm de muito antes, mesmo no que a Portugal e especificamente à região de Braga diz respeito, pois já no segundo Concílio de Braga, que se realizou em 572, presidido por São Martinho de Dume, se alude à condenação e proibição deste tipo de festividades populares, consideradas iníquas e pagãs. Recorde-se que durante a Idade Média foram realizados múltiplos concílios na cidade de Braga, mesmo na altura em que era a capital da província eclesiástica da Galiza.

Bem longe da Península Ibérica, um século depois, no Concílio de Trullanos (669-711), ou Trullo, realizado em Constantinopla no tempo de Justiniano II, as preocupações em relação a este tipo de jogos e mascaradas parecem ser sensivelmente as mesmas. Condena-se particularmente o facto de as mulheres se vestirem de homens e os homens de mulheres, sendo o *risum*, a *ignorantia*, a *vanitate*, a *insaniae*, a *impostura*, o que melhor caracteriza esses ambientes festivos.

As Constituições dos bispados e arcebispados incluem de forma incessante e reiterada a proibição de todo esse tipo de comportamentos, o que mostra o quão enraizados estavam nos hábitos do povo português. As comunidades locais, os *fregueſes*, perseveravam em trazer para o interior das igrejas e capelas, para os adros e para as procissões, aquelas condutas lúdico-festivas que a igreja procurava erradicar.

Testemunhos diversos atestam a presença de jogos com bola, como o *fito* ou o *mancal*, a partir de meados do século XV, jogos que no final desse mesmo século haviam já atingido uma enorme popularidade e mereciam um grande entusiasmo por parte da população, apesar de a aristocracia continuar mais ligada a outros tipos de jogos.

Esses jogos com bolas praticavam-se nos adros das próprias igrejas, nomeadamente no norte de Portugal. O alvoroço era tal que as autoridades civis e religiosas se viram obrigadas a regular essas práticas. Relatos diversos (Leitão e Leitão, 2013) testemunham o interesse dos próprios eclesiásticos por essas práticas lúdicas, interesse que não tinha unicamente motivações recreativas mas também de obtenção de lucros. Contrariando disposições superiores esses eclesiásticos participavam publicamente nessas actividades lúdicas apresentando-se de *calças e gibão*. No primeiro volume desta obra, *Jogar é Estar Perto dos Deuses - A Transfiguração do Real*, referimos uma diversidade de formas de regulação e proibição desta e doutras formas de actividade lúdica, « [...] ainda que seja a bola ou mancaes» (Constituições do Bispado de Coimbra), como as multas, os açoites, a prisão, o degredo, dias e locais onde se pode jogar, proibição de os eclesiásticos jogarem em público ou em privado, a actividade mais referida nas Constituições. Estas proibições procuravam conter o entusiasmo que estes *jogos desonestos* recolhiam por parte da população em geral.

No interior das igrejas, mesmo no decurso de actos litúrgicos como a Missa, aconteciam autos, diálogos, representações, alusivos a factos e figuras da história sagrada, da vida de Cristo ou de outras lendas locais. Autos e representações que eram acompanhados de jogos, cantos e danças, hieráticas e profanas, que quantas e quantas vezes assumiam os contornos do cómico e indecoroso.

E se no interior da igreja, com a conivência ou a complacência das autoridades religiosas locais, os limites do aceitável eram ostensivamente ultrapassados, fora desse espaço era a alegria incontida das procissões e romarias, com as danças, os cantos, os jogos, a galhofa e a chacota. Num ambiente em que o elemento figurativo, o canto e a dança, assumem um papel central. Ou, como no diz António Anselmo (1916: 152), essas festividades eram « *[...] entremeadas de imãgens grosseiras de serpentes e dragões e acompanhadas de descantes, violas, castanhetas e pandeiros.*»

A atmosfera em que decorriam todas estas festividades, a postura que as autoridades religiosas adoptavam em relação a elas, na transição do século XV para o século XVI, está claramente atestada nas Constituições e Estatutos do Bispado da Guarda, impressas em Salamanca no ano de 1500. Depois de referirem que os *freygueses*, sob pena de excomunhão, não devem comer, cantar ou dançar nas igrejas, que nelas não devem pôr trigo ou cevada, depois de disporem que os clérigos não devem lutar, agarrochar touros, jogar dados ou cartas, comer ou beber nas tabernas, centrando-se mais especificamente nos autos e representações, declaram na Constituição LVI:

> «Que nom entrem nas ygrejas os emperadores & reys & raynhas que se costumam fazer em algumas festas. Achamos um abominavel costume em alguǔs logares deste bispado que os freygueses & moradores deles em alguǔas festas do ano assy como em dia de Santestevan que vem nas oytavas de natal como em outras festas: ordenam & fazem imperadores & reys & raynhas & vamse com elles as ygrejas levando consigo jograeês: os quaees mandam poer & poem no pulpeto da ygreja: donde dizê muitas desonestidades & abominaçoeês sem embargo de se emtã celebrar missa & ſe fazerem os officíos divinos: per cuia rezam se seguem muytos arroydos & outros inconvenientes.»

Procurando remediar essa situação a Constituição ordena que, daqui em diante, os *imperadores* e as *rainhas* não entrem nas igrejas, nem nelas, ou nos adros, se façam bailes ou festas, « [...] *nê os priores ou capellaeês os consentã hay*», pois quem o contrário fizer incorre em penas várias que podem ir até à excomunhão.

Embora não se possa confirmar a data da entrada em Portugal dos jogos de cartas, cuja chegada à Europa ocorre no século XIV, a sua presença é atestada pelo menos a partir de 1490 (morte do cavaleiro Diogo Pires no tempo de D. João II) e das Constituições dos bispados e arcebispados, como as da Guarda, datadas de 1500. Os jogos de cartas virão posteriormente a ganhar ascendente em relação aos jogos de dados, dadas as conotações que estes últimos tinham em relação à superstição, à adivinhação e ao paganismo em geral.

Com efeito, como referimos no primeiro volume desta obra (Leitão e Leitão, 2013: 149), «Os ossinhos (*astragaloi*) eram usados em várias civilizações sob as mais diversas formas, que iam dos jogos de destreza à sua utilização como dados em jogos de sorte e azar ou mesmo como objectos divinatórios (astragalomancia).»

No entanto, meio século depois, como ilustram as Constituições Sinodaes do Bispado Dangra, ordenadas em 1560, todos esses excessos persistem, pelo que « [...] *para atalhar os excessos que os sacerdotes nos taes encerramétos alguas vezes fazê*» (folio nº 43), se ordena que

> « [...] nem tanja viola nem guitara nem frautas, nem outro algũ tãger, nemcante nem bayle, nem faça algũ auto profano & deshonesto.»

Medidas proibitivas que, para além dos considerados jogos desonestos, se centram na questão do canto e da música, da dança e dos autos e representações. Situação que as próprias Constituições especificam quando no folio nº 53 se decreta

« [...] que os clérigos de ordês sacras, ou beneficiados não luytem, nem baylem, nem dancem, nem andem em folias nem outros jogos, nem cantem cantigas profanas & seculares, arsi em vodas, como em missas novas, ou outro qualquer lugar, nem sejão jograes, nem chocarreyros, fazendo diabretes, ou trazêdo mascaras, ou barbas postiças, ou fazêdose momos vestindose de vestidos deshonestos.»

Tudo parece orientar-se no sentido de, quer os eclesiásticos quer os seculares, não poderem cantar, dançar ou fazerem autos ou outras representações, nas igrejas, nos adros ou nas ermidas. No caso dos autos e representações, especifica a Constituição Dangra (folio nº 58) «[...] *ainda que sejão da payxão de nosso Redéptor*», do seu nascimento ou ressurreição. Exceptuam-se as situações em que as autoridades religiosas dêem autorização para que tais autos se possam realizar.

Ante a impotência de fazer com que as populações abandonem os seus ancestrais costumes assiste-se à regulamentação, por parte das autoridades religiosas, desses mesmos costumes, no sentido de os regular, minimizando aqueles aspectos considerados menos convenientes. Continuamos a encontrar sinais dessas diligências pelo menos até aos finais do século XVIII. A Igreja adoptou, assim, a estratégia de agregar às suas próprias festividades aquelas dimensões das antigas festividades pagãs consideradas assimiláveis, direccionando os seus esforços quer para a definição do que se considera inaceitável poder acontecer no interior das igrejas e nos adros, quer para a regulação das festividades realizadas fora desses espaços sagrados, a saber, os cortejos e procissões.

Assim, as Constituições Sinodaes do Bispado Dangra referem, no seu fólio nº 58, «*Que não fação audiências seculares nas ygrejas, nem se corrão touros nos adros dellas*», regulamentações que, se tivermos em consideração que as Constituições dos diversos Bispados e Arcebispados portugueses se expressam quase pelas mesmas palavras, não foram suficientes para impedir que as *romarias das ovelhas*, realizadas à volta dos adros após o ofício da Missa, perdurassem, nalgumas localidades do Concelho da Guarda, até aos anos setenta do século XX.

No que respeita às procissões, no sentido de assegurar a sua solenidade, retirando-lhes os elementos mais ligados ao satírico e ao burlesco, regulamentam-se uma série de procedimentos, que vão das vestimentas aos papéis dos clérigos e dos seculares. Das Constituições Sinodaes do Bispado Dangra retiramos ainda, folio nº 48, o seguinte fragmento:

> « [...] pertence que a Cruz que he bandeyra dos fieys Christão não seja levada per escravos nem moços, como algũas vezes há acontecido, de modo que era couſa vergonhosa)»

Das Constituições dos Bispados e Arcebispados portugueses por nós consultadas, que de alguma forma expressam quase pelas mesmas palavras estas preocupações de regulação das procissões, as que melhor parecem espelhar o empenho das autoridades religiosas em acabar com os excessos que sempre aconteciam, são as Constituições Synodaes do Bispado de Leiria, ordenadas em 1601, mesmo no alvor do século XVII. Confirmando as proibições em relação à realização de autos ou representações no interior das igrejas, empenhadas em evitar tudo o que possa provocar o *riso* ou tenha alguma conotação com as *festas profanas*, acabam por definir em que condições e circunstâncias as *festas profanas* podem ser integradas nas procissões. Do Título Onze, Capítulo II, dessas Constituições, intitulado *Que nas Procissões senão representem cousas profanas, & indecentes*, extraímos o seguinte trecho:

«Por quanto nas Procissões não deve aver cousa, impida a devoção dos fieis Christãos. Ordenamos, & mandamos, que em todas, as que se fizerem em nosso Bispado não aja festas profanas, que provoquem a riso: nem representações [...] nem quaesquer outras inveções deshonestas com que se perturbe a quietação & devoção dos fieis. [...] nem pelas ruas, & janelas se ponhão figuras , ou pinturas lascivas, & indecentes. E avendo de ir nas ditas Procissões algũas festas, ou jogos, iram no principio da Procissão, diante de todas as Cruzes [...] nem entraram nas Igrejas, por não perturbar os officios divinos.»

Conclui-se o Capítulo II das referidas Constituições evidenciando-se que « [...] *os que o contrario fizerem, pagarám mil reis*». Segue-se a Constituição III, intitulada *Da pena que averám os que nas Procissões arrancam armas, fazem brigas, & revoltas*. As penas referidas tanto se aplicam a eclesiásticos como a seculares, sendo igualmente aplicáveis aos delitos cometidos nas Igrejas, Ermidas e adros. Não esqueçamos que estas Constituições, à semelhança de todas as outras, determinam que os próprios clérigos não devem lutar, correr touros, jogar jogos proibidos, ter ou dar *tabolagem*, mascararem-se, entrar em farsas ou outras coisas indecentes.

Sensivelmente na mesma altura, nos alvores do século XVII, em Espanha, as Constituciones Synodales del Obispado de Cádiz (1591) e as Constituciones del Arzobispado de Sevilha (1609) seguem a mesma linha condenatória e proibitiva. Das Constituciones Synodales del Obispado de Cádiz (fólio 30) retiramos o seguinte fragmento:

«Repugna a la sanctitud y religión de las iglesias los bayles, juegos, dãças, o cãtares deshonestos y representaciones de cosas profanas [...] y que no se permitam hiatorias, o invenciones lascivas, o mezcla de cosas profanas con divinas [...] Y si en alguna o algunas de las dichas iglesias se ha acostumbrado hazer obispillo el día de los Inocentes, o

de San Nocolás, o otros entre año, mandamos de que oy
en adelante no se haga.»

As Constituciones do Arzobispado de Granada, datadas de
1572 e presididas pelo arcebispo Dom Pedro Guerrero, de que existe
um segunda edição datada de 1805, retirando a especificidade da
referência ao dia dos Inocentes e, portanto do *obispillo*, enfatizam as
mesmas questões: que os prelados não devem jogar à bola em público
nem jogar a dinheiro dados ou cartas; que só o poderão fazer em lugar
decente, poucas vezes, com pessoas honestas e se for em montantes
baixos que não ultrapassem os dois reis; que não devem cantar ou
dançar coisas desonestas nem assistir a festas profanas. No título V da
Constituição treze, pode ler-se:

> «Ningún clérigo de orden sacro, en misas nuevas, bodas,
> fiestas, ó otros ayuntamientos, cante cantar alguno
> deshonesto, profano, ó seglar, ni dance, bayle, ni predique
> cosas livianas en regocijos ó fiestas, como en día de los
> Inocentes, ó otros, ni se disfrace ni represente personaje
> en farsa, aunque sea fiesta de Corpus Christi, ni haga cosa
> por que sea notado de liviandad [...] »

Algo similar ao que encontramos em muitas outras
Constituições, como as de Astorga (1595), de Toledo (1620), de Teruel
(1627) ou de Lugo (1632), que recorrentemente mencionam, como
algo reprovável, os jogos, o canto e as danças seculares e profanas, o
correr touros, os autos e as representações em igrejas, os jograis, as
farsas, as máscaras e os disfarces. Tudo espectáculos vãos e
desonestos.

Entenda-se que de todas as festas que em Espanha foram
relacionadas com as *Saturnalias*, a mais conhecida é a do *obispillo*, que
geralmente se realizava no dia de San Nicolás (6 de Dezembro) ou no
dia de Inocentes (28 de Dezembro), altura em que por tradição muito

remota se elegia um *obispillo*, ou seja, um jovem que simulava ser bispo e como tal se vestia. Festas, portanto, que sempre mereceram a clara oposição das autoridades eclesiásticas, o que não impediu que sobrevivessem até à época contemporânea.

De Baroja (2006: 342-344) retiramos as seguintes descrições do *obispillo*, a primeira do *obispillo* de San Nicolás e a segunda do *obispillo* de Inocentes da igreja de Gerona.

> «En Garinoain [...] todos los niños de nueve a catorce años recorren las calles acompañando a uno de ellos, vestido de obispo, al que eligen por suerte. [...] El que hace de obispo bendice las casas [...]»

> « [...] en 1475 se propuso la abolición de la fiesta. [...] En 23de diciembre de 1541 [...] limitó las libertades de la misma [...] ni traigan al obispito danzando por la iglesia. [...] El obispillo catedralicio, que solía ser el más joven de los niños cantores, parodiando al obispo verdadero, subía al coro con sus compañeros, que hacían de canónigos, rezaba burlescamente y cometía otras chocarrerías en imitación del prelado.»

Quase um século após as Constituições do Bispado de Leiria, setenta e cinco anos depois, para sermos mais precisos, Constituições que renovam o já anteriormente definido noutras Constituições – que nas procissões não deve haver *coisas que impeçam a devoção dos fieis*, jogos, festas profanas, riso, autos e representações, *figuras ou pinturas lascivas e indecentes*, *desonestidades* que a integrar essas procissões devem ir diante de todas as cruzes – o relato de um viajante (Sasportes e Ribeiro, 1991: 10) diz-nos que em 1676,

> «Nas festas mais solenes, depois de acabar o serviço divino, fazem ir para dentro da igreja mulheres ricamente enfeitadas, as quais na presença do Santíssimo

Sacramento, que fica exposto, dançam ao som de guitarras e castanholas, cantam modinhas profanas, tomam mil posturas indecentes e impúdicas [...]»

Pois bem, se as Constituições e Estatutos do Bispado da Guarda (1500) referem já os «*imperadores & reys & raynhas*», se em 1676 um viajante nos fala de cantos, danças, posturas indecentes e impúdicas dentro da igreja, passado mais um século, em Teruel, cidade da região de Aragão, um édito de 1745 do bispo Francisco Pérez de Prado y Cuesta, procura mais uma vez – e mais uma vez sem sucesso – erradicar tais costumes. Eis um pequeno excerto (Baroja, 2006: 385) do testemunho que nos é apresentado:

«[...] mandamos – dice el edito – que ninguna confradía pueda nombrar ni permitir a sus confrades y Cofradesas que acepten el nombramiento de Rey, Reyna [...] del Reynado. [...] Y assimismo no puedan los dichos Reyes o Emperadores de Juego de Reynado entrar en la iglesia [...] ni estos oficiales burlescos puedan sentarse juntos en la Iglesia [...] ni puedan tener en la Iglesia trono (como dizen) [...] ni llevar divisa alguna de tal burla [...] Ni nuestros Curas [...] puedan acompañar esta tramoya burlesca del Reynado [...]»

A dimensão de divertimento, brincalhona, de ironia e humor, o riso e a gargalhada, o cómico e o burlesco, a ilusão e o engano, o canto e a dança, o erótico, nas suas fortes conexões ao sagrado, são elementos que estão ainda bem vivos nas festividades populares, no imaginário do povo português e de outros povos, apesar dos esforços de interdição dessas manifestações, na tentativa de instaurar a supremacia, o domínio e o controlo, do *sério*, em relação ao *divertido*.

Apesar desta milenar desconfiança em relação ao lúdico, apesar de todas estas investidas, ordenações, proibições, ameaças de excomunhão, o divertimento, sempre tão presente nas festividades populares, nas suas múltiplas expressões, teimou em perdurar, em continuar a fazer parte, dos rituais sagrados.

Testemunham-no, igualmente, as proibições de D. João I (1357-1433), em relação às celebrações das *Maias* e das *Janeiras*, as proibições decretadas por D. Duarte (1391-1438), em relação aos comportamentos considerados sacrílegos que se cometessem no interior das igrejas. Que comportamentos eram esses? Pois bem, os jogos, as representações, o canto e a dança, de acordo com os relatos do próprio Fernão Lopes (1380-1460). As festividades do antigo calendário pagão prolongaram-se por muito tempo e as *Janeiras*, bem como as *Maias*, ainda se cantavam nos séculos XIV e XV. As *Janeiras*, como festas do solstício de Inverno, celebravam a morte do ano velho e o ressurgimento do novo ano, o renascimento do sol, testemunho da permanência do antigo culto do *sol invictus*. As *Maias*, vinculadas às celebrações dos rituais de fertilidade, ocorriam na altura do florir da natureza e da maior magnificência da vegetação.

Diga-se, de passagem, que a própria festa do Natal parece ter a sua origem nestes antigos cultos do *sol invictus*. Dizem alguns historiadores que não havendo nenhum registo objectivo que permitisse colocar o nascimento de Jesus Cristo no dia 25 de Dezembro, data que depois de muitas indecisões a Igreja acabou por escolher, tal preferência poderá estar relacionada com o facto de haver em Roma, de há longa data, um grande festival nesse mesmo dia, festival do solstício de Inverno que celebrava o nascimento e triunfo do sol, o *sol invictus*.

Festividade que, nomeadamente para os legionários romanos, celebrava e enaltecia, quer o nascimento de Mitra, divindade solar persa que representava a luz, o *Sol Vencedor*, quer a figura do próprio imperador, que desde o tempo de Aureliano (270-275) era encarado como a encarnação de um deus. Mitra chegou a assumir tal importância nesta dimensão que acabou por vir a ser considerado o *Protector do Império*.

Com Teodósio o Grande (379-395), cognome que a Igreja lhe atribuiu pelos seus esforços em favor da ortodoxia católica, a festa do Natal perde os últimos vestígios de paganismo e passa a ser uma festa exclusivamente cristã.

As atitudes moralistas e condenatórias do padre Manuel Bernardes (1644-1710), particularmente em relação à dança, testemunham igualmente, já no século XVIII, dessa desconfiança da Igreja em relação ao lúdico.

Também através das Constituições Synodais do Arcebispado de Braga, ordenadas em 1697, e do Arcebispado de Lisboa, datadas de 1737, assistimos a esta lenta mas não menos persistente condenação da atitude brincalhona, irónica e satírica. A esta crescente valorização dos rituais apolíneos, da vontade ascética, diurna e luminosa, de controlar, domesticar e subjugar, a dimensão *ludens* do homem.

Atitude que de alguma forma se centra na estratégia de criação de mundos opostos, antagónicos, antitéticos, através da progressiva separação entre o sagrado e o profano, entre o sério e o divertido. Divertido que progressivamente vai assumindo as conotações do não-sério, do caótico e do excessivo, da desordem, do desonesto e indecente. O lugar das grandes abominações e dos grandes pecados.

Muito depois da conversão dos hispano-godos ao cristianismo, as crenças, os augúrios e as adivinhações, a feitiçaria, os jogos e as festas ligadas à natureza e aos cultos de fertilidade, que as Ordenações e as Constituições Sinodais dos bispados e arcebispados sempre procuram contrariar, são o testemunho desse enraizamento de costumes que durante a Idade Média, e muito para além dela, nos campos e nas cidades, sempre marcaram a cultura dos povos.

Não conseguindo matar o Trickster, como veremos posteriormente o Trickster é eterno, a Igreja centra os seus esforços na separação dos comportamentos ditos não-sérios em relação aos comportamentos considerados desejáveis, na regulação dos comportamentos ditos desonestos e licenciosos.

As Constituições Synodais do Arcebispado de Braga (1697), referindo-se à procissão do Corpo de Cristo, como nos recorda Anselmo (1916: 153) num artigo intitulado *Costumes Religiosos Populares – os Antigos «Autos» e «Procissões»*, ordenam que « [...] *porém não he nossa tenção nesta Procissão prohibir as danças, folias & invençoens, com que se acompanhou sempre , & acompanha a dita Procissão nesta nossa Cidade* [...]». Mas, acrescentam as Constituições, na condição de essas danças não serem lascivas e indecentes.

Numa mesma direcção, as Constituições Synodais do Arcebispado de Lisboa (1737), depois de proibirem, sob pena de multas várias e excomunhão, a entrada nas igrejas dessas folias e divertimentos, não deixam de apresentar, em relação a elas, no que toca à sua integração nas procissões, alguma abertura, igualmente na condição de tais folias não serem *licenciosas e desonestas*. Afirmam expressamente essas Constituições (Anselmo, 1916: 154), como já anteriormente ordenavam as Constituições do Bispado de Leiria (1601), que « [...] *as danças, folias, e semelhantes festas que costumão ir nas procissoens, assim nesta Cidade de Lisboa, como nas villas, e terras do Arcebispado, não prohibimos que vão, com tanto que vão sempre diante de todas as cruzes, e que não cantem cousas lascivas.*»

Se é certo que todas as Constituições dos Bispados e Arcebispados, quer em Portugal quer em Espanha, são unânimes em condenar estes actos licenciosos e desonestos, não é menos verdade que tais comportamentos por vezes tinham a compreensão dos próprios clérigos, que nem sempre viam nesses comportamentos lúdicos, mesmo na inversão transitória da ordem e das funções – como no caso dos Reis e Imperadores ou do *obispillo* – uma mera oportunidade de diversão. Tais manifestações festivas foram mesmo motivo, nalguns momentos e da parte de alguns clérigos, de reflexão filosófica ou de manifestação compreensiva, piedosa e de humildade.

Baroja (2006: 347-348) avança mesmo com a ideia de que as proibições em relação a toda este ludismo terá coexistido com a atitude de aceitação, por parte de alguns clérigos, desses mesmos comportamentos. Para além da sua natureza lúdica esses comportamentos seriam igualmente uma experiência de modéstia, de abnegação e pobreza. Uma *prova de humildade*. Através da voz do historiador Bermúdez de Pedroza, dá-nos o seguinte exemplo de Frey Hernando de Talavera, arcebispo de Granada (1428-1507):

> « [...] el qual acostumbraba, como en todas las demás yglesias Catedrales de aquel tiempo elegir de entre los moços de coro un Obispo el día de San Nicolás, cuya dignidad durava hasta el dia de los Inocentes: en el qual mudándose los oficios de los mayores por los menores, mandando éstos, y obedeciendo aquéllos; eran servidos aquel día los que todo el año servían. Pues como el santo Arçobispo era tan amigo de representaciones de humildad, tomava ésta tan de veras [...] lo qual se hazía con tal silencio y orden, como si el mesmo Arzobispo celebrara [...] que no auía coraçon que no derramase muchas lágrimas de devoción deprendiendo a ser humilde.»

Como temos vindo a analisar, nomeadamente a partir da segunda metade da Idade Média, situação que atinge o seu apogeu nos finais do século XIX e início do século XX, assiste-se a uma lenta mas progressiva dessacralização do lúdico, da dança e das representações. A dança, o canto, o lúdico, o corpo, que desde os tempos mais primordiais eram a forma superior de contacto, de comunicação com o divino, são despojadas dessa função.

O lúdico e a dança são expulsos da liturgia. Os jogos e danças populares, na sua irreverência e espontaneidade, como manifestações espontâneas do instinto de jogo, com a sua forte componente dionisíaca, na acentuação dos seus elementos *ilinx* e *mimicry* (Caillois), na sua aproximação à dimensão *paidia* (Caillois), vão dando lugar a formas mais domesticadas, mais rígidas e estereotipadas, de maior regulação, controlo e estruturação. Vão dando lugar a formas de expressão mais saturadas da dimensão apolínea, da dimensão *ludus* (Caillois).

Assim, tanto nas práticas rituais como na vida secular, os jogos e as danças vão adquirindo contornos de maior inflexibilidade e rigidez, de maior subserviência a modelos previamente construídos, aceites e autorizados. A dança é excluída das práticas religiosas, e, quando o não é, deve seguir rigorosamente os cânones definidos, não havendo lugar à improvisação, à criatividade, ao fervor que o bailarino sempre coloca nos seus desempenhos.

Desta forma, o esforço conjunto da Igreja e das autoridades temporais, vai conduzindo à progressiva dessacralização e formatação do lúdico, nas suas diversas manifestações.

As referências que temos vindo a fazer às Ordenações e às Constituições são disso prova cabal. No que toca à dança, gostaríamos agora de, na base de um texto de Manoel de Sousa Pinto (1916), retractar rapidamente o ambiente que no século XVII e XVIII se vivia na Corte de D. João V (1689-1750) e de D. José (1714-1777). O autor começa o seu texto com uma epígrafe que, pelas suas alusões e desconfianças em relação à dança, nos parece pertinente registar.

> «[...] Mandamos que todo o Pai de famílias que despender dinheiro com francezes bailarotes, mandando ensinar as filhas a dançar o passa pé, e outras modas... seja condemnado na affronta de ter netos antes de tempo.»
> Pragmatica da Sécia

É numa altura em que a Corte passava a vida em festas (Pinto, 1916: 2),

> «Enquanto á alegria, jámais houve tanta na Côrte: aqui não se faz outra cousa mais que divertir, tanger, e bailar [...] sonoras consonancias de trombetas, frautas, clarins, atabales, trompas, e outros instrumentos, que nem os terás ouvido nomear»

em que o *bailarote*, o mestre de dança francês, era obsessivamente procurado para ensinar essa dádiva tão invejada pelas donzelas e mancebos da Corte, dança em que os pais desembolsavam fortunas para poderem apreciar os progressos coreográficos das suas filhas, que igualmente se assiste à secularização e normalização da dança.

Com efeito, por influência da Corte, a dança vai-se transformando numa arte difícil de aprender, vai-se formatando, assumindo um carácter mais cerimonial. Vai-se constituindo como símbolo da opulência e do poder. Pinto (1916:1) diz-nos ainda, sem deixar de criticar e satirizar o que considera ser o caricato dos *burgueses metidos em fidalgarias*, que

«Differindo das do nosso tempo, a dansa requeria então um aprendizado mais custoso, pois a Galharda ou a Pavana incluíam passos que se não dansavam á primeira.»

Por esta mesma altura, no Portugal de D. João V, prossegue a moralização do vibrar popular em relação ao jogo, como testemunha o relato de um viajante anónimo por terras portuguesas, intitulado *Descrição da Cidade de Lisboa, 1730* (O Portugal de D. João V Visto por Três Forasteiros, 1989: 70).

«Tendo certo corregedor dado voz de prisão, na praça do Rossio, a um criado de Luís César de Menezes, filho do Vice-Rei da Baía, por o ter surpreendido em jogos ilícitos, quando o conduzia à cadeia [...]»

Apesar destes persistentes esforços de proibição, regulação, normalização, dos jogos, autos, cantos e danças, continua bem vivo esse profundo sentir global a que os povos e sociedades tradicionais sempre votaram o lúdico, expressão do reconhecimento da sua função genésica vital, criadora, regeneradora, transfiguradora do rosto do mundo.

Os livros de Visitas e as Constituições dos Bispados e Arcebispados portugueses atestam bem desses costumes populares, simultaneamente lúdicos e religiosos, que foram os Autos e as

Procissões, do seu significado histórico e social, como testemunham da presença (Anselmo, 1916), nessas festividades, simbiose do sagrado e do profano, das figuras burlescas e satíricas de *dragões* e *serpentes*, num ambiente geral de alegria, dança, folia e galhofa não contida.

Um exemplo claro desta situação é a própria festa do *Corpus Christi*, instituída em 1264 pelo Papa Urbano IV. Em Portugal há notícias da festa do Corpo de Cristo já no reinado de D. Dinis. Rapidamente se transformou num grande festejo público, expressão da devoção e piedade popular do qual não estavam excluídos, quer costumes e rituais pagãos bem mais remotos, quer uma forte presença da estratificação e hierarquias sociais. Autoridades civis e religiosas, mesteirais, comerciantes, e trabalhadores, desfilavam agrupados em torno dos estandartes e insígnias dos seus santos padroeiros.

Obedecendo a uma lógica de separação e diferenciação, secular e religiosa, como que havia um círculo mais sagrado e um círculo mais profano, como as próprias Constituições Sinodais confirmam. Veja-se o que a este propósito referimos anteriormente sobre as Constituições Sinodais Dangra (1560) e de Leiria (1601).

Sobre a festa do *Corpus Christi* e a duplicidade das suas dimensões sagrada e profana, escutemos ainda o que Coelho (2010: 163-164) nos diz:

«Ladeando a procissão e enquadrando alguns mesteres apresentavam-se pelas ou dançarinas que circulariam ao som de gaitas, tambores, atabaques e trompetes. Outros profissionais tinham que vestir imperadores, imperatrizes e reis [...] Em quadros mais profanos a abundância dos frutos exibia-se em carros cheios de cereal, frutos e legumes [...] corridas de touros que, pelo menos no século XV, faziam parte integrante das festividades do Corpo de Deus. As representações de seres maléficos e diabólicos, como podia ser a serpente [...] o dragão [...] e os diabos [...]»

As festas do Corpo de Cristo, como as festas que decorriam noutros dias solenes, eram vividas num clima de jogo e alegria, canto e dança, farsas e representações, chegando mesmo a ocorrer desregramentos e excessos, o que não era do agrado das autoridades eclesiásticas, que sempre se esforçaram por instaurar um ambiente de maior recolhimento e religiosidade.

Tendo como matriz central o combate entre São Jorge e o Dragão, entre o Bem e o Mal, estas festividades, que de alguma forma sempre apresentaram características verdadeiramente carnavalescas e populares, integravam autos e representações, folias, mascaradas, danças e chacotas, num contexto geral em que a piedade, a santidade e a devoção, estavam igualmente bem marcadas.

De todo esse ambiente festivo, nomeadamente dos Autos e Procissões, principal origem do teatro vicentino, subsistiram quase até ao nosso tempo alguns vestígios, particularmente essa forma de religiosidade popular que são as cerimónias da paixão feitas ao vivo. Sobre estes devotos usos religiosos, que sobreviveram até ao século XX, diz-nos Anselmo (1916: 152-153):

«Acabaram as *danças de paus*, formadas de pastores, os carros enfeitados de flores e frutas dos hortelões e as danças mouriscas dos outros *mesteres*; mas quem não viu, ainda há poucos anos, S. Jorge estadear-se nas procissões, a cavalo, com o seu págem, alferes e mais acompanhamento? [...] e as *boas mulheres* entoando as suas lamentações e os *penitentes* mascarados, flagelando-se. As próprias serpentes são ainda nossas contemporaneas [...] lá figurava um dragão nas procissões de Corpus Christi, dragão que levado sôbre um estrado com rodas, entrava, a certa altura, em hilariante combate com S. Jorge e seus acompanhantes.»

Relata-nos ainda o mesmo autor (1916: 153) que, apesar de tais práticas não comprometerem as cerimónias religiosas, apesar mesmo de estes elementos licenciosos e burlescos manifestarem a origem pagã de tais práticas – posição bem distinta da que ao longo dos tempos as Constituições sempre proclamaram – muitas vezes essas danças e combates simulados terminavam em «*brigas e combates verdadeiros entre os que neles tomavam parte*».

O anterior relato de Anselmo é algo que nos faz lembrar o viajante Conde Castellane (1804-1826). Graças à gentileza do intelectual espanhol José Luis Jiménez Garcia, podemos apresentar, retirado do *Journal du Maréchal Castellane*, publicado em Paris no ano de 1895, o fragmento que se segue:

> «J´ai été aujourd d´hui dans l´aprés-midi à Xérès, où j´ai vu une procession curieuse et digne du moyen âge [...] Saint Jean et la Vierge éscortées par quelques soldats espagnoles, le fusil renversé [...] Les pénitents se fustigent jusqu´à faire ruisseler le sang.»

Referindo-se à sua visita a Portugal no ano de 1842 o Príncipe Felix Lichnowsky (1945: 70) diz-nos, a propósito das procissões públicas em Portugal, que

> «[...] algumas partes destas festividades se semelham muitas vezes mais a uma farsa de Entrudo do que a uma cerimónia religiosa»

Essas procissões, menciona ainda Lichnowsky (1945: 70-71), «[...] fornecem matéria bastante para observações cómicas». Assistiu a uma procissão que no ano de 1842 saiu da igreja de Cacilhas mencionando que após a guarda nacional e os oficiais de diligência, a que se seguia a música,

> «[...]vinham depois dançando pares mascarados, da classe ínfima do povo, com trajes semelhantes aos dos Majos espanhóis ou aos dos Fígaros da nossa ópera; quando digo

pares, pretendo só falar no estilo figurado, porque eram todos do mesmo sexo, com a diferença que os dançarinos barbados apareciam com vestidos masculinos e aqueles a quem faltava esse distintivo de virilidade representavam de dançarinas.»

Sousa Costa (1916), por sua vez, faz-nos chegar as suas memórias sobre um *Auto de Natal*, representado em Vila co Conde, no ano de 1900. No maior respeito e silêncio – que a Igreja sempre procurou preservar – no Auto intitulado no *Reino de Fora*, representado no exterior da igreja, interpretaram-se diversos actos, que iam do Paraíso, com Adão e Eva, a Abel e Caim, terminando o Auto com a cena do filho Pródigo. Não esqueçamos que, como nos recorda Coelho (2010), nomeadamente a partir do século XII, se tornou habitual representar cenas da história de Adão e Eva nas vigílias de Natal.

No *Reino de Dentro*, apresentado no interior da igreja após a missa do galo, o Auto, alusivo ao nascimento, com um presépio vivo, desenvolvia-se junto ao próprio Altar-Mor. O autor descreve-nos este último tipo de Auto aludindo particularmente à presença de ranchos de pastores e pastoras, ao canto e à dança, à multiplicidade dos instrumentos musicais usados, como gaitas de foles, ferrinhos, pandeiros e castanholas. Os Figurantes, por sua vez, «*cantam os seus costumes regionaes*». Sousa Costa (1916: 101) continua a sua descrição destacando o papel dessas figuras típicas que são os *Pascoais bailões* que «*Abrem alas ao meio da igreja. Agitam castanholas. Vestem à toureira*». Conclui com uma indicação clara sobre as estreitas relações entre estes costumes lúdico-festivos e a pastorícia afirmando que

«[...] os cantos que lhe avolumam a toada ingenua, o ritmo dolente, lembram o *arrolar das pastoradas* nas

serranias transmontanas em que o rebanho constitui a
riqueza maxima e o maximo cuidado dos habitantes»

De acordo com Alfredo Guimarães (1916), as *Vias-Sacras
Rezadas dos Irmãos Franciscanos*, que no início do século XX ainda
eram recordadas por alguns vimaranenses, terão acabado por volta do
ano de 1866. A procissão saía, na noite de cada uma das sextas-feiras
da Quaresma, do templo da Ordem dos Franciscanos, que abriam o
cortejo com os seus hábitos negros e os seus grossos cordões. Durante
o percurso da via-sacra, que impunha respeito, piedade e comoção, as
janelas das casas por onde passava o cortejo mantinham-se
obrigatoriamente fechadas e as mulheres não podiam participar.
Neste ambiente de reverência, dor e pesar, periodicamente, a
procissão parava e um dos *missionários* pregava, não sobre assuntos
de natureza religiosa, mas sobre a vida particular e os
comportamentos moralmente menos correctos dos residentes.
Guimarães (1916: 69) relata-nos estas partes da procissão da seguinte
forma:

> « […] tudo isso vinha á praça, envolto sempre n´uma
> interpretação velhaca dos *sete pecados capitães*, ou de
> alguma patética evocação da vida ardente de *alem campa*.
> Na sombra, sem um tocheiro e descalços, os irmãos
> franciscanos riam. Que grandes tempos de farça!»

Sinal claro da forma como, não só durante a Idade Média, mas
até bem mais tarde, a religiosidade e devoção popular tanto se
expressava – sem que tal implicasse qualquer incompatibilidade ou
contradição – com actos de piedade e comoção, dor e pesar, como
com actos festivos e lúdicos igualmente intensos e genuínos.

Alfredo Guimarães relata-nos uma outra dimensão das Vias-
Sacras de Guimarães, igualmente rica na sua simbologia e
paradoxalidade. Por volta dos anos sessenta do século XVIII era ainda

usual, na Quinta-feira Santa, na Procissão dos Santos Passos, os chamados *penitentes*, acompanhados de muitos devotos, caminharem lenta e piedosamente, parando de sete em sete passos, para rezarem uma *estação* ou um *mistério* da vida de Cristo. Daí a razão de esses *penitentes*, que vestiam de roxo, descalços, com cordões à cintura, arrastando fortes cadeias de ferro presas aos pés, serem também chamados os homens das *sete passadas*. Sobre os *sete passadas* diz-nos Guimarães:

> «Para conforto dos homenzinhos, as creadas ou rodeiras dos varios conventos da cidade saiam-lhes ao encontro, fornecidas de uma garrafa de vinho generoso e dos excelentes covilhetes das suas fornadas de Pascoa. Os *sete passadas*, na maioria dos anos, recolhiam de novo a igreja dos *Santos Passos* a altas horas da madrugada, e nem sempre no melhor estado [...]»

Ainda de acordo com o mesmo autor, estas vias-sacras vimaranenses, nomeadamente a via-sacra dos irmãos franciscanos, podem ser consideradas como uma imitação da conhecida procissão bracarense dos *fogaréos*. A procissão dos *fogaréos* realizava-se na noite de Quinta-feira Santa e percorria grande parte da cidade.

Abria fielmente com os homens dos fogaréos, responsáveis pelos recipientes onde se acendiam materiais inflamáveis, geralmente a gordura de animais embebida em trapos, que ateavam para durante a noite iluminar a procissão. Os fogaréos *iluminavam* também a procissão com os ditos desrespeitosos, as infâmias e as calúnias, que de forma acusatória proferiam sobre a vida privada das pessoas.

Seguiam-se, no cortejo, os *farricocos*, que provocavam um alarido infernal incriminando aqueles que até à data, neste período de Quaresma, não se haviam ainda confessado. O cortejo encerrava com a parte propriamente religiosa da procissão.

Esta procissão terá terminado, conta-se, no ano em que um novo arcebispo, recentemente chegado à cidade, é interpelado, quando assiste ao evento, por um *fogaréo*, com este dito que ficou para a história: «Oh Zé da galeria, dá cá uma canada!»

Também os Enterros do Entrudo, no contexto das celebrações carnavalescas, nos ajudam a compreender a importância do riso, do jogo e da galhofa, do faz-de-conta, nas manifestações populares de sátira social, política ou religiosa. Manifestações que de alguma forma se contrapõem à cultura oficial, onde impera a compostura, a seriedade, o cerimonioso e apolíneo.

Mantendo uma forte relação com a liberdade e a crítica social, situando-se nesse espaço intermédio entre a irreverência do satírico e o discurso identitário, entre o sério e o não-sério, o carnavalesco, particularmente o Enterro do Entrudo, atendendo à sua matriz simbólica, de oposição e conjugação entre a morte e a vida, a privação e a sua superação, o fim de um ciclo e a sua renovação, tanto natural como social, é o momento festivo que tanto convoca o reforço da coesão social como o da transformação, renovação e regeneração, das próprias instituições sociais.

Reduzir o carnavalesco ao riso é não compreender a sua essência, é não compreender o festivo, é não compreender a eterna presença do Trickster no processo de construção de novas realidades, no processo de construção do homem e da cultura.

Voltaremos em breve a este tópico, pelo que nos iremos centrar agora, ainda que rapidamente, nalgumas destas festividades populares. Para o efeito seleccionámos quatro Enterros do Carnaval de diferentes localidades da região de Mafra.

Na localidade de Vila Pouca, até há muito pouco tempo, segundo Bringel (2005), o Entrudo, vestígio de todo um calendário rural cíclico, efectuava-se sempre com a lua nova. No *cortejo fúnebre*, que abria com um homem vestido de padre, seguia um boneco de palha que personificava o Entrudo, atrás do qual caminhavam as *viúvas*, homens travestidos de mulher, que fingiam chorar copiosamente. Logo que o cortejo chegava ao largo principal, colocava-se o boneco numa cova, lia-se o testamento, queimava-se o Entrudo e as cinzas eram enterradas.

No Terroal, à semelhança do que acontecia em Vila Pouca, à frente do cortejo seguia um *padre*, que neste caso, com um pincel de caiar e um balde com água ou urina, benzia quer o Entrudo quer as pessoas. As *viúvas* estavam também presentes e, no final, fazia-se a *despedida* do Entrudo, queimando o boneco. Típico deste Enterro era o facto de o Entrudo, o boneco de palha, estar *equipado* com o *tomarás*, nome dado ao órgão sexual masculino.

Já em Enxara do Bispo, ainda de acordo com Bringel (2005), surgem diversas versões, de acordo com os informantes, não se sabendo ao certo se o Entrudo era feito com um boneco ou era mesmo uma pessoa que o representava. Neste Enterro, também participavam o *padre* e as *viúvas*. Não resistimos a apresentar, pelo seu carácter satírico e burlesco, pela presença tão forte do elemento lúdico, do faz-de-conta, de oposição entre forças contraditórias, de instauração do sempre difícil equilíbrio entre a certeza e a dúvida, o seguinte fragmento do relato de Bringel (2005: 150):

> «De acordo com esta segunda versão, o *padre* que encabeçava o desfile ia a rezar a partir de um genuíno livro de orações, seguido do seu fiel *sacristão*, que era quem aspergia a assistência com cal, enquanto o padre rezava, o *sacristão* ia retorquindo *é mentira.*»

O Enterro do Santo Entrudo na Ericeira, com a sua especificidade, variações e características próprias, continua a realizar-se, igualmente com a presença de um *frade*, de *viúvas*, travestidas, de um boneco que personifica o Entrudo e equipado com uma *ferramenta* (órgão sexual masculino), cuidadosamente confeccionada, que usualmente apresenta dimensões desmedidas. Típica, também, deste Santo Enterro, é a presença da figura do *sacristão/diabo* no cortejo fúnebre. Parte integrante deste evento solene e lúdico, é a leitura do testamento, à qual Bringel (2005: 163) se refere da seguinte forma:

> «O testamento é escrito em verso [...] A récita do testamento, que recorre ao abuso do vernáculo, tem por função pôr a rir o público O texto, de forte tom satírico, expunha em público toda e qualquer situação moral e socialmente sancionável aos olhos da comunidade.»

Pois bem, todas estas festividades, ao convocarem, simultaneamente, o sério e o não-sério, a natureza animal e cultural do homem, o caos e o cosmos, o institucional ou canónico e a subversão, o *padre* e o *sacristão*, denunciam a presença do Trickster, o seu inconfundível rosto.

Também ele, o Trickster, se traveste, mudando, mesmo no que ao género respeita, a sua aparência. Também ele oscila entre os seus instintos e necessidades básicas e a vontade heróica do criador de cultura. Também ele convive com a realidade e a mentira, a razão e a falta dela. Também ele está constantemente a pregar partidas às pessoas, constantemente aberto à ironia, ao cómico, ao humor.

O Trickster, como as festividades populares, lidam bem com a instalação provisória do caos, indispensável quer à subsistência da ordem actual quer à criação de uma nova ordem. Ambos se sentem em casa, face ao imperativo psicossocial de aniquilação ou superação de um dado modelo, como condição de criação de outras realidades.

A atitude de desconfiança em relação ao lúdico, desse lúdico que tão significativamente caracteriza as religiões da natureza, atitude típica, desde o início, do pensamento cristão, gera essa postura ambivalente de incorporar nas suas celebrações elementos pertencentes às convicções tradicionais do paganismo, procurando igualmente erradicar esses mesmos elementos.

O que não impede, durante todo o período medieval (situação que de forma mais atenuada, discreta e diluída, se prolonga até aos nossos dias) a presença, em todo o calendário litúrgico estruturado em torno dos ciclos cristológico e mariano, desses rituais festivos que reflectem a comparência do caos e da desordem, do dionisíaco, do humor, do desenfreado e excessivo. Disso facultámos múltiplos exemplos, quer no que respeita aos festejos da Natividade quer no que respeita às celebrações da Quaresma e da Páscoa.

A regulação, o domínio e o controlo, da alma em relação ao corpo, da razão em relação à emoção, do sério em relação ao divertido, a regulação desse espírito de divertimento, de alegria e brincadeira, que sempre se situa entre os limites do sério e do não-sério, a regulação desse sentir global que as sociedades tradicionais davam ao lúdico e ao riso, passou também pela criação dessa antítese entre a alegria da Terça-feira de Carnaval e a tristeza inerente à Quarta-feira de Cinzas, pela criação desses períodos antitéticos que são a Quaresma e a Páscoa, com o significado tão profundo de que essas antíteses gozam na vida de qualquer cristão.

Pois bem, o que mais uma vez parece estar por detrás desta organização do calendário festivo é esse olhar que vê na religião antiga, no paganismo, a forte presença da festa, da alegria e do corpo, da carnalidade, da concupiscência, da sensualidade e da luxúria. Algo oposto ao ideal cristão.

Baroja (2006: 52) confronta-nos, a este propósito, com o seguinte pensamento de Frei Luís de Granada (1505-1588), frade que exerceu muita da sua acção em Portugal e que no período Filipino, confrontado com a sua origem castelhana, terá respondido «não sou castelhano nem português», apenas dominicano.

> «En esto se diferencian los hombres *carnales* de los *espirituales*: que los unos, a manera de bestias brutas, se mueven por estos afectos (*los de carne y sangre*), y los otros, por el espíritu de Dios y por *razón*.»

É a tristeza real do mundo, *vale de lágrimas* onde reina a desilusão e o desengano, a dor e a tristeza, que mais se acentuam no período da Quaresma e em especial na Semana Santa, em contraste com o período anterior, o do solstício de inverno, onde exuberantemente vive a alegria e o carnaval. É o *carnal* contra o *espiritual*.

Enquanto durava o Carnaval, que antecedia o rigor da penitência, da abstinência e da renúncia do período quaresmal, o excessivo, a desmedida e o desmando, eram a regra. Os excessos dessa contenda entre o Dom Carnaval e a Dona Quaresma estão bem evidentes na pintura de Brueghel o Velho, *A Luta entre o Carnaval e a Quaresma*.

O evento pascal, dialéctica da cruz e da ressurreição, da morte e da renovação, dialéctica que Brueghel expressa neste seu quadro ao recorrer ao lúdico, é uma das chaves da compreensão do mundo, ajudando-nos a apreender a diversidade de reflexões teológicas que têm sido desenvolvidas sobre a relação entre a criação (acto lúdico divino), a paixão/ressurreição (jogo como superação de uma privação) e o jogo.

O quadro, datado de 1559, retracta uma cena festiva, na praça de uma aldeia, aludindo aos jogos e divertimentos que na época do pintor assinalavam o fim da Quaresma e o advento da Páscoa. É como que uma figuração da ambiguidade do ser humano, do homem cristão, dividido entre os deleites sensuais e a moderação, as paixões desenfreadas e o temor a Deus, as tentações do dia-a-dia e as preocupações com a salvação. Uma espécie de contenda simulada entre a Quaresma e a Páscoa, briga que se trava através do humor, do jogo e do faz-de-conta, do riso e da alegria. Um riso ritual, um *risus paschalis.*

Não esqueçamos que o riso ritual sempre teve um cunho utópico, transformador e regenerador, de vitalidade, um carácter de renovação, de recriação de nova vida. É este carácter transformador do jogo e do riso que tão intensamente irradia do quadro de Brueghel.

Como sabemos, tema que aprofundámos no primeiro volume desta obra, *Jogar é Estar Perto dos Deuses - A Transfiguração do Real*, a tradição antiga, tradição que tão fortemente se manteve até aos finais do século XVI e da qual, vestígios muito significativos, chegaram até quase aos nossos dias, permitia o riso e as brincadeiras nas festividades religiosas, decorressem elas fora ou dentro das próprias igrejas. O que ocorria nomeadamente na época da Páscoa.

Nas procissões, no decurso doutros actos litúrgicos, a partir dos púlpitos das igrejas, tantas e tantas vezes com a participação dos clérigos, com toda a sua significação positiva, regeneradora e restauradora, ocorriam jogos e brincadeiras, autos e representações, num tom jocoso, alegre e carnavalesco.

No final da Idade Média e no Renascimento, alicerçando-se numa participação geral, activa e intensa do povo, vive-se toda uma cultura do riso, do jogo e do divertimento, baseada nas festividades populares, em peças cómicas, autos e representações artísticas.

Durante essas festividades, que tanto ocorriam em espaços sagrados como em espaços profanos, eram apresentadas paródias da liturgia e de passagens dos evangelhos, alusivas quer ao Antigo Testamento que à vida de Jesus.

Toda esta cultura do jogo e do riso, que obviamente merecia uma persistente oposição da parte das elites religiosas e políticas, para além de divertir o público e provocar o riso e a galhofa, acabava por expor ao ridículo aqueles assuntos considerados sérios e com os quais não se podia brincar, aqueles assuntos que, em virtude das posições dessas elites religiosas e políticas, vastas franjas da população insistiam em não discutir criticamente.

Após o ciclo do carnaval, que corresponde ao solstício de Inverno e às festividades da Natividade, o período que vai da Quarta-feira de Cinzas até ao dia da Ressurreição, é de seriedade, dor e tristeza. Um período de silêncio e recolhimento após um agitado período festivo. A época santa por excelência, de sacrifícios e restrições, em que as manifestações exteriores de alegria estão vedadas.

A Quaresma termina com a Semana Santa e o Domingo da Ressurreição, a Páscoa das flores, início de um novo momento de júbilo e alegria para a consciência cristã. É a altura das flores, da missa da Ascensão, que nalgumas localidades enchem as igrejas com espigas e flores, talvez as mais belas manifestações de amor, afecto e carinho. São as festividades de Maio, que se prolongam por todo o Verão.

Face à licenciosidade dos comportamentos carnavalescos, face aos excessos e desordens cometidos neste período, a igreja sempre encontrou formas, orações, procissões ou outros actos solenes, de desagravo a Deus dos pecados cometidos no Carnaval. Partindo mesmo – estilizando-os, ritualizando-os – desse tipo de actos que tão enraizados estavam no imaginário dos povos, como é o caso do canto e da dança. Parece ter sido essa a origem dos *Seises*, dos cantos e danças sagradas que ainda hoje, na altura do *Corpus Christi*, da Imaculada e do Carnaval, dez meninos realizam na Catedral de Sevilha diante do Santíssimo. Talvez o último vestígio da dança sagrada na igreja.

Este modo particular de desagravar a Deus remonta ao Renascimento ou mesmo ao século XV, associado, de acordo com o *Livro do Veedor* do Arquivo Capitular (1508), à procissão do *Corpus Christi*, no contexto de uma festividade eminentemente barroca marcada por autos, representações, desfiles, música e danças. Essas danças sagradas realizadas na igreja, só em 1695 passaram a ser também efectivadas no Carnaval.

Mas o Carnaval, que tal como a Quaresma, tem o seu triunfo e a sua morte, nem sempre foi a malévola encarnação do mal, do caótico e desordeiro, em oposição à seriedade, solenidade e espiritualidade, da Quaresma. Esta antítese é, aliás, uma construção bem tardia. Textos do século XVI falam-nos do *santo burlesco carnaval* ou do Santo Entrudo.

Seja como for no século XVII, o Entrudo continua a ser santo. Francisco Manuel de Melo (1608-1666), escritor, político e militar, figura importante da literatura barroca portuguesa, apesar da atitude moralista que assume, fala-nos igualmente do Santo Entrudo. Em *Relógios Falantes*, onde coloca em diálogo dois relógios da igreja, forma literária de pôr em confronto a hipocrisia e frivolidade que tanto ocorre no campo como na cidade, fala-nos em «confrades da comida, irmãos da mesa do Santo Entrudo».

O simulacro da morte do Carnaval, forma lúdica de representar o fim de um ciclo, sentenciando-o à morte, enterrando-o, tem o seu equivalente na morte da *Velha*. Francisco Rodrigues Lobo (1580-1622), em *Corte na Aldeia*, onde sob a forma de diálogos se descreve a vida cortesã da época, não deixa de fazer uma alusão a essa tradição popular de representar a Quaresma na figura da *Velha*.

Seja na figura da *Velha* ou da morte de Judas, a Quaresma tinha o seu fim. O simulacro da morte da Quaresma, no Sábado de Aleluia, assume ainda hoje, embora como forma de atracção turística, a figura de um boneco de palha, a que se chama Judas, boneco que se queima ou é enforcado.

A Queima de Judas, que muitas vezes era uma autêntica representação teatral, tradição ainda hoje vigente nalgumas comunidades católicas e ortodoxas, representava de alguma forma o fim do Inverno e o aparecimento da Primavera, a passagem da morte para a vida, da noite para o dia. Tendo as suas raízes nas festividades celebradas pelos povos antigos, posteriormente expurgadas pelo cristianismo dos traços mais evidentes de paganismo, é uma festa tipicamente profana que nos submerge em todo um imaginário de superação das facetas nocturnas e sombrias da vida e sua superação ou purificação pelo fogo.

Apesar das restrições e proibições, sempre impostas pela Igreja ao longo dos tempos, a persistência de manifestações como, entre muitas outras, os diferentes tipos de mascaradas, o Enterro do Entrudo, a eleição transitória de Reis ou Príncipes, o rei de moças, pastores ou favas, as *festum stultorum*, as Vias-Sacras dos irmãos franciscanos, a procissão dos *fogaréos,* as romarias de ovelhas, o último molho, o trazer para o interior das igrejas e capelas, a festa, os jogos, «imperadores & reys & raynhas» (Constituições e Estatutos do Bispado da Guarda), são a expressão da importância e universalidade, nos tempos mais remotos, na Antiguidade, na Idade Média, hoje, do elemento lúdico, na vida dos homens e das culturas.

Testemunhos que apontam numa mesma direcção são os de viajantes estrangeiros, religiosos, nobres, intelectuais, que ao longo dos séculos XVII e XVIII visitaram Portugal, tendo deixado os seus depoimentos sobre as festividades religiosas do Portugal tridentino. Contam-se, entre eles, o padre franciscano François de Tour, que visitou Portugal entre 1699 e 1700 durante o reinado de D. Pedro II, o erudito inglês William Beckford, que visitou Portugal em 1787, tendo posteriormente voltado entre 1793 e 1795 e mais tarde entre 1798 e 1799, o arqueólogo, arquitecto e artista irlandês James Murphy, cuja visita a Portugal ocorreu entre 1788 e 1790, o médico francês Carrère, que nos visitou em 1796, o botânico Friedrich Link, de origem germânica, que esteve em Portugal no ano de 1797, o sacerdote protestante sueco Carl Ruders, que permaneceu em Portugal entre 1798 e 1802.

James Murphy, nas suas *Viagens em Portugal* (1998: 26), começa por referir que

> «A primeira coisa que atrai a atenção dos estrangeiros, à sua chegada aqui [ao Porto], é a aparência devota dos habitantes. A religião parece constituir a sua única preocupação. O repicar dos sinos, as frequentes procissões e as orações dos frades prolongam-se por todo o dia, enquanto à noite por toda a parte ressoam os cânticos religiosos.»

No entanto, tendo por base esta religiosidade, este carácter devoto da população portuguesa, na base das práticas mais importantes que o concílio de Trento havia procurado consolidar, como a celebração do Natal, da Páscoa, do Pentecostes, da Ascensão, os relatos deste e de outros autores, como já ocorrera com as Constituições dos Bispados e Arcebispados, dos Relatos dos Visitadores das Paróquias, das Ordenações, acabam por confirmar que apesar dos esforços de proibir, normalizar, regular e mesmo banir, do interior das igrejas e das procissões, as representações de características burlescas e licenciosas, como os jogos, o canto, a dança ou os autos, tais comportamentos continuam bem arraigados nos hábitos dos portugueses. O sagrado continua a incorporar o profano.

Apesar da progressiva dessacralização do lúdico entre os finais da Idade Média e o século XVIII, antes e após a Contra-Reforma, algum clero compreendeu, de uma forma geral, este tipo de comportamentos.

Em Coimbra, após ter visto um Auto-de-fé, o padre François de Tour (1989: 72-74) lamenta não poder assistir, em 1699, à procissão do *Corpo de Deus*, pois tinha «ouvido dizer que havia muitos ranchos de bailadores e mascarados para dançar diante do *Santíssimo Sacramento*» e teria gostado «de assistir a cerimónias desta espécie mais gentílicas e pagãs que cristãs». Quando chega ao Porto, alimenta a esperança que no «domingo do *Corpo de Deus* iria ver os dançarinos». No entanto, enganar-se-á, pois só verá «um que dançava diante do *Santíssimo Sacramento*, com uma máscara medonha e tocando guitarra». Acrescenta ainda que «as ruas estavam riquissimamente enfeitadas com tapeçarias e era grande o número de pessoas que com grandes Círios acompanhavam o *Santíssimo*.»

François de Tour (1989: 74-77) faz-nos igualmente um «relato fiel» da «esplêndida procissão» a que em Braga, no mesmo ano de 1699, assistiu, a procissão da festa de São João Baptista. Relato que permite uma clara visualização cénica do evento, nomeadamente a sua dimensão burlesca, de divertimento, riso e mascarada.

« [...] logo terá um bando de mascarados que, com guitarras e tambores de pele de carneiro, virão dançar na igreja diante do Santíssimo sacramento, pois sem isto a festa não seria festa. Em Lisboa, quase sempre que saia à rua assistia a esta espécie de cerimónias. [...] Depois destes mascarados seguia um boi cujos cornos estavam enfeitados [...] quatro gigantes, prodigiosamente altos que faziam umas partes que eram de nos fazerem rebentar a rir [...] Seguiam, depois, oito pessoas mascaradas que pararam diante do palácio, o que muito me aprouve, porque nunca havia assistido a esta espécie de procissões onde participassem dançarinos mascarados. Em verdade isto tem o seu quê de pagão, contudo, nunca foi possível abolir estes costumes tão-pouco conformes com o cristianismo [...] danças extremamente lúbricas, que o pudor me impede de descrever [...] um outro grupo de dançarinos em número de treze, seis dos quais vestidos de mulheres [...] Tudo isto divertia muito [...] Terminadas as danças seguiram e veio depois a cruz processional arcada por muitos padres, e assim findou esta bela e agradável procissão de são João Baptista [...]»

Uma descrição detalhada, pormenorizada, colorida, que permite visualizar épocas de folgança sacro-profana e deixa transparecer as características ancestrais, pré-católicas, que incorporam estas festividades.

Se o *ouvir* foi sinónimo do espírito da Reforma, que desenvolve, a partir daí, os cânticos protestantes, a música de cravo, o altar único, o púlpito, em igrejas despojadas de vitrais escuros para que os fiéis possam ler e acompanhar a leitura dos textos sagrados, no caso da Contra-Reforma, apesar da contenção inicial das formas arquitectónicas maneiristas, do cantochão, da profunda espiritualidade e interiorização do acto litúrgico, os meios eclesiásticos voltar-se-ão para o esplendor, o espectacular, o maravilhoso, que traduzem o poder espiritual (que caminha lado a lado com o poder temporal), reforçando o Olfacto (incenso e flores) e a Visão (imagens, cores, jogos de luz), apesar das directivas tridentinas.

Desta forma, o maneirismo inicial desliza para o Barroco e para o *Rocaille*. No caso de Portugal, a profusão de painéis de azulejos e a talha dourada, junto com as pinturas, o Verbo, a Oratória Barroca, que atingem o seu expoente máximo com o Padre António Vieira, tornam-se o cenário ideal, no interior dos templos, para a *atractio benevolentia* dos fiéis. Na ausência do contacto directo com a tradução da Bíblia, o espírito Tridentino vai utilizar, entre outros recursos, as Artes e a Oratória, quais ferramentas didácticas para instruir os fiéis sobre as verdades da fé e as histórias da Sagrada Escritura.

Sabemos, no caso das representações teatrais, como no período da Contra-Reforma os jesuítas, através do teatro didáctico, das censuras e proibições, foram substituindo as pomposas representações palacianas, bem como o teatro de origem popular, pelas suas representações essencialmente visuais, já que os textos, escritos em latim, necessitavam de uma coreografia com uma forte componente mímica, no sentido de ser entendida a temática das representações.

Temáticas que se centravam na vida e martírio dos santos, intercaladas de figuras e temas mitológicos. Apesar do modelo de representações teatrais ser o mesmo dos colégios jesuítas europeus, em Portugal, como nas colónias, as representações eram adaptadas às tradições locais. Os jesuítas incorporaram o exotismo das danças, porque não as conseguiam fazer desaparecer, das suas festas religiosas. Visitantes estrangeiros chegam mesmo a considerar estes bailados como *danças lascivas*. Este tipo de encenações tanto ocorriam nos espaços fechados como nas ruas, dando ainda um maior dramatismo aos cortejos e às procissões, marcadas por um forte aparato coreográfico e alegórico.

Os excessos atingiam níveis tais que em 1717, nos primeiros anos do seu reinado, «D. João V proibia toda e qualquer dança na procissão do *Corpo de Deus*, até aí bem caracterizada pelo seu aparato coreográfico» (Sasportes, 1991: 11). Estas danças, este aparato coreográfico, verdadeiros veículos onde se exprimiam as mais diversas crenças e tradições, são proibidas ou fortemente reguladas. Como nos diz Bebiano (1987: 125-126)

> «D. João V vai combater tal espécie de práticas, colocando as procissões mais conformemente à mentalidade barroca e às disposições pós-tridentinas, e ao serviço de uma sociedade rigorosamente hierarquizada e quietista. As disposições reguladoras do desfile do *Corpo de Deus* vão suceder-se [...] A [procissão] de 1719, combatendo decididamente os desvios de raiz considerada pagã, e servindo de modelo para os anos que se lhe seguem, constituiu uma das mais sumptuosas e brilhantes festividades [...] ao mesmo tempo funcionou como paradigma na identificação da unidade eclesiástica e monárquica, coincidindo no centro da cena (o pálio) a totalidade dos poderes, o divino, o eclesiástico, o régio.»

Do cortejo, acrescenta o mesmo autor, foram ainda afastados os negros, os charameleiros (tocadores de charamela, instrumento de sopro muito rudimentar considerado, portanto, plebeu), os mouros e as mulheres.

De salientar que era frequente, desde o século XVII, a participação de populações de origem africana nas procissões e *círios* de toda a zona de Lisboa, que por vezes se exibiam com combates fingidos e danças ao gosto africano, como ocorre com essa dança lasciva documentada desde o século XVI designada de *lundum*.

Mesmo depois das reformas introduzidas por D. João V, um autor anónimo, na sua *Descrição sobre a Cidade de Lisboa* (1989: 41), refere-se às festividades da Quinta-feira da Ascensão que decorreram no ano de 1730, da seguinte forma:

> «Muitas da igrejas, particularmente em quinta-feira da Ascensão, apresentam canários em gaiolas muito ornamentadas com flores e fitas. As aves, animadas pelo canto dos padres, não param em seus gorjeios, dando um concerto aos devotos e, aos estrangeiros, um espectáculo nunca visto.»

Seis décadas depois, no decurso da sua primeira visita a Portugal, no ano de 1787, William Beckford (1988: 53-54) descreve as celebrações do *Corpo de Deus* nos seguintes termos:

> «Mal pude dormir por causa do repicar dos sinos, o rufar dos tambores e o toque dos clarins [...] casa, lojas, e palácios, tudo transformado em pavilhões e armados de alto a baixo de damasco vermelho, de tapetes de variegadas cores, de colchas de cetim e de cobertas de cama franjadas de ouro. Julguei-me num acampamento do grão-mongol. [...] archeiros da Guarda Real [...] uniformes de veludo multicolor [...] estandartes em punho, formando uma das mais teatrais perspectivas que eu ainda contemplei. [...] nuvens de incenso [...] luz de inúmeras velas fazia cintilar os diamantes do ostensório [...] uma chuva de plantas aromáticas e de flores [...] pálio real [...] vestes escarlates varrendo o solo, e os seus caudatários empunhando crucifixos, relicários de prata e outras insígnias da majestade pontifical. [...] Uma visão de celestial esplendor.»

Também Carrère (1989: 53-54), médico francês que visitou Portugal em 1796, apesar da sua forte atitude crítica, descreve a procissão do *Corpo de Deus*, na capital do reino, em termos bem elogiosos no que respeita à sua magnificência.

«Mas a procissão mais famosa e a mais concorrida é a que se realiza no Dia do *Corpo de Deus*. [...] Procedem-na doze cavalos empenachados, levados à mão, seguidos da imagem de S. Jorge, armado dos pés à cabeça [...] Esta imagem vai coberta de riquíssimos diamantes [...] opalas de lã vermelha [...] Seguem-se todas as confrarias [...] o clero secular [...] os cavaleiros das três ordens militares [...] o rei e uma parte da corte [...] sacadas e janelas [...] estão enfeitadas uniformemente com colchas de damasco vermelho e largas sanefas do mesmo tecido [...] O conjunto constitui um soberbo espectáculo.»

A missa será outra das práticas religiosas que estes viajantes testemunham. Apesar da ressacralização da missa que sai das orientações do concílio de Trento, com a proibição, dentro do templo do Senhor, da excessiva utilização de velas e de incenso (típico de cerimónias pagãs), do barulho, da troca de olhares e falta de atenção perante o acto litúrgico (que incluía, igualmente, a censura à falta de seriedade dos próprios párocos), esta situação ainda se verifica nos finais do século XVIII. Atenhamo-nos ao seguinte relato de Carrère (1989: 125-126):

«O cheiro a incenso invade-me o olfacto; uma música estridente [...] duzentas velas acesas no altar-mor [...] de joelhos, parecem implorar o Ser Supremo [...] O ruído animado de muitas vozes que se cruzam dá-me volta à cabeça. Reparo que se sustentam conversas [...] sinalefas e gestos [...] gargalhadas. Observo que as pessoas dos dois sexos se entreolham, sorriem, fazem sinais combinados, dizem coisas ao ouvido, apertam-se as mãos e trocam bilhetinhos de amor. Reparo ainda em mulheres [...] falando muito e em voz alta. Atento nos homens, na gente moça [...] volta as costas ao altar onde se celebra o sacrifício da missa. Sinto-me tão escandalizado quanto esclarecido.»

Este mesmo viajante, no seu *Panorama de Lisboa no Ano de 1796* (Carrère, 1989: 51-52), reportando-se ao período da Quaresma, afirma de forma corrosiva e hiperbólica que

> Participam nela homens de todas as classes, envergando compridas opas brancas, vermelhas, cinzentas, roxas e azuis [...] empunhando bordões em forma de círios [...] As imagens dos diversos santos [...] são conduzidas em andores. A espaços, figuram no préstito grupos de músicos vocais e instrumentais [...] Os frades fecham estas procissões, dando a impressão de se ocuparem menos do acto religioso a que presidem do que do prazer de verem e serem vistos [...] as procissões são actos religiosos sem orações [...] Quando se assiste à passagem desta procissão ouve-se ao longe gritos confusos e prolongados [...] Partem estes gritos de uma numerosa multidão do povo [...] Vão ali cerca de quatro a cinco mil almas, a maior parte das quais é de negros, mulatos, pretas e mulatas.»

Algumas páginas antes o mesmo autor (Carrère, 1989: 49), centrando o seu relato na paradoxalidade entre o Carnaval e a Quaresma, afirma que

> «Também nesta cidade não é no Carnaval que se dança, mas sim na Quaresma. É então que se tira a desforra; é esta quadra, destinada pela Igreja à abstinência e à penitência, que o português, que pretende ser o povo mais devoto da Europa, elege para dançar. As procissões que então se realizam semanalmente constituem oportunidade para bailes frequentes. O português priva-se então de comer carne, mas não se coíbe de dançar.»

Como é sabido, a Semana Santa é antecedida por quarenta longos dias de penitências e jejuns, a Quaresma. Esse dilatado tempo de recolhimento e privação, de abstinência, austeridade e mortificação, acabaria por incentivar a realização de variadas festividades fortemente marcadas pelo regozijo, pela folia e contentamento, nos dias que antecediam a Quarta-feira de Cinzas, o primeiro dia da Quaresma. Os dias de Carnaval, normalmente três, que antecedem a Quarta-feira de cinzas, são os chamados dias "gordos", particularmente a Terça-feira Gorda, período relacionado com os prazeres e o deleite da carne. A própria palavra Carnaval parece derivar de *carnis* e *valles*, expressões latinas que significam, respectivamente, carne e prazeres. Carnaval, o tempo dos prazeres da carne.

Esta progressiva dessacralização do lúdico em Portugal, a que temos vindo a fazer referência, parece estar igualmente bem assinalada por Carl Israel Ruders (1981: 265) na sua *Viagem por Portugal* (1798-1802) quando em 1802, de regresso à Suécia, acaba por reconhecer que

«O tempo da Quaresma decorre agora sem nenhuma espécie de divertimentos [...]»

Igualmente paradoxal é o facto de, no contexto do efeito de "terror" que os autos-de-fé pretendiam criar, o lúdico, a festa e o divertimento, também tivessem o seu lugar assegurado. O tempo de D. João V foi um tempo festivo, pleno de celebrações civis e diplomáticas, de casamentos, nascimentos e aniversários reais, um tempo marcado pelo entusiasmo pela ópera, o bailado, as serenatas, os jogos, as caçadas, as touradas. E também os autos-de-fé.

Bebiano (1987) refere-se a estes tempos especificando que nos dias que antecediam os autos-de-fé o pessoal superior (letrados e eclesiásticos), como os inquisidores, os deputados, os notários, os padres jesuítas ou o promotor, recebiam ricas e variadas especialidades de doces, compotas, confeitaria e outras iguarias. O clímax da festa era atingido no próprio dia da publicação do auto, quer para o Palácio do Santo Ofício quer para o rei e toda a nobreza convidada, a quem era igualmente servida uma apurada gastronomia.

Também Charles Fréderic de Merveilleux, nas suas *Memórias Instrutivas sobre Portugal* (1723-1726), nos proporciona informações e grandes pormenores, quer sobre o que se passava «atrás dos bastidores» de um auto-de-fé antes de os condenados chegarem ao «teatro», quer sobre a presença e atitude das «senhoras» da nobreza que, apesar de não poderem estar no «anfiteatro» do julgamento, assistiam da janela à «horrível cerimónia» pública, partilhando o ambiente de «divertimento», apesar da forte componente desumana que o «espectáculo» transmitia.

Eis um pequeno extracto da descrição que Fréderic de Merveilleux (1989: 168) nos faz de um auto-de-fé a que assistiu quando da sua estadia em Portugal entre 1723 e 1726.

> «Fui por então informado de em Lisboa se estar preparando a celebração de um auto-de-fé. Voltei a Lisboa para poder assistir à festa. Chamo festa a esta horrível cerimónia, por ela constituir para os portugueses um verdadeiro divertimento. Nesse dia podem as senhoras estar à janela adornadas com jóias e enfeites como se fosse o dia do Corpo de Deus ou as procissões da Quaresma. Lisboa é uma cidade onde o Carnaval passa despercebido, mas na Quaresma realizam-se ali procissões tão divertidas como mascaradas venezianas.»

Até pelo menos ao século XVI os sentimentos religiosos e lúdicos constituem-se como um todo indissociável. Os templos são espaços de religiosidade e oração, de ritualidade litúrgica, da mesma forma que são espaços de expressão da genuína exuberância e alegria do povo. Nas igrejas as pessoas adoravam e rezavam, rogavam e suplicavam ao seu deus, tal como cantavam e dançavam, brincavam, jogavam, gracejavam e chacoteavam, mesmo do alto dos púlpitos. Nas igrejas dormiam e banqueteavam-se, mascaravam-se e travestiam-se.

Actualmente, por devoção religiosa, como folclorização da realidade ou recurso turístico, muitas destas tradições e eventos religiosos têm vindo a ser paulatinamente revitalizados. Deste modo, com a óbvia excepção dos autos-de-fé, que apenas são evocados sob a forma de romance ou da sua adaptação ao teatro, como ocorre com o *Memorial do Convento*, de José Saramago, ou *O Judeu*, de Bernardo Santareno, encontramos um forte revivalismo destas práticas religiosas e sacro-profanas, desenvolvendo-se, do ponto de vista do turismo cultural e religioso, um proficiente trabalho envolvendo autarquias, Igreja e Confrarias, na realização de eventos a ele associado.

São os múltiplos rostos desse abissal impulso popular de trazer o lúdico para o contexto do sagrado. Sagrado que, sem essa dimensão, circunscrito a sol do meio-dia, morreria por excesso de luz. Conta a lenda que nos tempos de Tibério, num ambiente de grande terror e espanto, se terá ouvido gritar "O Grande Pã morreu!" Poderá ter sido assim, mas o tempo mostrou também que, se o Grande Pã morreu, hoje, o seu espírito, ainda dança.

1.5. A Paradoxal Figura do Trickster

And this laughing at oneself means accepting
the ambivalence of the human condition
(Stanley Diamond)

É esta a tarefa essencial do espírito de humor: pôr em dúvida o que por si mesmo parece evidente e inegável, ler de forma não literal o que outros interpretam literalmente. Justifica-se, assim, centrar a nossa atenção nessa figura milenar da história da humanidade, o *Trickster*, que como muitos outros mitos, mantém praticamente inalterado o seu sentido e significado fundamental, apesar das variações culturais sob as quais se expressa e manifesta.

Encontramos a figura sempre ambígua do *Trickster* nos rituais e festas sagradas de todos os povos antigos, nas tribos aborígenes, entre os índios americanos, na cultura grega e romana, na China ou no Japão.

A sua presença faz-se sentir, pelo menos, a partir do Paleolítico, onde tanto expressa o caos e a desordem como a criação de cultura. Aparece sob múltiplos disfarces, tanto animais como humanos, o que testemunha a sua antiquíssima origem. Como Coiote ou como Corvo, como homem ou como mulher, mudando de aparência a seu belo prazer, rompe com os tabus instituídos sejam eles quais forem.

Traços da sua longevidade parecem perpetuar-se em figuras tão diversas como os bobos ou os saltimbancos medievais, os demónios, os polichinelos, o *clown*, o carnavalesco. No seu duplo papel de destruidor e criador, como que nada pretende conscientemente, agindo a partir de ímpetos sobre os quais pouco ou nenhum controlo parece exercer. Em grande parte à mercê das suas paixões e apetites, parece não ter desenvolvido valores morais e sociais, o que não o impede de, na sua faceta de herói criador, poder dar origem a novos valores e a novos padrões de cultura.

Nos índios americanos Wannebago o mito do Trickster, particularmente estudado por Paul Radin (1972), desenvolve-se ao longo de vários ciclos (o ciclo de *Hare,* o ciclo de *Red Horne* e dos *Twins*). No ciclo de Hare, o Trickster aparece-nos como o emblemático herói cultural, um criador de cultura, cujas proezas se organizam à volta de duas temáticas principais.

A primeira tem a ver com a sua própria educação, com o seu desenvolvimento e as suas aprendizagens, com a sua evolução e os seus progressos da imaturidade à vida adulta.

A segunda apresenta-nos um Trickster virado para a tarefa de tornar o mundo mais seguro e habitável, um Trickster essencialmente preocupado com a criação e o estabelecimento de novas formas de interacção e regulação social.

A sua identidade, pouco organizada e estruturada, oscila entre uma diversidade de possibilidades, mas assume, recorrentemente, a forma e o nome de um animal, embora o aspecto animal seja apenas uma das máscaras sob a qual se pode manifestar, já que, por vontade própria, se pode transformar em qualquer outra forma ou figura.

Em toda essa versatilidade e indiferenciação parece nem sequer saber lidar com a sua identidade sexual. Ora aparece como homem ora aparece como mulher, chegando mesmo a engravidar.

Encontramos todo um conjunto de histórias que tanto podem desencadear cenas de grande hilaridade como situações de grande preocupação e embaraço. Numa dessas situações o Trickster, disfarçado de bela mulher, casa com o filho de um chefe índio, engravida e tem três filhos. No final tudo se descobre, o Trickster foge e todos percebem que, incorrigível, acabara de pregar mais uma das suas numerosas partidas.

Em toda esta narrativa, um episódio nos interessa sobremaneira, dadas as conexões que apresenta com o lúdico. Com o lúdico como superação de uma privação e com o lúdico como transfiguração do mundo, como desejo de transcender a realidade com que nos confrontamos. Passemos então à descrição desse acontecimento.

Quando o Trickster deu à luz o seu último filho, o terceiro, a criança começou logo a chorar e ninguém, por mais que a consolassem, a conseguia calar. Ao fim de algum tempo a criança gritou ainda mais fortemente e disse que só ficaria tranquila se pudesse brincar com uma pequena nuvem branca.

Digamos que, de alguma forma, a criança pediu, exigiu, reivindicou, o infinito, o impossível. Só o infinito a satisfaria. Mas como obter uma nuvem branca, qual brinquedo com o qual a criança pudesse brincar?

O xamã da tribo fez nevar, deu à criança um pedaço de neve, com o qual brincou, tendo assim parado de chorar. Terá a criança brincado com um pedaço de neve ou com uma nuvem branca? Terá, simbolicamente, visto na neve a nuvem branca? Terá a neve sido, durante a brincadeira, o seu infinito, a sua nuvem branca? Seja como for, pelo jogo, pela brincadeira, a criança, entrando no mundo do simbólico, superou uma situação de privação.

Passado algum tempo começou de novo a chorar, dizendo que só pararia o choro se pudesse brincar com o azul do céu. A tribo tentou obter um pedaço do céu azul mas tal não foi possível. Tiveram que esperar até à primavera, altura em que deram à criança algumas plantas azuis, com as quais brincou, tendo de novo parado de chorar.

Tudo recomeçou de novo, tendo desta terceira vez pedido para brincar com folhas verdes e espigas douradas. Deram-lhe folhas verdes e espigas de trigo e parou de chorar. O jogo, a brincadeira, como ilusão e desilusão, como agente criador de mundos, como agente criador da própria criança, como criação de identidade e de cultura.

Viajante e vagabundo, nomeadamente nos relatos dos índios americanos (Hermes era também o deus dos caminhos), ora esfomeado e preso às suas necessidades mais básicas, ora criador e transformador do mundo, age por impulsos que só vagamente controla e se situam para além dos conceitos de bem e de mal.

O Trickster, que está constantemente a pregar partidas às pessoas, divino e bobo, afirmando a divindade e questionando-a, surge-nos como um ser cósmico arcaico, de natureza divina e animal.

Por um lado, aproxima-se da divindade e, neste sentido, pelas suas qualidades super-humanas, situa-se bem acima do homem, por outro lado, é-lhe claramente inferior, já que é infantil, imaturo, irresponsável, sem controlo dos seus comportamentos e não agindo por princípios éticos.

Um dos episódios, que muito claramente expressa esta imaturidade, é aquele que relata a aparente falta de consciência do Trickster sobre a forma como os objectos se reflectem na água, sobre a indiferenciação entre os objectos e a sua imagem no espelho ou na água.

Um dia, olhando para a água, viu, para surpresa sua, uma grande quantidade de ameixas, tendo logo mergulhado para as apanhar, mas apenas conseguiu retirar da água algumas pedras. Mergulhou uma segunda vez, mas bateu com a cabeça nas pedras e desmaiou. Quando acordou, flutuava de costas e viu uma árvore com ameixas. Só então percebeu que o que vira no fundo do lago era apenas a imagem dos frutos reflectida na água. Lamenta-se do que aconteceu, afirma a sua ingenuidade e reconhece que com estes comportamentos só causa grandes problemas, dor e sofrimento, a si próprio.

Um outro traço, bem característico do Trickster, prende-se com o facto de umas vezes se apresentar minimamente capaz e competente em termos de socialização, de relações sociais minimamente positivas e construtivas, para logo vestir as roupagens de quem não se deixa subjugar, domesticar, submeter, a rotinas e obrigações sociais.

Alguns episódios querem apresentar-nos um Trickster que atingiu já algum grau de maturidade, física, social, ética, mas outros episódios logo desmentem essa maturidade. A área das relações e compromissos sociais expressa bem esse esforço por se comportar de uma forma adulta e socialmente aceitável. Uma série de incidentes relata a forma desajeitada como tenta, com insucesso, retribuir, nomeadamente nas relações sociais com os animais, nas visitas que lhes faz, a cordialidade e hospitalidade de que foi alvo.

Nesta paradoxal figura do Trickster, convivem, de uma forma desarticulada e desastrada, a maturidade e a imaturidade, a verdade e a mentira, a razão e a falta dela, o que é aceitável e compreensível e o que não o é. O que cria situações onde o humor e a brincadeira, o cómico e o divertido, a desordem e o desacato, sempre marcam presença.

Tudo parece sugerir que estamos perante as vagas e indiferenciadas memórias da história primordial e arcaica do próprio homem, perante um passado mítico onde não existia uma clara diferenciação entre polaridades tão diversas como o divino e o não-divino, o mundo animal e o mundo humano, o eu e o não-eu, o diurno e o nocturno, o apolíneo e o dionisíaco.

Na obra de Paul Radin (1972: 200) anteriormente referida, na Parte V, redigida por Carl Jung e intitulada *On the psychology of the Trickster*, lê-se,

«He is obviously a psychologem, an archetypal psychic structure of extreme antiquity. In his clearest manifestations he is a faithful copy of an absolutely undifferentiated human consciousness, corresponding to a psyche that has hardly left the animal level. »

O Trickster é como que esse símbolo que contém em si a promessa da diferenciação e da maturidade, mas que permanentemente nos recorda que esse passado mítico de indiferenciação, de maior proximidade em relação ao irracional, ao animal, ainda está presente em cada um de nós, ainda nos acompanha e marca muito da nossa relação com o mundo e com os outros.

O Trickster como que nos recorda que o que lhe acontece, acontece a todos nós, que há em todos nós, hoje, um pouco de deus e de animal, de criadores e destruidores, de senhores e de escravos. Que há em todos nós um pouco de bufão, de *clown*. Que todos nós, hoje, como Tricksters, continuamos a ter dificuldade nas relações com a verdade e a mentira, com o bem e com o mal, com o estabelecimento de relações sociais assentes na reciprocidade e respeito pelo outro. Que todos nós temos os nossos carnavais.

A milenar persistência da presença do Trickster nas nossas histórias e rituais sociais, como Coiote, Lebre ou Corvo, como bobo, demónio ou polichinelo, nos nossos costumes carnavalescos, nos relatos picarescos espanhóis ou nos caretos portugueses, como princípio da ordem e como princípio do caos, a persistência deste Trickster que habita as mitologias de todos os tempos, talvez nos ajude a compreender que o jogo da maturidade e do desenvolvimento também passa pela forma como o homem, como as estruturas sociais que nos envolvem, que criamos e que nos criam, forem capazes de gerir o convívio, o abraço, o concerto a duas mãos, entre as qualidades arcaicas que o Trickster representa e as actividades mentais mais elaborados que igualmente constituem o homem.

O que significa não matar, não subalternizar, não excluir – como vimos antes nenhuma divindade aceita ser ignorada – o *homo ludens*, o Trickster, com a sua faceta nocturna, destruidora e caótica, mas também como promessa de criatividade, de cultura, de inovação e transformação, de capacidade transfiguradora do mundo.

É curioso registar que da multiplicidade de traços que caracterizam o Trickster, um sobressai, aquele que o relaciona com o jogo, ou melhor, com os jogos entre os homens e os deuses, com os jogos entre os homens e os gigantes. Esta faceta assume primordial importância, no caso dos índios Winnebago, com o ciclo de Red Horn.

Dos catorze episódios que Paul Radin (1972) refere sobre este ciclo, seis têm a ver com este tipo de jogos. No primeiro episódio, Red Horn vence uma corrida e conquista, como prémio, a filha do rei. No episódio cinco, vence os gigantes num jogo com bolas. No episódio seis, vence os gigantes num jogo chamado *Quem atira a bola mais longe*. No episódio sete vence os gigantes num jogo de dados. No episódio oito vence os gigantes num jogo chamado *Quem consegue ficar mais tempo debaixo de água*. Finalmente, no episódio nove, num combate entre os gigantes e o Red Horn, este é derrotado e morto.

O Trickster é a imemorial presença, em todos nós, dessas memórias ancestrais da evolução humana que, na sua importância e limitações, nos recordam que, no animal e na caça, pulsam já os sonhos dos grandes voos, os sonhos infinitos a que a criança procura dar corpo nos seus jogos.

O Trickster é essa presença antiquíssima que nos recorda que a actividade vivificadora do espírito, o ar, o céu, o voo, as asas, apenas se podem alicerçar na vontade de superação da própria tensão trágica, dessa tensão que nos diz que o mundo não se pode deter em nenhum almejado sonho, em nenhuma almejada perfeição, em nenhum definitivo ideal, em nenhuma verdade única e final.

É essa presença que nos recorda que sempre existirão deuses e gigantes a vencer, que sempre existirá a vontade e o desejo, nunca alcançado, de sermos esses deuses ou gigantes. Que sempre existirá a vontade de, quais Tricksters, os vencermos numa qualquer corrida, jogo de bola ou de dados.

O Trickster é, ele mesmo, a imperfeição e a imaturidade, mas imperfeição e imaturidade que, mesmo de forma desajeitada, cómica ou ridícula até, procura superar e transcender.

Como criador e destruidor, como ordem e caos, sabe que não há fuga possível ao ciclo das criações e destruições. Face à tragicidade do nada, sem cair no desespero, procura alcandorar-se aos aéreos e voláteis caminhos da perfeição, do desenvolvimento e da maturidade, nunca definitivamente alcançados, pois sabe que na vida este é o jogo que tem que jogar.

O jogo da criação de ilusões e enganos, de mundos ilusórios e fictícios, não como forma de iludir ou matar o próprio tempo, de fugir dele, mas antes na base da aceitação da sua imaturidade e imperfectibilidade. Mas sem igualmente renunciar à perfeição.

Reconhecer a tragicidade da vida, sim, mas sem se submeter à angústia e ao desespero, procurando antes essa *asa de cisne* – mesmo que pela desordem e o desacato, o cómico e o irónico – que permite fazer das ilusões e dos enganos instrumento de criação e de vida, de construção de uma renovada identidade.

Essa *asa de cisne* de que nos falam tantos contos populares, como o dos irmãos Grimm intitulado *Os Seis Cisnes*. Contos populares que nos relatam como crianças ou jovens são magicamente transformados em pássaros, que levantam voo, para posteriormente serem resgatados e retornarem à sua condição de crianças ou jovens. Mas crianças e jovens que retornam profundamente transformadas, amadurecidas. No conto de Grimm anteriormente referido, uma das crianças quando retoma a sua forma humana conserva uma asa de cisne no lugar do seu braço esquerdo.

É pelo jogo que a criança constrói a sua *asa de cisne*. É também pelo jogo, pela brincadeira, pelo humor, pelas partidas que prega aos outros, que o Trickster, sempre imaturo, vai igualmente assumindo características mais humanas.

As ilusões e os enganos, entendidos positivamente, as ficções, os jogos, os sonhos, o saber brincar com as coisas, as pessoas, a vidas, são erros que nos resgatam, vivências que encerram uma forte dimensão de construção e criação, de procura de novas alternativas, de flexibilidade e abertura, de caminhos e aventuras a percorrer.

Reduzir as ficções e ilusões a puras mentiras e enganos, a mera negatividade, faz com que tudo pareça consumir-se num cósmico sem-sentido, num mundo sem saída, niilismo, vacuidade, nada. Também aqui o Trickster nos ajuda a recordar que estas ilusões enganosas são, afinal, esses *erros fortes* de que nos fala Leopardi, erros fortes que nos prendem à vida, mãe fecundante que regenera e cria.

A vida parece exigir a ficção e a ilusão. A criança, como o Trickster, necessita delas para, superando as perdas e privações com que se confronta, renovar e recriar a vida. Jogar, fingir, fingir o mundo dos seus desejos, é força genésica, ímpeto e dinâmica de transcendência que nos faz viver, que ensina a ser activo e criador.

Como nos diz Ricoeur em *A Metáfora Viva* (1975: 369) «Por meio da ficção rompe-se uma interpretação inadequada de uma situação, em proveito de uma interpretação nova, mais adequada». Há que jogar com certas concepções, com certas realidades, de forma a desvendar o dinamismo poético que as habita, o mundo de distintas possibilidades, de outras e novas realidades, amiúde encobertas pelas representações que a rotina e a institucionalização foram fixando e cristalizando.

Jogar não é entregar-se, passivamente, nas mãos de uma qualquer ilusão consoladora que nos sorri e seduz, não é adormecer tranquilamente na inércia dos sonhos de tranquilidade e repouso, não é uma espécie de eterno *nirvana*,

«Na mão de Deus, na sua mão direita,
Descansou afinal meu coração [...]
Dorme o teu sono, coração liberto
Dorme na mão de Deus eternamente»
(Antero de Quental, *Na Mão de Deus*)

mas antes corpo em movimento, acção, vigoroso agir, incansável vivacidade virada para aquele activo tecer o ímpeto de transcendência e superação que nos liberta do *só isso*. Mas sem imolar o tempo e a realidade. Aquele activo tecer a existência aérea, a asa de cisne, o sonho, mas sem abdicar das exigências da claridade e do dia.

« [...] y a una esperanza ciega nunca immoles
la realidad que cruza los senderos»
(Unamuno, *Ruit Hora*)

«Pero cómo sabiendo que es engaño
vivir de su virtud?»
(Unamuno, *Sit Pro Ratione Voluntas!*)

O Trickster, meio deus meio homem, é a porta aberta ao cómico e à ironia, a possibilidade, portanto, da presença de pontos de vista diferentes, da pluralidade e simultaneidade dos olhares, da diversidade das máscaras. É este carácter divertido e brincalhão do lúdico que permite à criança ver um pau numa espada, tendo embora consciência de que esse objecto é efectivamente um pau.

É este mesmo espírito de humor, este faz-de-conta, este «Parece! Parece!», que faz com que o Trickster possa assumir máscaras diferentes. Ser Corvo ou Coiote, ser homem mas transformar-se em mulher, engravidar e ter filhos. Ser polimorfo, plural, politeísta.

Negar a figura do Trickster, negar a diversidade das máscaras, negar o carácter construtivo das ilusões, do jogo, do cómico, é acentuar a tendência ao dogmatismo, é afirmar o monoteísmo psicológico, social e político. Como acontece com a República idealizada por Platão, onde a presença de um único ponto de vista, da verdade única e absoluta, da forma perfeita, de leis concebidas por Sábios, às quais todos teríamos que nos submeter, leva à exclusão da poesia, da máscara, da ironia e do cómico. À exclusão da diversidade, da diversão e do jogo, do lúdico. Tudo o que vem da ordem do jogo e do divertimento, por extensão tudo o que deriva da imaginação e da fantasia, para Platão a própria poesia, é excluído do domínio das coisas sérias.

Adoptando uma posição de grande parcimónia em relação ao riso, um pouco ao estilo daquela atitude socrática tão bem retratada por Xenofonte (430-350 a.C.) no seu *Simpósio*, Platão fala-nos na necessidade de um riso contido, inofensivo, que não contamine aqueles assuntos *sérios* com os quais não se deverá brincar. Em certas passagens da *República* proíbe mesmo o riso, como no caso dos guardiões, que são proibidos de se entregarem a esses comportamentos. Em *As Leis*, propõe a abolição da comédia, considerando que as actividades ligadas ao riso e à hilaridade, dada a sua falta de seriedade – os cidadãos devem dedicar-se às coisas dignas e sérias – devem ficar para os escravos e os estrangeiros.

Não nos deixando esquecer os fortes vínculos que existem entre o cómico e o trágico da condição humana, entre a diversão lúdica e a capacidade de criar, como que pressentindo que os grandes compromissos, os compromissos éticos, os grandes e novos compromissos connosco próprios, com os outros e com a vida, também se criam na distância e na viagem, no desprendimento em relação a uma cultura, a normas e padrões, a formas de ser, o Trickster é essa figura cómica que, como princípio da ordem e da desordem, transgride limites e limitações. Pois, recriar o real, é também não deixar extinguir a fome de infinito que nos habita.

Como filhos do Trickster, não podemos deixar morrer em nós esse sonho de infinito que é o desejo de querermos brincar com uma *nuvem branca* ou com um *pedaço do azul celeste*. Só esse jogo parece apaziguar o choro de qualquer criança. Criança que joga com as ondas do mar como estas jogam com a criança. Criança que joga com a areia do mar como a areia do mar joga com ela. Criança que joga com as cores, os sons, as formas, as palavras, que se convertem nos seus fantásticos companheiros de jogo.

Neste jogo, nesta representação, neste simulacro, neste palco da vida, somos actores com um duplo papel, o trágico e o cómico. Jogo é representação, simultaneamente séria e enganosa, de que não podemos sair. Jogo é representação onde cada nova vitória, cada novo triunfo, está inevitavelmente condenado à derrota e ao fracasso, ao desaire e ao insucesso. Jogo é representação estruturalmente aberta ao trágico e ao cómico. Jogo onde o trágico e o cómico se fecundam mutuamente.

Jogo aberto ao trágico, na medida em que cada novo esforço do Trickster acaba por confrontá-lo com a iniludível derrota, na medida em que brincar com um pedaço de *nuvem branca*, só no mundo do faz-de-conta é possível. A *nuvem branca* com que se joga é afinal um *fragmento de neve* que não apazigua definitivamente a criança. Criança que logo volta a chorar. Mas para que o jogo continue, ela irá brincar com um *pedaço de céu azul*, com *espigas douradas* e com muitos outros *brinquedos* que transitoriamente irão alimentando esse seu incorrigível sonho de infinito.

Jogo aberto ao cómico, na medida em que o actor, o Trickster, o homem, a criança que brinca com a *nuvem branca*, sempre acabam por descobrir o logro, a farsa, o engano. Na medida em que o Trickster sou eu, tu, todos nós. Descobrimos o logro e rimos dele. Rimos de nós próprios. Para que o jogo continue.

Como toda a criança que joga, como todos nós que jogamos, também Camus criou e teceu as *nuvens brancas* com que *brincou*. Tal como Camus, também a criança, como todos nós, precisa criar o seu *Sísifo feliz*, precisa de o recusar e de com ele se confundir. Para que talvez um dia a pedra possa ser canto, poema, brinquedo com que alegremente a criança possa brincar. Diz-nos Unamuno (P. VI, 278), citado por Pedro Galán (1996: 842):

> «Vencedor del suplicio [...]
> descansando [...]
> con paz respira y en la mano tiene
> un rodado pedrusco con que juega
> como con una taba juega un chico [...]»

Jogar começa por ser, na criança, uma primeira forma de superação da privação e da perda. Dessa privação ontológica a que os deuses nos votaram, quando destinaram o homem ao tempo e à mortalidade. Tempo e mortalidade que para os índios americanos Pés Negros derivaram não do acto criador de um deus mas, curiosamente, de um jogo, de um jogo de sorte e azar.

Com efeito, de acordo com os mitos da criação que desenvolveram, se foi uma figura primordial, o *Velho*, que criou todas as coisas, já quanto à mortalidade do homem a história é bem diferente, tendo o *Velho*, na sua sabedoria e experiência, deixado essa decisão ao próprio acaso. Diz-nos o texto que relata este mito (Henriques, 1996: 95):

> «"Nunca pensei nisso. Temos de tomar uma decisão sobre o assunto. Vou agarrar neste fragmento de osso de búfalo e atirá-lo ao rio. Se flutuar, quando as pessoas morrerem, dentro de quatro dias voltarão a viver. Mas se se afundar terão um fim." Atirou o fragmento do osso para o rio e este flutuou. A mulher voltou-se, agarrou numa pedra e disse: "Não. Vou atirar esta pedra ao rio, se flutuar viveremos para sempre, se se afundar toda a gente terá que morrer e ficarão para sempre com pena uns dos outros." A mulher atirou a pedra ao rio e esta afundou-se. "Aí está", disse o Velho, "já escolheste. Todas as pessoas terão fim."»

2. OS JOGOS DE HERMES

> *Todos os deuses e todos os mundos*
> *estão dentro de nós mesmos*
> (Upanishades)

A nossa atenção tem-se centrado, até ao momento, nalgumas especificidades do jogo sociológico do homem na sua relação com outros homens, no jogo político do homem com a sociedade em que vive e participa, no jogo cosmológico do homem com o mundo, com o cosmos que constrói e habita. Pretendemos, agora, encarar algumas questões mais especificamente ligadas ao jogo do homem com os deuses, ao jogo ontológico, sério e burlesco, entre deuses e homens.

Partindo duma perspectiva que olha para esse jogo como algo de sério e sagrado, já que se trata de um fenómeno-limite, de fronteira, que envolve deuses e homens, Ulrich Mann, citado por Andrés Ortiz-Osés (1994), entende o jogo como expressão simbólica do amor entre contrários, como união ou casamento entre polaridades que se contrapõem, manifeste-se essa união nas figurações do matrimónio místico entre o Cordeiro (Cristo) e a Mulher (Maria), no enlace entre São Paulo e a Igreja, no convívio fraterno entre o lobo e o cordeiro (Paraíso), ou em qualquer outra forma simbólica de conjugar, de pôr polaridades contrárias, a jogar em conjunto.

Já Burkert, igualmente citado por Andrés Ortiz-Osés (1994), assume uma posição bem distinta. Considerando a liberdade como a característica estrutural mais relevante do jogo, enfatiza a sua dimensão burlesca encarando-o como um espaço do homem, do espírito humano, onde, qual Trickster desestabilizador, criador e aniquilador, procura configurar formas de cultura que ousam enfrentar e superar a ordem divina.

Seguindo esta mesma linha de pensamento, David Miller analisa o jogo na complementaridade das suas dimensões cómico-burlesca e trágica, ao unir uma consciência estruturadora e estruturante com as forças arquetípicas e indiferenciadas que, com a sua presença, igualmente marcam o jogo. Aventurar-se neste abismo, neste labirinto de forças paradoxais que é o jogo, co-presença do interior e do exterior, da realidade e do desejo, do racional e do irracional, do dia e da noite, é o que Miller se propõe fazer. Viagem onde a questão da descoberta e da construção do sentido, como jogo metafísico essencial, ganha toda a visibilidade ao deixar-se guiar por esse Hermes dos tempos modernos que foi Carl Jung.

Em grande parte Miller circunscreveu o jogo aos conceitos de *aisthesis, poiesis, metamorphosis* e *therapeia*. Com o primeiro conceito, pretende valorizar a dimensão estética do jogo, de contemplação e não-funcionalidade, proclamando que a *não-seriedade* é a mais elevada forma de *seriedade*. *Aisthesis* que inicialmente designava o assombro ante as maravilhas do mundo, uma compreensão cognitiva que engloba a sensibilidade estética. A dimensão de *poiesis* permite-lhe expressar essa função cósmica do jogo que é a ficção e a criatividade, função genésica e criadora que permite engendrar novos mundos. Com a ideia de *metamorphosis* pretende acentuar a função de coerência social do jogo, de que o jogo é, simultaneamente, estabilidade e mudança, normas e sua superação. A ideia de que a transformação é a maior das estabilidades. Para acentuar a dimensão terapêutica do jogo recorre, finalmente, ao conceito de *therapeia*, termo grego muito usado por Hipócrates e Galeno, que significava cuidar, servir, na base de que a gratuidade, a ausência de fins ou propósitos, é o mais elevado dos propósitos.

Contrariando igualmente uma visão heróica do jogo, do jogo da vida, assente na ideia de *écrasez l'infâme*, atitude diurna e iluminista de repudiar a noite e as trevas, Hillman (1999, 2000), face a esta atitude, face ao herói clássico, apolíneo, racional, ascensional, qual Hércules *matador* de animais que nega a faceta sombria que vive dentro de cada um de nós, propõe-nos um outro jogo, esse jogo anti-heróico de valorização da noite e das trevas que, permanentemente, renovadamente, exige a presença, o confronto e a conjugação, do homem com a sua *sombra*, com a sua parte animalesca e menos diferenciada. Jogo que exige não a morte, mas o acolhimento do outro, caso contrário como poderia o jogo continuar? Jogo que, tal como a realidade, é luz e abismo, certeza e incerteza, previsibilidade e imprevisibilidade.

O próprio esforço para alcançarmos a *perfeição*, moral ou física, com as mil vestes que esse esforço pode revestir, é a evidência da dimensão sombria que nos constitui. O combate connosco mesmos para alcançarmos uma dada *santidade*, um determinado *absoluto*, é o instrumento que nos mantém prisioneiros do jogo da violência, que nos torna *matadores* de um qualquer Minotauro (sexualidade, instintos, fantasmas internos, medos, temores, ódios) a abater. A identificação exclusiva com as nossas facetas positivas, honestas e virtuosas, a eleição de inimigos internos ou externos a eliminar (*écrasez l'infâme*), a incapacidade de aplicarmos a não-violência (*satyagraha*) a nós mesmos, à nossa própria *sombra*, continua a alimentar o nosso imaginário belicista, heróico, diurno, antitético, da vida.

Intercalemos aqui um pequeno parêntesis para deixar no ar uma ou outra questão a propósito dos jogos para-olímpicos, essa projecção para fora do olimpismo do que o próprio ideal olímpico não aceita no seu seio. Como sabemos, o ideal olímpico baseia-se no mito clássico de Hércules e, por acréscimo, em toda a simbologia do fogo, da luz, dos valores diurnos e ascensionais. Em todo um imaginário simbólico do Regime Diurno, expressando a superação heróico-racionalista contra o mal, as trevas, a sombra e a morte.

Será que estes últimos aspectos, o mal, as trevas e a morte, que o Regime Diurno, Olímpico, pretende excluir do seu seio, sem nunca efectivamente o conseguir, estão simbolizados, foram projectados, para os jogos para-olímpicos? Será que estes últimos aspectos, *menos válidos*, os da deficiência, dos *minusvalidos* na língua castelhana, foram excluídos do Olimpo e relegados para essa espécie de Hades a que eufemisticamente chamamos de para-olimpo?

Será que esquecemos que o Olimpo da mitologia grega é tudo menos Diurno? Que nele reinava o politeísmo, a diferença, a pluralidade dos deuses, e que um desses deuses, Hefesto, apesar da sua deficiência, sempre teve assento à mesa dos imortais, à mesa dos olímpicos? Será que a divisão entre jogos olímpicos e jogos para-olímpicos se suporta não em razões técnicas, económicas, administrativas, organizacionais, logísticas, como muitas vezes se quer fazer crer, mas em razões arquetípicas bem mais profundas?

Aquelas, talvez, que fazem da nossa sociedade uma sociedade eminentemente antitética e esquizóide, *matadora* das diferenças do outro, incapaz de aceitar e valorizar essas diferenças. Incapaz de aceitar esse *outro* que, querendo ou não o ideal olímpico, continua a marcar tão fortemente com a sua presença os recintos dos olímpicos. Os atletas com deficiência (para a mentalidade olímpica a presença do mal, das trevas e da morte), esses continuam a não poder entrar.

Retomemos as temáticas que vínhamos abordando, para afirmar que a liberdade e a incerteza sequencial são, com efeito, uma das dimensões estruturantes do jogo. O resultado só no fim se conhece, até lá tudo é possível, tudo está em aberto. Da primeira à última jogada. Mesmo a ciência, diz-nos Popper, podendo ser *exacta*, não é no entanto *verdadeira*, não entende a verdade, não é o domínio da verdade.

O que significa que o mundo, como o jogo, não pode ser visto de forma *positivista*, não é positividade pura com os seus fundamentos exactos. Deve antes ser entendido, tal como o jogo, como textura simbólica, mitopeica, como texto poético a interpretar, como algo que nos é dado para ser construído e reconstruído. Que exige a minha participação no jogo. Jogo onde a minha participação é condicionada e determinada por múltiplos factores, sem deixar de ser livre. Onde a minha participação só é possível na convergência da indeterminação com a maior determinação e causalidade.

Jogo, portanto, como casamento do casual e do causal, do caótico e do ordenado, da medida e da desmedida, do que se controla e do que transcende todo o esforço de controlo. Como o confronto e a união de Apolo e Dionísio.

A estrutura do lúdico não é uma estrutura *profética*, onde tudo, desde o princípio, está pré-definido, mas antes uma estrutura *oracular*, como no templo de Delfos ou na milenar prática chinesa do *I Ching*, esse tipo específico de pensamento e de acção em que, partindo-se de uma realidade casual, específica e concreta, que nada pré-determina, tudo se abre ao homem para que, pelo seu agir, determine esse indeterminado, essa enigmática esfinge com que se confronta.

2.1. Os Múltiplos Rostos do *Deus Ludens*

A psique cria a realidade todos os dias
(Carl Jung)

Na sua mitologia os gregos personificaram em Hermes, o deus brincalhão, essa função de mediação entre opostos, entre homens e deuses, entre polaridades que de alguma forma se opõem e confrontam. Daí que ele surja acompanhado com o seu caduceu, oferecido por Apolo, uma espécie de vara à volta da qual se enrolam duas serpentes (Hermes é sempre uma figura paradoxal, a conhecida duplicidade hermética ou mercurial), instrumento mágico com extraordinários poderes.

O poder da transformação, da transfiguração das coisas, esse poder que os símbolos têm ao abrirem a porta à interpretação, à reinvenção, à exegese, à hermenêutica. Logo a seguir ao seu nascimento, a primeira proeza de Hermes foi, precisamente, transformar uma tartaruga num instrumento musical. Ou seja, jogar e brincar, transformando um objecto, a tartaruga, num brinquedo, a cítara, algo similar ao que fazem todas as crianças quando, nas suas brincadeiras, transformam um pau numa espada, numa cana de pesca ou num cavalo.

Hermes é, indiscutivelmente, na mitologia grega, o deus que mais tem o seu nome associado ao jogo, da mesma forma que é o deus cuja infância é melhor conhecida. No contexto dos *Hinos Homéricos*, o Hino XVIII – A Hermes, é esse prodigioso poema que celebra a infância do deus e se tornou num desses momentos exemplares em que nos confrontamos com a figura da criança divina. No seu primeiro dia de vida, com os episódios da transformação da tartaruga em cítara e com o roubo dos rebanhos de Apolo,

«A la aurora había nacido, a medio día tocaba la cítara

y por la tarde las vacas robó de Apolo que hiere de lejos,
el cuarto día del mes, el día en que lo dio a luz la augusta
Maya.»
(Himno XVIII, *A Hermes*, 17-19)

temos como que condensados todos aqueles atributos à volta dos quais se constitui a identidade do deus. Não deixa igualmente de ser curioso que o hino evolua em todo um contexto interactivo em que Hermes aparece como *criança*, a *não seriedade*, conjugando as suas acções com a *seriedade* de Apolo, deus adulto e responsável.

Hermes é o deus cuja presença pode ser assinalada pelos *hérma*, por essa simbologia indiferenciada da pedra, por vezes associada ao *phallos*, ou de pequenos conjuntos de pedras, os *hermakes*, a forma como tradicionalmente, na Grécia e um pouco por toda a Europa, se delimitavam as propriedades e se sinalizavam os caminhos. Sinais portanto, símbolos, que ordenavam o cosmos, que guiavam e orientavam os viajantes, marcando os limites do que podia e não podia ser transgredido.

Com o seu caduceu, estilização do antigo bordão dos pastores, com o seu chapéu de viagem e as suas sandálias voadoras, é o deus dos limites, dos caminhos e das viagens, e, por extensão, o deus do comércio, do roubo e do engano, das ilusões e dos ardis. Com efeito, estas características, aparentemente negativas, foram-lhe dadas por Zeus como um privilégio, uma das suas principais capacidades e poderes, a de gerar e criar símbolos.

«que el privilegio, de Zeus recibido, tienes de trocar
unas cosas por otras entre los hombres a lo largo de la
tierra que a muchos alimenta.»
(Himno XVIII, *A Hermes*, 516-518)

Sem esta capacidade de trocar umas coisas por outras seria possível o comércio? Seria possível o jogo, sem a possibilidade de driblar, de fintar, de iludir, de mentir ao outro? Seria possível o mundo do simbólico sem o *comércio,* a troca, a substituição, de significado e significante? Seria possível, sem este privilégio da troca, a matemática, a poesia, o jogo simbólico da criança ou o desporto de alta competição?

Compreende-se, assim, que Hermes, logo no seu primeiro dia de vida, tenha furtado as vacas de Apolo. Compreende-se, assim, que o mesmo deus que define e ordena os limites, os desrespeite e transgrida, convertendo-se, ele próprio, em transgressor e ladrão.

> «Maya, la ninfa [...] a Zeus en amor unida,
> [...]
> Parió a un hijo rico en Ardiles, de sutil ingenio,
> Saqueador, ladrón de vacas, inspirador de sueños [...]»
> (Himno XVIII, *A Hermes*, 4-14)

Deus das viagens e dos limites, das encruzilhas (da vida) e dos espaços de fronteira. Deus da comunicação e dos lugares onde se estabelece o contacto humano. A intimidade da casa, do lar, é o privilégio de Héstia. Hermes é igualmente o mensageiro, através do qual homens e deuses comunicam, da mesma forma que como *psychopompos*, como condutor de almas, as acompanha na viagem entre este mundo e o Hades. Nessa viagem entre o conhecido e o desconhecido, entre os cumes e os enigmáticos abismos, entre a luminosidade da razão e o mais profundo e obscuro da nossa alma.

Ladrão e transgressor, na medida em que não se deixa acorrentar aos ditames de Apolo, por mais que este se esforce para que se submeta

> «Así dijo, y con sus manos lo rodeó con fuertes ataduras [...]»
> (Himno XVIII, *A Hermes*, 409)

aos seus pontos de vista, à sua visão do mundo, na medida em que, como criador e destruidor de culturas, não se deixa acorrentar a uma visão dogmática da vida, à institucionalização, ao conformismo, pois sabe que a vida é mudança, evolução, transformação.

Mas se Hermes nos surge como um dissimulador, um criador de enganos e ilusões, isso deve-se ao facto de viver nele uma tremenda dinâmica de transformação das coisas e da vida, um ímpeto de melhoria e mudança, de querer viver *con los inmortales* e não na gruta obscura onde nasceu.

De querer transcender-se, metamorfosear-se, embelezar o *só isso*, entregar-se à arte da transfiguração das coisas. Mas a vida, o jogo da vida, não é também saber venerar essa divindade que desde sempre vive em nós? Não será esta a razão por que a criança joga? Haverá nela um Hermes que a inunda? Quando Maya, a sua mãe, o questiona sobre os seus comportamentos, Hermes, a criança divina, diz:

> «Madre mía, por qué de esta forma me metes miedo
> Como a un niño [...]
> Yo, por mi parte, me entregaré a un arte, el mejor,
> Cuidando como un pastor de ti y de mí por siempre.
> Y no nos conformaremos [...]
> [...]
> También yo disfrutaré del mismo rito que Apolo.»
> (Himno XVIII, *A Hermes*, 163-173)

Hermes, o deus imperfeito – a perfeição fica para Apolo – Hermes, o deus brincalhão, o deus cujo negócio é o jogo, começa e termina o seu primeiro dia de vida, jogando e brincando. Mas antes de aprofundarmos um pouco mais esta relação de Hermes com o jogo, procuremos primeiro outros sinais, outras alusões, à presença dos deuses nos jogos dos homens, à presença dos homens nos jogos dos deuses.

Sinais que encontramos logo no próprio Apolo, que, porque não sabe jogar, jogando, mata sem querer, quando lança o disco, o seu amigo Jacinto. Mesmo na vida de Apolo, cujo antigo epíteto era *Phoîbos*, o *Puro*, o *Brilhante*, o *Radiante*, o deus que usa o arco de prata, o deus que fere de longe, não deixam de ocorrer circunstâncias em que o acaso, o não controlável, o irracional, não deixam de estar presentes. Apesar de Apolo, o deus da ordem, da razão e das ideias abstractas, da luminosidade, as não ter convocado para o jogo.

É também com festas e jogos que os gregos e os jónios celebram Apolo.

> «Ellos, de ti haciendo memoria, con el pugilato, el baile y
> el canto
> Te complacen, siempre que organizan el certamen.»
> (Himno III, *A Apolo*, 149-150)

Os Hinos Homéricos nada nos dizem sobre a relação entre Dionísio e o jogo. O que conseguimos pesquisar sobre esta afinidade tem fundamentalmente origem na tradição órfica. De acordo com a mitologia órfica – Dionísio era o deus central do orfismo – Zeus pretendia dar ao seu filho Dionísio as rédeas do mundo. Os Titãs, numa primeira versão da lenda os *Kouretes*, opuseram-se a esse plano e mataram a criança divina, cortando-a em sete pedaços que depois comeram. Só não comeram o coração. Indignado com este acto cruel, Zeus matou os Titãs e devolveu Dionísio-Zagreu à vida.

É esta a razão por que Dionísio – o princípio da vida indestrutível, que morre e volta a nascer, o ctónico, o subterrâneo, o deus das muitas máscaras e múltiplas epifanias, dos mistérios e iniciações, do êxtase e da mania, dos desaparecimentos e súbitas irrupções, a criança sacrificada – é fundamentalmente conhecido como o deus *duas vezes nascido*. O deus que, sacrificado embora, só aparentemente morre.

Mas o que aqui nos interessa é a relação entre a criança Dionísio, a sua morte, o seu sacrifício, e os brinquedos, o acto de jogar. Ou seja, o facto de Dionísio ter sido sacrificado enquanto jogava. Uma vez mais, esta relação entre o jogo e o sacrifício, esta ideia do jogo como superação de uma privação. De acordo com a lenda órfica que temos vindo a referir, diz-nos Kerényi (2002: 254): «It was told that they [the titans] surprised de child-god as he was playing with the toys», acrescentando logo de seguida: «They attacked the playing boy, tore him into seven pieces and threw these into a caldron standing on a tripod. »

Com que brinquedos se divertia Dionísio, quando foi morto? Diz-nos ainda a lenda que brincava com um jogo de dados, uma bola, um pião, maçãs douradas, um touro e um pedaço de tecido de lã, brinquedos que logo se tornaram em símbolos nos ritos de iniciação realizados em honra de Dionísio.

Esta conexão entre Dionísio e o jogo, como exuberante alegria de vida, alheio a qualquer outro interesse que não seja o genuíno prazer de brincar, está igualmente bem marcada nas festas que em Atenas se celebravam em honra do deus, as *Antesterias*. Festas que não deixavam de ter a sua dimensão trágica.

O segundo dia das festas, o dia das *Coés* – que antecedia o momento mais intenso das festividades, a noite em que se celebravam as bodas divinas, o *hierogamos* da rainha com Dionísio – era o *dia dos baloiços*, o dia em que as virgens se baloiçavam em baloiços suspensos a grande altura. O dia das *Coés,* que era também o *dia das jarras de vinho*, terminava com a *Aiora*, a *festa dos baloiços* ou o acto de baloiçar-se, momento também designado por o *deambular de Erígone*, a primeira mulher dionisíaca, segundo o mito. Aquela que o acompanhava quando o deus, que não havia sido reconhecido, foi morto pelos icarienses.

Daqui surgem as duas interpretações da *festa dos baloiços*. A interpretação trágica – da qual Kerényi discorda, por confundir este momento específico da festa com o carácter geral, trágico, das

Antesterias – vê na festa dos baloiços, em que as virgens se identificavam com Erígone, uma alusão à morte desta quando do assassinato de Dionísio. Morte a que se terá seguido a ascensão de Erígone aos céus, simbolicamente presente na fase ascensional do baloiçar, aquela em que o baloiço se eleva no ar como que se aproximando do céu, do sol ou da lua.

De acordo com Kerényi (1998) a *festa dos baloiços*, sem deixar de ter um forte elemento erótico – gravuras antigas mostram que quem empurra o baloiço é um sileno – deverá antes ser entendida como a genuína expressão da indestrutibilidade da vida e da exuberante alegria de viver. Sobre o sentido da *festa dos baloiços* Fritz Boehm (1917), citado por Kerényi (1998: 116) refere que

> «El columpiarse como simple actividad física, como expresión de una intensa alegría de vivir, forma parte de los elementos primigenios de la naturaleza humana y hasta de la animal [...] es el primer juego con el recién nacido y se practica allá donde hay una juventud alegre.»

Andar de baloiço, pois, como expressão de *alegria vital*, alheia a qualquer outro objectivo, para além do prazer de jogar.

Seja como for, com as suas dimensões trágica, erótica e de exuberante alegria de viver, o baloiço teve, nas culturas grega e romana, um profundo carácter religioso. O costume de *columpiarse*, durante séculos associado ao período que vai do solstício de Inverno ao Carnaval, perdurou até quase ao nosso tempo nalgumas zonas da península ibérica, particularmente na Andaluzia. Numa novela publicada em 1896 por Armando Palacio Valdés, citado por Baroja (2006: 62), menciona-se o seguinte:

> «Es costumbre en Cádiz, cuando llega Navidad, fijar columpios en los patios de las casas [...] Por las tardes se reúnen mancebos y zagalas en torno del aparato y pasan

gozosamente el tiempo columpiándose, en medio de alegres cánticos y algazara. Los columpios se descuelgan cuando llega Carnaval»

Zeus, o pai dos deuses, a personificação da ordem olímpica, também tem a sua infância, também foi criança, apesar de normalmente ser retratado como um deus adulto. Uma criança divina também abandonada pela sua mãe. O seu equivalente romano, Júpiter, assumindo o papel adulto de *pater*, a forma como privilegiadamente é celebrado, não deixou de ser glorificado como criança divina, como *Jupiter puer*, que como qualquer mortal também teve os seus brinquedos.

Um desses cultos foi o de *Juppiter Auxurus*, em Tarracina, ao qual, no que toca à infância do deus e à presença dos brinquedos, Kerényi (2004: 90) se refere da seguinte forma: «[...] su culto resultaba evocador de la infancia del dios.» O mesmo autor, aludindo a um conjunto de brinquedos descobertos em escavações realizadas perto desse templo, afirma que «se trata de una colección de dones votivos de plomo; juguetes de cocina infantiles podría ser la mejor forma de calificarlos.»

A venerável deusa Deméter, mãe de Perséfone, tem também o seu nome associado pelo menos a duas ocorrências que se cruzam com o jogo, com o divertimento e a actividade carente de qualquer outro fim para além dela própria. A primeira prende-se com o rapto de Perséfone pelo deus Hades, rapto que ocorreu quando «jugaba con las hijas de Océano [...] en el prado mullido recogiendo flores» (Himno II – *A Deméter*, 5-6). Flores admiráveis, principalmente o narciso, «un prodigio para todos los que entonces la vieron», mas quando Perséfone «tendió ambas manos para el hermoso juguete agarrar», a terra abriu-se e, contra a sua vontade, Hades leva-a consigo.

O que parecia uma flor prodigiosa com a qual Perséfone brincava, o que parecia um airoso e bonito brinquedo, era afinal um logro, uma ilusão, um jogo que Hades «crió como engaño para la muchacha.»

A segunda ocorrência, de que igualmente os *Hinos Homéricos* nos dão conta (*Hino a Deméter*), assinala também esta forte conotação de fecundidade, de agente transformador e criador, que a mitologia atribui ao riso e ao divertimento, ao jogo e à brincadeira, neste caso através da figura de Yambe, Baubo na tradição órfica, que «sabedora de discretos pensamientos, con sus muchas burlas movió a la soberana [Deméter] sin noncilla a sonreír, a reír y a tener buen ánimo.» (Himno II – *A Deméter*, 202-204).

Mas muitos outros testemunhos poderemos encontrar deste interesse dos deuses pelos jogos. De Hécate, deusa lunar muito antiga, por vezes identificada com Deméter, Perséfone ou mesmo Artemis, diz-nos Hesíodo, na sua *Teogonia* (1990: 60), que «[...] benévola también, cuando los hombres compiten en el juego, allí la diosa los asiste y les ayuda.»

Na Ilíada, o poema homérico da *areté* heróica (virtude, excelência), deuses e homens, mortais e imortais, partilham as suas vidas, mesmo no que aos jogos respeita. Os deuses que em nós habitam, mesmo quando não convocados, fazem questão de estar presentes, como em sonhos Pátroclo recorda a Aquiles.

> «Naquele dia em que matei o filho de Anfidamante,
> Na minha estultícia, sem querer, irado no jogo dos dados.»
> (*Ilíada*, Canto XXIII, 87-88)

Deuses que de múltiplas formas, neste jogo dos deuses e dos homens, mil formas encontram de nos favorecer ou prejudicar. De com os seus inexoráveis sorrisos – na Ilíada nem os deuses escapem à dor e ao sofrimento – nos sinalizarem a tragédia de Heitor, de Aquiles, de cada um de nós.

«Antíloco, embora na verdade sejas ainda jovem, estimaram-te
Zeus e Posídon e ensinaram-te toda a arte da equitação.»
 (*Ilíada*, Canto XXIII, 306-307)

«[...] se contra ele se não tivesse encolerizado Febo Apolo,
Que lhe fez saltar das mãos o chicote luzente.
[...]

Mas não passou despercebido a Atena que Apolo defraudava o
Tidida

[...] E que Atena insuflara força nos cavalos, para lhe outorgar a glória.»
 (*Ilíada*, Canto XXIII, 383-400)

« [...] Mas quando chegaram à parte final da corrida,
Ulisses rezou a Atenas de olhos garços no seu coração:
"Ouve-me, ó deusa! Vem como auxiliadora dos meus pés!"
[...]
Foi então que Ájax escorregou (pois Atena o
prejudicara)» (*Ilíada*, Canto XXIII, 768-774)

Mas, face à tragédia, ao sofrimento e à privação, a que os deuses sempre nos sujeitam, os mortais sabem sorrir, renovando o desejo de que o jogo possa continuar.

« " Ah, foi a deusa que me prejudicou os pés, ela que sempre
Está ao lado de Ulisses como uma mãe a ajudá-lo"
Assim falou; e aprazivelmente todos se riram dele.»
 (*Ilíada*, Canto XXIII, 782-784)

Heraclito, por sua vez, entende que o tempo, o mundo, o mundo no seu devir, é como uma criança que joga, o reino do jogo e da criança. Algo próximo ao que, no *Crátilo,* nos diz o Sócrates platónico, quando se afirma que

«[...] os deuses também gostam de jogar.»

É esse, parece, o seu eterno prazer, jogar, jogar e brincar com os mortais, ideia que reencontramos em Platão quando, nas suas *Leis,* olha o homem como um brinquedo de deuses, como um brinquedo na mão dos deuses. E Zeus, o jogador supremo, desloca no tabuleiro da vida, neste universal jogo de dados, os piões com que se deleita. Devemos no entanto registar que Platão mantém sempre alguma ambiguidade em relação ao jogo, ora o considerando como algo com o qual não vale a pena perder tempo, ora considerando a vida do homem como um jogo celebrando a divindade.

Esta ideia de que a vida é um jogo, faz parte de uma saber imemorial, que tanto encontramos em Platão, nomeadamente nas *Leis,* quando afirma que o ser humano é um brinquedo ou uma marionete manuseada pelos deuses, como em Plotino, ao asseverar que as grandes questões do homem e do mundo não passam de simples jogos.

Também nos jogos das civilizações anteriores a Colombo encontramos, de uma outra forma, como aliás já anteriormente aludimos, esta promiscuidade entre homens e deuses, entre os jogos dos homens e os jogos dos deuses. Também nessas civilizações se atribui um significado esotérico, cosmológico, aos jogos.

Talvez os povos sempre tenham tido necessidade, para superar as privações e a tragédia da vida, de atribuir um valor redentor, criador, criador de valores de ilusão, ao riso, aos jogos e aos divertimentos, às actividades ditas, pelo menos actualmente, não sérias e gratuitas.

Neste jogo universal da vida, que possui e se expressa na base de uma variedade infinita de jogos particulares, sempre foi necessário criar céus e criar infernos. Céus como lugares do riso, dos jogos, da plenitude infinita. Infernos como os lugares da completa ausência de esperança, da impossibilidade do jogo. Céu aqui entendido, obviamente, não como um lugar, um espaço delimitado, mas como uma *experiência,* uma condição do ser vivente, de grande intensidade e qualidade, de encanto e deslumbramento, de êxtase e profundidade. O jogo, tomando forma visível no gesto, no corpo, como uma esperança do homem noutras formas de existência.

> «O mundo na sua forma actual não é o único mundo possível.»
> (Paul Klee)

Dante sabia-o, por isso, na *Divina Comédia*, retracta o Inferno como o lugar onde não há esperança, riso ou divertimento. No Purgatório, a esperança tem o seu lugar mas o riso e o divertimento estão igualmente ausentes. No Céu, reina o riso e o divertimento, a esperança já não é necessária. Querendo com isto sinalizar, porventura, que quando o riso, a esperança, o jogo e o divertimento desaparecem, o homem deixará igualmente de ser homem.

Da mesma forma que Heraclito vê o mundo, no seu devir, como um jogo, como uma criança brincando, para um número muito significativo de religiões, o mundo é *mâyâ*, uma forma de ilusão, de ilusão cósmica gerada pelo ser supremo, que dessa forma é visto, metaforicamente, como uma criança que brinca. Deus, portanto, como uma criança brincando. É esta ideia de cosmos como *mâyâ*, como ilusão, que dá corpo ao fascinante tema de *Lila*, o jogo divino do hinduísmo.

Literalmente, em sânscrito, língua sagrada do hinduísmo, *Lila* significa jogo, o divino jogo criativo. Nomeadamente no *Vedânta*, que nega a realidade do universo considerando-o «*mâyâ*», existência na ilusão, irrealidade, na medida em que, como devir temporal, como devir cósmico e histórico que não participa do Ser, *Lila* surge como a figuração, a forma de descrever o cosmos como manifestação, epifania, do jogo criativo de Brahman.

Desta forma, se o mundo é uma criação de Brahman, se essa actividade criativa, esse jogo, é designado *Lila*, o jogo de deus, o mundo surge-nos então como o palco, a ribalta, o estádio, onde decorre esse jogo divino.

Lila, jogo, actividade criativa de Brahman, como actividade espontânea, livre mas não necessária, distinta, portanto, de um *furor agendi*, de um esforço criativo-volitivo e auto-consciente. *Lila* como liberdade para além de toda a necessidade.

Não admira, pois, que no *Karma Yoga*, o *Yoga* da acção, tanto se valorize a actividade livre e espontânea, a atitude lúdica, em detrimento da actividade física vinculada ao utilitarismo, a fins úteis, sejam eles quais forem. Diz-nos a este propósito Kerneiz (1973: 106):

> «La caractéristique de l´Activité de jeu est le Détachement du produit des actes. Ce n´est pas à proprement parler du désintéressement, mais l´intérêt ce concentre sur l´acte lui-même, et non sur ses conséquences.»

Umas páginas à frente Kerneiz (1973: 111) acrescenta : «Exercer l´activité utile dans le même état d´esprit que l´activité de jeu, c´est l´exercer avec détachement.»

O jogo é o reino de *mâyâ*. Jogar é estar sob o seu efeito e sedução, é viver, celebrar e exaltar essa miríade de formas que a divina *Lila* pode assumir, mesmo para aqueles que, não confundindo a infinita multiplicidade das máscaras de *Lila* com a *Realidade* que lhes dá origem (Brahman), procuram libertar-se dos efeitos de *mâyâ*.

Próxima do *logos* heraclitiano (o mundo é uma criança que joga), próxima da sabedoria do hinduísmo (a actividade criativa de Brahman como um jogo), a teologia católica também interpreta o mundo como criação lúdica, como criação livre, ainda que não necessária. Também ela se abre à ideia de um *deus ludens*, de um deus que joga.

É o tema, afinal, da *gratuidade* do jogo. Deus não cria o mundo por necessidade, cria-o para sua glória. De acordo com esta tradição, o Deus criador não é um Deus calculista, um artesão ou um relojoeiro, acorrentado a um qualquer fim útil. Longe estamos de uma *metafísica matemática*, ligada à causa, ao determinismo, à utilidade, ao proveito, ao interesse ou ao lucro. Tal como o jogo, que não visa nenhum fim exterior a si mesmo, o acto criativo divino é um agir lúdico, gratuito, que encontra a sua justificação em si mesmo.

Em termos de relação Deus-mundo, o modelo do *deus ludens* assume-se claramente como um modelo bem distinto da ideia de um Deus-relojoeiro, mecanismo perfeito, determinista, racional e harmonioso, do qual está afastada toda a possibilidade do acaso, da imprevisibilidade, do imponderável e inesperado. Modelo bem distinto do modelo do Deus-rei ou do Deus-pai. Rei único e poderoso, que governa o mundo, ou Pai distante e dominador que conduz filhos desordeiros e desobedientes. Modelos que, ao suportarem-se na unilateralidade de um poder exterior, pouco contacto mantêm com uma relação ecológica deus-mundo, onde tudo parece centrar-se no amor, no cuidar, na proximidade e vizinhança, no diálogo e flexibilidade, na reciprocidade. No lúdico e no *reino da criança*. Modelo paradoxal onde a seriedade não se fecha ao divertido, onde a norma convive com a sua superação, onde a ordem e o caos, a harmonia e a brutalidade da tragédia, como parceiros e opositores, são figuras imprescindíveis, talvez mesmo a condição, da possibilidade do jogo, do jogo da vida.

Aos olhos do espírito de *seriedade*, a actividade lúdica afigura-se pueril, supérflua, inútil e improdutiva. Um desperdício de tempo e de energia, um esbanjamento de forças que poderiam ser canalisadas para um qualquer fim útil. Mas a genuína entrega ao jogo permite descobrir, para além da necessidade e da utilidade, a experiência da liberdade, da espontânea alegria de viver, imaginar e criar. Não a experiência da vanidade e da improdutividade, mas a experiência do júbilo e do regozijo, do deleite de existir e livremente se recriar, a experiência do *ekstasis*, da saída de si mesmo e da comunhão com o outro. A experiência da superabundância e da prodigalidade.

Essa actividade lúdica do espírito, actividade de jogo, actividade imaginativa, identificada nos *Provérbios de Salomão* com a Sabedoria, com a figura de *Sophia*, sempre esteve presente enquanto Deus criava o mundo. No decurso do processo cosmogónico, *Sophia* jogava e folgava todo o tempo. Vejamos o que dizem os próprios *Provérbios*:

> «Desde a eternidade fui ungida, desde o princípio, antes
> do começo da terra
> [...]
> Quando ele preparava os céus, aí estava eu;
> [...]
> Então eu estava com ele e era seu aluno; e era cada dia
> As suas delícias, folgando perante ele em todo o tempo;
> Folgando no seu mundo habitável, e achando as minhas
> delícias
> Com os filhos dos homens.»
> (*Provérbios* 8, 23-31)

Neste jogo que *desde o princípio* envolve homens e deuses, neste jogo em que a sabedoria divina joga *todo o tempo*, folgando e deliciando-se com os *filhos dos homens*, estes parecem descobrir o sentido das suas vidas na alegria de existir e de criar, na alegria de jogar, de imaginar.

E se é certo que o jogo, tradicionalmente, sempre foi relacionado com *Sophia* ou o *Logos*, embora nunca directamente com *Deus* ou o *Pai*, tal facto não invalida que *tudo seja jogo*, pois pela *Sabedoria*, pelo *Logos* ou *Espírito*, *Deus* mesmo se torna presente no mundo, no jogo do mundo. Imagem valiosa para expressar o envolvimento lúdico do Criador em sua Criação, do jogador no jogo.

Imagem que nos ajuda a desvendar a dinâmica salvífica inerente ao acto criador, ao lúdico, à estrutura lúdica do universo.

Quatro ideias essenciais nos parecem transparecer deste trecho dos *Provérbios*. A primeira, remete-nos para um princípio de criação, para a participação de *Sophia* no decurso do acto criado, para a sua presença «quando ele preparava os céus».

A segunda ideia, que deriva do facto de *Sophia* ser «as suas delícias», indica-nos que com o Pai compartilha a glória da criação, que nesse acto se deliciam e deleitam mútua e reciprocamente.

A terceira ideia é a de que o acto criativo é um acto lúdico, a ideia de que a sabedoria de Deus cria brincando. É próprio da sabedoria, do acto criativo, o ócio do êxtase e da contemplação, a alegria de, folgando, jogando, brincando, de forma livre, embora não arbitrária, fazer as suas próprias delícias, o seu tempo e o seu lugar de recreio. Alheia a qualquer outro interesse ou fim que não sejam as delícias do próprio jogar, do próprio folgar.

A quarta ideia encaminha-nos para a importância e valorização da diversidade das obras que brotam do acto criador. Em cada um dos dias da criação, *desde o princípio, em cada dia, em todo o tempo*, brincando e folgando, fazendo as suas próprias delícias, algo novo e diferente é criado, uma nova claridade surge, novos conhecimentos, novas luminosidades, novas obras.

A criação, o acto de criar, como um jogo de Deus, como um jogo do homem. Hugo Rahner (1952), citado por Moltmann (1981: 129), refere-se à actividade criadora divina em termos de categorias ou características estruturais do jogo, afirmando:

> «Cuando décimos que el dios criador juega, se esconde en esta imagen la intuición metafísica de que la creación del mundo y del hombre, aunque plena de sentido divino, en modo alguno representa un hacer necesario.»

Se de alguma forma os *Provérbios* nos dizem que, desde o princípio, *Sophia* é jogo, que tudo é jogo, que a criação é um jogo de Deus, o *Eclesiastes* parece já não poder afirmá-lo, ao inverterem-se radicalmente as valorizações. Se nos *Provérbios* tudo é jogo, e isso é bom, no *Eclesiastes* tudo é vaidade.

> «Vaidade das vaidades! Diz o pregador, verdade de vaidades!
> É tudo vaidade.»
> (*Eclesiastes* 1, 2)

Vaidade é também a alegria e o riso, o jogo e o divertimento.

> «Do riso disse: Está doido; e da alegria: De que serve
> esta?»
> (*Eclesiastes* 2, 2)

O mundo, no seu devir, já não é o heraclitiano reino da criança e do jogo, o mundo já não é a *Sabedoria*, *Sophia* já não é jogo. *Folgar* e *delícias* são locuções a banir da acção humana, o jogo e o reino da criança são loucuras entre loucuras e

> «Ai de ti, ó terra, cujo rei é criança [...]»
> (*Eclesiastes* 10, 16)

Mas se o *Eclesiastes* parece querer expulsar do mundo, do cosmos, a criança e o seu reino, o jogo, a alegria e o divertimento, a forma como Jesus, no *Novo Testamento*, abençoa as crianças, as valoriza e chama a si, quando afirma que « [...] qualquer que não receber o reino de Deus como menino, de maneira nenhuma entrará nele», deixa um sinal de esperança no retorno do jogo à terra, no retorno do *deus ludens*, no retorno do reino da criança ou, se quisermos, da criança como reino.

Coerentemente com a ideia de um *deus ludens* que cria brincando, de Deus como criança brincando, a doutrina sabática da criação (Moltmann, 1987) parece-nos apontar numa mesma direcção, quando assevera que a criação, desde o princípio, está orientada para o *sábado*, que o *sábado* é a festa da criação, que o acto criador de Deus se consuma no *sábado*, que o *sábado* é um tempo abençoado.

Depois de durante seis dias Deus ter criado o mundo, ao sétimo descansou e regozijou-se com a sua própria criação. O jogo, como o repouso sabático, simboliza de alguma forma a vitória do homem sobre o tempo, sobre a natureza, pois, como sugere o próprio Moltmann (1987: 19) «[...] la naturaleza, siempre fructífera, conoce tiempos e ritmos, pero desconoce el sábado. Y precisamente el sábado es el que bendice, santifica y revela al mundo como creación de Dios.» Que revela o mundo como jogo.

No entanto, desta concepção sabática da criação, não se pode concluir que jogar é viver num mundo onírico, escapar às circunstâncias do tempo e da história, mergulhar num mundo de ficção, aéreo, celeste e harmonioso. Afirmar que o *sábado*, a festa e o jogo, são a consumação do plano divino, que o *repouso sabático* é a conclusão última, o coroamento da criação, não nos pode deixar esquecer que só é possível alcançar esse coroamento, provisoriamente, transitoriamente, através do agir, do fazer, do actuar. Através do conflito e do combate. Não nos pode deixar esquecer, como já referimos anteriormente, que o jogo exige o sacrifício e o sofrimento, que o jogo exige a cruz.

É que se o tema do jogo expande e engrandece a reflexão teológica ao recuperar o motivo da *festa*, do riso, do júbilo e da alegria, dimensões que uma penosa tradição ascética sempre menosprezou, não podemos igualmente ignorar que o próprio lúdico tem as suas origens e fundamentos na superação de uma privação. Jogar não é, como dizíamos antes, ignorar a cruz, esconder a história e os seus dramas. Jogar não é impaciência, negação do tempo e aceleração do advento do Reino. Jogar é transcender, eufemizar e humanizar o carácter *insurmontable, irrémédiable* e *irréconciliable*, da condição humana.

Antes de retornarmos a Hermes, ao deus brincalhão da mitologia grega, a figura que neste capítulo mais nos interessa desenvolver, nas fortes conexões que apresenta com o lúdico, uma alusão muito rápida a dois relatos bíblicos, um do *Novo Testamento* e outro do *Antigo Testamento.*

A primeira refere-se ao *Livro de Job*, esse mito extraordinário que tanta estranheza e perplexidade deixou em muitos espíritos. Mito que levou a reflexões tão diversas como as que se prendem com a origem do bem e do mal ou as que Carl Jung teceu sobre a superioridade ética do homem em relação a Javé.

O mito relata os imensos martírios e sofrimentos que Job sofre inocentemente, a perda da sua felicidade, dos seus bens, a morte de familiares, doenças, até mesmo a falta de compreensão dos seus amigos. Tudo como resultado de um jogo, de uma disputa, de uma aposta celestial, entre Deus e Satã. Job converte-se, assim, sem o saber, num brinquedo, no joguete dos poderes do além, qual pião cujo destino depende das movimentações, dos lances, que Deus e Satã vão desenvolvendo.

Jogo trágico em que participam deuses e homens, jogo que encerra em si mesmo a possibilidade da sua superação. Mas que forças destruíram, afinal, a felicidade de Job? Não terá sido essa *coincidentia oppositorum*, aqui representada por Deus e Satã, uma única e mesma realidade, em que na figura de Deus se projectam forças benéficas e fecundas e em Satã as forças negativas e destruidoras? A divindade ora mostrando a sua parte diurna e luminosa, ora mostrando a sua outra face, a face oculta e sombria. Situação que Job por vezes parece perceber quando afirma que

« [...] receberemos o bem de Deus, e não receberíamos o
mal?»
(*Job* 2, 10)

Contraste dos contrastes, esse que ocorre no próprio Gólgota, quando face à eminência da presença da morte, face à agonia do ser, os soldados romanos, aparentemente alheios ao drama que sob a cruz se desenrola, jogam aos dados, aos ditames da sorte, para ver quem ficaria com a túnica de Jesus.

Job, como os soldados romanos, embora por vias diferentes, deseja mudar a sua sorte. Job, o justo, deseja voltar a ser feliz, os soldados romanos, cada um deles, ansiando que a sorte penda para o seu lado. Lançar os dados é entregar o destino na mão de forças que nos transcendem. Qualquer número que seja escolhido é tão válido como qualquer outro, como na *Roda da Fortuna* qualquer *casa* escolhida, qualquer posição seleccionada, é igualmente válida.

Mas jogar, apostar que se acertará, que a sorte estará do nosso lado, é de alguma forma profetizar, como que saber antecipadamente a *face* do dado que irá sair ou onde, na roda da Fortuna, a bola cairá. Neste tipo de jogo apostar é profetizar, afirmar, repetidamente, tantas quantas vezes se jogar, que a sorte estará connosco.

No jogo, no jogo da vida, no estádio, no mundo, no cosmos, no espaço de jogo que é o nosso, sempre nos daremos *casa*, sempre escolheremos a nossa posição, o nosso número, o nosso *eu*. E quando a sorte não nos sorri, dar-nos-emos outra *casa*, outro *eu*, esforçar-nos-emos e diligenciaremos mudar para melhor.

Os jogos de sorte e azar, que sempre atravessaram grupos sociais diferentes, jogos que alguns querem reduzir a inútil e inócua distracção e outros a compulsiva capitulação aos acasos da vida, encerram igualmente em si o paradoxo da liberdade e do determinismo, da negação do fatalismo total, ilustrando eloquentemente essa condição heróico-trágica do homem, que permanentemente o confronta com o risco e a aventura, a aceitação do aleatório, da indeterminação e a imprevisibilidade, desafio este em que grandemente se suporta a possibilidade da construção de perspectivas utópicas de vida.

Mas Job aprendeu que a divindade pode mostrar essa outra face a que chamamos diabólica, que há forças positivas e negativas que superam a nossa vontade, que não está ao nosso alcance prever, profetizar, que face de Deus se revelará. Job aprendeu que mesmo sendo justo, escolhendo ou dando-se a si mesmo a *casa* correcta,

> «Havia um homem na terra de Uz, cujo nome era Job; e este era homem sincero, recto e temente a Deus, e desviava-se do mal.»
> (*Job,* 1,1)

a situação trágica se poderá desencadear. Aprendeu que poderá ser a face oculta e negativa da divindade, Satã, a revelar-se.

2.2. O Sacrifício da Tartaruga e a Musicalidade do Mundo

Silêncio. Eu vejo coisas grandes.
Mas das coisas grandes à que falar
com grandeza. Ou calar
(Nietzsche)

No auge da sua experiência trágica, Prometeu, o Titã grego, por Zeus condenado aos mais atrozes sofrimentos, acorrentado, qual profeta, vangloria-se ainda de conhecer o futuro, de conhecer o destino de Zeus, negando-se sempre, no entanto, a revelar esse destino. Mas deixemos a Prometeu esse dom de conhecer o futuro, deixemos mesmo ao diurno e racionalista Apolo essa extraordinária capacidade

« [...] que fuera de mí ningún otro de los dioses que por
siempre existen conocerá la firme voluntad de Zeus.»
(Himno IV, *A Hermes*, 537-538)

e retornemos então a Hermes, o deus imperfeito mas brincalhão, que recebeu de Apolo o dom oracular de ler e interpretar sinais, de construir símbolos, de estabelecer pontes entre o conhecido e o desconhecido, o interior e o exterior. O deus cujo primeiro acto, no próprio dia em que nasceu, foi jogar, fingir, fazer-de-conta. Criar o seu primeiro brinquedo transformando uma tartaruga numa cítara, num instrumento musical. Jogar como o seu primeiro acto criador de cultura. A ideia ainda de um deus que brinca, de um deus que cria brincando.

Quando anteriormente retractámos, nas suas linhas gerais, o deus Hermes, referimos uma série de traços que, numa abordagem superficial, numa abordagem redutora, poderiam ser valorizados negativamente. Estamos a pensar naquelas características que fazem de Hermes o pai de todas as astúcias, o deus das ilusões, dos enganos e das mentiras.

Analisemos então o próprio mito de Hermes, na forma como ele nos é apresentado nos *Hinos Homéricos*, para ver até que ponto poderemos ficar surpreendidos com outros sentidos, com outras valorizações, que poderemos dar a essas características. Curiosamente, ao fazê-lo, já estamos a seguir os trilhos de Hermes, já estamos a ser hermeneutas, já estamos a tentar fazer outras leituras, outras interpretações, para os sinais, para as pistas, que o próprio mito nos deixa. Comecemos então com o nascimento do deus.

Hermes, o mensageiro dos deuses, nasceu da ninfa Maya, «a Zeus em amor unida», não tendo ficado muito tempo no berço junto da sua mãe, pois logo se pôs de pé para sair da gruta onde nascera. Na sua mente já «buscava as vacas de Apolo», projecto que temporariamente interrompe já que, ao sair da gruta, se depara com uma tartaruga. Que faz Hermes quando, pela primeira vez na sua vida, se confronta com a realidade, neste caso a tartaruga?

Pois bem, transforma-a numa cítara, num instrumento musical, ou seja, cria uma primeira ilusão, brinca, joga, faz-de-conta que a carapaça da tartaruga é uma cítara. Este primeiro jogo foi o seu primeiro acto criativo, expressão da vontade de superar a realidade, de a transcender, de com ela jogar. Esquecendo até, livremente, transitoriamente, o seu grande desígnio, o roubo das vacas de Apolo. Mas, a esta segunda acção, lá iremos posteriormente. A propósito deste seu encontro com a tartaruga dizem-nos os *Hinos Homéricos*:

> «Allí, una tortuga descubriendo, concibió una inmensa dicha. Hermes fue, sí, quien primero hizo cantora a una tortuga»
> (Himno IV, *A Hermes*, 24-25)

> «Un augurio muy favorable tengo ya, no lo rechazo [...] de
> dónde vienes, precioso juguete?»(Himno IV, *A Hermes*,
> 30-32)

Assim, Hermes mata a tartaruga transformando-a num brinquedo, numa cítara.

> «[...] y si murieras, entonces de forma muy hermosa
> cantarías»
> (Himno IV, *A Hermes*, 38)

Transformando-a em cultura, em música e canto, celebrando, festejando, enaltecendo, a Zeus e a Maya, as ninfas e o seu próprio nascimento. Celebrando os deuses, a vida, a abundância.

> « [...] se retiró dentro de la casa, con su encantador
> juguete»
> (Himno IV, *A Hermes*, 40)

> «Y una vez que le hubo dado forma sosteniendo su
> encantador juguete [...] el dios lo acompañaba con su
> hermoso canto [...] improvisando [...] De Zeus Crónida y
> Maya [...] cantaba [...] A las sirvientes celebraba y las
> ilustres moradas de la ninfa [...]»
> (Himno IV, *A Hermes*, 51- 60)

Algo de cósmico encontramos, de facto, como sugere Kerényi (2003), neste primeiro acto de Hermes, neste acto lúdico de transformar a tartaruga num brinquedo, brinquedo que posteriormente será oferecido a Apolo. Em primeiro lugar, Kerényi acentua o facto de a tartaruga, animal inofensivo que passivamente sofre as manipulações de Hermes, surgir, nas mitologias antigas, como símbolo do mundo caótico primordial, como matriz primeira, mãe original. A substância, se quisermos, amorfa e indiferenciada, de toda a criação.

Algo similar ao que ocorre, como refere Neumann (1996: 335), com o Trimurti indiano, onde

« [...] we find at the lowest level the earth symbol, the maternal tortoise [...]. »

Essa substância do mundo que sacrificando-se a si mesma, neste caso sendo sacrificada por Hermes, ascende a esse outro plano, ao plano da representação e do símbolo, onde pode ser cítara, canto, música, onde pode expressar-se ou manifestar-se de mil e uma formas. Talvez a tartaruga seja, miticamente, essa mãe, essa natureza original, a que os pré-socráticos se referiam quando afirmavam que a natureza gosta de se ocultar, que a natureza está cheia de deuses.

Substância paradoxal essa, tartaruga essa, que tanto pode epifanizar-se como cítara – talvez o mito, Hermes, Homero, tenham escolhido a figuração da cítara porque, como referem Jung e Kerényi (2003: 83) «las expresiones musicales son la mejor forma para hablar de la riqueza de las imágenes de la mitología» - como pode manifestar-se, acrescenta Kerényi, «en el modo de expresión puramente filosófico y matemático, y también plástica y musical, y todo al mismo tiempo.»

O que interessa à criança Hermes não são as acções sensório-motora ou funcionais, o que lhe interessa é o jogo, o simbólico, o faz-de-conta. O que lhe interessa é a realidade vista de forma simbólica, lúdica, mitopoieticamente, ou, se quisermos, vista pelos olhos do deus Hermes. Vista de forma metafórica, não-literal.

O que lhe interessa é o modo oracular de pensar, que não se deixa encerrar, à maneira do pensamento profético, no que o oráculo diz, interpretando-o literalmente. Vê antes nessa voz dos deuses algo de indeterminado. Sugestões ou alusões vagas e indefinidas, acolhendo-as, sim, mas para activamente, as interpretar, as determinar, lhes dar um sentido. Interrogando-se, questionando-se.

Como que conjugando passividade e actividade, receptividade e acolhimento do outro, com a activa vontade de querer determinar o indeterminado, de querer dar uma dimensão humana, de querer humanizar, a vontade divina. No mito de Hermes, a tartaruga, como símbolo, não é mais do que essa substância original que encerra em si a possibilidade das múltiplas epifanias. No mito, essa epifania assumiu os contornos da cítara, forma arquetípica de expressar a musicalidade do mundo, a pluralidade dos seus cantos, a diversidade de culturas que se ocultam na mãe natureza.

O mito de Hermes, nomeadamente o jogo da transformação da tartaruga em brinquedo, em cítara, é um hino ao símbolo, ao problema do simbólico. Quando, no seu casual confronto com a tartaruga, Hermes vê nela a futura cítara; quando vê nesse encontro – sem ele nada se desencadearia – um augúrio muito favorável; quando diz «Mas te cogeré y te llevaré a casa» (Himno IV A Hermes, 34); quando imagina já o sacrifício da tartaruga, o fim da sua identidade actual, como condição de que venha a transformar-se numa tartaruga cantora («hizo cantora a una tortuga»), afirmando que essa é a forma de a honrar e venerar, de a divinizar e imortalizar («y no dejaré de honrarte»), o que nos vem à memória é aquele posicionamento de Ricoeur (s.d. 283), no *Conflito das Interpretações*, que a propósito da hermenêutica dos símbolos sugere:

« "o símbolo dá que pensar"; esta sentença que me encanta diz duas coisas: o símbolo dá, eu não ponho o sentido, é ele que dá o sentido, mas aquilo que ele dá, é "que pensar." A partir da doação, a posição. A sentença sugere, portanto, ao mesmo tempo que tudo está já dito em enigma e, contudo, que é sempre preciso tudo começar e recomeçar na dimensão do pensar.»

Jogar é Estar Perto dos Deuses - A Estrutura Lúdica do Universo.

É o que lemos no Hino a Hermes em frases como as que se seguem:

«Sucede que unas venerables doncellas hay […] maestras son [...]»
(Himno IV, *A Hermes*, 552-556)

«Éstas, cuando están inspiradas por haber comido dorado miel,
Benévolas quieren la verdad proclamar.
Pero, si se ven privadas del dulce manjar de dioses,
Mienten logo [...]»
(Himno IV, *A Hermes*, 560-563)

«Éstas luego te las regalo, y tú, de la manera correcta
Interrogándolas, tu pecho recrea.»
(Himno IV, *A Hermes*, 564)

A ilusão e o engano, o fingir, o faz-de-conta, o lúdico, o transformar a tartaruga num brinquedo, começam a revelar a sua face positiva, criadora e construtiva, a sua face civilizadora. Afinal, o *Polýtropos* Ulisses, herói diurno e vertical, era também *rico em* ardis, o protagonista da astúcia e dos mil artifícios, dos quais o mais conhecido foi o episódio do cavalo de Tróia.

O encontro de Hermes com a tartaruga ajuda-nos a compreender que a substância do mundo talvez seja mesmo uma substância lúdica, que a estrutura do universo talvez seja mesmo uma estrutura lúdica. O encontro de Hermes com a tartaruga ajuda-nos a compreender que o problema da criação é o problema do jogo, o problema da origem da ilusão. Dizendo-o de outra forma, a obra de Deus, a obra da criação, goza de uma natureza ou essência lúdica.

Algo que já tínhamos indicado, também, com *Sophia*, com Heraclito, com Perséfone e a cena de Baubo, com *Lila* e *mâyâ*, com Job, com os soldados romanos jogando aos dados sob a cruz... e agora confirmamos com o primeiro acto da divina-criança Hermes, o sacrifício da tartaruga e a sua transfiguração em cítara, em técnica, em cultura.

É o próprio Apolo que afirma a importância do jogo, dos vínculos entre criação e ilusão, quando reconhece, nos *ardis*, nas *maquinações*, nas *dissimulações* do filho de Maya, uma *arte prodigiosa*, quando vê, nesses *ardis* do pequeno deus, *gloriosas ideias*. E interroga-se sobre se essas *gloriosas ideias*, essa arte prodigiosa, esses ilustres dons, acompanham Hermes desde o nascimento ou são uma oferta, uma oferenda, dada por homens ou deuses. Mas ouçamos os próprios Hinos.

> «[...] de nacimiento te acompañan estas artes prodigiosas,
> o es que alguno de los inmortales o de los mortales hombres
> como regalo ilustre te concedió y te mostró el divino canto?»
> (Himno IV, *A Hermes*, 440-442)

> « [...] siendo pequeño, gloriosas ideas concibes»
> (Himno IV, *A Hermes*, 456)

Diz-nos ainda Apolo, com alguma dose de ironia, aquela ironia de quem tem que aceitar essa união de contrários, essa paradoxalidade, de o criador, o inventor, da mais sublime das artes, que os próprios imortais desconhecem, ser precisamente Hermes, o deus brincalhão e imperfeito, esse pequeno *ladrãozito*. *Ladrãozito* desde o dia em que nasceu.

> «Es que es admirable este son novedoso que escucho,
> son que, afirmo, hasta ahora nunca conoció nadie, ni de los hombres
> ni de los inmortales que olímpicas mansiones poseen,
> salvo tú, ladronzuelo, hijo de Zeus y de Maya.»
> Himno IV, *A Hermes*, 443-446)

Se alguma musicalidade há em Apolo, se a cítara o acompanha, é porque Hermes, o mediador entre homens e deuses, o deus das ilusões e do engano, o deus criador de cultura, lha ofereceu.

O mensageiro dos deuses, Hermes, nasceu de manhã, ao meio dia, depois de transformar a tartaruga em cítara, toca e canta hinos de louvor aos deuses, tendo ainda nesse mesmo dia, ao anoitecer, protagonizado o segundo mito do dia do seu nascimento, o roubo das vacas de Apolo, projecto que transitoriamente havia adiado face ao encontro com a tartaruga.

2.3. O *Rito das Carnes*, Diálogo e Acolhimento do Outro

Somos criados pelos nossos sonhos
(Bachelard)

Relativamente a esta segunda ocorrência, o roubo das vacas de Apolo, centraremos agora a nossa atenção em três parâmetros: (1) os ardis ou astúcias utilizados; (2) a negação, perante Apolo e o próprio Zeus, do roubo perpetrado; (3) as motivações que levaram Hermes a esse roubo.

A forma como o roubo é efectuado remete-nos, de novo, para as ideias da ilusão e do engano, da dissimulação, dos ardis. Para esse jogo de enviar ou deixar sinais equívocos, sinais que pretendem iludir o outro. No caso que aqui nos interessa, fingir que andava para trás, deixando rastos, pegadas, que apontavam na direcção contrária àquela que efectivamente Hermes seguia. Como fez isto o pequeno Hermes?

> «[...] meditando un engaño osado en su pecho, del tipo que los hombres
> que son ladrones maquinan a la hora de la negra noche.»
> (Himno IV, *A Hermes*, 66-67)

> «[...] y volvía del contrario los cascos, a los de delante detrás
> y a los de detrás delante: él, por su parte el camino al contrario hacía»
> Himno IV, *A Hermes*, 77-78)

Mas não é esta a condição do funcionamento do jogo, a condição de funcionamento do simbólico? Dizer que é uma cítara quando é uma tartaruga, dizer que é uma espada quando é um pau.

Dizer que nos vamos esconder num dado local, deixando sinais que apontam nesse sentido, quando efectivamente nos vamos esconder num outro local bem distinto. Fingir que vamos fazer um passe numa dada direcção, quando temos já a intenção de fazer algo bem diverso, é jogar, mentir, enganar o outro.

Foi este, afinal, o jogo de Hermes, o seu *engaño ousado,* o seu nocturno *maquinar.* O jogo do eterno disfarce, do *camuflar su viaje*, de levantar dúvidas, deixando sinais contraditórios, sinais que apontam mesmo em direcções contrárias. Jogo onde a obscuridade e a noite procuram abafar o excesso de luminosidade do dia, jogo onde alguns traços de luminosidade, algumas pistas, alguns rastos, alguns ténues sinais, nos ajudam a desvendar caminhos possíveis de seguir.

Mas Hermes havia sido visto por um velho homem, que, a trazer à luz do dia o que se havia passado, comprometeria todo o seu esforço para manter ocultas as suas proezas. Procurou, assim, aliciá-lo a nada dizer. Dirige-se ao ancião da seguinte forma:

«Habiendo visto, haz como que no has visto, y,
Habiendo oído, hazte el sordo y cállate [...]»
(Himno IV, *A Hermes*, 92-93)

Fingir, fazer de conta, mentir, jogar ao *como se*, não é a condição base que permite o acesso ao mundo do simbólico? Fazer de conta que não se viu, tendo-se visto, fazer de conta que não se ouviu, tendo-se ouvido, é a mentira suprema em que todos os pais, mentindo, fazendo de conta, iniciam os seus filhos, sem o que a capacidade de representação simbólica, de jogar, de brincar, não seria possível.

Dizer que um pau é uma espada, é mentir, fazer de conta que o nosso corpo é um avião, um carro ou um qualquer animal, é mentir. Fingir que estamos a dormir, ou, na ausência de qualquer objecto ou brinquedo, fingir que estamos a comer, é ainda mentir. Mentira, no entanto, sem a qual nenhuma criança seria capaz de vir a diferenciar entre significante e significado, entre o que se quer representar e a forma (veículo simbólico) como se representa. Fingir que se está a dormir ou dizer que *o amor é fogo que arde e não se vê*, é mentir, é entrar no jogo do faz-de-conta, do *como se*. É ser poeta, é ser fingidor.

Hermes inicia o seu primeiro dia de vida, brincando com uma tartaruga que transforma em cítara. Rouba de seguida os rebanhos de Apolo, procurando dissimular esse furto, mentindo e negando que o tenha feito, fechando o dia com o retorno à caverna onde nascera, ao berço e aos brinquedos, no caso a tartaruga agora transformada em cítara. Termina o seu primeiro dia de vida jogando, brincando ainda, procurando ainda dissimular, esconder da sua mãe que se havia ausentado do berço e só agora regressava, «pues no hacía ruido».

> «Con premura hacia su cuna se encaminaba el glorioso
> Hermes;
> [...] cual un niño pequeño, entre sus palmitas jugueteando
> con la tela que
> le tapaba las rodillas: la tortuga adorable a mano izquierda
> tenía.»
> (Himno IV, *A Hermes*, 150-153)

Mais tarde, quando Hermes se confronta com a entrada de Apolo na obscura gruta, tendo o deus o objectivo de questionar Hermes sobre o roubo dos seus rebanhos, confrontamo-nos de novo com uma outra situação de fingir, de fazer-de-conta. Com efeito, Hermes, quando percebe a chegada de Apolo, face à luminosidade do deus, como que tenta esfumar-se, dissimular a sua presença, fingindo que não está, fingindo que está a dormir. É este o espectáculo, o jogo, a brincadeira, que nos oferece este «niño pequeño, de engañosas mañas revestido»:

> «En pequeño espacio arrejuntó cabeza, manos y pies
> como un niño recién bañado que aguarda el dulce sueño,

mas estando despierto en realidad; la tortuga bajo la axila
tenia.»
Himno IV, *A Hermes*, 240-242)

Mas Apolo confronta-o com as evidências do roubo e exige que Hermes lhe devolva os seus rebanhos, ameaçando-o com o Tártaro, com a obscuridade, com a completa privação da luz. São estes, afinal, os dias de Hermes, esse permanente oscilar entre a luz e a obscuridade, o não se deixar encerrar em horizontes, em paisagens completamente luminosas, adentrando-se na obscuridade das coisas. Não para aí definitivamente ficar, mas para, enriquecendo-se com os tesouros que aí encontra, os procurar transportar para a luz.

É este o espaço de fronteira a que, recorrentemente, temos vindo a fazer referência, quer no que a Hermes diz respeito quer no que concerne ao jogo. Não admira, assim, que esta disputa entre os dois irmãos, esta veemente negação do roubo por parte de Hermes,

«No las vi, no me enteré, a nadie le oí nada;
[...]
y a un salteador de vacas [...] no me parezco [...]
otras cosas son las que me importan: el sueño [...]»
(Himno IV, *A Hermes*, 263-267)

formas de negação verbal a que se juntam alguns sinais não-verbais,

«Así dijo, y a porfía sus ojos centelleaban,
las cejas meneaba mirando hacia un lado y otro,
con fuerza silbaba [...]»
Himno IV, *A Hermes*, 278-280)

para além da dimensão de tensão que regista, esteja igualmente envolvida em todo um clima relacional igualmente marcado pelo humor, pela ironia e pelo riso.

Apolo não resiste, como mais tarde o próprio Zeus, a sorrir, a sorrir com ternura, ao ver Hermes negar, daquela forma, o roubo dos rebanhos. Apolo, sempre propenso a uma boa disputa, ao ver Hermes mentir daquela forma afirmando, com toda a seriedade, a sua inocência, argumentando que só lhe interessa o sono, o leite materno, as brincadeiras de infância, que nasceu *ayer*, que os seus pés são *tiernos* e o chão *duro* para sobre ele caminhar, fica como que desarmado, não resiste às seduções e encantos deste pequeno Hermes, apesar de estar bem ciente de quem havia perpetrado o roubo.

«A este, sonriendo con ternura, se dirigió Apolo [...]»
(Himno IV, *A Hermes*, 281)

Com Zeus algo de similar ocorre, já que o pai dos deuses muito se riu também ao ver Hermes negar o roubo, ao vê-lo afirmar que seria completamente incapaz de mentir.

«Padre Zeus! De cierto yo para ti la verdad proclamaré;
que soy de fiar y no sé mentir.»
(Himno IV, *A Hermes*, 368-369)

«Zeus mucho se rió [...]»
(Himno IV, *A Hermes*, 390)

Continuemos a acompanhar as andanças de Hermes, agora para tentar entender as motivações que levaram o deus, logo no seu primeiro dia de vida, a roubar cinquenta vacas dos rebanhos de Apolo. Não o fez por razões egoístas, para alcançar interesses pessoais, para ganhar ou beneficiar com o roubo. Não o fez para satisfazer as suas necessidades, não o fez para saciar a sua vontade, a sua voracidade, o seu apetite de comer carne.

Roubou as vacas de Apolo para as sacrificar aos deuses, para os recordar e honrar. O roubo, pois, como um acto ritual, como um jogo, não para tentar enganar os deuses, à maneira de Prometeu, mas como um acto cosmogónico, como forma simbólica de celebrar os deuses imortais. Como forma, se quisermos, de criar símbolos, de criar cultura. O que mais uma vez sugere esta estreita vinculação entre sacrifício e criação, o que mais uma vez sugere o sentido criador de cultura que toda a mitologia atribui ao ritual sacrificial, ao sacrifício e à privação.

O roubo das vacas de Apolo, como a invenção do jogo, são passos necessários ao banquete sacrificial. Eis, em linhas gerais, a forma como o «*Hino a Hermes*» nos descreve este ritual sacrificial aos deuses. Em primeiro lugar o deus inventa o fogo,

> «Hermes fue el primero que inventó el fuego y cómo
> hacerlo.»
> (Himno IV, *A Hermes*, 111)

separa duas das vacas roubadas a Apolo, corta-as em doze partes sensivelmente iguais – forma de honrar a todos os deuses do panteão olímpico e não apenas a um ou alguns deles – imola-as aos imortais, às divindades a quem os sacrifícios são feitos,

> « [...] separo doce partes
> sacadas a suertes: perfectos honores rindió a cada
> una.»
> (Himno IV, *A Hermes*, 128-129)

prosseguindo com o *rito das carnes*, apesar de fortemente torturado pelo odor que exalavam, que só aumentava o seu desejo, mas resistindo sempre a comer tal manjar.

> «pues el olor le torturaba, aun siendo inmortal,

> [...]
> aunque mucho deseaba hacerlas pasar por su sacra
> garganta.»
> Himno IV, *A Hermes*, 131-133)

Hermes e Prometeu partilham, na mitologia grega, essa característica comum de serem *Tricksters*, de com as suas astúcias e os seus ardis conseguirem aquilo que pretendem. Fazem-no, no entanto, de formas bem diversas. Prometeu, sempre agónico, pela via da conflitualidade e do confronto directo. Hermes, o mediador, pela via do simbólico, da comunicação e do diálogo, do acolhimento do outro e do diferente.

Não nos interessa aqui discutir se a descoberta do fogo, do fogo ritual, do fogo como símbolo de construção de cultura, se deve a Hermes ou a Prometeu. Interessa-nos antes acentuar que o fazem de forma bem distinta. Prometeu, rouba o fogo a Zeus para o dar aos homens, Hermes inventa-o, descobre a forma de o fazer.

Na generalidade, os mitos relativos ao fogo consideram a sua produção ou invenção (tesouro difícil de alcançar) como um *roubo*, como uma forma de arrancar, de se apoderar de algo precioso, de roubar um segredo, aos deuses ou à natureza. Também neste ponto os caminhos de Hermes são outros.

Hermes inventa o fogo para glorificar os deuses, para sacrificar em sua honra, Prometeu como forma de os enganar, de os procurar ludibriar, «tratando de engañar la mente de Zeus.» (Hesíodo, 1990: 63).

Hermes, sacrificando de forma justa e equitativa, a todos os deuses do Olimpo. Prometeu, cometendo uma ofensa grave contra Zeus na forma como, no banquete sacrificial de *Mekona*, dividiu as partes destinadas aos homens e aos imortais.

> « [...] cuán injustamente hiciste las partes!»
> (*Teogonía*, 544)

«Con ambas manos retiró [Zeus] la blanca grasa. Se encolerizó
En sus entrañas y la ira le llegó al corazón cuando vio los
Blancos huesos del buey a causa del engañoso artificio.»
(*Teogonía*, 553-556)

Face à discórdia entre Hermes e Apolo, Zeus não arbitra a contenda, pede antes aos dois irmãos para se reconciliarem e, curiosamente, se à partida a posição de um Apolo adulto é já a da oposição e do confronto,

« [...] que pronto tú y yo nos enfrentaremos de muy malas maneras.»
(Himno IV, *A Hermes*, 254)

a de Hermes, criança, é a da mediação, do acordo e do entendimento.

« [...] quiero ser contigo amable en mi intención y mis palabras.»
(Himno IV, *A Hermes*, 466)

É Hermes que, com a música e o canto, com a cítara, procura acalmar a fúria do irmão. Tocando e cantando aos deuses imortais, tocando hinos aos deuses, honrando e elogiando o próprio Apolo. Criando um clima relacional afável e distendido, trocando prendas, recorrendo ao simbólico, ao não-literal, à imaginação, procura retirar o irmão da posição inflexível, agónica e antitética, séria e adulta, que tão significativamente o caracteriza.

« [...] y se rió Febo Apolo con gusto, y a su pecho llegó el adorable estrépito de tan divino sonido, y un dulce deseo de él
se apoderaba.»
(Himno IV, *A Hermes*, 420-422)

« [...] con qué encanto tañes la cítara!»
(Himno IV, *A Hermes*, 455)

« [...] de regreso hacia el Olimpo [...] gozosos con la lira, y mucho se
alegró el industrioso Zeus y a ambos en amistad los unió. Y
[Hermes] [...] la cítara puso en manos del que hiere de
lejos.»
(Himno IV, *A Hermes*, 505-509)

A cítara, a antiga tartaruga, é o elemento chave da reconciliação entre Hermes e Apolo. Apolo, ao aludir ao encanto com que o irmão toca a cítara, retirando dela, desse brinquedo, divinas melodias, está afinal a reconhecer o valor criativo e cosmogónico dos símbolos, do lúdico, do ritual. A reconhecer o valor dessa música na reconciliação dos opostos. A valorizar o papel da imaginação, da ilusão, do jogo e da brincadeira, do «trocar unas cosas por otras», na construção do sentido a dar às coisas e à vida.

Hermes, o Trickster, o ladrão divino, ensina-nos que o roubo, a ilusão e o engano, podem ser actos de justiça, podem encerrar em si um valor positivo e construtivo, da mesma forma que certos tipos de lucro, de valores diurnos, legalizados e institucionalizados, podem ser um roubo.

Ensina-nos que as ilusões e as mentiras, os ardis e as seduções, o lúdico e o faz-de-conta, podem ser formas de contestar, de superar e ultrapassar, um poder dominador, procurando um outro caminho, caminho que vá para além do conflito e do confronto directo.

Hermes, o Trickster, tem mais a ver com o riso, o jogo e a brincadeira, o sentido e a comunicação, do que com a verdade, nomeadamente se essa verdade é sombria e trágica. O jogo não é, afinal, a superação de uma privação?

Jogar é Estar Perto dos Deuses - A Estrutura Lúdica do Universo.

No *Rosário dos Sonetos Líricos* diz-nos Unamuno:

«No la verdad, si la verdad nos mata
la esperanza [...]
[...]
la ilusión engañosa que nos ata!
a nuestra vida – engaño siempre abierto! –
mejor que estar desengañado y muerto
vivir en el error que nos rescata.»
Unamuno, *Sit Pro Ratione Voluntas!*)

Hermes não é a urgência apolínea de tudo trazer à luz do dia, é antes o espaço simbólico de mediação entre diferenças, o espaço de diálogo onde o enigmático, o sombrio, a ilusão e o engano, a incerteza e o risco, o erro, o erro que nos resgata, sempre têm o seu lugar.

O espaço de diálogo onde a intimidade da alma e as exigências e padrões sociais, jogando em conjunto, mutuamente sacrificando, uma à outra dizem *quiero ser contigo amable.*

No mundo de Hermes, que é o mundo do sacrifício e do jogo, do sacrifício da tartaruga e das vacas de Apolo, do jogo do faz-de-conta, do *como se*, que transforma a tartaruga em cítara e a ingestão de alimento num banquete sacrificial em honra dos deuses, sempre encontramos alguma luz no seio das sombras, sempre encontramos hesitação no seio da certeza.

Hermes suporta a sua capacidade genésica de criar símbolos, de criar cultura, no acto sacrificial de honrar todos os deuses, de festivamente os celebrar. Tudo parece sugerir que o sacrifício seja a mais antiga forma de acto ritual, de acto religioso. Um acto lúdico por excelência, que remonta pelo menos ao paleolítico, onde imperam o mito das grandes deusas mães e o mito do caçador. Por essa altura, o homem não era apenas um predador entre predadores, a caça não era apenas um acto prático e funcional de saciar a fome, pois a morte do animal caçado equivalia já a um sacrifício. A caça tinha já a sua dimensão ritual.

Cedo, os nossos antepassados começaram a ultrapassar a mera adaptação à realidade e iniciaram esse interminável caminho de serem eles próprios os construtores activos dessa mesma realidade. Cedo, a imaginação começa a conceber e a alimentar a realidade. Um desses momentos inaugurais aconteceu, por certo, quando a imaginação descobre a forma de transmutar a matança em sacrifício, quando a imaginação transmuta a caça, o acto de matar, em acto ritual. É a realidade da imaginação, com a sua natureza livre, aberta e primária, que sanciona, transfigura e anima, o acto inicial de matar. É ela que cria aquela fissura que permite ao homem, cedo, muito cedo, a descoberta e a experiência da alma. Que permite a matança... como metáfora. Que permite poetizar, ultrapassar o prático e funcional, descobrir-se como construtor de mitos, como alma, como existência capaz de animar o mundo.

Na altura, toda a natureza era divinizada, a natureza estava cheia de deuses, era o tempo das grandes deusas mães. Matar um animal era de alguma forma matar essa natureza fértil, mas a ingestão do animal, desse poder, dessa natureza, significava também preservar a própria vida, a sobrevivência do homem. Matar era, portanto, a forma de manter ou criar a vida, pelo que o animal morto era ritualmente honrado.

Já bem mais perto de nós, o *Discurso do Chefe Seattle*, em 1855 – quando o governo americano pretendia comprar as terras em que o seu povo sempre tinha vivido – na filosofia que encerra, no imaginário que lhe está subjacente, poderá por certo ajudar-nos a compreender o significado do mito da deusa e do caçador do paleolítico. Eis alguns extractos, tradução nossa, desse discurso:

«Tudo o que há na terra é sagrado para o meu povo. [...]
As florestas são nossas irmãs, o urso, o veado, a grande
águia, são nossos irmãos [...] o homem, todos pertencem

195

> à mesma família [...] a água cristalina que corre nos rios e
> ribeiras, não é apenas água, mas o sangue dos nossos
> antepassados [...] os rios são nossos irmãos, matam-nos a
> sede [...] alimentam os nossos filhos. Devemos portanto
> render-lhes a mesma honra e amizade que rendemos a
> um irmão [...] ensinareis aos vossos filhos o que temos
> ensinado às nossas crianças? Que a terra é nossa mãe?
> [...]»

Há, pois, que honrar os deuses que habitam a natureza, honrá-los em vida e, principalmente, na morte. A morte sacrificial real foi apenas uma forma, ao longo da história, de os honrar. O sangue sacrificial era a forma de o homem os não esquecer, era esse «*sacrum facere*» (sacrificar, fazer ou tornar sagrado) que diviniza tudo aquilo a que se sacrifica. Simbolicamente, ao matar a tartaruga, Hermes honra-a, diviniza-a, imortaliza-a, nessa música celestial que nem os deuses conheciam.

Mas, o que na generalidade a mitologia nos diz, o que especificamente a mitologia grega nos assegura, é que os deuses, todos os deuses, pediam, acima de tudo, para não serem esquecidos, para serem recordados, honrados, mantidos e imortalizados, na memória do povo. Os rituais, mesmo os sangrentos rituais sacrificiais, foram um primeiro caminho, físico, corpóreo, quinestésico, para os deuses não serem olvidados.

O roubo e sacrifício das vacas de Apolo, a descoberta do fogo e do sacrifício ritual, fazem parte dos caminhos de Hermes, de um longo caminho que terá tido as suas origens nos mitos de auto-sacrifício nas sociedades primitivas. Mitos de que já tivemos oportunidade de falar no primeiro volume desta obra. Mas retomemos, ainda que rapidamente, a questão, aludindo ao mito da criação do sol e da lua na mitologia azteca.

O mito relata a forma como os deuses se reuniram em *Teotihuacan* para decidirem sobre a criação do mundo, do sol, da lua e dos astros. Um dos deuses, chamado *Tecuciztecatl*, prontamente se ofereceu para ser imolado pelo fogo. Um segundo deus, *Nanauhin*, tido em pouca conta pelos restantes deuses, quando questionado sobre o assunto, logo anuiu sem qualquer hesitação.

Chegado o momento de se lançar ao fogo, *Tecuciztecatl*, invadido por fortes receios, vacilou quatro vezes, quatro vezes retrocedeu. Chegada a sua vez, *Nanauhin*, o segundo deus, sem hesitações, logo se lançou ao fogo. Só depois de *Nanauhin* se ter imolado, *Tecuciztecatl* ganhou forças para finalmente se lançar ao fogo.

Dadas as suas indecisões *Tecuciztecatl* foi transformado na lua, *Nanauhin*, por não ter hesitado, transformou-se no radioso sol. Seguiu-se o sacrifício dos restantes deuses, que deram origem aos astros que povoam o universo.

De acordo com o mito, a criação está baseada no sacrifício, seja ele entendido como auto-sacrifício, como faz a generalidade dos autores, ou como homicídio colectivo, como defende René Girard (2002), que encontra neste e em muitos outros mitos da criação alguns factores de coacção, de pressão e exigência, que retirariam ao sacrifício a particularidade de verdadeiramente livre e voluntário. Seja como for, confrontamo-nos com a presença do sacrifício como condição da existência do mundo e da humanidade.

A universalidade do sacrifício, do sacrifício ritual, a ideia do sacrifício como fonte de vida, criação e renovação, de fertilidade e prosperidade, expressa-se em mitos tão diversos como os do sacrifício do touro (no culto de Mitra), da morte de Tiamat, do sangue de Adónis, do esquartejamento de Osíris, do ritual védico do sacrifício do cavalo (*Asvamedha*), do sacrifício do velho rei (regicídio ritual) ou da lenda do Green Man. E, se quisermos, entre tantos outros, com o roubo e sacrifício das vacas de Apolo (Hermes) ou do banquete sacrificial de *Mekona* (Prometeu).

Confrontamo-nos, assim, com a presença do sacrifício como condição de superação e redenção, como condição de renascimento.

Nesta perspectiva, a questão essencial é a do próprio sacrifício, do sacrifício ritual, das proezas, sofrimentos, morte e grandes sacrifícios, dos deuses e dos heróis, *para que las tribus de los hombres prosperaran*, como no caso do mito índio de *Hiawatha* (Leitão e Leitão, 2013). Ou então, para que a criação da arte e da cultura seja possível, para que seja possível a invenção dessa *arte prodigiosa* e admirável, a música, que os homens e os próprios imortais desconheciam, como no caso de Hermes.

Já René Girard, antropólogo e historiador, suportando-se em aspectos específicos de uma multiplicidade de mitos, centra a sua atenção não na natureza cosmogónica dos mitos sacrificiais, mas nos traços de *homicídio colectivo* que descobre em muitos desses mitos, o que o autoriza a formular a sua célebre tese da ocultação do homicídio fundador.

Em *El Chivo Expiatorio* (2002: 135) afirma que

« [...] la cultura humana está condenada al perpetuo disimulo de sus propios orígenes en la violencia colectiva.»

ilustrando essa afirmação através de mitos que vai buscar, entre outras, às culturas grega, romana, hindu, azteca, escandinava ou mesmo judaico-cristã. Fala-nos do mito de Baldr, das abundantes versões da contenda homicida que envolve os gémeos Rómulo e Remo, de Cronos e de Zeus, de Édipo, de Job e de Jonas, de Salomé e Herodias, da traição de Pedro, da substituição do bode expiatório (vítima propiciatória) pelo Cordeiro Divino.

Fala-nos do homicídio fundador de Roma e da sua ocultação, da tradição apocalíptica que profetiza a destruição da cidade eterna a partir da sua origem violenta, da forma como o homicídio, a morte do outro, se converte em patriotismo, em norma, em identidade, em cultura.

Fala-nos da forma como para arquitectar ou reconstruir um princípio de unificação social, para estabelecer e perpetuar uma dada *santidade* (a sacralização da vítima é sempre obra dos homicidas), parece inevitável matar o outro, derramar sangue, produzir um inimigo exterior, um bode expiatório.

De entre os relatos apresentados por Girard, um interessa-nos em particular, o mito escandinavo de Baldr, já que, nesse mito, o jogo aparece como o mecanismo básico de ocultação do homicídio ritual, ao possibilitar a transfiguração do homicídio, num inocente jogo de *como se*, de *faz-de-conta*.

Baldr, o melhor dos deuses, era um imortal que desconhecia a violência. Em sonhos, revelação que partilha com os Ases, seus companheiros e amigos, é avisado de que uma ameaça de morte pesa sobre ele. Os Ases decidem então pedir protecção para o deus, fazendo com que todos os seres, animados ou inanimados, jurassem que jamais fariam qualquer mal a Baldr. Assegurada esta invulnerabilidade assiste-se a um jogo em que os Ases arremessam repetidamente flexas sobre Baldr, mas nenhuma delas o fere.

A introdução do lúdico, de acordo com a interpretação de Girard, teria precisamente por função ocultar o homicídio ritual (infligido pelos Ases), transformando-o num inocente e divertido jogo de faz-de-conta, pois esse jogo inofensivo, como o mito relata de seguida, acaba por ter consequências idênticas às que ocorreriam caso tudo tivesse efectivamente acontecido a *sério* e não no plano do faz-de-conta. A morte de Baldr.

Com efeito, Loki, o deus dos desacatos, o Trickster escandinavo, acaba por descobrir que o tenro rebento de uma árvore não havia feito o juramento. Loki apodera-se desse inofensivo rebento, entrega-o a Höhr, o cego irmão de Baldr que, por essa razão, não havia até ao momento participado do jogo, guia os seus movimentos e faz com que ele arremesse o rebento na direcção do irmão. Baldr acaba por morrer.

Talvez a questão fulcral que se coloca seja a de reencontrar, de imaginar, novas formas para celebrar os deuses, mas já sem a presença dos sacrifícios sangrentos de outrora, sem a obrigatoriedade da comparência das vacas de Apolo, que no passado eram o suporte físico que ajudava a que os deuses não fossem esquecidos. Reencontrar outros imaginários, que não passem obrigatoriamente pelas maquinações inerentes ao modelo do ritual prometaico, modelo antitético centrado na conflitualidade e no engano, na oposição, na clivagem e na ruptura, na construção de bodes expiatórios, imaginários que não ignorem o modelo que deriva da figura de Hermes, modelo da mediação, do acolhimento e valorização do outro.

Afinal, os rituais, nas suas múltiplas expressões, os jogos, as festividades, todas as formas de celebração, ajudam a *recordar*, a reforçar laços e vínculos. Saint-Exupéry, a raposa e o Principezinho, sabem-no bem, quando afirmam que são precisos rituais, que os rituais engrandecem a vida. Antero também o sabia bem, quando na sua "Visita" se perfumou, adornou, ungiu, ensaiou cantos.

Sabem-no bem porque têm a forte consciência de que não é necessário esconder ou *ocultar* o que uma vez funcionou, o homicídio colectivo. Sabem-no bem, não ignorando, tragicamente, que esses sacrifícios propiciatórios ainda hoje funcionam.

Ora, Hermes, ao contrário de outras figuras míticas, sacrificava a todos os deuses, não apenas a um ou a alguns. Foi esse, no próprio dia em que nasceu, o seu mais forte acto simbólico. Talvez porque soubesse, intuísse, que os deuses esquecidos, ignorados, face a tal afronta, logo procuram a vingança, logo se manifestam sob outras formas, normalmente trágicas. Aquilo a que os gregos chamavam *insulto à divindade*.

O mito de Hipólito, *o Puro*, é um dos que melhor expressa esta ideia. Na sua aérea e apolínea elevação, adorava Ártemis e desprezava Afrodite. Não suportando tal ofensa, a deusa vingou-se cruelmente, instigando todo um conjunto de acontecimentos que levaram à morte violenta de Hipólito. O *insulto à divindade*, o esquecimento e o desdém, o não dar aos deuses a atenção que merecem e exigem, acarretava, para a mentalidade grega, o desencadear do acontecimento trágico.

Quando algo não corria bem nas suas vidas, os gregos questionavam-se sobre a divindade que haviam ignorado ou ofendido. Sobre a divindade que haviam esquecido, sobre o altar em que não haviam sacrificado. Seria esta *hybris*, este votar os deuses ao esquecimento, no caso de Hipólito a deusa Afrodite, a deusa do amor e da sexualidade, que levaria ao desastre, à tragédia e ao sofrimento.

Esquecer Hermes, esquecer em qualquer idade ou momento histórico, o jogo e a brincadeira, o não-literal, o simbólico, o *serio ludere*, quando Hermes é o respeito por todos os deuses e todos os altares, já que a todos igualmente sacrificou, é furtar-se a outras formas de imaginação e fantasia que, ao não relembrarem certos deuses, incapazes estão de recriar outros tipos de realidade. Incapazes estão de inventar outros imaginários, outros jogos, outras imagens do próprio corpo, outras utopias.

Aquele que esquece e insulta a divindade de Hermes, tece a sua própria tragédia. Algo equivalente, talvez, aos ensinamentos e reflexões de Robert Lifton sobre acontecimentos históricos, como os de Hiroxima ou o Holocausto, quando afirma que, hoje, a tarefa essencial é imaginar o *real*, precisamente para que não tenhamos o *real*, acontecendo como história.

Talvez a tarefa essencial, hoje, tarefa hermenêutica, seja imaginar outra Europa, outro Portugal, justamente para que, como história, ao esquecerem outros deuses e sacrificarem nesse único altar que são os mercados e as agências de *rating*, a Europa e Portugal, não venham a ser mero *lixo*.

Refiro-me a esse tipo de imaginação, distinto da mera fantasia, a que Ficino e Paracelso, a que toda a filosofia do Renascimento e mais tarde o Romantismo, davam tanta importância, a esse tipo de imaginação que os textos bíblicos personificam em *Sophia*, a sabedoria divina.

Refiro-me a essa *Sophia* que, na tradição gnóstica, tanto desejava conhecer o Abismo, divertindo-se a criar na matéria. Refiro-me a esse tipo de liberdade e exuberância criativa que não se deixa aprisionar numa única forma de manifestação. A esse tipo de imaginação – ao valor noético e criador que apresenta – a que nos seus *Tipos Psicológicos* Carl Jung (1991: 73) alude quando afirma que

> « [...] a imaginação é algo desprezível e inútil para todos os que fazem da adaptação à realidade externa um princípio essencial. Mas sabemos que toda a boa ideia e toda a obra criadora surgiram da imaginação e tiveram o seu começo naquilo que costumamos chamar de fantasia infantil. Não é apenas o artista que deve sua máxima realização à fantasia mas também qualquer pessoa criativa. O princípio dinâmico da fantasia é o *lúdico* que também é próprio da criança e que, por isso, parece incompatível com o princípio do trabalho sério. Mas sem esse brincar com a fantasia, jamais teve origem uma obra criativa.»

Ora, a activação deste princípio dinâmico, a activação do lúdico, do jogo, exige a presença de Hermes, não tanto a presença desse Dionísio que, perigosamente, se aproxima do limite do êxtase e do delírio, das práticas que escapam a todo o controle e poderão ser uma ameaçadora ruptura ao normal curso da vida psíquica.

Já Hermes, sem recusar o contacto com o obscuro, o diferente e o estranho – ele é o mediador entre os homens e a ordem divina – mas igualmente preocupado com os limites e as fronteiras, pode criar aquelas condições de acesso a um ludismo regulado, esse ludismo do faz-de-conta, do *como se*, que garante a criatividade e a mudança, a abertura a outras epifanias, sem romper com a realidade exterior, embora a ela não se deixe subjugar.

A presença de Hermes, porque nos confronta com a abissalidade das coisas e da nossa própria alma, envolve sempre algum grau de perigosidade e risco, mas é também a fonte donde imana a capacidade genésica e criativa. Na sua ausência, na ausência do lúdico, da ironia e do divertimento, a rigidez e o dogmatismo logo tendem a instalar-se.

O jogo envolve, com efeito, esta dimensão de imprevisibilidade e risco. Jogar envolve sempre um espaço de dúvida e incerteza, é não saber para onde vamos, por maiores que tenham sido o empenho e o cuidado colocados na preparação ou realização da actividade. É impossível garantir a forma como os lances irão ocorrer. O elemento surpresa sempre estará presente.

Sem este factor de indeterminação, sem este quinhão de risco, não poderíamos propriamente falar de jogo. O jogador sempre será incapaz de antecipar, com total segurança, as diversas configurações que durante o jogo irão assumir os seus comportamentos e os comportamentos dos restantes jogadores. O interesse e o valor do jogo derivam precisamente desta insuficiência, desta incapacidade, desta carência. Também deste ponto de vista o jogo é uma imagem do cosmos, uma imagem da existência e condição humana.

Ver o mundo pelos olhos de Hermes, dada a sua grande capacidade de escuta, a sua receptividade ao outro e ao diferente, à polifonia dos deuses, é criar oportunidades para o fraterno convívio de diferentes pontos de vista, para a mútua valorização da pluralidade dos olhares.

Já os seguidores de Apolo, já o homem racional e platónico, mais vinculados a um princípio cósmico de ordem e harmonia, mais vinculados às Ideias, à Verdade, à Justiça, ao Bem, à Beleza, a um princípio unificador que permita dar sentido e coerência à diversidade dos acontecimentos e das experiências humanas, vêem, com maior desconfiança, as emoções dionisíacas, sempre mais obscuras e difíceis de controlar.

O medo, a ameaça virtual que essas forças obscuras representam para o pensamento apolíneo, estão bem patentes no facto de, por imperativos de organização da vida social e política, manifestações culturais como a arte, o teatro, a poesia, trágica ou cómica, estarem praticamente banidas da *República* ou das *Leis*. Meros epifenómenos secundários, reduzidos a divertimento, repouso e distensão do homem.

Este antagonismo entre controlo, organização, institucionalização, ordem, normas, regras sociais, por um lado, e individualismo, desmedida, irrupção de forças misteriosas e incontroláveis, por outro, está já paradigmaticamente presente nas diferenças entre os rituais que encontramos nas pequenas comunidades de caçadores do paleolítico e as práticas cerimoniais que caracterizam as sociedades sedentárias e agrícolas que lhe sucedem ou que com elas convivem e coexistem.

No mundo do caçador paleolítico, onde as pressões sociais são reduzidas e o espaço para o individualismo é grande, encontramos toda uma mitologia onde prevalece o princípio do xamanismo individual, da procura de uma visão pessoal e da autodescoberta. As experiências interiores do xamã, descendo às profundidades da sua alma, onde vê o que nenhum outro vira anteriormente, são o garante da tradição mitológica.

A vida ritual está, portanto, menos desenvolvida, é menos estruturada e complexa, tem um carácter mais fantástico, mais familiar e pessoal, já que em grande parte se suporta na experiência pessoal do xamã, no *vento que sopra*, no *rugido do leão*, no espírito que se revela e anima a voz do que fala no deserto.

Com a sedentarização e a descoberta da agricultura tudo muda radicalmente. Nas sociedades agrícolas, mais preocupadas com a integração do indivíduo no grupo social (mais alargado, complexo e estruturado), sociedades mais preocupadas com a identificação com o grupo social, com os padrões de comportamento e os sistemas de sentimentos que se pretendem desenvolver e manter, os rituais tornam-se mais ricos e complexos, assumem um carácter mais cerimonial, mais formalizado. Toda a comunidade deve, activamente, participar nestes rituais. As manifestações de espontaneidade, individualismo e autodescoberta, estão praticamente ausentes.

Tudo está estritamente organizado à volta de um calendário, definido por uma sociedade de sacerdotes, hierarquicamente organizada e disciplinada, até porque, como nos diz Ruth Benedict em *Padrões de Cultura*, nenhuma outra área de actividade é tão importante como a dos rituais cerimoniais, motor essencial da coesão do grupo e da manutenção dos seus padrões culturais. Os calendários comandam a vida dos homens a múltiplos níveis, regulando-lhes o trabalho e do lazer, as abstinências e os jejuns, os jogos e as festas, a vida privada e a vida pública. Como sabemos, a generalidade dos autores reconhece, ao mito e ao rito, três funções essenciais.

A primeira, desencadear, apoiar e amplificar, o sentimento de assombro, espanto e admiração, ante a abissalidade, o misterioso e enigmático. O *numinoso* do próprio ser e do cosmos em que habita, dizem alguns desses autores.

A segunda função, que de forma tão marcante caracterizava as sociedades sedentárias e agrícolas do neolítico, é apoiar, reforçar e consolidar, uma dada ordem social, contribuindo muito fortemente para a construção duma identidade colectiva.

A terceira função é iniciar o indivíduo no caminho da descoberta da sua própria alma, da subjectividade da sua psique, de uma realização espiritual mais plena. Situação bem visível nas práticas xamânicas do paleolítico.

Pois bem, Hermes, o mediador, o condutor de almas, o *psychopompos*, aquele que mostra o caminho, respeitando e transgredindo limites, mas mantendo-se sempre nesse espaço de fronteira entre espaços distintos, entre a obscuridade e o retorno à luz, entre a institucionalização e a sua superação, promotor dos encontros com os outros, com o diferente, com o desconhecido, encontros na base dos quais construímos a nossa identidade, Hermes, o *serio ludere*, é como que a personificação dessa união de contrários, igualmente personificados nas figuras do xamã e do sacerdote.

2.4. A «*Queda*» e a «*Graça*», Lugares da Impossibilidade do Jogo

Et l´heure vient où les bras s´ouvrent et se tendent
(Brentano)

Situando-se neste espaço de transição entre forças que de alguma forma se opõem, o lúdico envolve sempre algum grau de aproximação à experiência do *ekstasis*, experiência que Plotino descreveu, exemplarmente, como a *saída* de si mesmo, a *saída* da individualidade, o deleite da *saída* de si próprio. Talvez esta seja a razão pela qual a criança e o jogo são uma única e mesma coisa.

Dizer que o jogo é o fascínio da criança é o mesmo que dizer que a criança está seduzida pela vida, que a vida é o fascínio da criança. É o mesmo que dizer que a vida, que tudo na vida, as coisas, as pessoas, os brinquedos, o olhar, o ver, o mexer, o andar ou o correr, tudo, na vida da criança, tem um carácter *numinoso*.

Tudo a espanta, de tudo se quer apropriar. Aprender a andar, a correr, a saltar, a falar, não é para uma criança uma experiência comparável à forma como os adultos entendem e vivem a aprendizagem. Correr, andar, saltar, é uma experiência lúdica, é a expressão da infinita alegria de viver, do fascínio da vida. É a experiência do *ekstasis*, da saída de si mesma, da descoberta de si e da sua própria recriação. Sublinharemos mais tarde que esta alegria, este regozijo, este júbilo, é o encantamento, o feitiço, de quem se converteu, de quem se tornou sensível, à *gratuidade* do mundo.

Para a criança, correr não é um mero exercício técnico, mas antes dança e alegria. A alegria do momento, a alegria de viver. Tudo se esgota ali, tudo o que a criança tem a receber recebe-o ali, naquele momento, naquele instante. Não corre por um prémio futuro, por uma futura recompensa. Correr é o próprio prémio. O prémio é o próprio jogo, a própria actividade.

O jogo é a fascinante experiência da construção de si mesma, da construção do seu corpo, da construção da sua identidade, no divertimento da comunicação, do encontro com o outro, com o diferente, com a sacralidade do mundo. O jogo é a fascinante experiência da saída de si mesma, deixando-se fecundar pelo outro, deixando-se afectar, não *passiva* mas *passionalmente*, pela multiplicidade desses encontros. O jogo, o jogo da vida, é a paixão da criança.

Mas não é esta, precisamente, a primeira das três funções da mitologia a que anteriormente fizemos referência? Colocando-se, não no plano da vida secular, mas no plano da experiência mística, Angelus Silesius reconhecia que a experiência mística é a vivência da unidade, da «unidade que absorve a alteridade».

Algo similar ao que na Índia é designado por *a outra mente* («*anya-manas*»), mente ausente, que foi possuída por um espírito, que está para além de nós mesmos. É o êxtase e a embriaguez da fusão, mística ou erótica, mais apolínea ou mais dionisíaca, mas experiência que tem, como efeito, suprimir, anular, toda a dualidade.

Não é o caso do jogo, pelo menos do jogo secular, na medida em que este mantém sempre essa fronteira do faz-de-conta, do *como se*, que permite os voos e sonhos aéreos, mas sem a perda do contacto com a história, com o tempo, com o terrestre. Mas essa experiência da saída de si mesmo, do encontro com o outro, que é a experiência do jogo, traz igualmente consigo o sinal do embelezamento, da transfiguração, da renovação e da recreação, o sentimento do deleite e da alegria contagiante. O jogo, a emoção extática regulada que o acompanha, também metamorfoseia a palavra em canto ou em poema, também transmuta o andar em dança, a vida em mais vida, o mundo em mais mundo.

No caso da experiência mística, o êxtase extremo e total, leva à fusão com a divindade. O místico é como que possuído por deus, encerrando-se nesse mundo aéreo e celeste, luminoso, que passa a ser considerado como o único mundo efectivo, real, autêntico e verdadeiro.

O contacto com o mundo terrestre pode, então, como que desaparecer, ser desvalorizado ou visto como negatividade, ao permanecer a mente detida, enclausurada, nesse céu, nessa luz clara e pura, onde eternamente se gostaria de ficar. O poeta, procurando um refúgio para as ilusões e enganos deste mundo, poderá expressar os seus sentimentos da seguinte forma:

> «Esperemos a luz d´uma outra vida,
> seja a terra degredo, o céu destino.»
> (Antero de Quental, *A João de Deus*)

O místico, expressando-se igualmente de forma poética, poderá ver na *noite escura*, mas mais ditosa do que a *luz do meio-dia*, a forma de a sua alma, figurada como a Amada, se transformar e unir a deus, figurado como o Amado.

> «Nessa noite ditosa,
> [...]
> Mais certeira que a luz do meio-dia,
> [...]
> Ó noite que juntaste
> Amado com Amada,
> A Amada no Amado transformada!»
> (São João da Cruz, *Canções*)

Quem se eleva a estas alturas, pode sentir como difícil, quase impossível, voltar ao jogo do mundo terrestre. Desvaloriza-o, vive-o como *degredo*, *sombra mentirosa*, desgraça ou sofrimento. Pode passar a ver a vida secular como um mal necessário, como algo ilusório, como um mal. A vê-lo como *Queda*, como perda do estado de *Graça*, sendo a *Graça* entendida como o êxtase da festa de Deus.

«Porque era tudo ali aéreo e brando
[...]
E eu... leve como a luz... até que um dia
Um vento me tomou, e vim rolando...
Caí e achei-me, de repente, envolto
Em luta bestial, na arena fera [...] »
(Antero de Quental, *No Circo*)

É a desvalorização da terra, terra onde a seguir à *Queda*, à expulsão do *Jardim do Éden*, já não se ri, só se trabalha, sua e luta. Terra onde já não se joga e brinca, onde já não se pode ser criança e ter, na terra, o seu reino.

Mas para além desta atitude, onde o mundo, o mundo terrestre, está condenado e rechaçado como *Queda*, há uma outra, a que já fizemos referência, quando falámos de *Lila*, o jogo. Atitude esta mais compreensiva, que viu beleza e amor em qualquer um desses mundos, que viu o mundo como a expressão, a renovada epifania, de um deus, de um espírito, que joga e dança, que cria e recria o mundo jogando e brincando livremente. É esta atmosfera cultural, a de uma humanidade responsável pela sua própria *Queda*, mas capaz de se revivificar pelos seus próprios meios, que o jogo potencia. É esta a linguagem ética em que se move a criança, é este o discurso ético em que opera o jogo.

Se o êxtase místico, como morte e renascimento, tem um sentido escatológico, como vida que surge da morte, o jogo também o tem, como imparável dinamismo de superar, transcender, ultrapassar, o *só isso*. O erotismo lúdico – o lúdico envolve de facto uma dimensão de erotismo – aspira sempre a escapar, a libertar-se das limitações da condição humana, a deslocar o centro de gravidade da própria vida incorporando, na abertura ao outro e ao diferente, outras condições e possibilidades.

O lúdico, a alquimia do *como se*, é um princípio de libertação, de criação e transformação da vida. Se a teologia da esperança envolve sempre uma dimensão de espera, a espera de um tempo novo, de um novo começo, de uma nova intimidade, a espera de novas formas de vida, de novas formas de vinculação, espera sempre adiada, o lúdico é espera não adiada, espera aqui e agora consumada. Sonho, desejo, aspiração, que ganha contornos e vida, no espaço e no tempo, no corpo, hoje, agora, aqui. Que hoje se joga no tempo e no espaço de jogo.

Jogar é recriar o mundo como espaço de recreio, de alegria e existência livre e despreocupada. É essa actividade que, para uns, se confunde com o supérfluo, mas, para outros, é a expressão mais genuína e autêntica da humanidade e do próprio homem.

Jogar é recriar o *sábado*, a festa do Senhor, em qualquer dia da semana. O jogo pode parecer uma ilusão, e é-o efectivamente, o jogo é, sem sombra de dúvida, um princípio de ilusão, como o é o próprio amor, o grande princípio transformador dos vínculos que ligam o homem ao mundo e aos outros.

Vimo-lo já a propósito do Principezinho e da raposa, de *Sophia* e da criação do mundo, de *Lila,* do misticismo... e não será a própria criação do *sábado* um acto ainda de amor? Acto de amor, espaço de ilusão, que nos ajuda igualmente a compreender que mesmo as chamadas coisas sérias da vida não são afinal, como quase sempre nos querem fazer crer, tão sérias ou importantes assim. Tão lógicas, terríveis ou racionais, como parecem. E se a Europa e Portugal não fossem *lixo*? E se *lixo* fossem as opiniões das agências de *rating*? E se essas opiniões, se as exigências da Tróica, mais não fossem do que um *jogo* de mercado? Uma forma apenas de jogo, entre muitos outros jogos possíveis.

É o jogo, o jogo do faz-de-conta, do *como se*, que nos liberta, que liberta a nossa mente, o nosso espírito, de tudo o que é dogmático. É ele que nos liberta da presunção da teologia que assevera conhecer as leis de Deus. É ele que nos liberta da tirania da lógica e da razão.

É ele que nos liberta da pressão, da opressão, de uma sociedade que, de forma crescente, valoriza e recompensa o homem, unicamente, na base dum critério de utilidade. Sociedade que educa a criança, que educa os seus filhos, suportando-se na ideia de que o único sentido da vida é o trabalho, que tudo quer reduzir, especialmente o homem, à unidimensionalidade do trabalho, da energia laboral.

Face às barreiras e obstáculos com que permanentemente o homem se confronta, face às limitações da condição humana, face à dimensão trágica que envolve, o lúdico é esse livre e espontâneo impulso do espírito humano para se identificar com algo diferente de si mesmo. Para ser outro, para renovar a sua face, para assumir outras máscaras. Pelo puro deleite do jogo, de dar outros sentidos à vida, de se enriquecer e engrandecer.

O homem tem necessidade de espaços delimitados, intensos, fortes, sagrados, espaços que é necessário preservar dos intrusos que não sabem jogar, que não têm um olhar lúdico, sejam quais forem os nomes que se outorguem a esses intrusos. Espaços tão habituais, seguros e conhecidos, como novos e diferentes, mas sempre espaços a construir e recrear.

Espaços de jogo onde, porque as leis do tempo e do espaço, económicas, políticas ou morais, se extinguem e desaparecem, tudo potencialmente é possível, sem efectivamente o ser. Onde, alheios à *Queda* e à expulsão do paraíso, à condenação ao trabalho e ao suor, ainda é permitido, apaixonadamente, intensa e totalmente, inventar paraísos transitórios. É que se a *Queda* é a perda do espírito de jogo, o corte com a exuberância da vida e a alegria de viver, a ascese, a subida, o luminoso, diairético e aéreo corte com o sentido da terra, são-no também.

A consciência, a razão consciente, é necessariamente selectiva e parcial, separadora e antitética. Uma pequena parte, portanto, de um *eu* bem mais alargado. Como parte de estruturas sistémicas mais amplas, suportando-se em elementos que de forma metódica consegue extrair de determinadas circunstâncias que só parcialmente regula e controla, não deixa de ser distorção. Distorção de realidades mais alargadas, mas distorção que conduz a um ilusório sentimento de autonomia e auto-suficiência. A um sentimento de separação em relação ao que é diferente, em relação a outros pontos de vista, mas também a um sentimento de participação, de estar junto ou unido, ao que nos é próximo, familiar, similar a nós próprios.

Mas tudo parece indicar que quando um novo tipo de proximidade ou distância se cria, as realidades com que nos confrontamos logo parecem igualmente mudar. Não resistimos a referir, a este propósito, o provérbio tibetano que diz:

«Um dia avistei qualquer coisa que se mexia ao longe. Julguei que era um animal. Aproximei-me e apercebi-me de que era um homem. Ele aproximou-se mais e vi que era o meu irmão.»

Exigir da razão consciente que compreenda ou perfilhe pontos de vista que estão fora do seu alcance, não será exigir-lhe demasiado? Será que a compreensão de outros sistemas, mais alargados ou que se situam noutros planos, exige mais que a razão? Até onde vai a capacidade de sacrifício da razão? Até onde vai a sua capacidade de entrar no jogo da comunicação e do encontro com o outro?

Sendo o imaginário simbólico o fundamento último da própria razão, que imaginários poderemos encontrar por detrás da valorização ou da desvalorização do feminino? Um imaginário que une ou que separa? Que vê no outro um valor ou um problema? Que procura o encontro ou o desencontro? Que vê no outro um inimigo a abater ou a força genésica em que nos podemos fecundar? Um imaginário em que só entra o determinismo e não resta lugar para a construção do sentido, ou um imaginário que se abre à liberdade humana pois sabe que só ela é dadora de sentido e significação? Que sabe que jogo é liberdade e que liberdade é jogo?

Concretizemos com a visão patriarcal de que a mulher, a mulher real, ou personificada em Lilith, Eva ou Pandora, é a origem de todos os males. Visão que com base no predomínio das imagens do *Pai* nos confronta com a submissão feminina face à viril vontade masculina.

Para Aristóteles, como nos recorda Gerda Lerner (1990: 303), «a mulher é, e sempre foi, um varão mutilado». Em *Os Trabalhos e os Dias* de Hesíodo (1990: 59), a criação de Pandora, um jogo de Zeus,

«Así dijo e se echó a reír el padre de hombres y dioses [...]»

jogo para o qual contribuíram várias divindades, com a atribuição de características marcadamente negativas, surge como o mito da origem de todas as calamidades (Hesíodo, 1990: 90-91).

« [...] irresistible deseo y cautivadores encantos [...] espíritu cínico y un carácter voluble [...] toda clase de ornatos [...] mentiras, palabras aduladoras y un carácter voluble [...] desgracia para los hombres que se alimentan de pan [...] preparó para los hombres tristes calamidades.»

Mito, entre outros, a que se junta o mito mais recente, o mito freudiano da inferioridade da mulher, a *inveja do pénis*, essa ideia de que *anatomia é destino* e a estrutura psicológica da mulher se organizaria, supostamente, à volta do esforço para superar, para compensar, essa privação ou carência com que a natureza a brindou.

Contrastando claramente com estas posições, suportando-se, portanto, num imaginário bem diverso, Baring e Cashford (1993: 522) referem o seguinte mito africano:

«God made the man and the woman, and put them together. When they saw each other, they began to laugh. Then god sent them into the world. »

Campbell (2000) por sua vez, relata-nos a lenda da origem do homem e da mulher dos índios apache *jicarilla* do Novo México. No início, só existia a Obscuridade, não havia seres viventes, apenas os Hactim existiam desde o princípio. Foram eles que fizeram a terra e o céu. O mais poderoso de entre eles, o Hactim Negro, fez um animal de barro e deu-lhe vida. A partir do corpo desse primeiro animal, fez um pássaro e depois todo o tipo de pássaros. Como fez as sementes e os insectos que eles comem.

Mas os pássaros, apesar de diversos, sentiam-se sós, queriam a companhia do homem. De tudo o que já existia, o Hactim Negro criou o corpo do homem, soprou e deu-lhe vida. O que foi uma grande alegria e excitação para os pássaros. Então, o Hactim ensinou o homem a sentar-se, a falar, a rir, a andar e a correr, tendo os pássaros começado a cantar logo pela manhã, como ainda agora fazem. Foi então que os animais acharam que o homem devia ter companhia. Campbell (2000: 272) termina o relato do mito *jicarilla* da seguinte forma:

> « [...] Hactim Negro le hizo dormir, y cuando cerró los ojos empezó a soñar. Soñaba que alguien, una muchacha, estaba sentada a su lado. Y al despertar encontró a una mujer. Le habló y ella respondió. El rió y ella rió. "Levantémonos", y se levantaron, "Paseemos", dijo él, y la condujo en sus primeros cuatro pasos: derecha, izquierda, derecha, izquierda. "Corre", dijo, y ambos corrieron. Y una vez más los pájaros empezaron a cantar, para que tuvieran música agradable y no se sintieran solitarios.»

Um genuíno elogio da alegria e da vida, um hino à diversidade, ao canto, à valorização da diferença, assente no reconhecimento da separação, do que separa, mas igualmente assente na participação, no que nos liga e une aos restantes membros de uma comunidade. Um elogio, um hino, ao ritual e ao jogo, ao canto, ao fazer, ludicamente, coisas em conjunto, pelo prazer de fazer. Será que no mundo em que vivemos só as catástrofes unem solidariamente as pessoas?

A separação, em relação à mãe, é catastrófica para a criança. Essa situação de privação, como temos vindo a analisar, ultrapassa-se e supera-se pelo jogo. O canto, a dança, o sorriso, o jogo, o fazer coisas em uníssono com os outros, jogar o mesmo jogo, movermo-nos quando os outros se movem – como no mito *jicarilla* da criação do homem e da mulher – é agir como parte de uma totalidade maior, é participar nela. É, afirmando ainda a sua individualidade, a sua identidade, a sua diferença, tornar mais concreta e palpável, uma *communitas* de participação. É participar, alegremente, qual matinal canto de pássaros, num ideal de grupo, num ideal identificatório.

Numa ilusão? Num engano? Por certo. Mas a ilusão e engano, Hermes, o jogo, não são expressões naturais da vida? Mas que poderá substituir uma ilusão abandonada (a ilusão da fusão mãe-bebé, da omnipotência...) que não seja outra ilusão, outro jogo? Jogo que não se deixe substituir ou subjugar por uma racionalidade e utilidade, ligadas a códigos e convenções demasiado institucionalizados e dogmáticos.

É o jogo, o lúdico, como abraço do interior e do exterior, da realidade e do fantasma, da tradição e da inovação, dos limites e da sua transgressão, que permite *religar* a nossa consciência, a nossa razão consciente, à interioridade, à profundidade e abissalidade da alma e confere sentido e valor à realidade. Que a permite animar, criar, construir.

O mundo, o mundo concreto e palpável em que vivemos, carece de todo o fundamento, carência de fundamento esta onde radica a própria possibilidade do jogo. Num mundo concebido como um mecanismo passivo ou uma gigantesca roda hidráulica, à maneira newtoniana, um mundo concebido como harmonia, determinismo, positivismo, ordem, onde a poesia do pássaro ou do arco-íris não tivessem lugar, onde não tivesse lugar o embelezamento, a divinização, a mitificação da natureza, não haveria igualmente lugar para o jogo.

À falta de fundamento do mundo, à carência ontológica do ser, sempre inacabado, sempre por fazer, corresponde o jogo, o lúdico, como ilimitada possibilidade de construção de outros sentidos de vida, de outros encontros, de outras máscaras.

Num mundo em que não pudéssemos caminhar à beira da incerteza e do abismo, procurando, heroicamente, encontrar soluções, nunca definitivas, para a dimensão trágica da condição humana, em não fosse possível, empenhadamente, comprometidamente, aceitar o risco, o desfio, a aventura, em que não fosse possível interpretar, apenas repetir, em que não fosse possível inventar, apenas replicar, em que não fosse possível criar, apenas conformar-se, não haveria igualmente lugar para o jogo.

Num mundo em que não houvesse *Musas*, em que tudo se reduzisse ao trabalho,

«Pastores que pasáis la vida en el campo, triste oprobio,
porque tan sólo sois vientres!»
(Hesíodo, *Teogonia,* 26)

em que a verdade e a mentira, a ilusão e o engano, não fossem igualmente possíveis,

«Nosotras, en cambio, sabemos decir muchas mentiras
que semejan verdades, pero también sabemos, cuando
queremos, entonar la verdad.»
(Hesíodo, *Teogonia,* 27-28)

em que o coração de Zeus não conhecesse a alegria e o sorriso,

« [...] las Musas, que con sus cantos alegran el magnánimo
corazón del padre Zeus
 [...]»
(Hesíodo, *Teogonia,* 36-37)

216

em que os deuses fossem esquecidos ou ignorados (Jung, s.d.: 168),

«Hemos estado siempre [Ninfas], lo que ocurre es que no te
has dado cuenta jamás.»

não haveria igualmente lugar para o jogo. Dizendo de outra forma, num mundo em que o jogo não fosse possível (mundo é jogo), não haveria *Musas*, *Ninfas*, deuses, alegria e sorriso, cultura. Apenas *vientres* haveria.

Mas as Musas e os deuses, eternas presenças, existem, habitam em nós, e não gostam, como vimos, de ser esquecidos. As crianças, os homens que sabem jogar, com o corpo, com as palavras, com as formas, com os sons, todos os que desenvolveram um ouvido, um sentir, um olhar metafórico, esses são amados pelas Musas.

«Feliz aquél a quien las Musas aman»
(Hesíodo, *Teogonia,* 96)

O mundo não nos dá um solo firme, nenhuma base sólida, onde em segurança possamos pisar. O mundo é abertura, flexibilidade, incerteza sequencial, liberdade referencial. O mundo é jogo. Joga-se entre a gravidade da terra, plena de razões, finalidades, determinismos inultrapassáveis, e a liberdade aérea de renovadamente criar o sentido da vida. Sentidos transitórios, para que outros jogos, outros disfarces, novos vínculos, novos brinquedos, sejam possíveis.

O jogo exige, alimenta-se, da complementaridade dos movimentos de subir e descer a escada de Jacob. O movimento ascendente, na sua unilateralidade, pode significar revelação ou paranóia, perda do sentido da terra. O movimento descendente, o não levantar voo, na sua unilateralidade, condena-nos a viver indefinidamente no *só isso*.

O jogo alimenta-se deste paradoxo entre o subir e o descer, entre a *Queda* e o estado de *Graça*. A clausura num qualquer definitivo altar, aéreo ou terrestre, será sempre o fim do jogo.

> «E sonhou: e eis que uma escada era posta na terra, cujo topo tocava nos céus; e eis que os anjos de Deus subiam e desciam por ela. [...]»
> (*Génesis*, 28, 12)

2.5. Seguir e Amplificar Sinais sem os Excessos de Midas

A exuberância é Beleza
(William Blake)

O mundo é da estrutura dos sonhos, a estrutura dos sonhos é lúdica. É ilusão, é imaginação. Mas isto já nós sabíamos, vimo-lo, quando falámos de *Sophia*. A sabedoria da criação, repetimos, funciona assim, «eu [...] era cada dia as suas delícias, folgando perante ele em todo o tempo.» (Génesis 8, 30)

Por certo que a imagem de um mundo estável, seguro e eternamente equilibrado, de um cosmos organizado, qual Atlas suportando o peso do mundo sobre os seus ombros, dando-lhe estabilidade, tem o seu lugar.

Mas desde sempre, desde o momento da criação, que o mundo conhece *Sophia,* o *lúdico,* a *imaginação.* Como conhece o mundo como uma bola nas mãos de uma criança. O que é dizer, numa perspectiva heraclitiana, que a divindade impõe a sua vontade brincando, que o espírito fala metaforicamente, como diz Hillman, mas nós o interpretamos, muitas vezes, de forma literal. O deus criador, não deixando de ser um *deus faber,* revela-se, acima de tudo, como um *deus ludens,* que cria para realizar-se, para se alegrar com a sua criação. Também a criança joga com as suas próprias *possibilidades,* também a criança se põe em jogo a si mesma, joga consigo mesma, com o seu corpo e as faculdades que nele descobre.

No que respeita à relação entre experiência e desenvolvimento, nomeadamente no âmbito do desenvolvimento motor, é usual referir-se a repetição como factor crítico. A observação de crianças, nas primeiras idades, deixa logo transparecer o número imenso de vezes que, num curto período de tempo, a criança repete, às vezes quase à exaustão, determinadas tarefas motoras. Da mesma forma que vemos estes ciclos de actividade motora intensa, serem interrompidos por outras actividades, para de novo os reencontrarmos ao longo do dia.

Trata-se de uma actividade massiva e intensa, distribuída ao longo do tempo, que alterna com outras actividades, mas trata-se também de uma actividade que, embora apresente um carácter claramente repetitivo, nos deixa também a ideia de que repetição, rigidez, rigor, inflexibilidade, é algo que não se coaduna com o comportamento motor da criança.

Com efeito, dar os primeiros passos exige da criança esforço e persistência. Dá alguns passos, cai, mas logo se levanta para de novo continuar. Ao longo do dia terá dado milhares de pequenos passos, da mesma forma que também se poderá ter desequilibrado e caído múltiplas vezes.

Desistir é algo que não entra no seu vocabulário. Se descobriu o gatinhar, repetirá esse comportamento dezenas e dezenas de vezes ao longo do dia, ao longo de semanas. Mas, uma outra característica está também presente, característica a que Bernstein deu tanta atenção e que tão magistralmente expressou, ao afirmar que a criança «repeat without repetition». O que significa que, paradoxalmente, o carácter repetitivo do comportamento motor da criança não impede que ele seja, igualmente, definido pela sua enorme variabilidade.

Variabilidade que deriva da alteração das condições envolvimentais (tipo de piso e natureza dos objectos), ou, se quisermos, da variabilidade das interacções entre um corpo em crescimento e o seu envolvimento. Das exigências, portanto, que o envolvimento coloca ao corpo da criança, do seu estado motivacional, das características da própria actividade (gatinhar para alcançar um objecto grande ou pequeno, que está no chão ou numa posição mais elevada, para observar aspectos do envolvimento, gatinhar sem nada nas mãos ou mantendo os objectos com que anteriormente estava a brincar…).

Variabilidade que, acima de tudo, deriva do facto de estas actividades não serem um mero exercício repetitivo, mas renovadas oportunidades de aprender a resolver as situações concretas que lhe surgem, de aprender a criar novas e melhores soluções. Renovadas oportunidades de descobrir as possibilidades do seu próprio corpo, de descobrir o que é capaz de fazer com ele. De se descobrir a si própria como deus criador.

Neste sentido, o desenvolvimento motor não é exercício mecânico e repetitivo mas... jogo, criatividade, descoberta, desejo. Repetido vezes e vezes sem conta. Neste sentido, desenvolvimento motor é percepção, cognição, emoção, motivação, comunicação, presença do outro.

É heterogeneidade, diversidade, multiplicidade, flexibilidade dos padrões de resposta, face às exigências e desafios que os ecossistemas colocam. Não tanto a aprendizagem da rigidez, da inflexibilidade, do automatismo das respostas previamente aprendidas, da associação mecânica e estereotipada entre estímulos e padrões de resposta, mas a aprendizagem de novas estratégias, a exploração e descoberta das formas mais adequadas de resposta aos constrangimentos do envolvimento físico e social. Aprender a aprender, descobrir e explorar procedimentos e estratégias, novas soluções, à luz dos feedbacks que a própria experiência permanentemente proporciona, em circunstâncias envolvimentais específicas.

Cada novo gesto, cada novo comportamento motor, mesmo que esses gestos sejam os mesmos que já foram praticados tantas e tantas vezes, envolvem uma paixão tal, uma tal intensidade, dedicação e compromisso, que não deixam de ser como que um renovado primeiro encontro. Encontro amoroso e autêntico, entre o corpo e o mundo. Encontro que não envelhece, que mantém o entusiasmo e a sedução de sempre. Encontro permanentemente renovado, mas sempre vivido como se fosse *a primeira vez*.

O jogo na criança é muito mais do que comportamento adaptativo, muito mais do que um simples sistema de resolução de problemas, do que um permanente ajustar os seus comportamentos motores a um envolvimento em permanente transformação e mudança, a que acresce o facto de o próprio corpo da criança estar a crescer e as exigências biomecânicas variarem igualmente de momento para momento.

Compreender o jogo é muito mais do que falar na sua dimensão perceptivo-motora, no controlo adaptativo das acções com todo o cortejo de mecanismos que passam pelas ideias de *input, output, feedback, feed forward,* pelo conceito de *affordances.* Compreender o jogo é muito mais do que a análise da actividade motora em termos de um comportamento *embodied e embedded* ou o estudo dos processos *equilibratórios*, de *auto-regulação*, de *confirmação* ou *antecipação*, sempre inquestionavelmente envolvidos.

Olhar atentamente para o jogo exige também dar atenção a mecanismos psicológicos mais profundos, como a *condensação*, o *deslocamento*, a *projecção* ou a *identificação*. Tudo formas de reencontrar a realização imaginária do desejo, realização expressa não apenas através duma representação por imagens, mas através da figuração das fantasias em actos, em gestos simbólicas. Jogar envolve o corpo da criança, o corpo dos seus pares e dos adultos, o pulsional e o real, o interior e o exterior. Uma multiplicidade de forças inscrevendo-se num ego corporal.

Da mesma forma que exige a análise do contributo da actividade lúdica para a área da criatividade, do acto criador, do criar criando-se, o que na literatura especializada nos remete para conceitos tão diversificados como os mecanismos exploratórios e de resolução de problemas, os processos primários, a liberdade referencial, o pensamento divergente ou as *coping strategies*.

Mas jogar é, acima de tudo, abertura ao mundo, abertura de forte expressão afectiva, repleta de grande carga emocional, actividade a que alguns autores se referem usando expressões como *cognitive-affective framework* ou *affective symbolic units*, conceitos com que procuram enfatizar o facto de neste espaço de evasão – de fantasia, de criar e entrar num outro espaço, num outro tempo, em contraposição ao mundo quotidiano, mas não em ruptura ou contra ele – os esquemas motores serem verdadeiras unidades afectivo-simbólicas, marcadas pelo sentido e significado que dão e trazem à vida da criança.

Como afirma Fein (1975: 292), são estruturas de forte carga emocional «manipulated, interpreted, coordinated and elaborated in a way that makes affective sense to the players. »

A banalização das coisas da vida, a sua desvalorização, o perderem o carácter sagrado que lhes poderíamos dar – banalizar é perder o carácter sagrado – pouco tem a ver com a criança e a sua forma de agir, o jogo. A criança, como ser que joga, é o oposto da banalização, pois jogar é precisamente amplificar, valorizar, transfigurar, engrandecer e embelezar tudo aquilo em que se toca. Mas sem atingir os excessos de *Midas*, que ignorou Hermes, que ignorou o jogo das fronteiras e dos limites. Que ignorou o «Nada em excesso» para que nos alerta a oracular inscrição cinzelada nas pedras do templo de Delfos.

Jogar não é espírito de resignação ou passiva acomodação ao real, é viver a eterna alegria, a eterna esperança, da permanente renovação das coisas e de si mesmo. A criança joga para se afastar de si mesma, única forma de crescer e se desenvolver, única forma de, na renovação, se encontrar a si mesma e aos outros. De restaurar o sentido e o significado da vida, de se construir como projecto e destino, aceitando os valores da ilusão. Até porque – a criança que joga parece pressenti-lo, intuí-lo – poderemos mesmo estabelecer uma fronteira, clara e definitiva, entre o significado como ficção e a ficção como significado?

Sentidos e significados em que tanto acreditávamos vêm a revelar-se ficções ou ilusões, ilusões e ficções podem vir a revelar-se como plenas de sentido e significação. O eterno jogo das máscaras. Pensemos as certezas de hoje um pouco ao estilo de Kaufmann (1992: 360) quando afirma que

«Plato tried to tell us that the tragic poets offered us illusions, images of images, while he would show us true reality. Now we know to our sorrow that philosophy as he envisaged it was an illusion, while the tragic poets show us the reality of life. »

Aceitemos o jogo como a indagação do enigma, como essa atitude inicial de hospitalidade, de aceitação e valorização do outro, do diferente, do desconhecido. O que implica uma compreensão irónica do mundo, compreensão que nos permite transfigurar o mundo na medida em que nos construímos a nós mesmos como pessoas, como *personas*, como máscaras. Compreensão que só é possível – necessitamos de todos os deuses – se não ignorarmos o divino Hermes.

Vida e natureza têm uma estrutura lúdica. Dizendo-o de uma forma mítica, a tartaruga encerra já em si a possibilidade de ser uma cítara. O que significa afirmar que a vida tem uma estrutura mercurial, hermenêutica, que faz a sua própria exegese, que habita em si o poder de permanentemente se ultrapassar em significações, em renovados sentidos, em vestir novas máscaras.

O jogo, como a natureza, é um excesso de energia (Bataille, 1974), um luxo de formas, um jogo prodigioso de aparências e ilusões, de mentiras. O jogo é *superabundância*, exuberância e proliferação imensa, desenfreada, que desafia todos os princípios da economia, da conservação de energia com um mínimo de meios, onde a delapidação e o desperdício, o sacrifício e a própria morte, são ainda uma manifestação dessa superabundância e, assim, desse jogo perpétuo da intensificação, transfiguração e embelezamento, da própria vida.

Bataille terá sido o autor que melhor ilustrou que o *risco da morte* é de alguma forma a essência do jogo, ao sugerir que no ser humano dois grandes desejos se opõem. O desejo de conservação, de retenção e economia, desejo que se expressa no medo, no receio e no temor, da perda, da privação e da morte. É o princípio da conservação da energia. Com este princípio conflitua o desejo oposto, o desejo de gastar, de dissipar e delapidar, de ultrapassar limites e correr riscos.

O predomínio do primeiro princípio aproximar-nos-ia daquele tipo de actividades, como o trabalho, em que todos os excessos seriam diligentemente evitados, em que um robusto enquadramento, o rigor, o cálculo, o útil e o funcional, certificariam a segurança de um futuro mais ou menos construído à imagem do passado.

O segundo princípio, o do sacrifício e renúncia voluntária, do desafio, do confronto com o risco e a morte, o princípio que faz com que o homem não se deixe paralisar pelo medo da morte, não se deixe acorrentar a determinismos, antes com eles se confronta procurando ultrapassá-los, não expressará igualmente, melhor talvez, as grandes aspirações do homem?

Ora, para Bataille, a sabedoria do jogo firma-se precisamente aí, nesse excesso de energia, nessa alegria espontânea de, face à imprevisibilidade e aos riscos que assume, se descobrir como história, como destino e sentido. O que mais uma vez nos ajuda a compreender que o jogo não é alegria sem tempo, que o jogo não é puerilidade e nostalgia infantil, refúgio dourado sem sombras ou contrariedades, mero sonho agradável de costas voltadas ao drama e à história.

Hermes, o deus irónico e brincalhão, dos roubos e das mentiras, sabia-o, sabia o quão importante era viver nos limites respeitando-os e transgredindo-os, sabia o quão importante era percorrer e manter abertos esses caminhos, esses canais de comunicação e encontro que se situam entre a terra e o Olimpo, entre os homens e os deuses, entre o tempo e a eternidade.

Não procuremos em Hermes a verdade. O deus da verdade é outro e intitula-se a si próprio deus único. Hermes, mediador entre os deuses, entre os deuses e os homens, tem precisamente por característica fascinante o facto de não ser um deus verdadeiro. Saibamos honrar a sua imperfeição.

3. JOGO, A FESTA DA ALEGRIA

A esse canto, a essa maravilhosa confidência
do Inconsciente ao consciente, chamamos sentimento
(Carus)

Tenho que agradecer aos meus netos o facto de, sem o saberem, simplesmente porque brincam, terem decisivamente contribuído para a organização dos dois últimos capítulos deste livro.

Vejo, em cada um deles, essa criança divina a que os gregos chamavam Hermes, da mesma forma que sinto profundamente que são eles, com as suas brincadeiras e os seus jogos, com as suas traquinices – Tricksters são – com as suas irreverências, enganos, mentiras, ilusões, com os seus jogos hermenêuticos, que animam, que dão ânimo, que dão alma, aos adultos que com eles jogam este jogo da vida em que todos estamos profundamente mergulhados.

A uns, ajudam-nos a descobrir-se como pais, como mães, como tios. A outros, como avós... e profissionais.

Mas clarifiquemos um pouco a situação. Durante algum tempo procedemos à pesquisa e recolha de material que, de acordo com a planificação anterior, deveria constituir a base das últimas reflexões deste livro sobre a actividade lúdica. Trabalho que se traduziu em cerca de trinta páginas de notas soltas, fragmentos, tópicos, que seriam como que o *corpus* a partir do qual este capítulo iria ganhar forma. Certo é que, durante mais de uma semana, não escrevi uma única palavra.

A *única questão* que significativamente dominava o meu espírito era a de encontrar o fio condutor, a estrutura, o *logos*, o sentido a dar a essa *prima materia* inicial. Uma série de acontecimentos, de experiências, que viriam a revelar-se altamente significativas para a resolução do problema com que nos confrontávamos, vêm então como que ao nosso encontro.

Desses *encontros amigáveis*, *confidências* talvez, entre o inconsciente e o consciente, no sentido que Carus lhes dá, e a que chama *sentimentos*, relataremos nas próximas páginas quatro episódios.

3.1. Sincronias, Confidências, Encontros Amigáveis

Sem a esperança nada poderia viver
(Hölderlin)

Tudo começa com um sonho. Adormeci pensando, mais uma vez, na forma de organizar o material que havíamos recolhido, tendo sonhado com o meu neto João, que corria alegremente, para de seguida terminar essas corridas *fingindo* que se deixava cair, ou seja, deitando-se intencionalmente para o chão *simulando* uma queda.

Durante o sonho, estas imagens repetiram-se várias vezes, de forma mais ou menos inalterável: corre e finge que cai, corre e finge que cai, corre e finge que cai. Acordei e registei o sonho, tendo de imediato feito duas associações principais.

A primeira, relativa à componente de ritual, de simulacro, de simulação, que o jogo envolve. A segunda, relativa ao facto de, por várias vezes, ter efectivamente visto o meu neto jogar, nomeadamente na sala da casa onde mora, correndo à volta de uma mesa, terminando com uma *queda fingida*. Jogo que alegremente repetia, de forma mais ou menos idêntica, várias vezes.

O segundo episódio envolve o meu neto Pedro, que na altura estava perto de fazer dois anos e meio. No dia a seguir ao sonho anteriormente relatado, assisto ao seguinte jogo: de pé, segura-se com as mãos a um sofá, coloca os pés num rebordo do mesmo, a cerca de um palmo de altura, deixando deslizar lentamente os pés para o chão, controlando assim a queda. Vai dizendo com um sorriso aberto: «Vou cair! Vou cair! Vou cair!» Repete igualmente o jogo várias vezes.

Não pude deixar de registar algumas analogias com o jogo do correr e simular a queda, nomeadamente o seu carácter repetitivo, de simulacro e fazer-de-conta, de ritual, qual *mimesis* da vida real, com os seus ciclos trágico (queda) e alegre, qual metamorfose ou recriação que permite, plenamente, intensamente, no plano lúdico, viver a vida como *alegria,* como *exuberância,* como *superabundância.* Exorcizando a *queda,* controlando-a, transformando a vida, transfigurando-a em *alegria de vida.*

Também neste sentido podemos afirmar que de alguma forma o jogo tem um sentido escatológico, recordando-nos que a dimensão festiva da vida está presente aqui e agora, como que antecipando o júbilo do fim dos tempos. Como já havíamos referido em *Jogar é Estar Perto dos Deuses – A Transfiguração do Real,* na linguagem metafórica a que recorre, Zacarias (8, 5) não deixa de aludir às ideias de alegria, jogo e brincadeira, para se referir ao fim dos tempos, às bênçãos futuras prometidas por Deus a Israel:

> «E as ruas da cidade se encherão de meninos e meninas, que nelas brincarão»

O regozijo das crianças, as suas brincadeiras, são um sinal de alegria escatológica. A vida, o jogo, são para a criança fonte de encantamento. Da mesma forma, a temática da alegria e do júbilo acompanha o agir do Criador, atravessa toda a literatura sapiencial e não deixa de estar presente, nos comportamentos de David, quando dança diante da Arca da Aliança. Se, para as religiões da salvação, a alegria tem uma componente escatológica que atinge a sua plenitude no fim dos tempos, o jogo como que nos sinaliza que podemos regozijar-nos já, que o festivo é possível, mesmo face à tragicidade da vida. Que tal como a criança brinca e ri, mesmo na ausência dos seus pais, também nós, confrontados com as privações e carências com que a vida sempre nos brinda, poderemos ultrapassar essas limitações e dizer sim à vida. Neste sentido, o jogo como que expressa o reconhecimento da tragédia do destino humano, ou se quisermos, para um imaginário mais próximo do pensamento cristão, o jogo é a figuração mística da harmonia sagrada.

Mais uma vez, como no *Fort Da,* o jogo como a superação de uma privação, como o *opus,* a pedra filosofal, que permite a transmutação do *nigredo* em ouro alquímico, como o engano, o *erro forte* (Leopardi), a *mentira*, que permitem recriar a queda, vivê-la de uma outra forma. Que permitem construir outros sentidos para a própria vida, outros destinos para o viver corporal.

O jogo muda as dimensões do mundo da criança, engrandece-a. E se é certo que a *gravidade* está em nós, que a *queda* é inerente à própria vida, o jogo abre o mundo da criança a outros espaços, amplos e imensos, torna-a sensível às vozes dos espaços infinitos, sem que para isso precise de *silenciar os ruídos da terra* (Bachelard). Antes se fecunda neles.

Um pouco ao contrário da imaginação aérea e *evaporada*, que se distancia da terra e se refugia no *romantismo do voo*, a criança que joga, para *amplificar* os sinais dos mundos infinitos, não precisa de abafar os ruídos da terra. Afinal, como reconhece o próprio Bachelard (1990: 64),

« […] o ser humano, em sua mocidade, em seu voo, em sua fecundidade, quer surgir do chão. O salto é uma alegria primeira.»

Como destino a recriar, a gravidade superada – é isso o jogo – engrandece a criança, lança-a na descoberta de novos horizontes.

O terceiro episódio prende-se com a construção, a criação, pelo João e pelo Pedro, do que passaremos a designar por *Jogo do Ali Babá*. Na praia de Santa Cruz, dois ou três dias depois dos episódios anteriormente referidos, no parque infantil onde os dois primos brincavam, contemplo e participo, muito vagamente, na eclosão do ritual lúdico que passo a descrever. Uma placa de madeira, com uma inclinação de cerca de quarenta e cinco graus, permite o acesso a uma plataforma que se situa a mais ou menos um metro de altura. O João e o Pedro sobem para essa plataforma. De seguida atravessam a ponte que liga essa plataforma a uma segunda plataforma que dista da anterior cerca de quatro metros.

De forma a evitar possíveis quedas, essas plataformas têm protecções de madeira, com sensivelmente setenta e cinco centímetros de altura. Chegados à segunda plataforma, o Pedro, que na altura tinha dois anos e meio, agarra-se a essa protecção e, com um sorriso aberto, grita em voz alta o que me pareceu ser a expressão «Ah!» – expressão que, olhando para o céu dirige, como que aos quatro ventos, pois naquela direcção não se encontrava ninguém a quem esse enunciado verbal fosse especificamente dirigido – no que de imediato é imitado pelo João, o primo que tem mais sete meses.

Atravessam a ponte, fazem o percurso inverso na direcção da primeira plataforma, sobem a uma terceira plataforma que está quase encostada a esta, mas ligeiramente acima, penduram-se num varão que aí se encontra e de seguida descem pelo escorrega.

Um olhar meramente mecânico diria que este jogo evolui ao longo de seis estações ou etapas principais: (1) trepar para a primeira plataforma; (2) atravessar a ponte para a segunda plataforma; (3) retornar à primeira plataforma; (4) subir para a terceira plataforma; (5) pendurar no varão; (6) descer no escorrega. Pois bem, como evoluiu este jogo?

O primeiro facto a registar é que se tornou num jogo de repetição e rotina. Após esta primeira ocorrência, deverá ter sido repetido mais de dez vezes. Como repetidamente foi jogado nos dias subsequentes. Rapidamente me apercebi, ao iniciarem a repetição do jogo, principalmente quando chegaram à segunda plataforma e de novo gritaram "Ah!", que o iriam fazer mais vezes. Entrei então no jogo e depois de terem dito pela segunda vez «Ah!», sorrindo, eu próprio disse bem alto, não me perguntem porquê, «Ali Babá?!» Pois bem, sempre que a partir daí chegavam à segunda plataforma, em vez de dizerem «Ah!», passaram a dizer «Ali Babá!».

Este enunciado verbal passou imediatamente a fazer parte integrante e decisiva do jogo, tendo mesmo sido generalizado a outros contextos, nomeadamente em espaços físicos em que o som fosse amplificado ou fizesse eco. Por vezes, mesmo quando passávamos pelo parque, mas continuávamos para a praia, não resistiam a gritar alegremente «Ali Babá!», olhando de relance para o parque infantil. Entendamos, entendamo-nos, dizer «Ali Babá!» não é pronunciar e repetir, um pouco à maneira adulta, um enunciado verbal. Dizer «Ali Babá!» tornou-se em si mesmo num jogo, num pretexto de afirmação da exuberância da vida, da alegria de viver.

Inventaram todo um jogo assente na repetição do padrão motor e verbal inicialmente construído, repetição mais ou menos inalterada, mas que não deixa de englobar algumas variações. Inventaram todo um jogo que tem presente quer o individual e idiossincrático quer o social e o colectivo. A máxima liberdade e a máxima coacção. Inventaram um jogo onde a expressão *repeat without repetition* (Bernstein) ganha toda a força e sentido.

Será que verdadeiramente inventaram um ritual? Um ritual sem mito? Um ritual que não se deixa submeter, que não está vinculado, a nenhum mito prévio? Um ritual que se constitui, ele próprio, como mito? Será que transitoriamente construíram um *trô* (Spieth), um mito pessoal? Colectivo, até, na medida em que envolveu inicialmente duas pessoas (os dois primos), eu próprio, e posteriormente se estendeu a outras pessoas. Primeiro os familiares, depois as pessoas que passavam ou estavam no parque infantil e não podiam deixar de se sentir contagiadas com a brincadeira daquelas duas crianças, nomeadamente a forma tão alegre, intensa e exuberante, como diziam «Ali Babá!» Tal a força, a intensidade, a alegria, a vida, a seriedade, que colocavam neste jogo, nomeadamente na importância crescente que foram dando ao «Ali Babá!»

Dentro de uma estrutura que, em termos gerais, se manteve mais ou menos constante e inalterada, nomeadamente no que às sequências motoras diz respeito (registámos apenas pequenas variações no que toca às formas de escorregar), as alterações mais significativas ocorreram a nível do «Ali Babá!» Inicialmente a expressão «Ali Babá!» era apenas enunciada uma única vez, logo após a chegada à segunda plataforma. Posteriormente passou a ser verbalizada, nessa situação específica, duas ou três vezes seguida. Mais tarde, foi generalizada a outras fases da evolução motora do jogo (no retorno à primeira plataforma, após a subida para a terceira plataforma, antes da descida pelo escorrega).

Reconhecendo embora a importância do que Jean Chateau designa por *o apelo do mais velho*, indiscutivelmente um dos motores do jogo infantil, o *Jogo do Ali Babá* lembra-nos igualmente que o *mais velho*, às vezes é, pode ser, o *mais novo*.

Chegou entretanto a Maria, a minha neta mais velha, que tinha na altura quatro anos. A primeira vez que foi ao parque infantil com os primos, ao vê-los brincar, entrou de imediato no espírito do *Jogo do Ali Babá*. Delicio-me, agora, a vê-los jogar, deleitando-me com a forma como vivem e recriam, diariamente, nesse templo fantástico que é o parque infantil, os seus rituais, os seus rituais lúdicos.

O quarto episódio, que nos ajudou a encontrar uma *estrutura* para este capítulo final, envolve mais uma vez o meu neto João. Vínhamos da praia, de regresso a casa, quando de repente larga a minha mão para, correndo alegremente, num piso de calçada portuguesa, seguir os enfeites marcados na pedra preta, que no caso eram um largo círculo a que se seguiam dois semicírculos, primeiro um na forma de C e depois outro na forma de Ɔ. Percurso que faz livremente e livremente repete, até chegar ao fim da calçada. Comentando este jogo com a mãe do João, vim a saber que já há algum tempo fazia jogos parecidos, seguindo percursos de acordo com marcas ou sinais dos pisos por que passava.

Na tarde desse mesmo dia, quando regressávamos da praia, estando a família no início da calçada portuguesa a que anteriormente aludimos, alguém sugeriu que, em vez de irmos pela calçada, poderíamos fazer um desvio passando pela Azenha de Santa Cruz, uma das paixões do Pedro. Pois bem, quando se apercebeu que nos preparávamos para ir pelo outro caminho, o João fez uma resistência tal, uma *cena* tão obstinada, insistiu tanto em ir pelo percurso da calçada portuguesa, que resolvemos que uns iriam pela calçada e outros pela Azenha.

Logo percebi o que ele queria, o que a sua cabeça já engendrava, quais eram as suas *maquinações*. Compreendi que já tinha traçado o seu futuro, o seu futuro imediato, é certo, que já tinha traçado o seu destino, o destino dos seus próximos comportamentos. Tal é para a criança a sacralidade do jogo. Com efeito, logo que chegou ao local onde começavam os enfeites na calçada, iniciou o mesmo comportamento lúdico, seguindo ritualmente o mesmo percurso, ou seja, transformando, qual pequeno Hermes, os enfeites da calçada em brinquedos com os quais se divertia.

De alguma forma, não muito clara talvez, foi este conjunto de quatro episódios (o sonho sobre a *simulação da queda*, o «*Vou cair! Vou cair! Vou cair!*», que igualmente simula uma situação de queda, o *Jogo do Ali Babá* e a repetição de comportamentos motores na base de uma regra previamente criada) que nos permitiu organizar e estruturar o material de que dispúnhamos, que nos permitiu expandi-lo, que nos permitiu encontrar um fio condutor à volta do qual as ideias se foram estruturando.

Entendemos a relação entre estes quatro episódios, na base de um princípio de ligação não causal entre eles, princípio a que Carl Jung (1972) deu o nome de *sincronicidade*, ou seja, de co-ocorrência, de coincidência no tempo, de dois ou mais acontecimentos não relacionados entre si de forma causal, mas que têm um mesmo sentido, um sentido ou significado similar.

Sincronicidade, pois, como ocorrência simultânea de um estado psíquico de intensa preocupação com um problema para o qual procuramos uma solução (que inicialmente se manifestou através de um sonho) e a ocorrência de um ou mais acontecimentos externos, que surgem como significativos em relação a esse estado psíquico transitório. A ocorrência, pois, de coincidências significativas no tempo, embora não explicáveis em termos de relações causais.

O que une e parece dar sentido a estes quatro episódios – foi esta pelo menos a experiência subjectiva que vivenciámos - é o carácter de *ritual* que encontrámos, que descobrimos, no jogo. Assim, a dimensão de *ritual*, de repetição e rotina, de simulação e simulacro que o jogo apresenta, passou a ser a dimensão que mais nos interessou enfatizar neste capítulo final.

Jogar é construir rituais, rituais sem mito, mas rituais. Ou então, rituais que se constituem, eles mesmos, depois de estabelecidos e fixados, em verdadeiros mitos, em *trôs* (Spieth) momentâneos e transitórios, em mitos pessoais, que uma comunidade, mais ou menos alargada, partilha.

Os gestos e as imagens que acompanham os jogos, os padrões motores que encontramos, a presença do individual e do social, o que se respeita e transgride, o que se fixa e mantém, o que muda e se transforma, a presença conjunta do sério e do divertido, tudo, tudo aponta para o tempo das grandes construções, para esse *tempo forte*, que sempre é a repetição do tempo das criações. *Tempo forte* que, como repetição de um tempo inicial, de um tempo primeiro, encerra em si o presente, mas também o passado e o futuro.

Cada gesto do *Jogo do Ali Babá*, cada momento do jogo, é um tempo forte e intenso, maravilhoso, sagrado, que encerra em si todo um passado que já se viveu, da mesma forma que encerra já em si tudo o que de seguida irá acontecer. No alegre convívio da máxima liberdade e da máxima coacção. Liberdade, portanto, que não é arbitrariedade, pois há todo um sagrado, todo um passado, a não esquecer.

Cada gesto, cada acto, cada jogo, com a componente motora e fantasmática que os acompanha, com a imaginação, a alma, a psique, que os anima e lhes dá vida, é um mundo, um universo de sentido, um embelezar, amplificar, o *só isso*. É a forma de viver, criar, aqui e agora, no tempo e na história, um corpo utópico. O tempo da festa, da festa da criação, o sábado, plena e intensamente vivido, todos os dias da semana.

Foram estas as reflexões iniciais que o confronto entre os quatro episódios, anteriormente relatados, e a necessidade de encontrar a maneira de organizar o material de que dispúnhamos, desencadeou em nós. Afinal, como insistentemente preconizam os românticos, Carus, Hölderlin, Novalis, Arnim, Kleist, Nerval, Rimbaud, Mallarmé, e tantos outros, criar não é racionalidade pura, um acto cognitivo singular do momento, luz do meio-dia, é antes luz e sombra, certezas e enigmas de toda uma vida, que procuram ganhar forma, coerência, sentido. Esforço que nunca se alcança.

Se, nomeadamente a partir do século XVIII, o século das Luzes, o progresso e o desenvolvimento se confundem, em grande parte, com o domínio, o controlo, o império crescente da razão, do eu, da luz consciente, o movimento romântico procurou esse desenvolvimento, esse progresso, nas bodas alquímicas do consciente e do inconsciente, do que se controla e nos escapa, do interior e do exterior. Afinal, como diz Fernando Pessoa, *românticos nós todos*.

No casamento da luz consciente com o inconsciente e o irracional, inconsciente que para os românticos pouco tem a ver com esse conjunto de experiências esquecidas ou recalcadas de que nos fala Freud, já que é entendido, antes de tudo, como a própria raiz e fundamento do ser humano, como o ponto de inserção do homem no vasto processo da natureza, como a força donde imanam as mais altas inspirações.

Daí que os autores anteriormente referidos não considerem o *eu* consciente, a orgulhosa consciência, como o único autor das suas obras. Daí que falem, como no caso de Rimbaud, em «Je est un autre» ou que «J'assiste à l'éclosion de ma pensée». Este último chega mesmo a declarar (citado por Béguin, 1991: 523) que os poetas, os criadores, ao contrário do que pensavam os « vieux imbéciles qui ont arrêté l'individu à la connaissance du moi», não se considerem propriamente os autores das suas obras.

Deixemo-nos, pois, guiar por esta intuição, por estas ocorrências sincrónicas, que parecem convergir para a ideia de ritual, para a proximidade entre jogo e ritual, para a importância que, quer no jogo quer no ritual, desempenham a alegria e o divertimento. É evidente que, ao fazê-lo, procuraremos igualmente não esquecer o que distingue e diferencia estes dois tipos de experiências.

3.2. Seriedade e *Imitatio Per Ludum*

> *O livre voo te é proibido*
> (Goethe)

Iniciaremos este percurso recorrendo à definição de ritual de Rappaport (2001: 56), a saber,

> « [...] la ejecución de secuencias más o menos invariables de actos formales y de expresiones no completamente codificadas por quienes los ejecutan»

definição que elegemos, já que não determina grande disjunção entre o sagrado e o profano, o individual e o social, a cultura e a natureza.

O que de imediato nos permitirá considerar como rituais dois dos jogos que, com mais prazer, recordo da minha própria infância, o jogo da «Mão morta, mão morta, vai bater aquela porta!» e o jogo do «Par ou Pernão?», jogo este em que, nas noites de Inverno, tentávamos adivinhar se as pessoas da família, com quem jogávamos, escondiam nas mãos um número par ou ímpar de castanhas assadas já descascadas.

Estes dois jogos, tal como o *Jogo do Ali Babá*, do «Vou cair! Vou cair! Vou cair!», ou de seguir percursos na base de regras interiormente criadas, como muitos outros jogos, se não todos, são jogos fortemente marcados pelo seu carácter mágico e repetitivo. Enfeitiçam de tal forma a criança, que tudo o mais parece ter deixado de existir. A criança entrega-se de tal forma a eles, entrega-se tão intensamente a essa única experiência, que fica como que possessa dela. Algo similar a essa proto-experiência mítico-religiosa que Usener, citado por Cassirer (s.d.), designa por *deus momentâneo* e Spieth, referido pelo mesmo autor, chama de *trô*.

Aludindo a essas experiências, que atingem uma tal intensidade, uma condensação tão elevada, positiva ou negativa, de espanto e admiração ou de temor e receio, Spieth, citado por Cassirer (s.d.: 44) afirma que «segundo os eveus, o momento em que o objecto ou qualquer atributo influente se envolve na vida e no espírito do homem, numa relação perceptível, quer seja agradável ou desagradável, marca o nascimento de um «*trô*» na sua consciência.»

O fascínio com que os meus netos (desde a sua invenção até à sua fixação e repetição sistemática, posteriormente alargada a outros contextos) jogavam o *Jogo do Ali Babá*, equivale de alguma forma à criação de um *deus momentâneo*, de um *trô* nas suas consciências. É esta a verdadeira magia do jogo, a sua profunda capacidade de criar e transformar o mundo, de o endeusar, de o fazer aparecer com outras cores e tonalidades.

A experiência da criança diz-lhe, desde sempre, que a *queda*, que a gravidade, é uma realidade de todas as horas. A dialéctica dos cumes e dos abismos, da luta contra a gravidade e o peso, está já presente no desenvolvimento das reacções anti-gravíticas, da instauração das reacções automáticas, silenciados que são os reflexos primitivos.

Experiência vital e humanizante, impulso vital e decisivo, que do plano neuro-motor se alarga a todos os planos da experiência humana, já que o movimento ascensional e verticalizante, da viagem para cima e para o alto, seja a aquisição da reacção de suporte da cabeça, da posição de sentar, da bipedia, do salto, da dança, trazem consigo essa marca da superação do peso e da gravidade.

Mesmo nos planos axiológico e religioso, a subida, a verticalidade, a elevação, são valorizadas positivamente como superação da negatividade, da queda e do pecado. Descobrir-se como grandeza, como valor, como sentido, é descobrir a sua verticalidade, é descobrir-se como alma capaz de transcender a vacuidade e o nada, a queda e o abismo.

É descobrir a alegria e a felicidade do salto, a alegria e a felicidade do voo. A alegria e a felicidade do jogo são a alegria e a felicidade do salto e do voo. Saber jogar é saber saltar e voar. Jogando, a criança salta e voa ao sabor dos seus desejos. Constrói sonhos e aspirações e vive-os corporalmente. O jogo muda as dimensões do mundo da criança, transfigura o seu mundo e transfigura-a a ela mesma. Engrandece o mundo e engrandece-a a ela mesma.

Como poderia ser de outra forma, se é precisamente calcando a terra, empurrando-a, pressionando-a, que a criança consegue saltar? Aproximar-se mais da terra, flectir os membros inferiores e baixar o centro de gravidade, é a condição do impulso que nos transporta para o alto. É na terra, como nos diz Bachelard, que *reside a mola* que nos impele para as alturas. No *Segundo Fausto*, Goethe diz-nos:

> «Deixem-me saltar! Agora deixem-me falar! Lançar-me nos ares é o meu desejo.»

O salto, mais tarde estilizado em dança, é uma alegria primeira, alegria que fecundando-se na terra, forjando-se no contacto com ela, como Anteus – que só em contacto com a mãe-terra conservava a sua força de gigante – nos catapulta para cima, para as alturas, para outros e mais elevados mundos. Para o canto, para mundos mais musicais.

Talvez por isso Bachelard (1990) nos diga ainda que a terra é uma das origens da dança, que o ritmo do salto, o ritmo dos pés batendo e golpeando o chão e elevando o corpo no ar, poderá estar na base de todo o ritmo musical. Desse ritmo, dessa musicalidade, que a alegria do salto já transporta consigo.

Alegria do salto, alegria do jogo, felicidade primeira, intrinsecamente vinculada à superação do peso e da gravidade pelas reacções equilibratórias, alegria que não se deixa prender, abater e dominar, pelo peso e pela gravidade, pela terra, mas dela igualmente não prescinde.

Esta alegria, esta felicidade primeira, este sentido de diversão, este fazer coisas, colocar afectos em objectos ou padrões motores não funcionais, que aparentemente não servem para nada, que não têm um sentido de funcionalidade, foi mesmo observado em muitas outras espécies animais. Conhecidas são as observações de Köhler, que viu chimpanzés, inicialmente dois, aos quais posteriormente se juntaram os restantes membros do bando, inventar um jogo que consistia em dar voltas sucessivas, por vezes em redor de um poste, que envolviam padrões ou modelos de movimento mais ou menos complexos.

Köhler, citado por Campbell (2000: 407), refere que esses padrões motores, de carácter repetitivo, se transformavam numa espécie de jogo.

> «[...] que parecía expresar un clima de amistosa y amigable *joie de vivre*. El parecido con un baile humano se hacía realmente sorprendente [...] el grupo de chimpancés combinaba formas más elaboradas de *modelos de movimiento* [...] saltan [...] dan vueltas [...] sus movimientos se hacen más regulares [...] marchan de forma ordenada girando [...] una y otra vez [...] y tienden a "llevar el compás" unos con otros [...]»

Como sabemos, a festa, o ambiente festivo, não se confundindo embora com a alegria e o divertimento, não deixa no entanto de ter uma forte dimensão lúdica, o que coloca a atmosfera festiva entre a actividade séria e a actividade lúdica. Ou seja, como nos diz Kerényi (1999: 41)

> «Toda a acção festiva é, em certa medida, um jogo.»

Embora, acrescentamos nós, não um jogo pelo jogo. O que dá ao jogo um carácter mais alegre e divertido, mais leve e desprendido, aéreo, ligeiro e feliz, mais intensamente marcado pela *joie de vivre*, pela genuína e espontânea intensidade da alegria de viver, liberto que está da carga mítica, dramática, com o ciclo pesado e nocturno a que o festivo, muitas vezes, não deixa de estar enfeudado.

O que não impede que, desde as suas origens, o mito tenha sido verdadeiramente vivido como um jogo, apresentando, desde sempre, quer um carácter de seriedade quer uma estrutura lúdica bem vincada. Para o homem primitivo, reactualizar o mito, torná-lo presente, viver de novo o mito por um tempo determinado, era uma experiência de vida decisiva, central, altamente estruturante. Era esse o papel das festas, para isso elas existiam, para isso o homem se abria, periodicamente, a um outro tempo, a um tempo forte, a um tempo festivo.

O homem festivo, preso que está a uma realidade espiritual superior, a uma visão específica do mundo, como que busca no passado um modelo que lhe permita, transitoriamente, viver no mito. Animar e viver no presente o tempo das origens. Liberta que está de toda esta carga mítica, a criança joga o jogo pelo jogo, alheia a todo o pensamento que tenha um carácter de utilidade ou finalidade.

O jogo, o jogo pelo jogo, sem qualquer outra finalidade, é a festa da criança, o seu mundo festivo. O jogo é o mundo da criança. O mundo da criança é um mundo festivo. Mas, para melhor compreendermos a carga mítica e ritual do jogo, procuremos aprofundar um pouco mais a dimensão lúdica, de jogo, que o mito e os rituais sagrados envolvem. Para esse efeito, basear-nos-emos, fundamentalmente, em Malinovski e Kerényi.

Nas sociedades primitivas, o mito não era um mero relato de histórias inventadas pelos antepassados, que o tempo foi tratando de fixar, mas antes uma realidade vivida *in illo tempore*, a expressão tipificada de uma realidade originária, que uma dada comunidade crê ter ocorrido em tempos longuíssimos e que, através do ritual, se repetia periodicamente, se actualizava ou presentificava. Que através do ritual *voltava a estar ali*.

Essas festividades, esses jogos sagrados, estavam, pois, a meio caminho entre o sério (o verídico) e o lúdico (o inventado), promoviam a relação entre os homens e os deuses, entre o sagrado e o profano. Faziam os deuses baixar à terra, ao contacto humano. Elevavam o ser humano ao reino dos deuses.

Os jogos e rituais sagrados permitiam ao homem regenerar o tempo, procurando na imitação dos gestos criadores dos deuses a recriação de todo um mundo, entretanto gasto e envelhecido pelo próprio tempo. Procurando num modelo passado, num modelo criador primordial, a forma de manter a própria vida.

Esta forma viva de viver o mito, de fazer com que o antigo e primordial volte a *estar ali*, de buscar no passado os modelos exemplares, determinava, em grande parte, a forma de viver no presente, de viver a vida actual. É neste contexto que a imitação, a participação mítica nesse modelo primordial, assume toda a importância. No mito, no ritual, no festivo, não apenas se *recordam* esses modelos primeiros, não apenas nos procuramos aproximar, parecer-nos com os deuses e os seus actos criativos, mas *sermos* efectivamente esses deuses, viver esses tempos, vivermos no mito por um tempo determinado. O tempo em que duram as festividades.

No entanto, não o esqueçamos, a intensidade desta vivência, desta imitação ou participação mítica, apesar da infinita *seriedade* que encerra, não deixa de ser uma *imitação lúdica*, um jogo, um jogo sagrado. Com efeito, como afirma Kerényi (1999: 33)

«Incluso donde la identificación era muy marcada, había de ser una *imitatio per ludum*, una imitación lúdica.»

A forma como a imitação, a repetição, a animação de um modelo ou comportamento primordial, determinava tão intensamente a vida quotidiana desses povos, deixou marcas bem visíveis na forma como se foram estruturando os próprios códigos e processos comunicativos, o mesmo acontecendo no plano do desenvolvimento dos diferentes idiomas.

Vejamos o que nos diz Cassirer (s.d.) a propósito do facto de terem existido certas tribos africanas, onde a mesma expressão verbal era usada para designar, quer a ideia de *dança*, quer a ideia de *agricultura*.

O autor começa por referir que alguns idiomas primitivos eram fortemente marcados pelo facto de múltiplos vocábulos estarem intrinsecamente ligados entre si, não tanto pela *semelhança externa* das coisas e dos acontecimentos, mas antes porque partilhavam uma mesma *significação funcional*, no quadro de vida dessas comunidades. Uma dada significação funcional poderá acontecer quando duas ou mais actividades (no caso dançar e cultivar a terra) servem ou almejam um mesmo propósito ou finalidade.

De seguida, o autor exemplifica como esta aproximação ou fusão de actividades – aos nossos olhos tão díspares, mas não aos olhos dos povos que nelas estão mergulhados – desencadeou uma identidade de nomes para essas acções. Diz-nos o autor (Cassirer, s.d.: 51): «Com efeito, segundo as crenças, o crescimento e prosperidade das suas colheitas depende mais da correcta execução dos seus passos de dança e demais cerimónias religiosas, do que dum apropriado e oportuno cultivo dos campos.»

Parece, assim, encontrar-se no mito, desde as suas origens, essa duplicidade mercurial da co-presença do sério e do lúdico, da gravidade e do divertimento, da liberdade e da coacção. Da imitação rigorosa, dogmática, do que terá ocorrido nos tempos primordiais (nomeadamente com a emergência da agricultura e do sedentarismo) e da sua reinvenção, da introdução de variações, de alterações e mudanças, nos rituais transmitidos pelas gerações anteriores (nomeadamente nos povos nómadas e no xamanismo).

O que leva Juvenal, citado por Kerényi (1999), a criticar, a censurar veementemente, aqueles cultos religiosos do seu tempo que, ignorando a natureza lúdica dos rituais festivos, a sua dimensão de jogo, de *imitatio per ludum*, tudo reduzem a uma imitação séria, autêntica e verdadeira, dos modelos primordiais. Juvenal faz essa crítica nos seguintes termos (Kerényi, 1999: 33):

«Nada se imita allí por jugar, todo ocurre en serio.»

Nos rituais festivos, onde o mito era reactualizado, a palavra e o canto, os movimentos estilizados, nomeadamente a dança, eram a *prima materia* através da qual o corpo podia dar vida ao mito. O que é dizer que, nos povos primitivos, a dança, ao contrário do que acontece hoje, tinha uma dimensão que a ligava intensamente ao sagrado, ou seja, era na sua essência festiva. Uma dimensão essencial, embora não imprescindível, do festivo.

«Então Miriam, a profetiza [...] tomou o tamboril na sua
mão, e todas as mulheres saíram atrás dela, com tamboris
e com danças.»
(*Êxodo*, 15, 20)

« [...] para profetizarem com harpas, com alaúdes e com
saltérios»
(*I Crónicas*, 25, 1)

Queremos com isto dizer que a dança, o canto, os movimentos estilizados destes rituais, para a mentalidade dos povos primitivos, não eram uma mera forma de expressão simbólica, um meio ou uma estratégia de recordar, lembrar ou aludir, a um facto ou acontecimento que terá ocorrido *in illo tempore*, mas uma forma objectiva, real, autêntica, de o representar, de o voltar a apresentar aqui e agora, no tempo presente.

O que não retirava a esse ritual, como refere Kerényi, o carácter de jogo, de *como se*, de ilusão ou ficção. A força, a intensidade que assumia, a dimensão de imitação ou participação mítica, tinha o seu contraponto no carácter de ilusão e ficção, que igualmente marcava esses comportamentos.

O que tornava o corpo, o canto e a dança, em verdadeiros centros hierofânicos. Trata-se, afinal, da *unio mysitica*, da experiência do êxtase, da união com a divindade, da experiência da saída de si e do papel que a imitação e a máscara (o imitador penetra na pessoa que imita), o canto, a música e a dança, assumem em todo este processo.

Esta situação coloca-nos perante um paradoxo interessante, já que o *corpo*, como matriz base da reconquista periódica do sagrado – é essa a função básica do tempo festivo – se torna, nas religiões da salvação, a primeira fonte da *dessacralização*. É este o surpreendente paradoxo do *corpo*: ser o centro da experiência da *queda* e do *pecado*, bem como o lugar privilegiado da expressão do *sagrado*. Ser o centro da condenação e da salvação.

Toda a sociedade, religiosa ou profana, desenvolve uma multiplicidade de padrões comportamentais de acordo com os quais codifica o corpo de cada um de nós. Desta forma, no sentido de constituir e preservar uma dada unidade e coesão social, os *corpos individuais* como que se constroem a partir da imagem de um determinado *corpo colectivo*. Neste sentido, os corpos são sempre *corpos imaginários*, ordenações simbólicas, construções sociais, que suportando-se numa dada realidade biológica, a ultrapassam e transcendem, nomeadamente a partir das regras de conduta que são impostas aos corpos.

Marcas dessa leitura e interpretação dos corpos tanto são os *piercings* e as tatuagens como as mutilações genitais, o desprezo e desconsideração em relação ao corpo ou a sua exaltação e divinização. A condenação da sexualidade e a vida celibatária ou a separação entre a sexualidade e a santidade. Marca dessa *ordenação* simbólica é a *ordenação* cristã dos sexos, ao dizer, por exemplo, que o corpo da mulher não é digno de dizer a missa, de estar perto do sagrado, o que de alguma forma remete, o corpo da mulher, para as proximidades da imperfeição e da morte.

Face a estes paradoxos, corpo da condenação e do pecado, corpo frágil, corpo cruxificado, imperfeito e perecível, mas também corpo da salvação, corpo ressuscitado, poderoso e glorioso, onde se situa o corpo da mulher? E se o Deus cristão adoptou no Filho um corpo humano, se a teologia da encarnação exige uma glorificação, uma consagração do corpo, nesta superação da abissal diferença entre corpo do pecado e corpo como templo de Deus, onde se situa o corpo da mulher?

Este papel central que o corpo desempenha no contexto dos actos festivos, dos rituais sagrados, ganha novos contornos se tivermos em consideração o que nos dizem quer a epistemologia genética quer a antropologia do imaginário.

Para o construtivismo piagetiano, existe toda uma continuidade genética, toda uma anterioridade dos esquemas corporais, da actividade sensório-motora, em relação aos diferentes níveis de representação, desempenhando a imitação e a imagem – imitação entendida como funcionamento de um esquema sensório-motor, na ausência do modelo a imitar, o que por interiorização dá origem à imagem, cópia e deformação, construção interior, portanto, desse objecto, desse modelo – como formas de representação *abusivamente figurativas*, um papel central na transição entre a actividade sensório-motora e a representação abstracta.

Apesar deste reconhecimento, a obra de Piaget, como Jean Chateau (1972) muito sagazmente mostrou, esvaziando o jogo, o fingir, o faz-de-conta, dos seus fundamentos afectivos, motores e sociais, reduz o imaginário a uma competência operatória, de jogo de forças entre a acomodação e a assimilação, pelo que « [...] a criança já não parece encantada com os contos ou com os jogos, parecendo antes uma máquina cibernética.»

Gilbert Durand, por sua vez, fala-nos de *gestos* ou *dominantes* reflexos (posturais, digestivos e copulativos) que, constituindo-se como os mais precoces sistemas de acomodação, seriam o fundo matricial ao qual remetem todos os processos de assimilação inerentes à construção simbólica.

Na base desta linha de pensamento, pelo menos suportando-se nela, os rituais sagrados, a festa, os jogos festivos, como actualização, representação, repetição, de modelos míticos, suportar-se-iam em toda uma infra-estrutura corporal, em toda uma experiência e actividade corporal que, como matriz fundadora, potencia o engendrar das imagens do sagrado.

Como vimos anteriormente, a experiência física das reacções neuro-motoras face à queda, a inibição dos reflexos primitivos, a progressiva instauração das reacções automáticas e mesmo das actividades motoras elementares, seriam uma dessas experiências corporais (posturais, no caso) em que se sustentaria, no plano axiológico, a construção de todo um imaginário simbólico valorativo em relação ao eixo da verticalização.

O que está bem patente em expressões como *pessoa de elevados valores, de grande verticalidade, subir na vida, cair mas reerguer-se*. Algo comparável ao que acontece no plano do sagrado, onde encontramos a mesma matriz valorativa: *subir ao céu, descer aos infernos, ascensão de Cristo, o Altíssimo*.

Esta primazia do gesto sobre a palavra, mas dum gesto que dela não prescinde, antes nela se sustenta, torna-se igualmente patente em todo um conjunto de manifestações que procura, *elevar, espiritualizar, embelezar*, o corpo. Referimo-nos a transformações que passam pelas pinturas corporais, pelas tatuagens, por uma diversidade de deformações ou ornamentos que, de múltiplas formas, procuram modelar o corpo do homem.

3.3. Corpo, Local de Realização de Impossíveis

As asas de Mercúrio são as asas do voo humano
(Bachelard)

O *corpo* humano não é um dado simplesmente profano, não é o *só isso*, não é apenas *carne*, biologia. Longa é a história da evolução da noção de corpo, múltiplas, diversas e paradoxais são as formas como essa evolução decorreu, até chegarmos à noção de *corpo-próprio*, que envolve dimensões que vão da filosofia ao direito, do individual ao colectivo, do objectivo ao subjectivo, da ciência à religião. E se o *corpo-próprio* está, hoje, protegido por uma infinidade de direitos, a própria carne pode ser escorada, amparada, sustentada, firmada, por técnicas, próteses e cirurgias de todo o tipo.

Como factor privilegiado dos rituais festivos, da festa sagrada, o *corpo*, como idealização da carne, tornou-se desde os primórdios num instrumento central de manifestação do sagrado, tornando-o visível, presente, dando-lhe *corpo*, consistência.

Assim, a tatuagem, a máscara, as vestes, os gestos rituais, enfim, todas as formas de transformação corporal, não eram, no contexto dos actos festivos, entendidas como meros ornamentos ou enfeites, mas antes como parte integrante de toda uma dinâmica de transformação, que não se confina a ver o corporal como a natureza, o *só isso*, produzindo uma verdadeira espiritualização do corpo, animando-o, dando-lhe alma, ânimo. Força e vontade de viver a vida. De viver o corpo de forma mais intensa e bela.

Aliás, o belo, o estético, sempre foi uma dimensão essencial do festivo. De formas diversas, poderíamos testemunhar esta profunda afinidade entre o belo e o festivo. Uma das mais interessantes, parece-nos, reside no facto de, no caso da mitologia grega, se terem encontrado alguns vasos em cerâmica onde, juntamente com as imagens dos deuses, estavam escritas as palavras «*Kalós*» e «*Kalé*», ou seja, o belo, a beleza.

Ornamentar-se, embelezar-se, ser tão belo como os deuses, parecer-se o mais possível com eles, era um traço fundamental das festividades, uma condição da manifestação dos deuses, através do corpo do próprio homem.

No entanto, não o esqueçamos, o jogo não é, por natureza, sagrado. O jogo, mesmo nos primórdios da humanidade, não era, obrigatoriamente, estruturalmente, fonte ou forma de manifestação e expressão do sagrado. O jogo não era conduta sagrada, não estava ao serviço do divino e do numinoso. E quando tal, pontualmente, acontecia, como no caso das festas, dos rituais sagrados, era porque o jogo, dadas as suas características formais, a sua estrutura intrínseca, apresentava essa fascinante capacidade de se abrir a novos mundos, ao diferente, ao que se desconhece, ao estranho.

O sagrado é uma das dimensões, entre muitas outras, a que o jogo se pode abrir. É uma forma de diálogo entre o homem e o mundo, entre o homem e a alma das coisas, entre o homem e o desconhecido. Jogar é tornar a natureza mais habitável, mais amiga do homem, uma porta aberta ao maravilhoso. Jogar é criar uma relação aberta, poética, com o envolvimento, relação que tanto pode assumir os contornos da pintura, da escultura, da dança, da música, como os do sagrado.

Não tendo uma finalidade unicamente sagrada, não se deixando encerrar nessa única forma de comunicação com o mundo, o jogo parece ter, como vocação essencial, expandir, amplificar, mitificar, o sentido das coisas e da vida. Transfigurá-las, torná-las mais belas e seguras, mais fascinantes e sedutoras, numa total abertura ao outro, ao obscuro, ao sagrado e ao profano. Como lugar de simulação e ilusão, como lugar de criação de um tempo mais forte e intenso, o jogo é essa oportunidade de abertura à alteridade, que tanto permite melhor compreender o mundo como a nós próprios. Que permite amplificar a alegria de viver.

Foi esta a mensagem essencial que retirei do *Jogo do Ali Babá*, do jogo do «Vou cair! Vou cair! Vou cair!», do jogo de seguir percursos na base de uma regra interna livremente construída. A mensagem da genuína alegria de viver, do querer mais vida, do querer viver mais intensamente, tendo por base a construção de um espírito livre e comprometido, de um espírito que renovadamente se procura engrandecer.

O que só é possível, parece-nos, quando o jogo, mantendo-se nos caminhos de Hermes, nesse respeito pelos ténues limites que definem o que se pode e não pode transgredir, não desliza perigosamente para o idiossincrático (que se fecha à partilha, à construção conjunta, ao outro, ao grupo, à concertação de posições), nem degenera em ideologia (com a sua carga, rígida e inflexível, de normas e ritmos impostos, de dogmas e cânones, que desencorajam a espontaneidade e petrificam as relações com o mundo e os outros).

No fundo, tudo parece apontar para o facto de só o corpo poder realizar, na base da actividade lúdica, uma imensidade de impossíveis que o próprio corpo, no plano do sério e objectivo, bloqueia e impede. Desta forma, o corpo torna-se o local da realização de uma infinidade de impossíveis que o próprio corpo, finito e limitado, efectivamente nega e desmente. Esta dialéctica do corpo, como lugar da realização dos impossíveis, desses impossíveis que o mesmo corpo não consente, logo nos remete para a questão das limitações da condição humana. Das limitações e da sua superação. Ora, como temos vindo a analisar, o jogo é sempre a superação de uma limitação, de uma privação, de uma barreira.

A vida sempre nos revela dois aspectos aparentemente contraditórios: a existência humana é alegria e tristeza, comédia e tragédia, com a sua face luminosa e a sua face nocturna. Que há liberdade e coacção, que a alegria da liberdade encerra em si uma dimensão de perigo e incerteza. O jogo não foge a esta realidade, ele é o centro de todas as contradições, mas também a oportunidade da sua superação.

Francisco Alberto Ramos Leitão & Isilda Maria de Sousa Leitão

Diz-nos Hugo Rahner (1967: 27)

« [...] and so, only one who can fuse these two contradictory elements into a spiritual unity is indeed a man who truly plays. »

É a possibilidade da síntese desses dois elementos, da sua superação, que cria o *Homo Ludens*. Como sentido de humor, face às limitações com que se confronta. Como reconstrução simbólica da mãe, face à sua ausência (objectos transaccionais). Como sentimento de controlo e poder, face à perigosidade da queda («Vou cair! Vou cair! Vou cair!»). Como amplificação, embelezamento, engrandecimento, da alegria e do prazer de viver (*Jogo do Ali Babá*). Como construção de sonhos, de mundos aéreos, de um cosmos, de uma ordem, de um *logos*, de um sentido, de uma *unidade espiritual*, transitória é certo, mas *unidade espiritual*, face ao sentimento de insuficiência inerente à condição terrestre.

Impulso lúdico que, sem se deixar encerrar em mundos etéreos para almas sem corpo, recusa igualmente ver a vida, o desenvolvimento, como simples adaptação, como acomodação, funcional, a dadas circunstâncias histórico-temporais. Recusa reduzir o homem a mero *Homo Faber*.

Jogar é ser criativo, formar um novo corpo, um corpo lúdico, animado e penetrado por um espírito, um *logos*, um sentido, que expressando-se de formas múltiplas e diversas, transitórias, inequivocamente vê a vida como superação, alegria, exuberância, recusando-se a sofrer, passivamente, os inflexíveis ditames da lei da morte, o que só é possível nesse plano intermédio entre o sério e o não-sério, que é precisamente o plano do lúdico.

O *Homo Faber* terá que aprender a dar as mãos ao *Homo Ludens*, terá que intensa e apaixonadamente, saber jogar, o que é dizer que terá, não de converter-se *numa criança*, mas que terá que aprender a agir *como* uma criança. Esta parece ser também, curiosamente, a mensagem do Novo Testamento. Mas a esta questão voltaremos mais tarde.

Jogar é, fundamentalmente, uma experiência criadora, uma forma básica de vida. Talvez a estrutura do próprio universo, como aliás temos vindo a defender, seja uma estrutura lúdica. Estrutura que face à vacuidade e ao nada, que face à gravidade e ao peso, encontra sempre novas formas de jogar, novas *unidades espirituais*, novas cosmovisões, que transitoriamente iluminam, trazem alguma luz, ao abismo, ao enigma, à esfinge, que sempre insistem em nos devorar. Sim, é possível cantar e dançar em terra alheia.

Mas o jogo não é sonho e devaneio, dimensão a que, numa perspectiva redutora e negativa, muitos, infantilmente, o querem reduzir. Jogar não é regressão a um estado *oceânico* ou *paradisíaco*. Não é a tirania do princípio do prazer, esse universo onde reina o processo primário, onde a lógica e a razão parecem extinguir-se, onde os limites do eu se dissolvem e se abre a porta à experiência do sonho, do devaneio, ou do delírio. O jogo não é o abandono, a ruptura, o corte, a cisão, com o princípio da realidade e o processo secundário, com as categorias lógico-racionais, com o espaço, com o tempo, com a história.

De uma ou outra forma, o jogo liga-nos sempre ao passado e ao futuro, a nós mesmos e aos outros, ao interior e ao exterior, à espontaneidade e à regra, à tradição e à inovação. O jogo é a livre descoberta de si mesmo, dos outros e do mundo, alegria e exuberância da descoberta dos limites. Acto criador que não se deixa enclausurar em critérios de utilidade, de adaptabilidade. Face ao fatalismo e à história, face às circunstâncias espaciais e temporais, face ao real, tal como nos é dado, o jogo é a alternativa da esperança.

«Sei que os exilados se alimentam de esperanças.»
(Ésquilo, *Agamémnon*)

É esse poder, esse impulso, que engrandece ao não deixar cair o ser humano na apatia e na resignação. No recinto festivo do jogo, no espaço e no tempo de jogo, a morte como que perde o seu poder. As forças que esmagam a vida como que são anuladas e neutralizadas. O jogo é esse antídoto, esse ânimo, esse grito de força e vida, que resiste contra o perigo de, pouco a pouco, face às feridas que a vida vai abrindo, nos irmos acomodando, nos irmos adaptando, nos irmos resignando. Resignação é perda da alma, do espírito lúdico, do impulso de superação e transcendência.

> «Como en el buey en ti ya no es el cuerno
> sino atadero para la correa
> del yugo; cuando llegue la pelea
> estorbo te será. Te ha puesto tierno
>
> el largo establo, abrigo del invierno,
> y del servil trabajo la tarea
> y ya no tienes ni remota idea
> de que es un arma. [...]»
> (Unamuno, *Bajo el Yugo*)

O jogo, teremos que afirmá-lo, deveria interessar muito mais o mundo contemporâneo, dizendo melhor, deveria interessá-lo de forma diferente. É lamentável que o homem contemporâneo continue a ver o jogo como algo infantil. Deveria antes vê-lo como o acontecer da liberdade, como criatividade, como pura realização, como resistência e luta, como ordem e transgressão. Transgressão que tem o sentido dos limites.

O que talvez não interesse ao mundo actual, que tudo vê, que tudo mede, em termos de utilidade, de rendimento, de mais-valia. Mundo onde Hermes parece já não ter lugar, pois se a comunicação, o diálogo, o encontro, a partilha e a convergência, mesmo a cooperação, embora mais timidamente, são alguns dos valores mais publicitados, não deixam igualmente de ser os menos praticados.

Mas é exactamente aí que a presença de Hermes, do jogo, do lúdico, se torna mais imperiosa e necessária. Presença que necessariamente acarreta a aceitação de todos os deuses. Algo difícil de conceber no mundo unidimensional em que vivemos, em que, a filosofia de vida se parece reduzir à tirania de um único deus, de um único jogo. O dos *mercados*, o que é dizer, as *dívidas soberanas*, a *revisão orçamental*, o *défice*.

O jogo é a veemente rejeição da experiência do corpo tiranizado e de todas as formas de socialização que eliminam a liberdade e a espontaneidade individual. Mas nunca ignorando que o corpo é lugar de controlo social.

É a inflamada recusa dos corpos passivos, dóceis (Foucault) e úteis, que se deixam submeter à normalização, à vassalagem, à rigidez do controlo externo, à maximização da acomodação e da adaptabilidade, à ditadura do corpo escultural e perfeito, ao exercício manipulado, imposto, dirigido, segmentado, decomposto, qual campo de forças mecânicas e sem sentido. Mas nunca ignorando que os nossos corpos são treinados, moldados, marcados, pelo crivo das formas históricas predominantes, presentes ou passadas.

A actividade lúdica abre-se a outras economias do corpo, àquelas que iniciam a criança na alegria do desafio, no prazer da superação das contradições e dos conflitos, na conciliação e na inclusão. Na procura do equilíbrio, nunca definitivamente alcançado, entre liberdade e coacção, entre aceitação e recusa da regra, entre regulação e emancipação, entre tradição e inovação. Construindo-se como espaço de cidadania e participação, de aprofundamento duma subjectividade que inclui o outro e o social. Constituindo-se como o mais forte bastião da superação da normalização sem rosto, como o incansável acolhimento do diferente e do diverso. Constituindo-se como tipificação ou normalização assente na reciprocidade e na interacção, na inovação e na criatividade. Tradição e normalização sempre aberta à superação e à transcendência. Não são estas, também, as lições do Jogo do *Ali Babá*?

Jogo inventado, criado, interactivamente criado, no respeito pelo individual, mas sem ignorar a importância do outro e do grupo. Jogo que tanto se abre à norma como à sua mudança. Que tanto se abre à submissão ao que livremente foi criado, ritualizado, organizado em cânon e dogma, em norma, como se abre à alegre e criativa vontade de experimentar variações, alterações, mudanças.

No respeito pela livre participação de cada um, mas em que os três nunca deixam de ter, como horizonte, o sentido de unidade, de co-implicação, de mútua cumplicidade, nas variações que vão introduzindo ao cânon inicialmente criado. O *Jogo do Ali Babá* foi e será, enquanto durar, alegria e exuberância. Alegria compartilhada, amizade, vida intensamente vivida. Construção, em grupo, da subjectividade individual, da intersubjectividade. A criança que joga como que intui que a *unidade ecológica* é radicalmente autocentrada, individualidade sem individualismo, sem igualmente deixar de ser radicalmente relacional e interactiva.

O *Jogo do Ali Babá* é um testemunho vivo da recusa, na vida social, da unilateralidade e da unidimensionalidade. Estava presente alguma disputa, aqui e além, alguma vontade individual de ganhar, passar à frente do outro, ultrapassá-lo? Claro que sim. Visível, nomeadamente, na forma como a execução das sequências motoras *acelerava*, se tornava mais rápida. Algo que vagamente poderia ter alguma correspondência com a produção e o êxito, esse valor único que parece dominar a sociedade e nos torna tão injustos e desumanos.

No *Jogo do Ali Babá* essa *aceleração da produção*, o ganhar, nunca se tornou no *único valor*, nunca pôs em causa a regulação mútua dos comportamentos, a harmonia nas relações. Só deu mais alegria e exuberância ao próprio jogo. Diria mesmo, no contexto geral da actividade era um valor menor, uma dimensão que claramente sabia conviver com outras dimensões.

Longe estamos daquela situação em que a máxima ética de que participar é mais importante do que ganhar é claramente absorvida por esse valor único e absoluto que é o ganhar. Ou seja, dessa situação em que o ganhar se transformou no símbolo do êxito. A sabedoria do jogo ensina a criança que o corpo, como um todo, só cresce e se desenvolve quando a todas as partes, a todos os deuses, se dá atenção, quando todos eles são recordados, venerados, honrados. A ser assim, isso significaria que a *justiça distributiva* seria a chave da *sustentabilidade*, significaria que a qualidade, a saúde, o bem-estar, do nosso corpo, do nosso jardim, do nosso planeta, a qualidade, a saúde, o bem-estar de todas as suas partes, reclamariam a atenção e o cuidado adequado. Hermes sacrificando a todos os deuses?

O *Jogo do Ali Babá* é a recusa, o virar as costas, a essa forma de doença, de morte moderna, que dá pelo nome de apatia. O *Jogo do Ali Babá* é a afirmação da *paixão pela vida*, paixão que é um *amor à liberdade* e à criatividade, paixão onde domina a entrega intensa e total, onde domina, talvez Georges Bataille o pudesse afirmar, o *excesso de energia*.

O *Jogo do Ali Babá* é uma actividade gratuita? Por certo. Teremos mesmo que acrescentar que é o rosto bem visível da relatividade dos valores, do princípio da polaridade, da importância e elogio do que parece ser desnecessário e inútil. O rosto bem visível da *pura alegria da existência*, rosto que talvez nos alerte para os perigos de o homem, de o *Homo Sapiens*, se ter tornado, quase que unicamente, num *Homo Faber*, num *Homo Economicus*, num homem não *Sapiens*, que parece querer reduzir a sua civilização a uma civilização do trabalho.

Um conhecido conto taoista parece ilustrar bem este pensamento. Num determinado dia desapareceu um cavalo a um fazendeiro. O vizinho compadeceu-se dele mas apenas recebeu a seguinte resposta: "Quem sabe o que é bom ou o que é mau?". No dia seguinte, o cavalo regressou e trouxe com ele uma manada de cavalos selvagens. Desta vez o vizinho felicitou o fazendeiro, mas como resposta ouviu a mesma expressão: "Quem sabe o que é bom ou o que é mau?". Passou mais um dia e, enquanto procurava domar um dos cavalos selvagens, o filho do fazendeiro partiu uma perna. O vizinho mais uma vez se condoeu com o infortúnio do fazendeiro, mas voltou a ouvir a mesma resposta: "Quem sabe o que é bom ou o que é mau?". Na manhã seguinte, os soldados do rei passaram pela aldeia para recrutar mancebos para a guerra, mas o filho do fazendeiro não foi mobilizado, pois tinha a perna partida.

O *Jogo do Ali Babá* diz-nos que os caminhos a seguir devem ser os da construção duma sociedade humana, que invente homens em sentido pleno e profundo, onde o homem se realize como homem em toda a sua extensão, profundidade e riqueza, na tentativa da conciliação e superação dos opostos. Onde a resolução dos conflitos e tensões, na base da identificação com apenas um dos opostos (por exemplo, a produtividade, ignorando outras dimensões humanas), na base da sobrevalorização de um qualquer imaginado absoluto, se pode constituir, ao esquecer outros deuses, outros valores, como unilateral, redutora e perigosa atitude. Onde o homem, não reduzido ao trabalho e ao consumo, pode verdadeiramente viver a experiência de si mesmo, nesse encontro, nessa comunhão, entre a *aceleração da produção* e a *alegria compartilhada* de uma vida intensamente vivida. De uma alegria sem tempo, tal a intensidade com que esse tempo é vivido. Sim, o *Jogo do Ali Babá* é uma alegria sem tempo, uma alegria infinita, um outro tempo. Tempo forte, esse, em que os corpos alegremente jogam.

Mas não nos iludamos, se os conceitos de eternidade e infinito, na generalidade dos casos, arrastam consigo as ideias de intemporalidade e de incorporeidade, aqui, do que falamos, é de um *tempo forte*, de *corpos concretos*, de carne e osso, que partilham a alegria de viver.

Aqui, do que falamos, não é de uma *eternidade* e de um *infinito*, entendidos como futuro atraente mas sempre adiado, de um céu que há-de vir, mas de uma eternidade e de um infinito que, sem deixar de ter uma dimensão prospectiva e de futuro, *vive no presente*, se joga na actualidade, *ganha corpo* aqui e agora, nesse corpo, nesses corpos, que exuberantemente compartilham, no jogo, a alegria de viver. Será que a estrutura do lúdico tanto radicaliza a imanência dos deuses como a sua transcendência? Será que a estrutura do lúdico nos ajuda a compreender que aqueles que pretendem manter ou encontrar Deus à distância, se esquecem que encarnação é proximidade?

Neste sentido, o jogo é também esse infinito, essa eternidade, enamorada dos *produtos do tempo*, esse mundo inacabado e imperfeito, limitado, em que ainda existe sorriso e canto, em que ainda é possível viver, hoje, num *corpo lúdico* que agita sonhos de infinito. Neste sentido, o *Jogo do Ali Babá* é a eternidade, o infinito, vividos e experimentados, aqui e agora, na alegria de jogar. Experiência temporal que atinge uma intensidade tal, que nesse tempo mítico do jogo o tempo e as horas não passam, o tempo não tem duração. É um eterno presente. Quem não viveu já a experiência de que nos momentos de alegria e felicidade, não se dá pelo passar do tempo?

3. 4. Estrutura Lúdica do Universo

God is a Deus vere ludens
(Hugo Rahner)

Não esqueçamos que todo o ambiente alegre pode ser visto como uma festa, embora, como já vimos, o festivo não se reduza ao alegre. Actividade festiva que tanto nos liga ao passado como ao futuro, ao profano como ao sagrado, pois existem fortes indícios das fontes míticas e rituais da actividade festiva, um vasto suporte para a ideia de que a criação foi ela própria um acto lúdico do deus criador.

Compreender o *homo ludens* é entender a problemática de um *deus ludens*, de um deus que ludicamente criou o mundo como um gigantesco jogo, de um deus, de uma sabedoria, que desde sempre jogou ante a face do Pai. Compreender o *homo ludens* é alcançar o significado das palavras de Platão quando, na sua *Sexta Carta*, afirma que a seriedade e a diversão são irmãs.

Se múltiplos mitos cosmogónicos nos apresentam a criação como um acto lúdico, se o mundo é para Heraclito uma criança que joga, se o Deus criador, como sugere Rahner, é um Deus *vere ludens*, um deus verdadeiramente lúdico (Rahner, 1967: 25), se não podemos ignorar «The wonderful play of his works», se o mundo conhece *Sophia*, o lúdico, a imaginação, o jogo, desde as suas origens, será que a partir daqui poderemos intuir uma mais profunda compreensão da condição humana, uma compreensão mais aprofundada da importância do jogo na sociedade e no viver humano?

Será que o homem está condenado a ser, saiba-o ou não, queira-o ou não, um *Homo Ludens*, um homem *vere ludens*? Um homem que joga?

É ainda Rahner (1967: 25) que, baseando-se no conceito platónico de que o homem é um brinquedo nas mãos de um deus que joga, afirma que

«[...] since God is a Deus *vere ludens*, man too must be a
creature that plays: a homo ludens»

desenvolvendo de seguida a ideia de que o mundo é o jogo de Deus,
um imenso e vasto jogo cósmico.

Dizer que o homem é um brinquedo na mão de Deus, que é
um joguete, uma marioneta nas suas mãos, é reconhecer que o
homem é parte integrante da natureza, que está inexoravelmente
condenado a funcionar de acordo com essas leis, de acordo com os
determinismos que a regem. Um pouco à maneira do coro do
Agamémnon de Ésquilo, que numa dada altura, referindo-se a
Cassandra, refere que ela não passa de um *joguete dos deuses*.

Mas, se esse condicionalismo fosse total, o jogo, que é
liberdade, não seria possível. No entanto, homem e natureza, são
abertura e flexibilidade, possibilidade de transgressão e superação
(para Heraclito o mundo é uma criança que joga, *Sophia* está presente
desde o início), ou seja, são feitos de um barro, de uma estrutura, de
uma *prima materia*, que verdadeiramente pode jogar. De um barro
que é *gravidade e divertimento*, coacção e liberdade, limitação e
infinita capacidade de a superar. De um barro que é *rei* e *criança*, que
é jogo, que é o reino da criança.

De um barro que é submissão a uma estrutura, a um roteiro, a
determinismos que permanentemente transcende e ultrapassa, barro
carregado de significações espirituais, de promessas, de liberdade, de
criatividade e abertura ao possível. Barro que é caos e ordem,
previsibilidade e imprevisibilidade, um universo *infirmitas* onde
coexistem forças contraditórias e paradoxais. Todos os modelos são
parciais e insuficientes. Somos imperfeitos, paradoxais, temos as
nossas sombras, o que nos permite aceder à nossa própria
humanidade. Porque o mundo não é transparente, o sol, ao nascer,
traz as sombras consigo.

Compreender tudo isto é compreender o paradoxo do Rei e da Criança, o paradoxo do deus-criança, expressão, afinal, da natureza metafísica da própria criação, da tensão entre dois mundos aparentemente contraditórios, a força do deus e a fraqueza da criança. De um deus que é criança, de uma criança que é divina. De um deus, de uma criança, que como nos diz Carl Jung, é frágil, abandonada e exposta a todos os perigos e ameaças, sem deixar igualmente de ser divina e poderosa. É este paradoxo que permite falar de um deus que joga, de uma ordem cósmica não fechada, rígida e inflexivelmente obediente às suas próprias leis, mas de uma ordem lúdica e aberta, de um mundo como um jogo divino. Como o jogo de uma criança.

Confrontamo-nos, assim, não com um sistema cósmico fechado e irremediavelmente submisso às suas próprias leis, mas com uma ordem aberta e flexível, governada por um *Logos* que, qual jogo exuberante e gracioso, qual espírito de humor, divertimento e alegria, exige a participação do acaso, da sorte e do azar, da incerteza, da espontaneidade e liberdade. Do jogo. Do que temos vindo a referir como estrutura lúdica do universo. Para além do determinismo e do acaso, da ordem e do caos, o mundo é muito mais do que nós sabemos.

É este o sentido, pelo menos um dos sentidos possíveis, de mitos como o do deus-criança Dionísio, brincando e divertindo-se, com os seus brinquedos. É este o sentido do mito de Hermes, que no dia em que nasce brinca com a carapaça de uma tartaruga, o seu primeiro brinquedo, que transforma numa cítara. Hermes que nesse mesmo dia rouba as vacas de Apolo, não pelo gosto da carne, mas para realizar o primeiro ritual sacrificial, um jogo em honra de todos os deuses do Olimpo.

O problema da criação, da criação do mundo, da criação de cultura, é o problema da origem da ilusão, o problema do encontro de Hermes com a tartaruga, com o jogo. A tartaruga, a substância do mundo, encerra já em si a cítara. É já musicalidade. A vida tem uma estrutura mercurial, hermenêutica, de renovadamente se ultrapassar em significações, de vestir novas máscaras, de assumir novas narrativas.

É esta a interpretação que damos ao mito de Zeus-criança quando Adrasteia, a sua ama, na caverna do monte Ida, lhe constrói uma bola, a esfera do mundo, com a qual ele brinca. E que dizer de *Sophia*, a Sabedoria divina, que desde o início dos tempos sempre jogou e se deliciou ante a face do Deus criador? Que dizer da criação como o jogo da sabedoria divina? Não poderemos ler os versos do poeta neste mesmo sentido?

> «Eles não sabem, nem sonham,
> que o sonho comanda a vida,
> que sempre que um homem sonha
> o mundo pula e avança
> como bola colorida
> entre as mãos de uma criança.»
> (António Gedeão, *Pedra Filosofal*)

Para Xenofonte, este mútuo consentimento, este fraterno convívio, esta aliança, entre seriedade e não-seriedade, entre *rei* e *criança*, entre gravidade e divertimento, dimensões normalmente equacionadas como pares de opostos, são um princípio fundamental de vida. Com efeito, para o filósofo grego, manter uma atitude aberta, divertida e brincalhona, lúdica, ao mesmo tempo que se preserva um espírito de seriedade, é algo de inestimável, de grande valor, na arte de viver. Os deuses, na sua seriedade, não eram igualmente obstinados, alegres e divertidos brincalhões? Sem perderem a sua gravidade não eram igualmente irreverentes Tricksters?

Conciliar a capacidade de levar a vida, com toda a seriedade, com a capacidade de a viver como um jogo, de não a levar demasiado a sério, seria a arte suprema. Há que levar a vida como um jogo. Há que reconhecer que jogar é mudar a forma de viver. Que seria a vida da criança, que seria a vida do homem, sem o jogo, sem a possibilidade do jogo?

Talvez *Sophia*, dada a gravidade e o peso da sua tarefa, dada a seriedade da empreitada que tinha em mãos, a tenha consumado sem esquecer o jogo e o divertimento, jogando *todo o tempo*, folgando e deleitando-se, com os *filhos dos homens*.

Talvez tenhamos mesmo que dar mais atenção ao *canto das sereias*, à sua *joyful philosophy*. Talvez tenhamos mesmo de aprender a conciliar, a compatibilizar, à semelhança de Ulisses, o canto e as sereias com os remos e o trabalho. Na barca de Ulisses tanto esteve presente o canto como os remos. Afinal, na sua odisseia, o dos *mil ardis*, o *astucioso*, o *divino*, *magnânimo* e *sofredor* Ulisses, não renunciou a ouvir, a deleitar-se, com o doce canto das suas vozes. E se nesse canto residisse mesmo um profundo saber, uma imensa sabedoria?

> «Vem até nós, famoso Ulisses, glória maior dos Aqueus!
> Pára a nau, para que nos possas ouvir! Pois nunca
> por nós passou um homem na sua escura nau
> que não ouvisse primeiro o doce canto das nossas bocas;
> depois de se deleitar, prossegue caminho, já mais sabedor.
> [...]
> e sabemos todas as coisas que acontecerão na terra fértil.»
> (*Odisseia*, XII – 184-191)

Esta presença conjunta de seriedade e não seriedade, ordem e desordem, entre o *bomolochos* (divertido) e o *agroikos* (sério, que nunca se ri) de que ao longo deste trabalho fomos dando tantos testemunhos, encontra-se igualmente bem patente nos chamados «rituais de rebelião» (Gluckman e Norbeck, citados por Rappaport, 2001), em que o caos e a confusão quase parecem sobrepor-se à estabilidade e à ordem. Tudo aponta, pois, para este carácter lúdico de que o ritual sempre fruiu. Desde as suas origens e ao longo da formação da humanidade. O que se expressa no ritual é o próprio mundo, ou melhor, o *logos* que ele atesta e revela, a ordem ou ordens que abarcam o próprio mundo. *Logos* que indisfarçavelmente transporta consigo a máscara do lúdico.

A palavra *logos* chegou ao nosso tempo com uma carga de significados que, desde os tempos homéricos, não deixou de evoluir. Para Homero, como nos recorda Debrunner, citado por Rappaport (2001), a expressão verbal *lego*, próxima de *logos*, quer significar contar, enumerar, narrar ou dizer, num contexto em que, o que se conta ou diz, traz consigo uma preocupação de inclusão e totalidade, de nada esconder ou ocultar, de relatar fielmente, as histórias que chegaram dos tempos antigos.

No período pós-homérico a expressão assumiu a ideia de discurso racional, em contraste com *epos*, reservada à poesia, e *mythos*, que passou a ser usado no sentido de história, história inventada e pouco fundamentada. Com Heraclito, já nos finais do século VI A. C., *logos* passou, fundamentalmente, a ter o sentido de ordem, medida, princípio unificador, a relação lógica e racional que as coisas têm entre si, a ordem transcendental no seio da qual ocorre a mudança e o devir.

Daí que Heraclito nos fale de um *Logos* primário, comum e universal, inteligível e reconhecível, que como princípio ordenador, tanto o é do cosmos como do homem. *Logos* que embora inteligível não é facilmente acessível, pois, refere ainda, esse *Logos* transcendental nunca os homens o compreenderão. Tenham-no ou não ouvido, tenham ou não contactado com ele, continuam a viver não em função desse *Logos* comum, mas dos seus entendimentos particulares, vantagens e interesses privados.

Neste sentido, quando anteriormente referíamos que o que se expressa no ritual – recordemos que o ritual é uma forma de jogo – é o próprio *logos* do mundo, que os rituais nos dão a conhecer o *logos*, o descobrem ou revelam, do que efectivamente estamos a falar, não é do *Logos* transcendental de Heraclito, mas da forma como esse *logos* se descobre e revela num dado ritual particular.

Todo o ritual, toda a liturgia, todos os cânones, reclamam e reivindicam, quase sempre com carácter de permanência, uma harmonia profunda, uma coerência, uma total identidade e correspondência, entre o *Logos* transcendental e a ordem (social, moral, metafísica) que esse ritual ou liturgia afirma e representa.

O que na prática significa que essas representações, essas normas, essas verdades, são, afinal, pseudo-verdades, um dos múltiplos rostos, dos variados *logoi*, que o *Logos* universal de Heraclito pode assumir. O papel central do elemento lúdico dos rituais, do elemento Trickster, do divertimento, mesmo do caótico, como parte integrante da ordem ritual, era não deixar esquecer que a verdade, a ordem, a medida, que esse ritual expressa e representa, é igualmente mentira, falsidade, engano.

O universo é este jogo das eternas metamorfoses e renovadas epifanias, do contínuo superar o momento e desencadear novas figuras, novas aparições, outros *logos*. O jogo da reanimação e transfiguração do real, do certificar e desdizer, do acrescentar algo, reencontrar outros sentidos. Restaurar uma dada ordem, construir transitoriamente, face a circunstâncias específicas, uma nova organização, é escapar da ordem da tristeza e entrar na da esperança, do sentido e da felicidade.

Respeitar normas, regras, leis, interditos, a experiência mesma da transgressão, da regra do jogo quebrada, do não cumprimento de uma dada tradição, face ao retorno à contingência, à reposição da norma, suscita o sentido da responsabilidade. Ou, como nos diz Ricoeur (2013), o interdito transfere-se, do plano do ritual, para o plano do ético. A saber, há toda uma ética do ritual, toda uma ética do jogo. Neste sentido, o retorno à norma é purificador, como os gregos muito bem sabiam e a voz de Sócrates, no *Crátilo*, confirma, ao afirmar que Apolo é o deus que lava.

Mas, para além do movimento de ruptura (quebra de uma ordem) e do movimento de retorno (cumprimento dessa norma), o jogo possibilita também a edificante experiência da criação de outras normas, de outros *logoi*.

O jogo não se reduz à experiência da falta, da punição, do castigo, face à transgressão da norma. Esta experiência da culpa-castigo convive facilmente com a experiência positiva, construtiva, ética, da superação e transgressão da própria norma, da construção de outras normas. A liturgia do jogo é uma liturgia flexível, aberta à transformação e à mudança.

A ética do jogo não se reduz à ideia de que será *lavado*, purificado, justificado, amado e abençoado, aquele que cumprir a norma, a regra, o mandamento. Engloba igualmente a ideia de que abençoado será também aquele que, individualmente ou em interacção com os outros, construir, transitória e contextualizadamente, uma nova ordem, um novo mandamento, um novo *logoi*.

Ruptura e retorno, norma e sua violação, procurar deus e negá-lo, os dois pilares da possibilidade de *permanecer neste lugar*, de o habitar, de continuar em jogo, de continuar jogando o jogo da vida.

A ética do jogo não é a ética da consciência escrupulosa e inflexível, da normalização, do legalismo ou da escravatura moral. O seu imaginário não é o do literalismo. A sua epistemologia não ignora o coração. A sua vontade não é a cega obediência à «tradição dos Antigos» (São Marcos 7, 1-13), a um contrato de sujeição. Não é fanatismo, obstinação, teimosia, rotina. A ética do jogo é *fidelidade*, esse tipo de fidelidade que não pode ser confundido com a compulsiva obediência ou sujeição a uma regra.

A sua ética, a sua *fidelidade*, suporta-se nesse tipo de experiência onde qualquer um de nós encontra um dos pilares fundamentais do humanismo, a radical experiência de nos descobrirmos como *medida*. De nos descobrirmos como criadores de valores. Jogo é norma, por certo, mas também o ensejo do nascimento de uma nova *medida*, de um novo *valor*, de um novo *deus*.

Neste sentido, jogar é anunciar a possibilidade de uma Nova Aliança. A afirmação de outras normas a valorizar, de outros deuses a honrar. A abertura, na sua relatividade, a outros absolutos. O reconhecimento de que uma dada ordem, uma dada Aliança, mesmo *fixada* no passado, por mais complexa, séria e definitiva que seja, ainda encerra em si a capacidade de ser rectificada ou suprimida, de ser transcendida. De dela nos distanciarmos. De ser objecto de *traição*.

Não se trata de destruir uma relação, de nos afastarmos de uma norma ou de a esquecer, de a ignorar ou desvalorizar, mas de, face a circunstâncias específicas, a variações locais, a contextos espaciais ou temporais particulares, procurar outros deuses, outras normas, outros absolutos. Não é este, afinal, um dos grandes ensinamentos de Hermes?

Na ausência de exigências ilimitadas que os códigos rituais presos a ideologias, mitos, liturgias, cerimoniais, sempre colocam,

«Porque os deuses dos povos são coisas vãs, mas o Senhor
fez os céus»
(Salmos 96, 5)

o jogo, que como refere Kerényi (1999) tem uma existência mais feliz, ligeira e insubstancial que o festivo, confronta-nos com uma *fidelidade* que não é jugo, submissão, a normas e tradições.

A fidelidade é um processo, envolve obstáculos, supõe uma direcção, uma memória, continuidade. A sua lógica interna é a da reciprocidade, da comunicação e do diálogo. Transcendendo a mera acomodação a regras e normas, o valor, o axiomático, é inaugural, vem sempre primeiro. É ele que constrói o objecto, o sujeito, o desejo, a regra. Ser fiel é criar, construir. Está muito para além da vénia e da obediência. É o próprio homem como subjectividade, como *medida*, como criador de valores. O que implica a possibilidade do distanciamento, da *traição*. A possibilidade de nos podermos aproximar de tudo aquilo que merece ser amado, de tudo aquilo que construímos como objecto do nosso amor.

A sua grandeza, a sua natureza e estrutura, é a de uma fidelidade livre e responsável, que se suporta na possibilidade da *traição*, de uma fidelidade cujo corte com a memória, com o passado, é uma forma ainda de expressar o seu apelo, o seu apreço e veneração, pela Tradição, pelo mais Velho, pelo que o passado já *fixou*.

Por isso dizemos que o jogo é um *convite à traição*, por isso dizemos que o devir é infiel, por isso dizemos que o universo não é dogmático. Por isso dizemos que o jogo e o universo têm uma estrutura lúdica. É neste sentido que entendemos o pensamento de Gabriel Marcel quando reconhece que o arquétipo da sedução, o *convite à traição*, a tentação da serpente, é algo inerente à estrutura do universo.

No Egipto antigo, a verdade, a justiça, a ordem cósmica, as forças organizadoras, imutáveis e eternas, eram forças deificadas na figura feminina de *Ma´at*, cujas antíteses eram a mentira, a falsidade, o engano, o erróneo e o caótico. *Logoi* similares surgiram noutros contextos e momentos históricos, como *Asha* no Irão, *Rta* na Índia védica, *Nelli* no México antigo, ou *Hozho* nas tribos navajo. Tudo formas equivalentes ao *Logos* grego, cosmovisões similares em muitos aspectos, mas igualmente diversas em muitos outros.

Em geral, tudo parece centrar-se à volta dos conceitos de harmonia, ordem cósmica, estabilidade, segurança, verdade ou justiça. Em todos estes *logoi* se representa uma ordem harmónica e unificadora do mundo, com as suas dimensões sociais e morais, que embora os homens possam desrespeitar e transgredir, se devem esforçar por manter e respeitar.

De todas estas cosmovisões, a que mais se diferencia talvez seja a que deriva do *Hozho* navajo, ao enfatizar, como refere

Witherspoon, citado por Rappaport (2001: 505) «el concepto intelectual de orden, el estado emocional de la felicidad, la noción moral de bondad, la condición biológica de salud y bienestar y la dimensión estética de equilibrio, armonía y belleza.»

Assim, os *logoi*, as ordens estabelecidas nos diversos rituais, não são propriamente esse absoluto, essa ordem cósmica de que nos fala Heraclito, mas antes ordens comunicacionais estabelecidas socialmente. São construções que exigem a participação humana, são construções do próprio homem. O que não significa que os *logoi* humanamente construídos, que os *logoi* definidos pelas inúmeras ordens rituais, sejam invenções ou convenções arbitrárias, simples fantasias, mais ou menos indisciplinadas, que nascem do desejo e aspirações humanas, mas antes formas de interpretação e representação, cuja coerência interna de alguma maneira responde, se adequa ou aproxima, de fenómenos, leis, processos naturais ou sociais. Afinal, também o homem, à semelhança de todos os outros seres, vive num universo regido por leis que não pode alterar e, muitas vezes, nem sequer consegue entender completa e totalmente.

Sintetizando, os rituais de uma dada sociedade, as suas liturgias, as suas diferentes formas de institucionalização, constituem-se como um *logos,* o seu *logos* específico, um cosmos, um todo coerente, com as suas contradições e conflitos internos, que procura incluir, preservar, unir, natureza, sociedade e seres humanos.

De acordo com esta forma de ver o mundo, cada um de nós deveria seguir o *logos,* esse *logos* específico, que ao manifestar-se e realizar-se no ritual, faria com que a vida social coincidisse com a ordem cosmológica. O que miticamente acontecia durante os rituais sagrados, já que durante esse tempo o sistema social no seu conjunto como que se faz uno, funciona em uníssono, com o tempo cósmico, com essa ordem, esse sonho, esse imaginário, esse *logoi*, que o ritual expressa.

Podemos, assim, afirmar que o homem, a humanidade, vivem dos significados que arquitectam e inventam. Que vivem esses sentidos e significados, durante os rituais em que esses significados são jogados. Durante esse tempo, forte, que permite viver, plenamente, a continuidade desse sonho, que permite assegurar a manutenção do próprio mundo. O que nos permite afirmar que a criança, quando joga, cria e inventa os seus próprios sonhos, os seus *logoi*, os seus cosmos verdadeiramente lúdicos, como todas as ordens rituais inicialmente o foram.

O universo é ele próprio mitopeico, criador e transfigurador do real. É mito e história, reino da incerteza e do oracular, carência e fragilidade, onde habita a força e o poder de fazer aparecer o impossível, o novo, o que nos transcende. Iniciação na vida e na morte, capacidade de exorcizar o medo transmutando-o o em sorriso e jogo, saber viver na conjugação do tempo mítico com o tempo histórico, no espaço entre um e outro, abraçando um sem o outro recusar. Como seria possível a brincadeira e o jogo sem a seriedade, como seria possível a seriedade sem a irreverência, o jogo e a brincadeira? Como seria possível tudo isto, se a utilidade e o gratuito, não caminhassem lado a lado? Como seria possível a vida se ela própria não fosse, definitivamente, estruturalmente, o *serio ludere*? Se a estrutura do universo não fosse uma estrutura lúdica? Se o universo, o homem, Deus, os deuses, não fossem, definitivamente, *vere ludens*?

Recordemos ainda que, de acordo com a definição de ritual que seguimos, estes não se restringem aos rituais sagrados, espacial e temporalmente separados da vida quotidiana, antes se alargam aos rituais que recorrentemente encontramos – esta parece ser uma necessidade vital – na vida diária.

A criança é um ser que joga, um ser que de forma intensa e total, vive e constrói, não apenas repete, os seus rituais, os seus jogos, os seus *logoi*. Uma criança que joga é uma criança que constrói mundos, que activamente vive os sentidos e significados que inventa, sempre nas fronteiras do próprio lúdico, a saber, na consciência de que tudo é a fingir. Nesse espaço intermédio entre seriedade máxima e máximo divertimento. A criança vive, a criança só pode viver, só pode desenvolver-se, engrandecer-se, em função dos significados que ela mesma, renovadamente, cria, constrói e inventa.

3.5. Jogar é Viver os *Postulados Fundamentais*

> *Já não era um pastor, nem sequer um homem; era um ser*
> *transfigurado que irradiava resplendores e... que se ria*
> (Nietzsche)

A emergência do simbólico, a capacidade de construção de símbolos, que do ponto de vista ontogenético e do ponto de vista filogenético, é mais ou menos contemporânea da aparição do simulacro, da ritualização dos comportamentos, do jogo simbólico, do faz-de-conta, é muitas vezes entendida como a ocorrência mais radical e inovadora no que respeita à sobrevivência e capacidade de adaptação do homem ao seu envolvimento.

O simbólico, a linguagem em particular, que alguns autores entendem forjar-se no ritual, na ritualização dos comportamentos interactivos mãe-bebé, no carácter ritual que os jogos de repetição e rotina assumem nos contactos interactivos precoces, desempenha um papel fundamental em todo o processo de adaptação e desenvolvimento humano, já que somos uma espécie que actua em função dos significados, das convenções sociais que cria.

Mas, se este salto qualitativo no processo de evolução humana, abre um mundo de novas possibilidades, em termos da flexibilidade dos mecanismos adaptativos que transcendem os processos geneticamente programados, traz igualmente consigo o risco e o perigo, para esse mesmo processo adaptativo, da possibilidade da mentira, da ilusão e do engano.

Quando um símbolo, gestual ou verbal, se relaciona de forma convencional com o que significa, com o significado, tal situação permite ao homem libertar-se do condicionalismo do espaço e do tempo presentes, permite-lhe relacionar-se com o passado e o futuro, com o que já ocorreu e com o que é previsível que venha a acontecer.

Ou seja, o símbolo e o signo remetem-nos para o significado ou referente, mesmo na sua ausência.

O símbolo e o signo apresentam, voltam a apresentar, *re-apresentam* o referente, na sua ausência. Como que o tornam presente. No plano simbólico, é evidente, no plano do faz-de-conta. Exemplificando, um símio superior, incapaz de usar o gesto de apontar à distância (gesto simbólico que poderá sinalizar uma dada necessidade e tem uma função referencial), poderá recorrer ao contacto corporal directo, como por exemplo agarrar a mão do seu cuidador e aproximá-la, o mais possível, do objecto ou alimento que pretende, mas ao qual não pode aceder directamente.

Uma criança, com cerca de doze meses, poderá sinalizar à mãe, com um gesto de apontar à distância, que pretende brincar com um dado brinquedo. Mas, para isso, quer a mãe quer o objecto têm que estar no campo perceptivo da criança. Uma criança surda que tenha aprendido o gesto (veículo simbólico) que em termos de língua gestual significa «bola», poderá igualmente, com esse gesto, sinalizar à mãe que quer brincar com a bola. Neste caso, a bola poderá não estar no campo perceptivo quer da criança quer da mãe, mas mãe e criança precisam de estabelecer contacto visual entre si.

Uma criança, que já tenha aprendido a falar, poderá sinalizar à sua mãe, que está num outro compartimento da casa, que deseja brincar com a bola, mesmo que esta esteja fora quer do campo visual da mãe quer do campo visual da criança. Poderemos enviar *mails* a outras pessoas, que estão a milhares de quilómetros de distância, mensagens que poderão ser lidas no momento ou bastante tempo depois, mensagens que poderão referir acontecimentos que acabaram de ocorrer ou que nos transportam para momentos mais ou menos distantes.

Pois bem, este processo simbólico, esta construção de uma relação convencional, esta diferenciação entre significante e significado, permite que a comunicação e o discurso escapem ao presente, permite que o veículo simbólico se converta em algo separado e distinto daquilo que efectivamente representa.

Mas, este mesmo distanciamento entre significante e significado, que em tanto potencia e enriquece a vida humana e a capacidade adaptativa do homem aos envolvimentos em que participa, também potencia, aumenta, multiplica, as possibilidades da mentira, da ilusão e do engano. Também potencia a presença da desordem no seio do próprio processo comunicativo, na regulação dos comportamentos interactivos e dos processos de regulação social.

O *Filoctetes* de Sófocles, tragédia do confronto entre as figuras de Ulisses (astuto e ardiloso, oportunista sem escrúpulos que não olha a meios para alcançar os seus fins), Neoptólemo (ingénuo e sem experiência que aprende com as lições da vida e ao longo da tragédia sofre uma profunda transformação psicológica) e Filoctetes (homem digno e honrado que ao longo de dez anos é abandonado ao seus próprio destino), será talvez a tragédia que melhor ilustra o que temos vindo a afirmar. Face ao questionamento de Neoptólemo,

«E não te parece vergonhoso mentir?» (v. 108)

Ulisses logo afirma,

«Não, se a mentira nos traz a salvação» (v. 109)

a que se segue o seguinte diálogo entre os mesmos personagens:

«Com que cara ousa alguém proclamar tal doutrina?» (v. 110)
«Quando se age para o nosso interesse, não se deve hesitar.» (v. 111)

Vejamos ainda mais duas falas proclamadas por Ulisses.

«Eu sei meu filho, que não é da tua natureza falar assim, nem tecer armadilhas. Mas tem coragem, porque é agradável alcançar a vitória. Depois disto, se verá outra vez a nossa justiça. Agora põe-te ao meu dispor pelo curto espaço de um dia, para agires sem escrúpulos; depois, durante o resto da vida, podem considerar-te o mais honesto de todos os mortais.» (vv. 78-86)

«Filho de nobre pai, também eu, quando era jovem, tinha a língua preguiçosa e pronto o braço. Hoje, com a experiência, vejo que, entre os mortais, são as palavras e não as acções que conduzem tudo.» (vv. 96-99)

Devemos, no entanto, introduzir uma diferenciação entre símbolos e signos verbais, no que respeita à natureza convencional da relação entre o veículo simbólico utilizado e aquilo que ele simboliza. No jogo, como nos rituais, que são uma forma específica de jogo, a relação dos veículos simbólicos com os seus significados não é uma relação meramente arbitrária ou convencional, já que os veículos simbólicos são eles mesmos objectos, brinquedos ou outros materiais. Como o são o próprio corpo, parte dele, ou os movimentos e gestos que realiza e executa. Veículos simbólicos poderão ser igualmente mímicas corporais, funcionando com o suporte, ou na ausência mesmo, de qualquer objecto ou brinquedo. O mesmo pode ocorrer com comportamentos sensório-motores de natureza funcional, utilizados de forma ritualizada ou descontextualizada.

Uma série, por conseguinte, de gestos ou objectos em que a própria forma do objecto ou tipo de movimento funcionam como significantes. Nestes casos, como afirmámos, não estamos apenas perante uma relação de natureza arbitrária e convencional, pois a estrutura dos veículos simbólicos utilizados tem algum grau de similaridade com a estrutura de significação, colocando-nos perante uma relação de natureza *motivada* (Piaget), icónica, de semelhança perceptiva, entre significante e significado, embora esta possibilidade, a mais evidente, não seja obrigatoriamente a única. É o caso dos objectos ditos *não estruturados*, em que não existe nenhuma similaridade entre o objecto que se usa a título de significante e o objecto para que esse significante nos remete. Neste caso, a relação de similaridade entre significante e significado é transposta para o próprio gesto, para os movimentos corporais aplicados aos objectos.

De qualquer forma, o que importa acentuar é que a presença do objecto, do brinquedo, do próprio corpo, de um corpo em movimento, que traz materialidade e substância ao símbolo, faz com que este não se limite a denotar o que significa.

Representa-o, torna-o presente aos sentidos, torna-o palpável, dá-lhe a consistência da matéria, da carne e do osso, da estrutura muscular, fazendo com que o significado não seja apenas compreendido de forma racional. Transcende-se o plano discursivo e entra-se num outro universo em que pensamento e imaginação, razão e coração, emoções e afectos, feitos corpo, jogam e se divertem em conjunto.

Experiência em que tanto o individual como o colectivo têm o seu espaço, em que os corpos se encontram, interagem e partilham, a construção conjunta do processo simbólico em que, fazer livremente coisas em conjunto, partilhar e construir, em uníssono, actos e sensações corporais, expande e amplifica o sentimento de comunidade.

Se a participação corporal conjunta, num dado ritual, engloba e abarca processos somáticos profundos, potencia o sentimento de comunidade, a experiência de *Postulados Fundamentais* (Rappaport), a alteração de estados de consciência de acordo com o *logoi*, com o *mythos*, que se representa. O mesmo ocorre no plano do jogo, da actividade lúdica das crianças, pois, como vimos, jogar é, de uma ou outra forma, viver e construir, transitoriamente, um *logoi*, um mito, um cosmos, um todo coerente.

De alguma forma o *mythos* já é *logos*. O que significa que o jogo potencia, muito precocemente, antes mesmo de qualquer possibilidade de especulação filosófica, o contacto com os símbolos fundamentais da vida e da consciência. Potencia uma primeira forma de entender, de construir e de nos construirmos. Permite essa abertura, essa aprendizagem fundamental, de que entender é sempre entender de novo. No convívio com os símbolos, convívio intenso e total que nada tem a ver com a ideia de um observador distante e desinteressado, jogando, apropriamo-nos a todo o momento de um simbolismo que, assumindo foros de universalidade, ocorre sempre de forma particular.

As alterações dos estados de consciência, que sempre sobrevêm no jogo, ao suportarem-se em processos discursivos e não discursivos, ao ocorrerem em contextos de regulação mútua, de regulação em grupo, não são alheias a possíveis efeitos dionisíacos, mas estão, antes de tudo, vinculadas a todo um complexo processo de organização e reorganização de sentidos e significados, de constituição de conjuntos de interpretações, com as suas normas, as suas regras, os seus princípios ou *Postulados Fundamentais*.

Mas não é isto que se passa, mais uma vez, no *Jogo do Ali Babá*? Um jogo, um ritual, em que a participação activa de todos desenvolve o sentimento de *comunidade*, de *congregação*. Um jogo onde assistimos à integração de processos psicossociais múltiplos, discursivos e não discursivos, que se traduzem na elaboração de uma síntese inovadora, de uma compreensão mais aprofundada do mundo, de um *logoi*, de uma ordem, de um ideal, em que a própria prática, o próprio decorrer do jogo, o vai constituindo e organizando, o vai fixando e reorganizando.

Um jogo em que todos *congregam* os seus esforços, em que mutuamente vão regulando os seus próprios comportamentos, em que mutuamente vão propondo as variações que o jogo vai sofrendo, em que aprendem a dar atenção aos sinais comunicativos do outro e sentem que os seus próprios sinais comunicativos, as suas iniciativas e sugestões, são tidas em consideração pelo outro. O jogo requer parceiros, jogar é estabelecer relações.

Um jogo onde se valoriza quer o indivíduo quer o grupo, onde a influência mútua está presente, onde estão presentes a sensibilidade ao outro e ao diferente, no respeito pela ordem já estabelecida, a reciprocidade, a cooperação, a liberdade e a coacção. Um jogo onde se aprende a respeitar e a confiar no outro. Um jogo, portanto, onde se forja a inclusão e a cidadania, uma cidadania crítica e responsável. Não serão estes os *Postulados Fundamentais*, nos quais os nossos filhos se devem iniciar?

Não esqueçamos que é a partir de contextos interactivos estruturados e sincronizados, em que a repetição e a rotina, a partilha de experiências contingentes, a adequação mútua dos comportamentos às expectativas do outro, são a marca essencial do processo comunicativo, que a criança aprende a confiar no outro. Inicialmente na mãe e nas principais figuras cuidadoras. Ora, estas primeiras experiências comunicativas têm um carácter eminentemente ritualizado, repetitivo, de rotina social, em que a previsibilidade das sequências interactivas, dos padrões comportamentais, que o outro espera de nós e nós do outro, é muito elevada.

Trata-se, essencialmente, desse tipo de comportamentos interactivos, marcadamente contingentes, que Erik Erikson (1959) designa de *rituais de nutrição e saudação*. Trata-se da construção de processos comunicativos, de forte componente afectiva, que na sua globalidade assumem os contornos de *jogos de repetição e rotina* (Leitão, 1992), trata-se de experiências interactivas precoces que se organizam como verdadeiros rituais.

Rituais em que se forja e alicerça a confiança em si próprio, no outro e no mundo, em que se forja e alicerça o sentimento de *empowerment*, em que se forja e alicerça o desenvolvimento da linguagem e o processo de socialização.

Importa, pois, aprofundar um pouco mais, a importância do jogo e do ritual, em todo o processo de desenvolvimento e adaptação da espécie humana aos envolvimentos físicos e sociais em que participa. O que, dada a complexidade do mundo em que vivemos, é em grande parte falar de flexibilidade sistémica, da capacidade de o organismo humano e o mundo social se adaptarem a variações, alterações ou perturbações, cuja natureza e amplitude, não é possível, muitas vezes, prever.

Importa, em primeiro lugar, afirmar que, neste contexto, não nos interessa tanto referir os processos através dos quais os sistemas vivos se mantêm ou persistem, evoluem, face a alterações ou perturbações com origem endógena ou nos envolvimentos naturais, não nos interessa tanto falar dos processos de adaptação inerentes aos sistemas vivos, mas enfatizar antes o facto de ser a especificidade desses processos, a sua natureza e peculiaridades, que define, limita e condiciona, diferencia e distingue, cada um desses sistemas vivos.

Pois bem, em todos os sistemas vivos, à excepção da espécie humana, os processos adaptativos são quase que exclusivamente constituídos e desencadeados a partir de informação genética, embora no caso de alguns animais esses processos integrem também alguma informação aprendida. Dizendo de uma outra forma, os sistemas de adaptação são intrinsecamente, estruturalmente, de natureza cibernética. É a presença, a activação desses processos reguladores internos, que fundamentalmente assegura a homeostasia dos próprios sistemas.

No caso da espécie humana, com as inquestionáveis vantagens que tal situação potencia, mas também com os riscos e perigos inerentes a essa situação, aos processos adaptativos regulados geneticamente, acrescenta-se um elemento radicalmente distinto, a capacidade de utilização e criação de símbolos. Componente simbólica esta que, em muitos aspectos, chega a ser dominante, transformando o sistema adaptativo humano num *sistema simbólico-orgânico*.

O que significa que, no plano orgânico, o *valor de verdade*, de eficácia prática e funcional, de sucesso adaptativo, é de alguma forma sinónimo de sobrevivência e persistência dos sistemas vivos, na base de informação geneticamente codificada. Ao nível de funcionamento dos sistemas de adaptação simbólico-orgânicos, o *valor de verdade* assenta em proposições, em convenções, em construções simbólicas, em sentidos e significados, que o homem constrói colectivamente.

O ser humano vive mergulhado em redes de significado, que cria e inventa para si próprio. Mas, como já referimos anteriormente, o preço desta flexibilidade e liberdade referencial, da diferenciação entre significante e significado, de todo um existir inerente ao processo simbólico de criar e enviar sinais equívocos, que podem ser lidos e interpretados de formas diversas, é a possibilidade da falsidade, da mentira e do engano.

Dizendo de outra forma, a desordem, a falsidade, a mentira e o engano, são a condição da possibilidade da experiência dos próprios *Postulados Fundamentais*.

Será que sem a possibilidade da construção de símbolos, o cavalo de Tróia, como engano, seria possível? Poderia Prometeu, no banquete sacrificial de Mekona, ter enganado os próprios desuses, se o mundo do simbólico lhe estivesse vedado? Poderia Hermes ter existido, poderia o seu primeiro dia de vida ter acontecido (episódio da tartaruga e do roubo das vacas de Apolo), se o mundo do simbólico não fosse uma realidade? Se não tivesse a sua performatividade? Sem a introdução da ilusão, da mentira e do engano, seria possível o jogo simbólico? Sem a introdução deste elemento, seria possível, a uma criança, fazer de conta, fingir, que um pau é uma espada ou ela própria um gatinho? Seria mesmo possível a guerra?

As estratégias e as tácticas expostas por Sun Tzu na sua obra *A Arte da Guerra*, baseiam-se essencialmente no engano e na falsidade, na arte da dissimulação e da criação de falsas aparências, como forma de confundir e ludibriar o adversário.

«Toda a guerra é baseada no engano. Assim, quando está capaz, simula incapacidade; quando activo simula inactividade. Quando perto, faz parecer que está longe; quando longe, que está perto. Oferecemos ao inimigo

> engodo para o atrair; simulamos desordem e atacamo-lo.»
> (Sun Tzu, I, 17-20)

Ainda a propósito da introdução, pelo símbolo, da possibilidade do *engano* e da *mentira*, vejamos através de um ou outro exemplo, como estas experiências entram cedo no mundo da criança. Quando, ainda durante o primeiro ano de vida, os pais brincam, com o seu bebé, ao esconde/esconde, tapando e destapando a cara dizendo «Não há bebé! Não há bebé!», não encontramos aqui a embrionária presença da *mentira*? E quando um pai gatinha à frente do seu bebé, fingindo que é um gato dizendo «Miau! Miau!», não está a iniciar a criança na *mentira*?

O meu neto Pedro, ao pressentir que a mãe vai entrar na sala, esconde-se debaixo da mesa onde estou a escrever. De imediato, face ao contexto que se cria, digo, «O Pedro não está cá!». Não estou a iniciar o meu neto na *mentira*? Uns minutos depois, o Pedro esconde-se debaixo da colcha da cama, tendo nessa altura a avó dito de imediato, «Não está cá o Pedro! Olha o Pedro não está cá!». A avó do Pedro está a descansar em cima da cama, este aconchega-se junto à avó e diz «Assim a fingir que durmo em cima da vovó» (fecha os olhos e finge que está a dormir). Não serão formas, fortemente induzidas pelos adultos, de iniciação na *mentira*, de iniciar a criança no pensamento simbólico? De a iniciar no «Parece, Parece!»?

Por certo, embora, no caso específico do jogo, da utilização de símbolos, de acções de natureza simbólica, em contextos de jogo, tenhamos que fazer uma precisão. O jogo assemelha-se ao *engano* e à *mentira*, porque é da sua natureza não poder efectivamente ocorrer aquilo que no jogo se representa, ou, como anteriormente afirmámos, no jogo, tudo potencialmente é possível, sem efectivamente o ser. No entanto, o jogo distingue-se do *engano*, da *fraude*, da *mentira*, na base de *marcadores comportamentais e contextuais*, implícitos ou explícitos, verbais ou não verbais, que assinalam o carácter de jogo da situação. Que indicam que é a fingir, que é uma brincadeira, que não é a sério. Que sinalizam que é um jogo!

Face a esta diferenciação, como entender a ênfase, negativa, que sempre tem sido dada à dimensão de ilusão e engano, de falta de seriedade, do jogo? Porque persiste o rótulo de infantilidade, de *coisa de crianças*, que é atribuído ao jogo? O jogo é o acto mais *sério* para a criança, ao qual se dedica *intensa e totalmente*.

Fingir, fazer de conta, é para a criança, um acto da maior seriedade. Mas, que seriedade existe, nos comportamentos *sérios* do adulto, quando a intenção de *mentir* é bem patente? Estes sim, são comportamentos infantis, mas que trazem grandes vantagens, nomeadamente no domínio dos *negócios*, do *não-ócio*, da política e da economia.

Temos maior respeito pelo mimetismo de um qualquer animal, quando *mente*, quando cria um autêntico *espectáculo de magia e ilusão*, quando diz ao seu predador «não sou o animal com que tanto gostas de te alimentar, sou apenas a areia do fundo do mar», pois aqui estamos confrontados com um nível de engano, de ilusão ou mentira, geneticamente estabelecido e decisivo para a sobrevivência do animal, do que por esse triste espectáculo que é a omissão da dívida na Madeira, seja qual for o *animal político* que o orquestra.

Mesmo sabendo nós que em circunstâncias muito específicas, de dramatismo intenso, que qualquer um de nós facilmente poderá imaginar, seria bem *perverso* dizer a uma dada pessoa, abrupta e insensivelmente, a *verdade*. Mesmo sabendo nós que, nessas circunstâncias, seria ética e psicologicamente justificável recorrer ao *engano* e à *mentira*, na base de comportamentos como a ocultação de informação, o ignorar o que se está a passar, a falta de atenção ao que está ocorrendo ou o referir que não se têm informações, quando efectivamente existem, para nos podermos pronunciar.

Verificamos, assim, que a flexibilidade adaptativa se constrói, de alguma forma, com os mesmos instrumentos da desordem, da ilusão e do engano. Construção que igualmente exige, o que é fundamental e decisivo, um *grau mínimo de ordem*, de comunicação fiável. Aquela *ordem* em que todo o processo comunicativo igualmente assenta e faz com que os interlocutores confiem nas mensagens que mutuamente enviam. Que faz com que as proposições e convenções utilizadas no discurso, que os comportamentos e as acções, sejam considerados credíveis e fiáveis. Aquela *ordem* que faz com que os receptores das mensagens as considerem dignas de confiança.

Com a diversificação das alternativas, da multiplicidade de *ordens* culturais, da proliferação de pontos de vista diferentes, da dúvida, da incerteza, da multiplicidade de interpretações possíveis, as possibilidades e capacidades adaptativas aumentam, mas aceleram também as possibilidades da desordem, da mentira, da confusão. Acelera e cresce, também, a possibilidade das muitas palavras, das palavras falsas e enganosas, da instalação do reino de Babel. Mas esta, como referimos antes, é a condição da possibilidade dos *Postulados Fundamentais*.

> «Eia, desçamos, e confundamos ali a sua língua, para que não entenda um a língua do outro»
> (Génesis11, 7)

4. ENSINAMENTOS DO ALI BABÁ

O pensamento do coração personifica,
anima e infunde vida ao mundo
(James Hillman)

Torna-se então central tentar compreender como é possível garantir esse *grau mínimo de ordem*, que dá credibilidade e fidelidade aos processos comunicativos. A resposta parece ser, essa é pelo menos uma das respostas possíveis, pelo *ritual*, pela ritualização das acções e dos comportamentos comunicativos e interactivos. Situação a que já anteriormente aludimos, a propósito das relações entre desenvolvimento do sentimento de confiança e rituais comunicativos, rituais interactivas, jogos de repetição e rotina, essas formas primordiais de comunicação precoce entre a mãe e o bebé.

Não será mesmo o acto de alimentação ao peito (ou ao biberão) uma dessas *experiências fundadoras*, instauradoras da *ordem* e da *confiança básica*, na relação da criança com as pessoas e com o mundo? Um desses rituais primordiais em que mãe e bebé adequam, mutuamente, os seus comportamentos, confirmando, mutuamente, as expectativas criadas pelo outro? Um desses rituais primordiais em que, quer as acções da mãe, quer os comportamentos do bebé, sem deixarem de ter algum grau de aleatoriedade, se organizam de forma altamente previsível? Estamos, de facto, perante processos comunicativos, organizados na base de padrões sequências de resposta, de padrões comportamentais e interactivos fortemente definidos pela sua invariabilidade, o que os torna altamente previsíveis.

Face à diminuição da importância dos determinantes genéticos na organização dos padrões comportamentais e interactivos (com a emergência dos símbolos), face à crescente capacidade dos membros de uma comunidade para o *engano* e a *mentira*, agora que a espécie humana já não se encontra geneticamente obrigada, condicionada, sujeita a acatar ou a submeter-se às convenções que ela própria cria, podendo inevitavelmente imaginar outras alternativas, encaradas como preferíveis, mais sedutoras, mais verdadeiras, em relação às normas e valores em vigor, como responder às crescentes ameaças com que se confronta a vida social em qualquer momento ou período histórico, sabendo nós que quer a *ordem* quer o seu *questionamento*, são igualmente necessários ao processo evolutivo da espécie humana?

Sabendo nós que é tão importante a *Palavra* como as *Palavras*, que é tão importante a norma como a tolerância pelas alternativas, que é tão importante a sacralização, o inquestionável, a invariabilidade, como a capacidade de os contestar. Sabendo nós que é tão essencial ao processo adaptativo o respeito pela *ordem*, pela regra, pelas convenções, como a capacidade de as modificar e substituir, já que, como temos vindo a referir, a falsidade e o engano são um problema inerente, intrínseco, a toda a construção simbólica.

4.1. O Jogo do Ali Babá e os *Postulados Fundamentais*

As notas musicais são apenas cinco em número
mas as suas melodias são tão numerosas
que não podemos ouvir todas
(Sun Tzu)

Não sendo o *consenso* (deliberação racional) nem o *consentimento* (investimento afectivo), só por si, suficientes para estabelecer verdades convencionais (pelo menos apresentam fortes limitações e fragilidades), a criação e conservação daquele *grau mínimo de ordem* que assegura a fiabilidade das convenções sociais, sempre se suportou na *santidade*, na *sacralidade*, com que um alargado número de proposições, normas, convenções, instituições sociais, sempre se souberam rodear. Este facto levou alguns autores a reconhecer o papel central da sacralização, da santificação, se quisermos, do *ritual*, na evolução da espécie humana. Diz-nos Rappaport (2001: 573):

«Todos los tipos de frases pueden ser santificados; por tanto es posible investir la santidad a todas las frases mediante las cuales se ordena una sociedad.»

Ora, como sabemos, *santificar* é de alguma forma tornar *inquestionável*, *certificar*, *naturalizar*, as convenções de um dado grupo social, considerando que tudo o que delas se afastas é falso, incorrecto, heterodoxo.

Em todo este processo, o *ritual*, a ritualização dos comportamentos e das interacções, assumem um papel determinante. O grau de *santidade* que assumem, a credibilidade que se lhes dá, a confiança que nelas colocamos, o que as torna dignas de confiança e absolutamente inquestionáveis, deriva, afinal, da própria verdade empírica da experiência, ou seja, do carácter de contingência interactiva, de regularidade das respostas. Do seu carácter repetitivo, estável e previsível, da ordem invariável que apresentam, daquela certeza de experiência feita que nos diz, que diz à criança, que se antes foi assim, assim será também no futuro.

Estas características que levam à *ordem*, à *santificação*, a essa base segura e estável que torna o processo comunicativo possível e fiável, são exactamente as mesmas que levam, que podem levar, ao *dogmatismo*, à *inflexibilidade*, à incapacidade de acolher o paradoxo e a contradição, de acolher outros pontos de vista, de acolher outros deuses. De, para além de Zeus e Apolo, poder igualmente acolher Dionísio ou Hermes. De acolher todos os deuses. De aceitar e estabelecer outras verdades, verdades transitórias e questionáveis, elas próprias passíveis de serem superadas e transcendidas, face a mudanças circunstanciais, contextuais, de tempo e lugar. Não nos ensina a vida, como nos disse Martin Buber, que a mentira, tal como a verdade, derivam do tempo e pelo tempo serão devoradas?

Pois bem, o jogo, como o equilíbrio e o respeito, quer pela ordem e sua santificação, quer pelo seu questionamento e superação, é como que o paradigma dessa sabedoria evolutiva que, sendo conservadora, não deixa de se abrir à inovação e à mudança.

A criança que joga não se deixa enclausurar em dogmas rígidos, em normas inflexíveis, eternamente perduráveis. O *Jogo do Ali Babá* é bem o exemplo desse igual respeito pela criação da norma, da regra, da ordem, do cânon, sem o que não haveria jogo, sem o que não seria possível *honrar* o que está definido, institucionalizado, codificado por outros, e pela abertura à possibilidade de mudança, à possibilidade de introdução de alterações e modificações nas normas em vigor no momento.

Assistimos ao nascimento do *Jogo do Ali Babá*, à sua ritualização e santificação, à santificação de uma dada ordem, de um dado cosmos, de uma dada sequencialidade dos padrões verbais e motores, da mesma forma que assistimos à introdução de alterações, de variações, no funcionamento desse mesmo cosmos. Modificações livremente introduzidas pelos seus criadores.

Alterações, é evidente, dentro daqueles limites que permitem manter os traços essenciais, o rosto, a identidade do jogo. O jogo é esse tipo de ritual que, porque lúdico, não excluindo da sua presença o elemento Trickster, não se deixa submeter à seriedade do dogma, à seriedade do mito. Aceita-o ludicamente, ludicamente o supera e transcende.

O jogo, sempre o afirmámos, é um paradoxo, uma união de contrários, um igual respeito pelo absoluto e pelo relativo, pela aceitação e pela subversão. Ao jogo, ao *Jogo do Ali Babá*, aplica-se com toda a propriedade a sentença de Rappaport (2001: 574), a propósito da adaptabilidade humana:

> «La flexibilidad no es ni versatilidad ni una simple transformación o producto de la versatilidad. Es un producto de la versatilidad y de la ordenación.»

O *Jogo do Ali Babá* é um ritual em que a dimensão de ordem e seriedade convive, em alegre tensão, com a transgressão dessa mesma ordem, em que *ordenación* e *versatilidad* se aceitam e fecundam mutuamente, em que a ordem livremente criada se abre à transformação e à mudança, à introdução de variações, à renovação. Não é esta a condição do próprio desenvolvimento?

Breve se extinguirá, por certo, o *Jogo do Ali Babá*, mas a sua efemeridade, a efemeridade de muitos outros jogos, poderá ser vista como um gigantesco contributo para a experiência do que é criar, do que é ser criador. Neste sentido, embora de forma não visível, o *Jogo do Ali Babá* estará sempre presente, eternamente presente, como motor da construção da personalidade, do ímpeto e dinamismo criador dos que o criaram.

O jogo é o que há de mais sagrado e santo na experiência da criança. Os rituais lúdicos em que a criança se envolve com os objectos, com a mãe, com os outros, com o mundo físico e com o mundo social, estão envoltos num maior ou menor grau de santificação. Mas, no caso específico do Jogo do *Ali Babá*, o que é que afinal foi santificado?

Para respondermos a esta questão importa, previamente, tecer algumas reflexões sobre o facto de as diversas estruturas adaptativas, os diversos sistemas biológicos e sociais, não poderem ser entendidos como sistemas independentes e mais ou menos autónomos, mas terem antes de ser conceptualizados em termos de circuitos de coordenação e inclusão altamente complexos, interdependentes, que garantam e assegurem que o sistema, no seu conjunto, atinge níveis suficientemente viáveis e elevados de *ordem*, coordenação e coerência.

Em todo este processo, onde a questão da relação das partes com o todo assume uma importância central, o aspecto específico que aqui nos interessa recordar é o da relação, da inclusão, dos *sistemas de finalidade especial*, nos *sistemas de finalidade geral* de que fazem parte integrante. O tema, portanto, da importância relativa que ocupam os objectivos dos sistemas de finalidade especial, no contexto dos objectivos dos sistemas de finalidade geral, ou seja, a questão da generalidade e especificidade dos fins e propósitos.

Tudo parece sugerir que, numa lógica de desenvolvimento, de flexibilização dos processos evolutivos e adaptativos, os objectivos específicos dos subsistemas de finalidade especial não se devem sobrepor, não devem superar em importância, os objectivos dos sistemas mais gerais, dos sistemas de finalidade geral, de que são apenas uma pequena parte.

Dizendo de uma outra forma, os sistemas de finalidade especial e os objectivos que lhe são inerentes não devem alcançar posições de predomínio, níveis de *santidade* mais elevados, do que a *santidade*, a importância, que deve ser atribuída aos sistemas de finalidade geral.

Absolutizar o relativo, elevando-o a essencial, sacralizando-o, o que conduz a relativizar o essencial, vulgarizando-o, dessacralizando-o, degradando-o, desvalorizando-o, não parece ser, tudo indica, uma linha de rumo condizente com a evolução e o desenvolvimento, com a integridade ecossistémica, com o futuro do homem e do planeta. Isso, o *Jogo do Ali Babá*, também nos ensina.

No *Jogo do Ali Babá* assistimos à co-presença da liberdade e da coacção, da aceitação e da recusa da regra, da norma e da mudança, mas nunca à exclusão ou sacralização de qualquer desses dois elementos. A norma foi criada, repetidamente respeitada, repetida à exaustão, mas só até ao ponto em que, livre e alegremente, o que só o lúdico parece permitir, foi sendo transfigurada, negada, alterada. E se quisermos falar em sacralização, então será para dizer que tanto foi sacralizada a norma como a inovação.

De forma diversa do que ocorre com as leis objectivas da natureza, ou mesmo da rigidez e quase inquestionabilidade das leis morais, as regras do jogo – de forma bem menos acentuada as que regulam as actividades desportivas – têm um carácter essencialmente revogável. Arbitrárias, não reclamando nenhuma referência a um qualquer sacro e inviolável fundamento, impõem-se por si próprias, são aceites durante o tempo em que o jogo decorre e nada impede que, essas regras, mantendo-se a estrutura básica do jogo, o seu *logos*, a sua identidade fundamental, sejam livremente alteradas pelos próprios jogadores.

No jogo assistimos igualmente à participação e co-implicação, intensa e total, de todos, na regulação da ordem e das variações, à inclusão do objectivo e do subjectivo, do eu e do outro, à paixão pela vida, à alegria compartilhada.

Se aqui e além ocorreu alguma disputa, se uma das vezes a que assistimos ao jogo uma das crianças fala mesmo em *ganhar*, esse valor sempre apresentou um papel secundário, que quase passaria despercebido mesmo a um observador mais atento. O *ganhar* nunca foi *santificado,* absolutizado, nunca foi transformado num valor de referência, decisivo, único, primeiro. Mas também não foi excluído. Vivido aqui e além, mantém-se sempre num plano secundário.

Da mesma forma, o *Jogo do Ali Babá* é a clara expressão da recusa da *normalização*, essa forma antiga e actual de *santificação*, pois, como já vimos, rege-se por um igual respeito pela norma e pela sua alteração. Não, a norma também não foi absolutizada.

Outros elementos, que poderíamos considerar como integrando objectivos de subsistemas de finalidade especial, a locomoção, a preensão, a coordenação, o equilíbrio, a linguagem, entre muitos outros, que tantas vezes, nomeadamente em contextos pedagógicos, procuram *colonizar* o jogo, nunca assumiram, igualmente, uma posição de predomínio e hegemonia, nunca foram *idolatrados*. Mas sempre estiveram presentes, sempre foram valorizados.

Esse papel, o da colonização do jogo, é o papel dos poderes técnicos, das tecnologias da verdade, dessas potestades que até o jogo procuram domesticar, tornando-o subserviente em relação a determinados fins específicos. Entendemos aqui por *idolatria* o atribuir a fins ou interesses particulares e específicos níveis mais elevados de santidade do que a sua especificidade, no contexto geral de um sistema mais alargado, parece justificar.

Inverter a importância relativa de determinados factores, absolutizar o acessório e relativizar o essencial, hipervalorizar os objectivos inerentes aos subsistemas de finalidade especial, desvalorizar e tornar subsidiários os objectivos dos sistemas de finalidade geral, para além de poder levar ao conservadorismo e ao fundamentalismo, à exclusão e marginalização, impede, obstaculiza, coloca fortes limitações e barreiras, à organização de respostas mais flexíveis e adaptadas à imprevisibilidade de mudanças contextuais, ao restringir a diversidade e variedade de condições e circunstâncias em que a participação no jogo pode continuar a ocorrer.

No *Jogo do Ali Babá*, a invariabilidade das normas de funcionamento, imposta ao outro por qualquer um dos participantes, teria morto toda a possibilidade de evolução do próprio jogo, teria morto a possibilidade da regulação interactiva das normas do jogo, teria morto a participação intensa e total de todos no jogo. Teria morto o processo democrático de tomada de decisões, a sensibilidade às sugestões e propostas do outro. Teria morto a alegria compartilhada dos corpos, teria morto a paixão de jogar. Teria morto o próprio jogo, a riqueza de experiências que proporciona, mesmo no plano do desenvolvimento dos objectivos dos subsistemas de finalidade especial.

Precisamente porque os objectivos dos sistemas de finalidade especial, sejam quais forem aqueles que queiramos equacionar (locomoção, preensão, equilíbrio, linguagem, socialização) nunca foram santificados, nunca assumiram posições de predomínio, precisamente por isso, sempre estiveram tão activa e intensamente presentes, tantas oportunidades encontraram para, activa e intensamente, se desenvolverem.

Se os objectivos dos sistemas de finalidade especial nunca foram santificados, idolatrados, também nunca foram esquecidos. Múltiplos deuses habitam o nosso corpo. A que deuses devemos sacrificar? Que deuses devemos recordar? Que deuses devemos honrar e venerar? A Zeus? A Apolo? À força violenta de Marte? À sensualidade de Afrodite? A um apenas? A todos? Tendo em consideração que o reconhecimento do deus que se perfila por detrás da nossa *doença* é o primeiro passo para uma possível *cura*?

Teriam os gregos razão quando diziam que os deuses são eternos, que só podem ser mortos (transformados em sintomas, diria Carl Jung) quando ignorados ou reprimidos, e por isso pediam para não serem esquecidos? Sabemos nós que os jogos, as festividades, os rituais, ajudam a recordar?

Será que recordar o primeiro dia da vida de Hermes nos poderá ajudar, pelo simples facto de ficarmos a saber que o roubo das vacas de Apolo tinha como destino honrar e sacrificar a todos os deuses? Que aprendemos nós com o que os gregos designavam de *insulto à divindade?* Será que, estando os deuses sempre presentes, a questão central, como nos ensinou Otto, não é a de como os deuses se afastam, mas, antes, a de como nós próprios os perdemos de vista? Será que Joseph Campbell tem mesmo razão, quando afirma que

> «Quem é incapaz de compreender um deus percebe-o como um demónio.»

e que portanto procurará fugir dele?

O que teria acontecido ao *Jogo do Ali Babá* se alguém se tivesse lembrado de introduzir, de *santificar*, um critério de competitividade, tornando o *ganhar* e o *perder*, no valor único e primeiro? No único deus a venerar? Que teria acontecido se alguém, desta forma, tivesse *absolutizado* o relativo? Será que nesse *jogo* a que chamamos *mercado*, o *ganhar*, a maximização do lucro, foi mesmo elevado a valor único e absoluto? Divinizado, sacralizado, sem nunca, neste caso, se falar em *idolatria*! E se no decurso do Jogo do *Ali Babá* alguém se lembrasse, de impor ou sugerir, a ideia de *fila* em que a Maria seria a primeira, o João o segundo e o Pedro o terceiro? E se todos tivessem que começar a actividade rigorosamente ao mesmo tempo e da mesma forma?

A divinização do específico, a sua santificação, a imutabilidade das normas, regras, circunstâncias e condições de realização, no caso do Jogo do *Ali Babá*, aniquilaria o que nos parecem ser os valores essenciais, fundamentais, que o próprio jogo parece querer preservar, ou seja, garantir as condições que, aos diversos níveis, dão as melhores garantias de inclusão e participação, intensa e total, no jogo.

E se o fundamental fosse mesmo que todos pudessem continuar a jogar? Absolutizar o resultado (ganhar ou perder), normalizar, santificar um qualquer objectivo ou finalidade específica, secundária, não essencial, está de alguma maneira do lado da inadaptação, ao inviabilizar, de forma mais ou menos acentuada, que o jogo possa continuar o mais tempo possível adaptando-se, imediatamente, à imprevisibilidade de variações circunstanciais sempre possíveis.

No que ao *Jogo do Ali Babá* diz respeito, e talvez esta ideia se possa generalizar ao jogo em geral, só conseguimos entender como adequadas, positivas e construtivas, numa perspectiva de adaptação e desenvolvimento, aquelas condições e circunstâncias, normas, regras e procedimentos, cuja aceitação, por parte dos participantes, permitem aumentar a possibilidade de o jogo poder continuar. Aquelas normas que alargam as possibilidades de participação no jogo e de este poder durar mais tempo. Aquelas normas que nos permitem continuar jogando o grande jogo existencial.

Mas não foi o que aconteceu a todos nós, quando, ainda crianças, nos deliciávamos a brincar? Recordo os tempos imensos em que *jogava à bola* com os meus amigos. O *resultado*, comecemos por este aspecto, tinha inequivocamente a sua importância, mas não um *valor absoluto*. Não havia uma duração pré-definida para o jogo, e mesmo quando havia algum critério para lhe pôr termo (quem primeiro marcava cinco golos, por exemplo), logo era alterado, pois o fundamental não era o resultado, mas que o jogo se prolongasse. Mesmo a equipa que na altura estava a *ganhar*, correndo o risco de vir a *perder*, não se importava que o jogo continuasse, agora na base de um outro critério (quem primeiro chegasse aos dez, por exemplo). Privilegiávamos, sem dúvida, o prazer e o desejo de continuar a jogar.

A forma de escolher as equipas, a naturalidade com que, em função da alteração das circunstâncias, mudávamos de equipa (estivéssemos a ganhar ou a perder), o tipo de bola, o tamanho das balizas, os materiais que usávamos para as delimitar (pedras, paus, areia, pasta da escola, roupa), o local onde jogávamos e a forma como marcávamos os limites do campo, o número de jogadores, as regras que se iam definindo e alterando, a possibilidade de as equipas terem um número diferente de jogadores, de o guarda-redes poder *jogar à avançada*, eram a clara expressão da flexibilidade adaptativa, do igual respeito pela *ordem* – sem uma dada ordem o jogo não é possível – e pela *transgressão*, pela necessidade de, dadas as circunstâncias, como condição de *perdurabilidade* do jogo, essa *ordem* ser alterada.

Havia respeito por normas e regras já definidas? Claro que sim. Aceitavam-se normas e regras por outros codificadas? Evidentemente. Aqui e além seguiam-se procedimentos verdadeiramente ritualizados? Sem dúvida. O que nunca impediu que *jogar à bola* fosse a genuína e livre experiência do estabelecimento de verdades transitórias, de procedimentos, proposições, princípios de funcionamento a mudar e a alterar, a reactualizar, em função da mudança, muita vezes imprevisível, das circunstâncias de vida dos sujeitos que estavam a jogar.

Incluir alguém que por qualquer razão chegasse mais tarde, garantir que o jogo continuasse quando alguém tinha de o abandonar mais cedo do que previa, criar oportunidades de descanso, quando alguém estivesse fisicamente exausto, envolver alguém no respeito e aceitação das suas diferenças, fossem elas a idade, a origem sociocultural, as competências motoras, a pertença a grupos minoritários, eram experiências quotidianas.

Jogar era a experiência da construção e delimitação de tempos e de espaços, da acomodação e recriação de normas e regras, da tradição e da inovação, do confronto com o real e com a fantasia. A experiência da regulação social, das rupturas e da sua superação, da proximidade e da intimidade, da solidariedade e da abertura a outras e renovadas soluções.

Recordo, com prazer, aqueles tempos da minha infância, tempos de *escola primária*, em que durante muito pouco tempo, em cada ano lectivo, apareciam na escola novos amigos, as crianças cujos pais trabalhavam no circo que chegara à cidade. Uns dias eram suficientes para, na intensidade do tempo de jogo, se forjarem aquelas amizades, aquelas cumplicidades, transitórias é certo, mas fortes e intensas, que muitas vezes se traduziam em algo também fortemente desejado, a entrada gratuita nesse outro espectáculo que tanto fascina a criança, o circo.

Aceitar normas e regras, cumpri-las, agir corporalmente de acordo com uma ordem, codificada por outros ou por si mesmo inventada, conferir a esses padrões motores um carácter de inquestionabilidade e invariabilidade, convertê-los, através da repetição e da rotina, de uma prática social continuada, em *verdades eternas*, com a mesma facilidade com que essas normas e regras são questionadas, negadas, alteradas, nomeadamente sempre que está em causa a continuidade do próprio jogo, sempre que no momento é necessário alterá-las, como condição para que o jogo possa prosseguir, perdurar, prolongar-se por mais tempo, é algo inerente à própria estrutura do jogo.

No âmbito do jogo, quando referimos a aceitação de normas e regras, a sua inquestionabilidade, invariabilidade e perdurabilidade, não estamos a pensar, obviamente, em normas e regras ditadas por alguém que tem o poder de impor a sua vontade pela força e pela coacção. Estamos antes a falar de normas e regras livremente aceites. O sentido de *inquestionabilidade*, *invariabilidade* e *perdurabilidade*, no caso do jogo, é bem distinto do que caracteriza e define outras práticas físicas.

Como sabemos, nenhuma sociedade pode funcionar unicamente na base da imposição e da coacção, sendo sempre necessária uma ampla e alargada aceitação em relação ao que se considera serem normas ou proposições mais ou menos inquestionáveis. É dentro deste *grau mínimo de ordem* que as variações individuais, igualmente necessárias, mas nem sempre consideradas desejáveis, devem ser equacionadas.

É dentro desses limites que as variações podem ser toleradas ou mesmo incentivadas. Até porque a coacção tende a arrastar consigo a normalização e, portanto, a impedir ou dificultar a variedade e a flexibilidade. O jogo é essa experiência precoce do saudável convívio entre regulação e emancipação, entre norma social e variação individual, entre liberdade e compromisso.

O jogo é um desses sistemas de desenvolvimento e adaptação relativamente autónomos, um sistema de finalidade geral não vinculado a objectivos específicos, o que faz com que quase pareça não procurar qualquer tipo de objectivo. É neste sentido que Caillois afirma que o jogo é uma actividade improdutiva, que Huizinga diz que é uma actividade desligada de qualquer interesse material, que Jean Chateau olha para o jogo como uma actividade séria ainda que gratuita.

Não tendo objectivos ou finalidades especiais, apresentando apenas graus de especificidade muito baixos, o que de alguma forma equivale à ausência de objectivos, a peculiaridade básica do jogo, a forma como se organiza e estrutura, parece ser a de garantir ao máximo as possibilidades de o próprio jogo poder continuar. Falsear esta dimensão de baixa especificidade, de ausência de objectivos, introduzindo e estabelecendo, por razões pedagógicas ou quaisquer outras, objectivos específicos e duradouros, é reduzir a sua flexibilidade sistémica, as suas potencialidades, em termos evolutivos e de desenvolvimento.

Diz-nos Rappaport (2001: 563), a propósito dos sistemas de finalidade geral:

> «Es esencial para la adaptación el mantenimiento de la flexibilidad sistémica, el mantenimiento de una capacidad de seguir respondiendo homeostáticamente a perturbaciones cuya magnitud y naturaleza normalmente no pueden predecirse, dada la complejidad del universo.»

A tradição, a regra, que no jogo é representada pelo mais velho, o amor a essa ordem, por vezes levado ao formalismo, são componentes importantes do jogo e do ritual, quando bem equilibradas pela sua superação, pela variação individual, pois é nessa dialéctica entre o objectivo e o subjectivo, o interior e o exterior, o social e o individual, que se forjam jogos e rituais com alma. O jogo exige, inequivocamente, a presença da alma e do corpo.

Um jogo ou um ritual, que se suportasse apenas na tradição seria por certo um jogo ou um ritual desprovido de alma. Um jogo, um ritual genuíno, intenso, forte, com alma, tanto assenta na tradição, na norma, no passado, no mais velho, como igualmente emerge da solidez e profundidade dos vínculos que se enraízam na psique individual.

4.2. O Jogo do Ali Babá e o Imaginário da Inclusão e da Totalidade

The distinction between gods and men is uncertain
(Kaufmann)

Em termos gerais, jogo e ritual partilham todo um conjunto de características, das quais temos vindo a salientar a *repetitividade* e a *regularidade,* a *formalidade*, a *imutabilidade* e *perdurabilidade*, a *codificação*, a *gratuidade* ou falta de eficácia material, o que significa que, quer um quer o outro, apresentam uma *funcionalidade* ou *eficácia* que não é decisiva no sentido corrente. Não podemos, no entanto, deixar de realçar algumas das diferenças que nos ajudam a distinguir entre jogo, ritual e actividade desportiva.

No caso do ritual, da mesma forma que no caso do jogo, todos participam. No que toca ao acontecimento desportivo distingue-se entre público e jogadores, entre público e actores, à semelhança do que acontece com essa outra forma de ritual que é o teatro. Os jogadores, os actores, executam, participam, actuam, intervêm activamente, criam e arquitectam o *espectáculo*. O público assiste, vê, escuta, de forma mais ou menos passiva, à actuação dos *artistas*.

No jogo, como dizíamos, não há essa distinção público/jogador e, quando pontual ou embrionariamente ela existe, não deixa de ser de uma forma ténue, flexível, maleável, estando assegurada, a todo o momento, a inversão ou reversibilidade dos papéis. *Assiste-se* ao jogo quando não é possível entrar nele. E enquanto *público* transitório, quando o elemento agónico está presente, não se toma ostensivamente partido por nenhuma das equipas, pois em qualquer momento se pode entrar para qualquer delas. Mesmo quando isso ocorre, a *inclusão* em qualquer das equipas não fica de forma alguma comprometida. Como já reiteradamente afirmámos, o jogo é, de alguma forma, a maximização da *participação* e da *inclusão*.

Francisco Alberto Ramos Leitão & Isilda Maria de Sousa Leitão

Se noutros contextos (teatro, cinema, música, actos litúrgicos) os espectadores têm de assistir de forma mais ou menos passiva ao desenrolar da acção, muitas vezes na base do *silêncio* corporal e verbal, no desporto espera-se que os espectadores se expressem *ruidosamente*, que ruidosamente (gritos, cânticos, instrumentos acústicos) e de forma bem visível (cores, roupas, ornamentos, pinturas) expressem as suas preferências, seja de forma individual ou organizada (animadores, claques). *Ruído* que muitas vezes, dentro ou fora dos recintos desportivos, pode atingir patamares de grande violência.

Salientamos dois aspectos. Por um lado, a convicção dos espectadores de que, com as suas acções e atitudes, podem de alguma forma influenciar ou condicionar o resultado, apoiando as suas equipas, animando-as, motivando-as, incentivando-as, apupando e desincentivando as equipas contrárias, procurando pressionar e influenciar as decisões dos árbitros. Por outro lado, dado o carácter competitivo da actividade, cria-se acintosamente uma cisão, uma separação, um antagonismo, entre os espectadores. O que não ocorre em contextos em que o elemento competição não é o traço dominante. Torna-se assim possível, nestes casos, criar, manter e aprofundar, no seio dos espectadores, um sentimento de *unidade* ou *totalidade*.

Um outro factor diferenciador entre o ritual e a cerimónia desportiva, estando mais uma vez o jogo nas imediações do ritual e não do desporto, é a presença, nas actividades desportivas, para além dos jogadores e dos espectadores, de um terceiro tipo de estrutura, a dos dirigentes, árbitros e juízes, que de alguma forma representam, aplicam e garantem, o cumprimento das regras do jogo.

Terceiro elemento que, nos contextos que temos vindo a designar de jogo, de actividade lúdica, não está presente. Mesmo naqueles que são marcados pelo agonismo e pela competitividade, a flexibilidade da situação permite que os próprios participantes, os próprios jogadores, chamem a si mesmos a responsabilidade de estabelecer e assegurar aquela *ordem* que permite ao jogo continuar. São, simultaneamente, jogadores e árbitros.

Assumem eles próprios, jogadores, o papel de *reguladores* da actividade, a responsabilidade e o compromisso de respeitar, interpretar e aplicar as regras, de as alterar e ajustar à realidade e circunstâncias do momento. O que revela a importância que assume o respeito mútuo, a confiança no outro, a amizade e solidariedade, o valor das normas e tradições de uma dada colectividade. O que não anula a possibilidade do conflito, de aqui e além surgir a confusão e a desordem. O que não anula a presença do desacato, do elemento Trickster do jogo. Mas, aspecto que importa igualmente realçar, a possibilidade de, autonomamente, se ultrapassar e transcender esse mesmo elemento.

Ritual, jogo e desporto, distinguem-se também pela natureza das acções, dos actos discretos que os caracterizam. As acções expressas no ritual são normalmente pré-definidas, pré-estabelecidas, havendo toda uma carga dramática, mítica, toda uma sequência de acções e acontecimentos heróico-trágicos, cujo resultado final é bem conhecido. O carácter de repetitividade e regularidade, de formalidade e perdurabilidade do ritual, suporta-se na imutabilidade do drama que se representa.

Isento de toda esta carga dramática, a imutabilidade quer do jogo quer da actividade desportiva limita-se, fica circunscrita, encerrada, nas regras e procedimentos, em toda uma espécie de liturgia exterior que ordena, configura, define, baliza, os enquadramentos que presidem à própria actividade, mas sem invadirem, directamente, o decurso do próprio jogo, a forma como toda a acção irá decorrer.

Face às acções imutáveis, pré-estabelecidas, que se representam no ritual, jogo e desporto respondem, na base da imutabilidade das suas regras, com a total liberdade e incerteza da carga dramática das suas acções, com a total incerteza em relação à forma como o jogo irá evoluir. Com a total incerteza em relação ao que virão a ser os sucessivos *lances* da actividade, em relação ao que virão a ser as *jogadas* que os actores irão desenhar.

Ressalvam-se, como não podia deixar de ser, as diferenças que resultam do facto de o jogo ser, como temos vindo a defender, um equilíbrio, nunca definitivamente encontrado, entre *imutabilidade* e *flexibilidade*, não um unilateral acentuar da dimensão *imutabilidade* e *seriedade* como tão significativamente ocorre no desporto competitivo e no ritual sagrado.

Uma outra dimensão importa aqui reter, aquela que dá ao jogo, precisamente porque liberto da carga mítica, dramática, a que estão vinculados a festa e o ritual (Kerényi, 1999), um carácter mais alegre e divertido, mais leve, mais ligeiro e feliz.

Também neste sentido o jogo se diferencia do ritual e da actividade desportiva, já que esta última encerra em si algo similar à tragédia, ao dilema dramático, situação a que o jogo é em grande parte alheio. Esta tensão trágica da actividade desportiva deve-se à previsibilidade, à inevitabilidade, de uma futura derrota, à possibilidade da contradição e do conflito entre a *vitória* e a *ética* do *fair-play*.

No plano mítico, personifica-se em determinadas figuras (Antígona, Sísifo, Tântalo) a inevitabilidade da derrota dos mortais face à tragédia do tempo. Nos rituais festivos, na tragédia, nas representações teatrais, somos muitas vezes confrontados, a partir de um dado «*plot*», de um dado enredo, de uma estrutura concreta de factos, de um «*arrangement of the events*» (Kaufmann, 1992: 55), com a percepção da derrota e da morte.

Nos recintos desportivos, de forma bem diversa, não se representa ou reactualiza um «*plot*», um guião, um enredo previamente construído, não se representa nem a vitória nem a derrota. Num recinto desportivo o *plot*, o enredo, o «arrangement of the events», tem que ser criado, inventado, jogado no momento. A actividade desportiva representa, ela mesma, em igual medida, estruturalmente, em abstracto, as possibilidades da vitória e da derrota, a tragédia da morte e da sua transitória superação. Possibilidades que só no momento, só no decurso do próprio jogo, em concreto, são *escritas*.

É esta dimensão agónica levada ao extremo, absolutizada no resultado, idolatrada, a da possibilidade da vitória e da derrota, do ganhar e do perder – o que não acontece com o jogo – que leva Lévi-Strauss, na sua conhecida obra *A Mente Selvagem*, a pôr em confronto os jogos desportivos e o ritual, acentuando o carácter antitético e separador, de separação e exclusão, que tão significativamente caracteriza as actividades desportivas. Carácter separador a que anteriormente já havíamos aludido, a propósito do antagonismo entre os espectadores que assistem ao espectáculo desportivo. Mas otorguemos a palavra ao próprio Lévi-Strauss (1972: 32):

> «los juegos deportivos [...] parecen tener un efecto separador: terminan estableciendo una diferencia entre jugadores individuales o equipos donde originalmente no había ninguna indicación de desigualdad. [...] En el ritual es justo a la inversa; *"une con"*, pues ofrece un vínculo [...] o una relación orgánica entre dos grupos inicialmente separados: uno fundiéndose idealmente con la persona del oficiante y el otro con la colectividad de los fieles. En el caso de los juegos deportivos, la simetría está por lo tanto predeterminada estructuralmente, puesto que se guía por el principio de que las reglas son las mismas para todos. La asimetría se genera: es consecuencia inevitablemente de la naturaleza contingente de los sucesos, debido a la intención, suerte o talento. Lo contrario del ritual. Hay una asimetría que esta postulada con antelación entre lo profano y lo sagrado [...] y el «juego» consiste en hacer que todos los participantes pasen al lado del ganador.»

Situação esta que não impede a presença, nomeadamente através do cerimonial desportivo, de factores de união, pois o desporto, como a política e a religião, é um convite ao ritual ou à cerimónia.

No plano nacional ou internacional, particularmente no que toca ao movimento olímpico, são bem visíveis os sinais que revelam como o desporto se apoia no ciclo sagrado do tempo mítico, instaurando um *tempo festivo*, uma ruptura face ao tempo linear e ao espaço profano. Os lugares onde ocorrem os jogos são *espaços sagrados*. Os recintos desportivos são santuários ou *catedrais*. A entrada dos atletas, das delegações dos vários países, com as suas bandeiras, galhardetes, cantos ou hinos, são verdadeiras *procissões*. A presença da luz e do fogo, como a recitação do juramento olímpico, formas talvez de exorcizar a insistente presença de Pélops, são verdadeiros *rituais de purificação*. Os Comités Olímpicos assumem-se como Colégios Cardinalíceos. Os vencedores são *consagrados* e *celebra-se* o sentido da paz e da fraternidade universal.

Carl Diem, o grande teórico alemão do desporto, Pierre de Coubertin, o ideólogo do movimento olímpico moderno, falam-nos da força do desporto no *apaziguamento* dos conflitos sociais, na união entre as diversas classes, nações, povos e raças. Falam-nos da relação entre o desporto e as emoções e sentimentos nacionais. Falam-nos do desporto como *religio athletae*, como caminho para a união entre todos, como caminho de confiança, harmonia e paz universal.

No entanto, apesar da presença de factores de união no cerimonial desportivo, a análise de Lévi-Strauss sobre o fenómeno desportivo, mantém toda a sua pertinência e validade. Com efeito o desporto, entendido como actividade de competição, altamente especializada e profissionalizada, como idolatria do rendimento e do resultado, que se vende como qualquer outro produto do marcado, assume essencialmente contornos antitéticos, de separação, afastamento e oposição.

No jogo, tudo se passa de forma diferente. Como no ritual, une, aproxima, fortalece as *relações orgânicas* entre participantes, mas entre participantes que antes não estavam obrigatoriamente separados. Em nenhum momento do jogo, antes ou depois, há distinção entre *oficiantes* e *fieles*.

No jogo não está presente a dicotomia jogador/espectador, no jogo sempre prevalece a unidade social do grupo, o sentido de unidade e totalidade, uma real partilha e comunhão que espontaneamente minimiza e atenua os antagonismos. Antagonismos, polarizações, oposições, que a heterogeneidade e diversidade da vida quotidiana, mais dominada pelos *interesses* que pelas *relações* (outra forma de absolutização do relativo), pela divisão das tarefas, pelas peculiaridades individuais, tem tendência a amplificar.

No jogo, onde igualmente existe, a divisão de tarefas é mais ténue, reversível, flexível, sem aquela rigidez que encontramos na actividade desportiva, onde a especificidade e rigor dos papéis, de acordo com pressupostos hierárquicos, pode mesmo gerar desigualdades e dificuldades no plano da regulação dos comportamentos sociais. No jogo, como dizíamos, a flexibilidade no desempenho de papéis e tarefas específicas potencia formas de regulação social que não ignoram os valores da individualidade e da autonomia, da mesma forma que não ignora os valores da cooperação, da partilha e da reconciliação social.

Mas não foi exactamente isso que também aprendemos com o *Jogo do Ali Babá*? O *Jogo do Ali Babá* não é a entrega, intensa e total, a uma energia criadora incontrolada, mas antes esse equilíbrio que resulta de uma entrega, intensa e total, a uma energia criadora espontânea e individual, que sabe salvaguardar, que sabe proteger, a ordem inerente a um sentimento de unidade e totalidade.

O *Jogo do Ali Babá* é a vivência corporal concreta, forte, exuberante, de todo um *imaginário de inclusão e totalidade*, não de *separação*. A vivência concreta de uma imagem de *totalidade* que, tendo-se particularizado e tornado visível nesta forma específica de jogo, igualmente se *absolutizou*, se *especializou*, na imperiosa vontade de tentar abolir, minimizar ou superar, a cisão e a separação. Na imperiosa vontade de que todos possam, na genuína e espontânea alegria de viver, na alegre partilha dos corpos, continuar a jogar.

Ao equacionarmos um determinado *continuum*, que vai do lúdico ao pré-desportivo e ao desportivo, ao assistirmos a uma desludização das actividades corporais, ao vermos como um *corpo lúdico* se vai progressivamente tornando num *corpo desportivo*, num contexto em que as próprias instituições, equipamentos e materiais, funcionam como um dos enquadramentos, através do qual o lúdico vai cedendo o passo ao desportivo, sem retirar nenhuma da importância e valor que a actividade desportiva encerra em si, numa perspectiva *educativa*, de *evolução* e *adaptação*, de formação da própria humanidade, não podemos deixar de expressar algumas preocupações e perplexidades.

Mesmo tendo em consideração questões de orientação e desenvolvimento curricular, tendo igualmente presente a importância, mesmo nas idades mais baixas, da intencionalização das aprendizagens, mesmo sabendo que o particular não faz lei, estando consciente de que o legítimo e o significativo nem sempre são coincidentes, sabendo que tanto as leis e proposições científicas, como os sentidos e significados com que a humanidade vive, têm que ser construídos e aceites, não posso deixar de me interrogar sobre o significado e implicações profundas que actividades com as de *enriquecimento curricular*, no caso na sua vertente físico-motora, poderão ter no desenvolvimento dos nossos filhos e netos.

Bem próximo do parque infantil onde os meus netos inventaram o *Jogo do Ali Babá*, situa-se um espaço escolar oficial (pré-escolar e primeiro ciclo). Do primeiro andar do prédio, onde por vezes passo algum tempo, não posso deixar de observar as actividades em que as crianças do primeiro ciclo, durante os recreios, espontaneamente se envolvem.

Uma manhã, em que me dedicava à escrita do presente livro, confronto-me com uma sessão de trabalho, orientada por um adulto, que na altura mereceu, da minha parte, entre outras, as seguintes reflexões:

- Actividade dirigida por um profissional
- Actividade de natureza competitiva (jogo pré-desportivo de três contra três)
- Ênfase no resultado («Ganha a equipa que…»)
- Maior coacção e menor liberdade (em relação às actividades livres das crianças)
- Menor exuberância, alegria e espontaneidade
- Menor empenho na actividade e menos tempo na tarefa
- Constituição de grupos na base da *separação* pelo género dos alunos. Dois grupos só com raparigas, um grupo só com rapazes e um grupo misto (cinco raparigas e apenas um rapaz; o rapaz que integrava o grupo das raparigas apresentava menos competências motoras e era mais obeso; poderei estar enganado, mas terão sido estes os critérios que levaram à sua *integração* nesse grupo?)
- A actividade terminou, com o retorno à calma, na base de um andar em *fila indiana*.

Não queremos retirar nenhuma conclusão desta observação ocasional, mas uma coisa sabemos: se uma dada actividade (uma actividade intencionalizada é sempre um *ecossistema*, um *logos*, uma coerência interna), no âmbito dos objectivos gerais que persegue, se deixa subordinar a interesses ou objectivos específicos, a interesses particulares, numa óptica de evolução e desenvolvimento, a *poluição*, a *degradação* ecossistémica, é muito provável.

A *idolatria pedagógica* resulta exactamente da relativização do absoluto e da absolutização do relativo, do facto de o específico, de o particular, serem absolutizados, elevados a algo de interesse fundamental, relegando para segundo plano, secundarizando, marginalizando ou excluindo, o essencial. Marginalizando ou excluindo os objectivos gerais ou *Postulados Fundamentais*.

Uma epistemologia em que o específico e o particular são santificados e absolutizados, uma epistemologia em que os *Postulados Fundamentais* são relativizados e secundarizados, arrasta consigo a exclusão do lúdico, e os deuses não perdoam tamanha distracção. Não perdoam, como sabemos, serem esquecidos, ignorados, desprezados.

4.3. O Jogo como Acto Social Básico e Fundador

La esperanza que su objecto crea
(Unamuno)

Não é de estranhar que, independentemente do rosto que apresenta num dado momento, da forma como se materializa em cada circunstância particular, o jogo ostente aquelas características que permitem entendê-lo como um *acto social básico*, como um meio primordial de os homens aprenderem a estabelecer convenções entre si.

Em primeiro lugar, dado o carácter de *ritual* que a generalidade dos jogos apresenta, assistimos a uma *amplificação dos sinais comunicativos* entre os jogadores, o que é dizer que o jogo promove e facilita o processo comunicacional.

A amplificação e eficácia dos sinais é tanto maior quanto mais facilmente se distingue dos actos do quotidiano, se são mais extraordinários e invulgares, se funcionam numa outra escala, se se altera o tempo de duração, se o ritmo de execução é diferente.

No jogo, as palavras e os gestos como que ganham mais peso, forma aliás de se tornarem mais claros e convincentes. No jogo, as palavras e os gestos, diferentes das palavras e dos gestos do quotidiano, como que ganham um peso e um significado especial. Diga-se, de passagem, que quando anteriormente falávamos de *marcadores* contextuais e comportamentais, que sinalizam o carácter de jogo da actividade, do que em grande parte falávamos era, exactamente, da amplificação de sinais, dessa amplificação de sinais que promove e facilita a comunicação.

Quando uma criança, ou um adulto, *finge* que está a dormir, o que inequivocamente faz é *amplificar* os sinais que permitem ao outro *ler* mais facilmente os seus comportamentos: o exagero e prolongamento dos movimentos ou a total imobilidade numa dada postura, o abrir e fechar dos olhos, a alteração do ritmo respiratório, a intensificação dos sons do ressonar.

Quando uma criança, ou um adulto, *finge* que está a coxear, que é mais alto ou mais baixo, que está a andar muito depressa ou muito devagar, o que faz é alterar, chamemos-lhe assim, a forma *típica* de se movimentar. Um pouco à semelhança do que ocorre com o carácter *sério* dos *rituais* ou *cerimónias* dos adultos, quando por exemplo realizam marchas ou passos processionais de carácter fúnebre ou marcial.

Em segundo lugar, embora a performatividade dos nossos actos não derive apenas do carácter ritual desses actos (a pragmática da linguagem estuda muitas outras dimensões), não podemos deixar de sinalizar esta relação especial entre performatividade e carácter ritual dos comportamentos, nomeadamente no que ao jogo diz respeito. As características formais e rituais do jogo, o seu carácter de repetitividade e invariabilidade, como formas específicas de amplificação de sinais, aumentam as possibilidades de êxito desses comportamentos.

Nos jogos e brincadeiras com crianças, quantas e quantas vezes, para desencadear um determinado comportamento, para conseguir uma maior conformidade com as nossas expectativas, contamos lenta e pausadamente, ritualmente, «Um! Dois! Três!», algo que depois a criança já faz por si própria ou *aplica* a outras crianças. Ao dar de comer a uma criança, quem é que não fez trajectórias complexas, mais ou menos prolongadas, com a colher, imitando como que o voar de um avião, antes de levar a colher à boca da criança? Não se trata de um jogo, de um ritual lúdico? O objectivo não é aumentar a performatividade desse acto, acrescentando ao carácter funcional da situação uma dimensão lúdica e de divertimento?

No mesmo contexto de alimentação, quem é que não recorreu já a um outro ritual, a um outro jogo, a uma outra brincadeira, dizendo enfaticamente «Esta é para a mamã! Esta é para o papá! Esta é para a vovó!» É evidente que estes rituais lúdicos não asseguram plena e totalmente a performatividade dos actos, não eliminam a possibilidade da falta de contingência ou sinceridade do outro, não anulam a possibilidade de o comportamento do outro não se ajustar às nossas expectativas. Não é essa também a função desses rituais lúdicos, embora tal efeito seja potenciado e possa estar presente.

No entanto, como actos sociais e interactivos que são, estabelecem de alguma forma um compromisso e uma obrigação para com o outro, compromissos e obrigações que poderão ou não ser cumpridos. Mas, seja esse compromisso observado ou não, o outro como que se obrigou a fazê-lo, o que o coloca, no caso de não acatamento, na situação pública, social, de ter violado uma obrigação, de ter desrespeitado algo que ele mesmo aceitou e admitiu.

Estes comportamentos não têm apenas um carácter auto-referencial, que se esgota na informação transmitida, transcendem o aqui e agora, os aspectos particulares e imediatos do momento, já que como procedimentos convencionais, por outros codificados, beneficiam daquela autoridade, daquela tradição, daquela invariabilidade dos modos de transmissão que parecem intrínsecas aos actos ou ordens canónicas.

O jogo não é uma miragem do momento, uma ilusão do instante, desenraizada de qualquer relação ao passado ou ao futuro. É antes uma congregação do presente com o passado, a invisível presença do ausente, dos que nos antecederam. Uma espécie de comunidade do presente com o passado que tem os olhos virados para o futuro.

Jogar é aprender a estabelecer convenções entre pessoas. Jogar é aprender a estabelecer e manter compromissos, a estabelecer, manter e renegociar, contractos sociais. Canonicamente, invariavelmente, repetidamente, aplicávamos determinados procedimentos, normas ou regras, por outros codificadas, para tomar decisões sobre a forma de constituir as equipas que iriam jogar. Um desses cânones funcionava, recordo-o bem, da forma que de seguida se indica.

Os dois jogadores que inicialmente iam escolher as equipas (também havia diferentes cânones para a escolha inicial desses dois jogadores, que iam da simples numeração a lengalengas mais ou menos complexas) colocavam-se a uma certa distância entre eles, com um pé à frente e outro atrás. Alternadamente, cada um deles ia passando o pé de trás para a frente, encurtando-se assim o espaço que os separava. Quando já relativamente próximos um do outro, chegava o momento em que um deles, ao deslocar o pé de trás para a frente, acabava por tocar ou pisar, ligeiramente, o pé do outro. Pois bem, esse era o primeiro a indicar um jogador para a sua equipa. A partir daí, as escolhas eram feitas alternadamente.

Jogar é aceitar o canónico. Jogar é superar esses cânones criando ou inventando novas ordens, novas regras, aquelas que na altura melhor parecem adaptar-se às circunstâncias do momento. O *Jogo do Ali Babá* tornou-se num cânone, que passado mais de um ano, ainda perdura. O *Jogo do Ali Babá* tornou-se num cânone que, até à publicação deste livro, sempre que os meus netos se reencontravam em Santa Cruz, ainda jogavam. Por vezes, quando algum deles passava junto do parque infantil onde tantas vezes brincavam, parava momentaneamente, olhava, e limitava-se a dizer «Ali Babá!», forma ainda de actualizar, de tornar presente, o jogo, os primos, os *Postulados Fundamentais* inerentes à situação primordial que conjuntamente ali viveram.

Estou convencido que, quando forem adultos, o jogo ainda estará presente, ainda será recordado. Talvez, para eles, se tenha transformado num deus a recordar, a não esquecer. A ser assim, esse jogo terá por certo marcado, porque extinto mas não esquecido, a forma como foram transformando as suas vidas, as relações consigo mesmos, com os outros, com o mundo. Talvez por isso hoje, tempo de crise, mais do que nunca, seja importantes os deuses não serem esquecidos, não serem esquecidos os *Postulados Fundamentais*. Afinal, a dimensão principal de qualquer crise é a forma como atinge as relações humanas.

O «*Era uma vez...*», como forma de iniciar uma história a uma criança, tornou-se num cânone, na forma *típica*, inalterável, tradicional, de iniciar um conto. Canónica é a expressão «*Vitória, vitória, acabou a história!*», como forma *típica*, inalterável, tradicional, de finalizar um conto.

Esta *amplificação de sinais*, esta facilitação do processo comunicativo, esta eficácia, esta performatividade, que anteriormente assinalámos em relação ao jogo e ao ritual, são em grande parte a expressão da *dimensão estética*, *festiva*, de *embelezamento*, que o jogo sempre envolve, como o são desse maior *investimento afectivo*, dessa *intensidade*, dessa *paixão*, dessa *alma*, que a actividade lúdica igualmente sempre encerra.

Jogar é fazer-se alma, superar-se, transcender-se. Descobrir-se como projecto, como subjectividade, como pessoa. É neste sentido que entendemos o poema *Pedagogia* que Miguel Torga (1999: 951) escreveu em Coimbra, a 16 de Março de 1960.

> «Brinca enquanto souberes!
> [...]
> Alheado e feliz,
> Brinca no mundo da imaginação,
> Que nenhum outro mundo contradiz!
> De cabra-cega tonta,
> A saltar e a correr,
> Desafronta
> O adulto que hás-de ser!»

No plano social mais alargado, os *rituais* de uma dada comunidade põem em acção, dramatizam, dão substância, peso, corpo, às *esperanças*, às *fantasias sociais*, dessa comunidade, da mesma forma que, no plano mais individual ou do pequeno grupo, os jogos da criança expressam a sua *joie de vivre*, a sua vontade de transcender e superar as limitações, as privações, com que se confronta. A sua vontade de abrilhantar, de tornar mais festiva, a sua vida. O que em grande parte a criança assegura ao não permitir que o jogo ganhe contornos de ideologia, ao não permitir que o jogo decorra de acordo com o absolutismo de um qualquer esquema rígido, inflexível, canonicamente inalterável e inquestionável, imposto a partir de estruturas ou hierarquias de poder. Unilateralidade que sufocaria a criatividade, mataria o espírito, sacrificaria a liberdade, a espontaneidade, a esperança e a alegria. Deixar aproximar, excessivamente, o ritual lúdico da ideologia, seria deixá-lo converter-se num acto repressivo, neurótico, obsessivo, opressor.

Ora, o jogo tem, pode ter, um carácter libertador. Para isso, se por um lado, como vimos antes, não pode degenerar em *ideologia*, em ritual carregado de mitologia e doutrina, perdendo toda a espontaneidade e flexibilidade, por outro lado o jogo não pode converter-se em *idiossincrasia*, em acto mais ou menos autista onde o outro, a dimensão social, o grupo, a experiência histórica, não tivessem lugar.

Jogar é mesmo abraçar ou criar rituais, rituais com alma, onde a criança expressa, a si mesma e aos outros, os seus sentimentos mais profundos. Rituais com tempo e história, seja a história de gerações seja a história, curta e breve, do tempo que as crianças partilham enquanto brincam, como no *Jogo do Ali Babá*.

Jogar é conectar-se a si mesmo e aos outros, ao interior e ao exterior, ao que os outros, os mais velhos, sentiram e construíram no passado, passado que ao actualizar-se no jogo, ao tornar-se presente, vive já o destino de tornar-se experiência que se transmite e projecta no futuro. Sim, jogar é aprender a gerir distâncias, saber estar, suficientemente perto e suficientemente longe, ser amante do mundo e dele estar suficientemente afastado.

Esta dimensão histórica e social do jogo é potenciada pelo facto de o jogo ser fantasia feita corpo, espacializada, que ganha peso e substância. O corpo situa-nos num espaço e num tempo determinados, vincula-nos a uma localização histórica e social concreta. O jogo ensina a criança a conhecer-se melhor física e psiquicamente, a tomar consciência de si mesma, de que existe e tem um corpo, um nome, duas mãos.

Ensina-a a construir uma identidade, a desenvolver as competências que lhe permitem adaptar-se ao mundo em que vive, ao tempo e às circunstâncias em que se movimenta. Bases essenciais em que assenta a possibilidade de, jogando, jogando com o mundo e com os outros, se descobrir como um ser criador, activamente capaz de mudar, transformar, embelezar, o tempo e as circunstâncias em que vive. Activamente capaz de, nesse mesmo acto, se recriar, transformar, embelezar, a si própria.

Decisivo é o papel do jogo, dadas as suas características de ritual, na construção da noção de tempo, já que nas primeiras idades os próprios jogos são essencialmente jogos de rotina e repetição social, jogos interactivos onde a previsibilidade dos comportamentos do outro é muito elevada. Tudo começa, aliás, como já referimos, com os *rituais de alimentação e saudação* (Erik Erikson, 1959), rituais que depois se prolongam em muitos outros jogos interactivos da criança, com as pessoas que com ela se relacionam de forma mais significativa.

As experiências interactivas precoces são caracterizadas pela alta sensibilidade com que mãe e criança respondem às pistas e sinais sociais do outro, pela forma como adaptam e mutuamente regulam os seus comportamentos, adequando o conteúdo das suas interacções e o momento em que o fazem, às expectativas e iniciativas do outro.

Quando Brazelton (1989) refere como é fundamental para a criança a partilha de experiências contingentes, ao aludir às experiências de *still face condition*, onde a violação da reciprocidade interactiva por parte da mãe, ao permanecer estática e com o rosto inexpressivo, leva a criança, através de estratégias diversificadas, a reconstruir o processo comunicativo, retirando a mãe da situação não responsiva de *still face*, no fundo o que o autor nos está a dizer é que o processo comunicativo mãe-bebé é fortemente marcado pelo seu carácter ritual, de forte previsibilidade, do que se espera venham a ser os seus comportamentos e os comportamentos do outro. Violar expectativas significa que os comportamentos que, num dado contexto, esperávamos do outro, não ocorrem. Significa que o que a experiência nos dizia que deveria efectivamente acontecer, não se verificou.

O envolvimento social, ao proporcionar de forma consistente, repetitiva, experiências interactivas contingentes e reciprocamente reguladas, experiências caracterizadas pela repetitividade, pela invariabilidade, pela previsibilidade, pelo conhecimento antecipado do que irá acontecer, desenvolve na criança um sentimento de competência como parceiro social.

Esta natureza altamente contingente dos comportamentos interactivos, assente no carácter de ritual, de repetição e rotina, desses actos sociais, levou os investigadores a referirem-se à comunicação precoce mãe-criança em termos de *diálogo e conversação*, acentuando desta forma a importância do jogo e do ritual, dos jogos interactivos, de repetição e rotina, na formação da própria humanidade, comportamentos agora elevados à categoria de actos sociais fundadores.

Esta situação está bem expressa nos mecanismos interactivos que envolvem a repetição e a rotina, nos jogos que ao incluírem padrões de organização temporal sequencial, caracterizados pela previsibilidade, pela antecipação do que se espera serem os comportamentos do outro, apresentam um carácter claramente *conversacional*, jogos que exibem a especificidade de serem *rule-governed*, já que decorrem num quadro interactivo claramente estruturado e constituído por regras bem definidas sobre quem faz o quê e quando.

Estes jogos sociais e interactivos, entendidos como rotinas comunicativas estruturadas, como rituais, no interior dos quais as intenções comunicativas podem ser mutuamente compreendidas, partilhadas e convencionalizadas, ao permitirem estabelecer padrões de ligação temporal entre os comportamentos dos intervenientes no processo comunicativo, transformam o que inicialmente eram comportamentos discretos de dois ou mais indivíduos, em verdadeiros códigos de conduta, onde a partilha conjunta da mesma actividade, bem como uma maior simetria no processo comunicativo, vão sendo possíveis.

Quando afirmamos que os jogos interactivos, de repetição e rotina social, que marcam a experiência precoce da criança, como *rituais* que são, devem ser entendidos como actos sociais básicos e fundadores da humanidade, o que queremos significar é que são eles que permitem transformar comportamentos discretos, autocentrados, em *códigos de conduta* que permitem o estabelecimento da *convenção*, que potenciam a possibilidade do *contrato social* e da ética que lhe é inerente.

Uma das características desses jogos é o seu aspecto repetitivo, o que proporciona a emergência de mecanismos de confirmação e antecipação. As repetições maternas, a invariabilidade e perdurabilidade dos seus comportamentos, permitem à criança confirmar as suas próprias expectativas sobre o comportamento esperado da mãe, da mesma forma que as repetições da criança são o incentivo ou a confirmação de que a mãe deve continuar a repetir os seus comportamentos. As repetições maternas (como as da criança) proporcionam à criança (como à mãe) verdadeiras antecipações, sob a forma de padrões de comportamento estáveis e, portanto, previsíveis.

Uma segunda característica diz-nos que esses jogos implicam um envolvimento mútuo da criança e da mãe, incluem o outro, o fazer em conjunto, a partilha de uma mesma actividade e de um mesmo foco de atenção, uma co-orientação, e, deste modo, a progressiva transformação de estímulos sem significado em símbolos, em signos significativos.

A terceira característica desses jogos é apresentarem uma organização temporal sequencial, uma alternância de comportamentos. Esta alternância é baseada em regras específicas, em normas, em códigos, em convenções, já que existe toda uma hierarquia de estruturas reguladoras da interacção, que permite sinalizar quando o outro deve iniciar, ou terminar, o seu comportamento, bem como o conteúdo particular que esse comportamento deve assumir.

Mas não são estas, precisamente, as características de todo o ritual? Não encontrámos todas estas características no próprio *Jogo do Ali Babá*? No decurso da invenção e estabilização do *Jogo do Ali Babá*, os três primos proporcionaram uns aos outros experiências contingentes, o que reforçou o sentimento de eficácia e competência de cada um deles, na *regulação do processo social*, já que avaliaram as suas próprias competências a partir dos resultados concretos das suas iniciativas sociais, ou seja, na base da adesão, da sensibilidade, do outro, às suas propostas e iniciativas.

Cada um deles, ao desencadear nos outros um comportamento desejável, esperado, pretendido, ao desencadear nos outros um comportamento que tem em consideração os modelos motores propostos, vê os seus sentimentos de competência e eficácia revigorados, fortalecidos. Cada um deles retira os seus sentimentos de confiança, competência e eficácia, das experiências contingentes que os outros lhe proporcionam. Sentem-se, reciprocamente, *empowered*.

Cada um deles constrói um sentimento de competência como parceiro social, a partir da vivência de experiências contingentes, o que por sua vez influencia a interacção com o envolvimento físico, já que aborda essas situações, os novos contextos de aprendizagem, com o sentimento de os poder efectivamente controlar. É essa, também, uma das magias do jogo, uma das magias desse jogo ritual que é o *Jogo do Ali Babá*. Afirmando o poder, o poder mágico da palavra e dos símbolos, há acima de tudo que olhar para a *contingência* como a verdadeira magia.

O tempo, como o espaço, heterogéneos que são, ascendem com regularidade a pontos culminantes, onde se tornam festivos, ou seja, mais intensos, mais alegres, mais reais. É o que ocorre quer com o jogo quer com as festividades rituais. No caso da festa, esse tempo mais presente, mais alegre e mais intenso, mais forte, torna-se calendário, acontece periodicamente, de forma regular, repetindo e recriando um tempo original, um acontecimento, uma data, que se quer repetida e festivamente celebrar.

Este corte com o tempo, este tempo festivo que marca um plano da existência humana diferente do quotidiano, que por razões económicas nos queriam retirar, ao reduzirem os feriados, fossem eles civis ou religiosos, ocorria, em tempos mais remotos, sincronicamente com certas efemérides astrológicas, com certas aparições dos astros, com certos ciclos da natureza, com certos acontecimentos religiosos e mitico-históricos. Ocorria de acordo com um dado *calendário*, que ciclicamente se renovava. Dizer que o *calendário* é por essência festivo é o mesmo que dizer que o *festivo* se foi tornando *calendário*, se foi institucionalizando de acordo com a regularidade de determinadas *aparições*, cosmológicas ou outras.

Algo diferente ocorre com a alegria e festividade do jogo. O jogo converte o tempo corrente em instante criador, em tempo festivo, sem qualquer tipo de sujeição, submissão, vassalagem, a *calendários*. O jogo surge onde e quando o espírito quer, livre e espontaneamente. O jogo é a alegria e a festa sem *calendário*, sem data anunciada, sem convencionalização. Ele próprio é *aparição*.

Como instante criador, como criação do momento e não mera repetição do passado, como compromisso com o passado e com o presente, o jogo é fidelidade e aproximação a um passado (normas, convenções, códigos), a um percurso histórico, a uma tradição. Mas passado que no presente, de forma intensa e total, tem que ser reescrito, reinventado, mas nunca esquecido.

Fidelidade, portanto, memória, que sem deixar de o ser, é igualmente traição. Traição no sentido em que jogar é essa experiência paradoxal de, para sermos fiéis a um passado, dele temos igualmente de nos afastar. Condição para igualmente sermos fiéis a esse presente, em que o passado se reescreve. Sim, fidelidade e traição são a expressão dessa sabedoria de vida a que anteriormente nos referíamos, de forma metafórica, ao recorrer à figura do *saber gerir distâncias*.

Jogar é *repetição* no sentido de *recriação*, de transfiguração. Retornar a um passado, a um centro, a uma casa, materna ou paterna, para com a nossa presença a transfigurarmos, mas sem a ela nos deixarmos subjugar. Liberdade e coacção máximas, afastamento e aproximação, como sempre temos afirmado. Também isto é *saber gerir distâncias*. Jogar é essa experiência, esse agir, esse estar, que apesar do seu carácter repetitivo, rotineiro, da sua antiguidade e da sua história, da quantidade de vezes em que nela já me envolvi, das cumplicidades que com ela fui criando, sempre acontece *como se fosse a primeira vez*. Também isto é *saber gerir distâncias*. Repetição, repetição como forma de venerar o passado, de ter memória, de não esquecer, de recordar. Trair o passado, não repetir, repetir não repetindo, como condição de construção do presente, da inovação, da transformação e da mudança. Como condição de manter viva e aberta a possibilidade de que tudo ocorra *como se fosse a primeira vez*. Mas essa traição ao passado não é precisamente a forma de o manter vivo e forte no presente? Trair como forma de nos mantermos fiéis.

A experiência da repetição, em termos de fidelidade e traição, permite, quando de novo me envolvo com uma dada situação, quando com ela de novo me envolvo, a ela de novo me entrego, que tudo volte a acontecer com a mesma intensidade, com a mesma luminosidade, com a mesma alegria e sentimento festivo, com a mesma jovialidade, *como se fosse a primeira vez*. Sem nenhuma carga de obrigatoriedade ou de dever.

Também aqui o jogo se distingue do ritual. O ritual está santificado, retira a sua força e energia do mito, da história, do passado, do modo como actuaram os nossos antepassados, não se reduzindo a um mero acto de vontade do homem. Envolve, antes, um sentimento de dever, compromisso, obrigação, mais ou menos pesado.

Já o jogo, liberto deste ónus ou carga mítica, ganha outra liberdade, outra leveza, outro fulgor festivo. Fulgor festivo, *joie de vivre*, que encontra a sua origem e fundamento não no mito, mas na própria actividade, na livre adesão a uma actividade que move o nosso coração, que dele se apodera, como acontece com tudo o que de alguma forma se insinua como objecto amado. No total respeito e fidelidade ao passado, mas sem a ele se deixar, passivamente, escravizar, trazendo-o para o presente, recriando-o aqui e agora.

O jogo não se deixa condicionar a um *calendário*, da mesma forma não se deixa condicionar a uma morada, a um templo, a um espaço próprio, que a tradição tenha institucionalizado. Mas respeitando-a, venerando-a até, recriando-a, dando-lhe uma nova alma, um novo corpo, no presente.

Os deuses tinham os seus templos, as suas moradas, espaços próprios que habitavam e de que tomavam posse. A inscrição num templo de Pompeia, de que *Hic habitat felicitas*, quer afinal dizer, como refere Kerényi (1999: 220) que «La felicidad ha tomado posesión del lugar y la ha mantenido», para logo explicar que «cuando la Felicitas o una divinidad de los griegos se apoderan de forma pasajera de un lugar, ello no implica una limitación de su ser, sino a lo sumo un lugar delimitado y también arquitectónicamente resaltado de la presencia repetida y pasajera de la divinidad, un lugar que de todos modos pertenece a ella.»

Pois bem, o jogo é esse *acontecer*, essa *aparição*, cujo *templo* se confunde com o próprio universo. Qualquer espaço, por mais sagrado ou profano que seja, se pode transformar, transitoriamente, em espaço de jogo. Afinal, nas religiões da natureza, o divino sempre se manifestou em qualquer lugar, numa gruta ou numa montanha, na água ou nos bosques, no fogo, no ar ou na terra. A natureza era sacralizada. Os deuses habitavam, continuam a habitar, o nosso corpo.

Acolhendo a história e a tradição, superando os rigores da institucionalização, liberto de *templos* ou de *calendários*, o jogo, conquista corporal da mais intensa e total *joie de vivre*, *acontece* sem grandes restrições temporais e espaciais, mas sempre transfigurando a vida, o mundo, o indivíduo. No sentido em que Hermes o faz quando transforma a carapaça da tartaruga em cítara ou *sacrifica* a todos os deuses.

4.4. A Bestialização do Corpo

> *O corpo é cada um de nós que o faz,*
> *senão não vale nada e não se aguenta*
> (Artaud)

Com a entrada na Idade do Ferro, o tempo em que a natureza era sacralizada, o tempo das Grandes Deusas Mães, vai cedendo o passo ao mito do herói, à instauração de todo um regime do imaginário, em que as grandes antíteses se vão forjando e consolidando.

Perdida essa visão unificadora da vida, da terra, do homem, em que toda a criação era da mesma substância da deusa, ou seja, em que não havia ainda cisão entre criador e criatura, entre profano e sagrado, entre Espírito e Natureza, a imagem mítica da terra, como epifania da grande deusa, como ser vivo activo e construtivo, com alma, dessacralizou-se. A terra, a natureza, o próprio corpo humano, passam a ser imaginadas como matéria amorfa e passiva, inerte, matéria vil, barro ou lodo.

Com a mitologia babilónica, a grande deusa passa a estar associada à Natureza como força caótica, força que deve ser controlada, enquanto os recém-nascidos deuses masculinos passam a assumir o papel de forças conquistadoras e ordenadoras da Natureza. Tudo se polariza. O *Enuma Elish*, relato babilónico da criação, na base do mítico combate entre Marduk e a mãe primordial Tiamat, converte a natureza viva em matéria morta.

No *Génesis*, esta transformação da natureza, de força feminina e criadora em matéria morta, é igualmente pressuposta. Deus, como agente masculino transcendente, como Verbo, cria o cosmos, os céus e a terra, a partir do abismo informe.

Também no *Timeu* de Platão, o relato grego da criação, está presente a morte da mãe primordial, a sua transformação em matéria passiva e inerte. O filósofo fala-nos de uma Mente Eterna, de um Criador ou Artesão, qual princípio activo e masculino, que encerra as formas ou protótipos eternos de todas as coisas, imprimindo-as nesse receptáculo passivo e informe que é a Mãe, a matéria, qual princípio de imperfeição e finitude.

A alma humana pertenceria, em última instância, ao mundo celestial das formas puras. Para retornar a esse mundo diurno e aéreo, para regressar à sua origem celeste, deve resistir às paixões do corpo, viver uma vida de mortificação, separar-se desse veículo inferior que é o corpo. Postula-se, assim, uma relação de antagonismo, de conflitualidade, de superioridade hierárquica, do masculino sobre o feminino, do humano sobre o animal, da alma boa sobre o corpo mau, do espírito sobre a natureza.

Para além da metafísica grega, que neste ponto não se esgota no dualismo corpo/alma, mas por ele ficou fortemente marcada, outras fontes concorreram para esta visão antitética das relações entre corpo e alma, visão sobre a qual se construiu a modernidade. De entre elas valerá a pena referir a ética estóica, que igualmente expressa o domínio da alma sobre o corpo, a mortificação da carne e a identificação do corpo com a paixão, o prazer e o pecado, ética preocupada com a libertação do homem das paixões do corpo e sua submissão ao controlo da razão.

Esta superioridade hierárquica, esta dicotomia corpo/alma, configura todo o pensamento do cristianismo clássico, embora com uma ideia bem estranha, ininteligível mesmo, ao dualismo grego: a crença na ressurreição do corpo.

Se para o platonismo a morte e extinção do corpo é a condição da subida da alma à vida imortal, para o cristianismo a transformação do corpo carnal em *corpo espiritual* (I Coríntios, 15, 42-44), perdendo os apetites que expressam a sua *queda* na mortalidade, possibilita a entrada na vida eterna e a recuperação da sua natureza espiritual original.

No entanto, seja na visão paulina ou na dos Padres da Igreja, sempre reencontramos no cristianismo uma total desconfiança em relação ao corpo, dada a intimidade da sua relação com a alma, cuja salvação sempre parece ameaçar. Com São Paulo, posição posteriormente aprofundada por Santo Agostinho, a obsessão judia com a procriação renova-se e a Igreja acaba por identificar ascese sexual, castidade e virgindade, com purificação moral. Algo que nos parece apontar numa direcção bem distinta daquela que parece sugerir a sentença de que «O Verbo se fez carne». Algo igualmente bem distinto do que inicialmente os próprios Evangelhos sugerem, onde nada parece apontar para uma doutrina ascética em relação ao corpo e à sexualidade.

No entanto, não esqueçamos que o cristianismo e a teologia da encarnação não situam propriamente a salvação no corpo, pois ele que encerra todas as fragilidades e é pensado como o lugar do pecado. Não se trata de assumir a possibilidade da salvação, da libertação, a partir da carne, mas da possibilidade de a recuperar, de a resgatar, de a restaurar, na base da sua penetração pelo espírito.

O cristianismo de feição platónica, suportando-se nessas duas realidade ontologicamente heterogéneas que são o corpo e a alma (mito da alma exilada), adopta uma oposição entre a alma espiritual e o corpo mortal, aquela de natureza divina este de natureza terrestre, oposição que claramente identifica o corpo com o mal. O Fédon é, ele próprio, uma autêntica acusação do corpo, corpo entendido como algo de mau, como uma coisa má. Um estorvo ao conhecimento e à sabedoria que inunda o homem de amores, paixões e temores, o que faz com que a alma se torne cada vez mais semelhante ao que é mortal e perecível em vez de se refugiar nas Ideias.

O corpo entendido, na tradição cristã, como um peso de que o homem se deve desfazer, entendido como finitude, concupiscência, pecado. Romper com a finitude seria romper com a carne, o que ajuda a compreender que o aperfeiçoamento espiritual seja visto como um combate entre a carne e o espírito. Os próprios exercícios espirituais têm por objectivo dominar e controlar o corpo através de uma multiplicidade de práticas de ascetismo, como a meditação, o jejum ou a abstinência.

Esta ideia de dualidade da natureza humana que parece dominar a tradição religiosa ocidental, que tão fortemente continua a marcar as concepções, crenças e imaginário popular, a ponto de se tornar num lugar-comum do mundo cultural a que pertencemos, encontra igualmente expressão na própria tradição filosófica, que prescreve à nossa consciência, como condição de desenvolvimento e progresso espiritual, toda uma espécie de ascese face ao mundo do corpóreo, do sensível, do imaginário. O mesmo Fédon (1991: 116; 149) é disso testemunha, quando se afirma que

> «De forma que, na tua opinião — prosseguiu Sócrates —, as preocupações de tal homem não se dirigem, de um modo geral, para o que diz respeito ao corpo, mas, ao contrário, na medida em que lhe é possível, elas se afastam do corpo, e é para a alma que estão voltadas?»

> «E agora, diz-me: quando se trata de adquirir verdadeiramente a sabedoria, é ou não o corpo um entrave se na investigação lhe pedimos auxílio?»

> «Pois bem, aí estão, Símias, meu amigo, e tu, Cebes, os motivos pelos quais os que, no exacto sentido da palavra, se ocupam com a filosofia, permanecendo afastados de todos os desejos corporais sem excepção, mantendo uma atitude firme e não se entregando às suas solicitações.»

No entanto, Cristo parece mesmo romper com a obsessão judia da procriação, que tudo parece justificar, para assumir uma atitude positiva em relação ao corpo, em relação à mulher, em relação à sexualidade. O amor não exclui o contacto corporal e o homem e a mulher não se devem transformar num espírito ou numa alma, mas antes numa carne. O excerto que se segue (Marcos 10, 7-8) parece ilustrar bem o pensamento de Cristo.

> «Por isso deixará o homem a seu pai e a sua mãe, e unir-
> se-á a sua mulher. E serão os dois uma só carne: e assim já
> não serão dois, mas uma só carne.»

Algo equivalente ao que encontramos no texto de Mateus (XIX, 5). Ora, esta posição positiva em relação ao corpo, que Marcos e Mateus nos relatam, são quase um retorno literal ao Génesis (2, 24-25), onde corpo e sexualidade não são ainda vergonha e pecado.

> «Portanto, deixarão o varão o seu pai e a sua mãe, e
> apegar-se-á a sua mulher, e serão ambos uma carne. E
> ambos estavam nus, o homem e a sua mulher; e não se
> envergonhavam.»

Tudo parece apontar, ainda, para uma reconciliação do masculino e do feminino, da alma e do corpo. Para o papel da natureza transfiguradora e libertadora do corpo, para a sua essência simbólica e supra-sensível. Nenhum sinal ainda do que virá a ser a posterior inimizade cristã em relação ao corpo.

Os sofrimentos e renúncias do asceta, os seus esforços de escapar ao corpo, expressam o início da purificação do corpo, da restauração da sua natureza espiritual. É neste sentido que Gregório de Nisa (331-395) nos fala da forma como uma *túnica morta e repugnante*, uma *natureza bestial*, corpos que mais não são do que *peles de bestas*, pela ascese, pela mortificação, pela penitência, se transformam em incorrupção, glória, honra e poder, se transformam em *perfeição absoluta*, em *existência espiritual e desapaixonada*.

No entanto, mesmo considerando esta diferença entre as concepções platónica e cristã do corpo, certo é que não era o corpo finito que o cristianismo medieval valorizava, mas a sua capacidade para ser purgado, purificado, liberto dos seus limites finitos, e desta forma poder, ele próprio, funcionar como factor salvífico e de redenção.

O que o cristianismo medieval valorizava eram os corpos imaculados e supliciados dos santos, os corpos transformados e libertos das paixões e apetites terrenos, não os corpos na sua forma *natural*. O que o cristianismo medieval valorizava era o *corpo espiritual*, não o corpo *bestial* da *queda*. É todo um caminho que leva da imagem da queda à imagem da *carne*, caminho que eleva a alma ao mundo do espírito e rebaixa o corpo ferindo-o com notas de indignidade e infâmia.

Que entender por um corpo com tal significação? Que entender por um corpo, também designado *carne*, que é apresentado aos crentes como a razão primeira da sua possível perdição? Que corpo é este que tem a marca da perdição e da morte, corpo a dominar e vencer como condição de redenção e salvação? Corpo que de alguma forma parece opor-se a essa vida verdadeira, a essa nova vida, que é a vida do espírito?

Diz-nos Michel Henry (2007: 282) que enquanto possibilidade de finitude e pecado, de perdição e queda, esse corpo, essa *carne*, não designa mais do que «um modo determinado da existência humana». Um modo de vida, entre muitas outras formas possíveis, que se afasta, mais ou menos significativamente, desse outro modo de vida que é identificado com a redenção e a salvação.

O conceito de corpo, como expresso na Epístola de São Paulo aos Romanos, ao falar-nos em *coisas da carne* e *coisas do espírito*, ao identificar a inclinação da carne com a *morte*, a inclinação do espírito com a *vida e paz*, ao aproximar a vida segundo a carne, da *morte*, a mortificação das obras do corpo, da *vida*, ao dizer que,

> «Assim que, eu mesmo, com o entendimento, sirvo a lei
> de Deus, mas, com a carne, à lei do pecado.»
> (Aos Romanos 7, 25)

remete-nos não para o dualismo antropológico corpo/alma, não para um corpo objectivo, para um corpo orgânico, um corpo realidade ontologicamente heterogénea da alma, mas para o corpo como forma ou determinação particular da existência. Para um corpo como existência subjectiva. Michel Henry (2007: 284) afirma mesmo que *carne* e *espírito* designam dois modos específicos de existência e que

> «Desde el punto de vista ontológico, no existe, por tanto, diferencia alguna entre la "carne" y el "espíritu"»

O juízo negativo sobre a sexualidade, alheio às chamadas religiões da natureza, surgiu com o cristianismo, com os Padres da Igreja, influenciados por essa faceta do platonismo, que vê o homem como um ser político e social, em que a alma está em permanente conflito com o corpo. Devemos, no entanto, referir (Schubart, 1975) que não foi o cristianismo que na Antiguidade introduziu o menosprezo pelo corpo e pela sexualidade. O helenismo decadente, não o contrário, é que deve ser considerado o grande responsável pelas tendências ascéticas do cristianismo.

Com efeito, a alma, de acordo com as doutrinas platónicas, neoplatónicas, órficas e gnósticas, afastou-se da sua origem espiritual e divina, tendo sido banida para a obscuridade da experiência terrestre, queda que aprisionou o espírito nessa espécie de tumba que é o corpo. Prisioneira desses laços terrestres, procura desesperadamente retornar às suas origens divinas.

Como reconhece Ricoeur (2013), o mito da alma exilada, de entre os diversos *mitos do princípio e do fim*, distingue-se radicalmente dos outros mitos, ao dividir o homem em corpo e alma. Nenhum dos outros mitos divide o homem em duas realidades substancialmente distintas e heterogéneas.

O primeiro desses mitos, o Drama da Criação, que comporta, nomeadamente, as teogonias babilónica, homérica e hesiódica, mito de que o tema do Titã helénico talvez seja a variante mais conhecida, narra os violentos combates que estão na origem do mundo e a forma como a ordem é arduamente conquistada às forças caóticas, a um inimigo ou mal inicial. Para este mito o homem não é a origem do mal, pois este pré-existe ao próprio homem. Assim, a ideia de salvação coincide ou identifica-se com o drama da criação, ou seja, a salvação está no acto criador.

O segundo mito, o Mito Trágico, expressa-se na tragédia grega e estrutura-se à volta da coincidência da liberdade e da necessidade, liberdade que de alguma forma procura adiar a realização de um implacável, inevitável e irremediável destino malevolamente urdido pelos deuses.

O terceiro mito, o Mito Adâmico, com a sua visão escatológica da história, é o único mito verdadeiramente antropológico, colocando a origem do mal num antepassado humano muito remoto (Adão), face ao carácter ontologicamente bom das coisas, de uma criação genuinamente boa. Para este mito o drama é a história, não a criação. É a denúncia e acusação do homem face à inocência e pureza de Deus. O mito do homem expulso e exilado do paraíso, altura em que, atendendo à desobediência, se instaura a maldição, a vergonha, o trabalho penoso num vale de lágrimas, uma relação de poder e domínio, de conflitualidade e hostilidade, com a natureza. Em suma, uma vida de expiação e penitência.

Finalmente, o quarto mito, o Mito da alma Exilada, o único, como dizíamos antes, que cinde o homem indiviso em corpo e alma. Este mito, que chegou a identificar-se com o mito órfico, sustenta ainda o imaginário de toda a cultura ocidental. Embora se reconheçam dois discursos do orfismo, o *discurso antigo* e um discurso posterior mais *purificado*, certo é que o orfismo, ele próprio, é a invenção da alma e do corpo.

«O discurso antigo do orfismo é a própria invenção da "alma" e do "corpo"»
(Ricoeur, 2013: 303)

Este discurso antigo remete a origem do homem para o homicídio do jovem deus Dionísio pelos Titãs, que depois o devoram. Confrontado com tão sórdido crime Zeus fulmina os Titãs, extraindo das suas cinzas a actual raça humana, que assim carrega uma dupla herança, uma dupla natureza. A dos Titãs e do próprio jovem deus Dionísio, que eles haviam devorado.

Nesta primeira versão do mito, o corpo não é ainda a fonte do mal, pois a alma transporta consigo um mal anterior, expiando no corpo, entendido como *túmulo*, as faltas anteriormente cometidas. Ricoeur (2013: 303) apresenta-nos a este propósito a seguinte passagem do *Crátilo*.

> « [...] a alma expia as faltas pelas quais é punida, e que, para seu resguardo, tem neste corpo um invólucro à maneira de uma prisão; este é, por conseguinte, como o seu próprio nome indica, o *soma* (a prisão) da alma, até ao momento em que tenha pago a sua dívida [...] »

Na interpretação *puritana*, a alma já não é claramente do mundo terrestre e humano: surge como divina, levando no corpo uma existência exilada, que anseia pela libertação, que aspira atingir a pureza libertando-se do corpo e das paixões. Que almeja recordar e de novo contemplar, a intemporalidade das Formas Eternas, que observou antes de entrar no corpo.

Assistimos, desta forma, a toda uma linha de continuidade que, do orfismo, sobretudo através dos pitagóricos, se prolonga e projecta no platonismo e neoplatonismo.

Santo Agostinho (354-430), em *De Nuptiis et Concupiscentia*, alude igualmente a esta dificuldade em a alma dominar e controlar o corpo e as suas paixões, ao afirmar que o homem consegue dominar todo o seu corpo excepto as suas ânsias de prazer sexual. Não admira, pois, que para o Doutor da Igreja, o prazer sexual, separado da finalidade da procriação, se veja convertido em pecado. Vai-se criando, assim, todo um imaginário social, que ainda hoje perdura, assente na crescente importância que foi sendo dada aos reinos elevados do espírito, das coisas e propósitos mais elevados, sendo os impulsos ditos animais, as paixões, nomeadamente as de natureza sexual, a efemeridade do corpo, desterrados para a obscuridade das coisas inferiores e pouco dignas. Entre elas estavam, estão, o jogo e o divertimento, o prazer e o ócio.

Nas religiões da natureza, o sexo é divinizado, o prazer erótico é uma identidade corpórea e terrena, com um forte significado cósmico. À sexualidade, expressão dos mais elevados valores da vida e da cultura, é atribuído um lugar destacado. Com o platonismo e a ascese cristã, que tanto impacto tiveram no destino cultural de todo o mundo ocidental, tudo se inverte. Estas duas visões tão radicalmente distintas do mundo, a das religiões da natureza e a das religiões da salvação, encontram expressão nos dois relatos que a seguir apresentamos.

Comecemos com a visão valorizadora do erotismo corporal. Baseando-nos em Sylvia Marcos (2002), de forma a compreendermos a importância do corpo no pensamento *Nahua* da cultura mexicana do século XVI, retenhamos a designada narração do *Tohuenyo*. O relato expõe o ardor erótico que se apoderou de uma princesa *tolteca*, a filha de Huemac, depois de ter surpreendido num mercado a nudez de *Tohuenyo*. Regressada ao palácio, caiu gravemente doente, tal a falta que sentiu do mancebo que avistara no mercado. Dada a situação da filha, logo Huemac (Marcos, 2002: 284) se apressou a encontrar *Tohuenyo*, para devolver a felicidade à sua filha.

> «Toltecas [...] encontrad al Tohuenyo
> E inmediatamente empezaron a buscarlo por todas
> partes.»

Ao saber que era procurado, *Tohuenyo* apresentou-se voluntariamente no palácio. A narração continua da seguinte forma (Marcos, 2002: 285):

> «Entonces el señor le dijo:
> Tú has despertado ese anhelo en mi hija,
> tú la curarás.
> [...]
> Y enseguida le cortaron el pelo
> lo bañaron y, después de esto
> lo frotaron con aceites,
> le vistieron un taparrabos y le pusieron una capa.
> Y cuando *Tohuenyo* fue a verla,
> se quedó inmediatamente con ella
> y con esto ella se puso bien en ese mismo instante.»

Contrastando com esta atitude, afirmativa, em relação ao corpo e ao erótico, o *Malleus Maleficarum*, traduzido para português por O Martelo das Bruxas ou o Martelo das Feiticeiras, escrito por dois inquisidores dominicanos e que apareceu em 1484, expressa o total desprezo pelo corpo, pela mulher, pelo erótico. Marcos (2002: 286) refere-se a essa obra da seguinte forma:

> « [...] escrito para ayudar a cazar brujas y a condenarlas después al fuego de la Inquisición, se debe la noción de unas mujeres envidiosas de los genitales masculinos, insaciables, y por tanto peligrosas para los hombres. La obra casi parece dar a entender que todos los varones son poco menos que santos, y que sólo la mala influencia de las mujeres les impide dedicar sus vidas al servicio de Dios o a las elevadas (e incorpóreas) actividades de la mente.»

A depreciação do corpo, o medo do erotismo e da sexualidade, só penetram no cristianismo com São Paulo, o pai de toda a ascese cristã. Se, no Génesis, em Marcos e em Mateus, como vimos anteriormente, se fala em o homem e a mulher se unirem numa só carne, se não há ainda sinais de medo e vergonha associados ao corpo e à sexualidade, Paulo (I Coríntios,7, 1) diz-nos que « [...] bom seria que o homem não tocasse em mulher.»

A automutilação, que envolvia mesmo a castração por parte dos monges, parece estar presente no cristianismo, de acordo com relatos de Epifânio e Atanásio, pelo menos a partir do século II, o que obrigou o Concílio de Niceia, no ano de 325, a intervir no sentido de procurar terminar com estas práticas ascéticas. O ascetismo cristão e a aspiração monástica da fuga ao mundo, como única via de salvação, parecem florescer com o esmorecimento das esperanças escatológicas. Assim, não é de surpreender que o próprio Apocalipse do Apóstolo São João seja atravessado por uma profunda náusea em relação ao corpo, à mulher e à sexualidade.

Talvez não seja errado dizer que, nos seus primórdios, a luta dos Padres da Igreja era uma luta contra a carne. Tertuliano (160-220), Orígenes (185-253) e mais tarde Jerónimo (séc. IV), são marcados por uma profunda misoginia. Em grande parte o pensamento cristão do século IV gira à volta da questão da castidade e da moral sexual, problemática à qual a ética quase fica confinada. A sexualidade é entendida como um mal necessário, recuperada no casamento por questões de procriação. É a moral sexual paulina no seu esplendor, o retorno ao casamento patriarcal, a obediência e submissão da mulher ao seu marido, a apologia de que é melhor um casamento sem amor do que amor sem casamento. A castidade, a pureza e a virgindade, a abstinência, a continência, são entendidas como as virtudes supremas, como as virtudes derradeiras. Este imaginário assume proporções tais que o próprio Concílio de Trento virá a desaprovar a ideia de atribuir à maternidade e o casamento um estatuto superior ao da virgindade.

O Concílio de Niceia (325 d.C.) não impõe o celibato aos padres, mas interdita o casamento de padres já ordenados. Só bem mais tarde, em 1074, o Papa Gregório VII, com a ajuda dos mosteiros e conventos, introduz a obrigação absoluta do celibato, algo que com o Concílio de Trento (1545-1563) praticamente se transforma num dogma. Não esqueçamos que maniqueístas e gnósticos recomendavam mesmo uma continência absoluta para todos.

O longo período durante o qual decorreu o designado Sínodo de Macon, um conjunto de seis assembleias eclesiásticas, de Concílios, se quisermos, em que o primeiro ocorreu no ano de 579 e o último em 1285, discute-se, entre outras problemáticas, a questão de saber se a mulher é efectivamente um ser humano e se tem ou não alma.

A Reforma será, bem mais tarde, uma reacção contra os exageros a que havia chegado o pensamento ascético cristão. Lutero (1483-1546) luta para devolver à mulher a sua dignidade de mãe e mulher, tendo sido o grande artífice da construção do ideal protestante da família. Incapaz, no entanto, de se distanciar das posições paulinas e agostiniana, mantem-se numa posição ambivalente em relação ao corpo e à sexualidade, defendendo que só a procriação pode justificar a sexualidade. Enaltece a virgindade mas rejeita a ideia da virtude do ascetismo como princípio de salvação, embora reconhecendo que a ascese possa facilitar a dedicação ao serviço de Deus.

Já os calvinistas professam uma concepção distinta, nomeadamente os puritanos, que ao identificarem o corpo, a carne, a sexualidade, com o não-divino, retornam de alguma forma ao ascetismo, manifestando um maior desencanto com as questões do corpo.

A religião judaico-cristã, herdeira da mitologia e do imaginário babilónico e do dualismo platónico, acentuou as polarizações entre a alma e o corpo, a oposição entre o Espírito diurno e criador e a Natureza nocturna e caótica. Organizou-se, assim, toda uma forma de pensar assente em oposições, onde o pólo espiritual e masculino é valorizado (espírito, razão, dia, masculino, puro) e o pólo material e feminino é desvalorizado (corpo, emoção, noite, feminino, impuro). Uma das manifestações específicas destas polarizações, aquela que aqui mais nos interessa, é o poder, o domínio, da alma sobre o corpo.

A antítese entre *corpo* e *alma*, entre *natural* e *supranatural*, da mesma forma que muitos outros dualismos, não tem lugar na Ilíada. São uma construção do pensamento pós-homérico. Em Homero, não encontramos ainda uma divisão entre *corpo* e *alma*, da mesma forma que a distinção entre homens e deuses é incerta, não apresentando fronteiras bem definidas e limitadas. Hermann Fränkel, citado por Kaufmann (1992: 150), diz-nos que «in earlier times»

«There is no division of the person into "body" and "soul"»

O próprio Kaufmann (1992: 150) afirma que « [...] the doctrine of two worls [natural e sobrenatural] depends on the distinction between body and soul [...] only where this visible body is not my real self is this visible world subordinated to another, more real world.» Nos tempos homéricos, os deuses ainda não eram sobrenaturais, eram parte integrante deste mundo. Eram parte da exuberância e diversidade da natureza, natureza que ao estar cheia de deuses, como diziam os pré-socráticos, merecia adoração, culto e veneração.

Mundo que embora finito, transitório, limitado, não deixava de ter a marca do profundamente maravilhoso, deslumbrante, encantador e transcendente. Mundo vivo, que ainda não se deixara amarrar a uma concepção mecanicista, onde as coisas e os eventos não tinham a marca do totalmente «determined and predictable», onde, como nos diz ainda o mesmo autor

« [...] the brevity of life is no objection to the world but un incentive to relish its pleasures, to live with zest, and to die gloriously [...] an invitation to joy and nobility. »
(Kaufmann, 1992; 160)

Mundo onde ainda reina, sorri e respira, o espírito do jogo, o espírito lúdico, onde a doutrina da resignação ainda não tinha lugar.

O dualismo antropológico da alma e do corpo, de uma alma inteligente e de um corpo disciplinado, obediente, instrumentalizado, de uma alma progressivamente espiritualizada, celeste, etérea, imortal, e de um corpo terrestre, opaco, matéria efémera e caduca, continua a ser um dos pilares fundamentais de todo o pensamento ocidental.

Francis Bacon (1561-1626) via no método científico um novo programa, uma renovada promessa, um novo evangelho, para a redenção do homem. A *queda* do homem era equiparada a uma perda do domínio e controlo sobre a natureza, a razão científica e o desenvolvimento tecnológico eram vistos como a recuperação, o restabelecimento desse domínio e controlo por parte do homem.

Desenvolve-se, assim, todo um imaginário simbólico, assente na ideia do conhecimento como poder, domínio e controlo, sobre as forças amorfas da natureza, sendo o papel do cientista o de forçar, compelir, coagir a natureza, a entregar-lhe os seus *segredos*.

Mais uma vez se imagina a *natureza,* à semelhança do que acontecera com Tiamat, a cosmogonia bíblica ou o dualismo platónico, mas agora sob as roupagens da ciência e da tecnologia, como um ser passivo e amorfo, cuja perigosa autonomia deveria ser combatida, derrotada e vencida, de forma a submeter essas forças caóticas, indiferenciadas, femininas, ao governo, domínio e controlo, da mente racional masculina.

Descartes (1596-1650) define, por sua vez, a presença de dois princípios, de duas substâncias, opostas e inconciliáveis, uma material e outra espiritual. A primeira (*res cogitans*) é uma substância pensante, imaterial, espiritual, que assimila à consciência. Uma espécie de alma, de algo transcendente que não coincide com o eu, que não se circunscreve à subjectividade, que parece aproximar-se de uma hipótese metafísica, de um cogito, de um pensamento racional, teórico e intelectual, puro, onde não há lugar para sentimentos ou paixões.

A segunda substância é o próprio corpo, entendido como extensão (*res extensa*), como toda a natureza física. O corpo é assim mutilado, reduzido a uma mera manifestação objectiva, a máquina, ferramenta ou instrumento, sem subjectividade e experiência interna.

Desenvolve-se, assim, todo um intelectualismo em que os afectos e sentimentos, concebidos como uma ingerência do corpo na esfera do pensamento, são claramente desvalorizados e entendidos como algo inferior, que de forma alguma podem pertencer à essência do pensamento puro, do cogito.

Desta forma, nomeadamente durante os séculos XVIII, XIX e XX, assiste-se a um progressivo processo de controlo das forças da natureza, na base da aplicação tecnológica do conhecimento científico. A revolução industrial foi um desses expoentes.

Francis Bacon e o seu *Imperium Hominis*, o dualismo cartesiano e a sua visão desencantada, mecânica e funcional do corpo, a concepção lockiana da percepção passiva, a física newtoniana e a sua visão do homem e do mundo, o empirismo, o positivismo, o optimismo do pensamento ilustrado, vêm a *natureza* como uma gigantesca *roda hidráulica* a ser acossada, dominada e controlada, pelo todo-poderoso homem. Convertem e reduzem a natureza, também a natureza corporal, a matéria mecânica e passiva, a partículas. A ciência circunscreve o corpo a um mero receptáculo de produtos químicos, a um engenho mecânico carente de alma. Acentuam-se as antíteses entre *matéria morta* e *mente transcendente*, entre corpo e alma, entre masculino e feminino, entre homem e natureza.

Este imaginário antitético, que tão fortemente tem configurado a sociedade industrial ocidental durante os últimos quatro séculos, tem as suas origens no quinto milénio antes de Cristo, com a sedentarização do homem e a emergência das primeiras culturas urbanas, o que originou a progressiva desvalorização do mito das grandes deusas mães, da mãe-natureza, da natureza como magia e vida, da mãe-natureza como fonte de fertilidade, fecundidade e abundância, e a sua progressiva substituição pelo mito do caçador, do herói, do deus masculino.

O mito messiânico da bem-aventurança, da imortalidade, da libertação dos limites finitos do corpo, parecia agora poder traduzir-se, cumprir-se a curto prazo, na base do progresso científico e tecnológico. Tema que hoje tanto alimenta o imaginário humano, o imaginário do corpo, centrado agora nas discussões sobre o genoma humano, os corpos geneticamente transformados, os *cyborgs*, enfim, todas as formas de invasão dos corpos pela tecnologia e suas promessas de saúde, beleza, retardamento do envelhecimento e mesmo imortalidade.

Promessas de progresso infinito, de bem-estar e qualidade de vida, que começaram a converter-se em pesadelo, em desilusão e desencanto. São todos os Desastres, Regenerações e Restaurações. São as Gerações Culturais com as suas desilusões e utopias, com os seus Vencidos da Vida. É o ar, a água, os solos e a sua desertificação, a camada do ozone, o aquecimento global, o dióxido de carbono, a desregulação dos mercados financeiros, as Tróicas, o hiperconsumo e conforto de algumas elites à custa da grande maioria dos seres humanos.

A visão platónica da alma, da sua eternidade, é já a expressão da baixeza e inferioridade do corpo, o que de múltiplas formas se virá a reflectir na ideia de que a morte é a única coisa que o corpo deve desejar, na ideia de que a morte do corpo é a festa, a condição, da libertação da alma.

A alma vai-se tornando numa entidade que pensa, que dirige e governa, reina e domina, o corpo, vai assumindo os contornos de objecto, de *res extensa*, de máquina mais ou menos servil e obediente.

Uma clara relação hierárquica e unilateral, de domínio e de poder, onde o corpo, os sentidos, as emoções, parecem não ter o direito de participar nas decisões da alma racional, onde o corpo parece nem ter direito à rebelião, onde a insubordinação do corpo é equiparada ao diabólico, ao pecado, às forças do mal.

Relação hierárquica que cristaliza em si muitas outras hierarquias, como as do pai (ou do professor) que manda e do filho (do aluno) que obedece, da ascendência e superioridade do céu em relação à terra ou do homem em relação à mulher, onde as homologias que sempre encontramos colocam de um lado, o céu, a alma, o homem, do outro, a terra, o corpo, a mulher.

Face a esta visão ascética da vida e do mundo, face às valorizações e desvalorizações inerentes ao dualismo cartesiano, o romantismo, nas suas múltiplas expressões, é em grande parte um espaço de revalorização do corpo, da sexualidade, da mulher. A alma romântica fala-nos do espírito da Natureza, do sonho, do jogo, do Inconsciente, do Amor. A alma romântica imagina o casamento do Dia e da Noite, eleva a mulher a deusa, procura vislumbrar esse centro onde a alma e o corpo são apenas um.

Adverso ao ascetismo, não se deixando enfeudar no naturalismo erótico-sexual, o Romantismo abre-se ao significado metafísico do próprio corpo. Carus, citado por Béguin (1991: 185), refere-se ao amor como a forma mais elevada de superação das limitações do tempo, apreendendo-o como «première délivrance de l´existence séparée, le premier pas du retour dans le Tout».

O Romantismo fez-se igualmente sentir mesmo nos meios católicos e protestante, como no caso de Schleiermacher (1768-1834), um dos grandes expoentes do círculo romântico alemão. Schubart (1975: 173), a propósito do ascetismo cristão e do papel dos românticos no esforço de recuperar o papel libertador e restaurador do corpo e da sexualidade, refere-se a Schleiermacher da seguinte forma:

> «Só Schleiermacher soube varrer os preconceitos sexuais
> das Igrejas cristãs e tentar recuperar o que Paulo e
> Agostinho tinham destruído e que Lutero não tinha sabido

> restaurar. [...] Animado por uma nostalgia irresistível da
> unidade, alérgico a toda violência, ele queria reconciliar
> numa ordem harmoniosa o corpo e a alma, o sensível e o
> supra-sensível, o mundo e Deus, o homem e a mulher, a
> religião e o erotismo.»

Da mesma forma, a *Nova Heloísa* de Rousseau (1712-1778), A *Lucinda* de Schlegel ou o *Werther* de Goethe (1749-1832), procuram resistir ao ascetismo e ao desprezo em relação ao corpo.

A continuada depreciação do corpo, a condenação da sexualidade, a desvalorização do papel da mulher na sociedade, produziu os seus frutos até aos nossos dias. O dualismo corpo/alma, matéria morta e mente transcendente, ainda rege a nossa visão do universo. O movimento romântico, talvez o último a procurar, de forma sólida e consistente, a reconciliação do corpo e da alma, da religião e do erotismo, do homem e da mulher, pouco poderia fazer para reter o declínio geral do erotismo, a desvalorização do corpo, que dezenas de séculos produziram.

A história da ascese, da desvalorização do corpo, da depreciação da carne, na luta contra a hipervalorização dos nobres e elevados desígnios da alma, da mente ou do espírito, é em grande parte a história da morte de Eros. A morte da abolição dos laços que primordialmente existiam, entre as forças sexuais e a ordem divina, entre o corpo e o sagrado.

Negado e contestado Eros, o corpo, o erotismo, na sua divindade – como nos recorda James Hillman, os deuses habitam o nosso corpo – o deus, que tal como todos os outros deuses, não gosta de ser esquecido (o que os gregos chamavam, como vimos anteriormente, insulto à divindade), acabará vingando-se, ressurgindo, na figura de um demónio perturbador. Aqueles que se privam da companhia do deus, que se recusam a honrá-lo, a celebrá-lo, sucumbirão na sombra e na obscuridade.

A ascese, o esquecimento de Eros, destrói o erotismo mas não a sexualidade, que reaparecerá, como na Idade Média, sob a forma de toda uma sensualidade diabólica, de toda uma erotologia de Satan, de toda uma imensa demonologia. Como ganha ainda mais sentido a sentença de Campbell, que anteriormente referimos e aqui repetimos!

«Quem é incapaz de compreender um deus percebe-o como um demónio.»

Hoje, esta longa história da desvalorização do corpo, da desvalorização da mulher, tem a sua expressão no feminismo, nas lutas pela emancipação da mulher, em todos os movimentos que de múltiplas formas procuram acabar com esta milenar sujeição da mulher aos valores masculinos. Como tem expressão na relegação de Eros, na sua transformação em naturalismo sexual – que em grande parte equivale à desvalorização, banalização e morte de Eros – para o mundo das coisas ou actividades secundárias, acessórias, inferiores, *não sérias*. Eros, portanto, transformado em mercadoria banal.

Do que falamos é da *ascese profissional*, da ética laboral, que o protestantismo, particularmente Lutero, foi preparando, ao erigir o trabalho, a profissão, os negócios, o rendimento e a produtividade, as *actividades sérias*, no único altar que verdadeiramente merece o nosso sacrifício e veneração.

Do que falamos é de todas as formas de escravatura dos tempos modernos, dos assustadores números de todo um mercado global de muitos milhões de euros ou dólares, que afecta milhões de pessoas em todo o mundo e assume expressões tão diversas como o tráfico de pessoas, a escravatura sexual e laboral, nomeadamente de crianças e mulheres, o tráfico de órgãos humanos ou o turismo sexual.

Um corpo *des-animado*, um corpo sem alma, um corpo reduzido a *carne*, sempre será um corpo mais frágil, mais sujeito a todas as formas de exploração e escravatura. Há que proporcionar ao corpo uma nova dignidade. O naturalismo sexual e o espiritualismo só aparentemente estão em campos opostos, só aparentemente são inimigos mortais, pois ambos nutrem pelo corpo o mesmo desprezo, o mesmo desdém. O naturalismo sexual desvaloriza o corpo e relega-o para os confins da existência, vendo nele um objecto entre muitos outros, mera carne, mercadoria que pode ser transaccionada como qualquer outra. O espiritualismo, vendo nele a *queda*, o pecado, o que nos afasta do mundo aéreo e imortal do espírito.

Repensar a nossa relação com o corpo, com a natureza, implica a reconsideração de múltiplos tipos de relação: centro e periferia, norte e sul, países pobres e países ricos, africanos e europeus, trabalhadores e dirigentes, homens e mulheres. Implica a inauguração de uma nova ética, de uma ética de reciprocidade, de cooperação e solidariedade nas relações entre os seres humanos.

4.5. Luz e Sombra do Mito Desportivo

De atleta de facto não tens nada
(Odisseia, VIII, 164)

No que ao jogo e ao desporto diz respeito, que encontros com outras ordens, com outros corpos, inventou a Grécia antiga? Que palavras de relação com o corpo nos propõem a Ilíada, a Odisseia ou a Teogonia? A que mitos, palavras, alegrias, pesos ou levezas, a que *hybris* do êxito, do rendimento ou do resultado, a que imagens de pureza ou perfeccionismo, nos convocam Homero ou Hesíodo? Que terrenos de jogo nos convidam a partilhar? Que vias para fazer e inventar o corpo, para transcender o *só isso* da carne, nos propõem? Que mundos, que cosmos, que configurações, nos sugerem? A que divindades, os seus corpos sacrificavam, a que valores, a que tesouros? A que absolutos entregavam os seus corações?

A magia da competição com o outro, dos jogos competitivos, mais precisamente, das *athletics*, inclui a magia da aceitação e do acolhimento, a festa do encontro e dos vínculos, a abundância dos processos de unificação dos participantes? Com que multiplicidade de formas de expressão corporal nos confrontam?

Sem necessariamente nos querermos ater a questões de natureza etimológica, não podemos no entanto deixar de referir que, de acordo com Keating (1964) e Roochnik (1975), as palavras *play*, *game* e *sport*, têm inicialmente um mesmo sentido, que radicalmente as distingue de *athletics*, já que esta última envolve um forte elemento de competitividade e agonismo, o que não ocorre necessariamente com as primeiras.

Com efeito, como nos indica igualmente Dombrowski (2012: 36), a palavra *play* vem do Anglo-Saxão *plega*, que inicialmente aludia «to the free movement of bodily exercise as well as to the joy or delight in such movement», algo que a aproxima de *game*, que deriva do Teutónico *gamen*, que significava «the amusement found in a contest engaged in according to rules», ou mesmo de *sport*, que deriva do Anglo-Francês *disport* ou *disporter* e que inicialmente significava «to divert or to amuse in a pleasant pastime or recreation». Parece, assim, pretender valorizar-se a ideia de fuga ao tédio do quotidiano, a ideia de diversão e entretenimento inerente a *play*, *game* ou *sport*.

O mesmo parece não ocorrer com a expressão *athletics*, que desde as suas origens envolve claramente o elemento competitivo, a ideia de ganhar ou perder, de lutar por algo, de alcançar um dado prémio, palavra que, ainda de acordo com Dombrowski (2012: 36), deriva do grego antigo *athleuein* e significa «to contend for a price or to endure in a struggle».

Mesmo tendo em consideração a diferenciação etimológica destes conceitos, que em grande parte se suporta na distinção entre seriedade e não-seriedade, entre actividades funcionais do quotidiano e actividades divertidas e não-funcionais que escapam à seriedade das coisas sérias do dia-a-dia, parece-nos redutor seguir Homero e os três tipos de jogos mais relevantes por ele descritos, os jogos dos Feaces (Canto VIII da Odisseia), os jogos em honra da morte de Pátroclo (Canto XXIII da Ilíada) e os jogos de Penélope (Cantos XXI e XXII da Odisseia), como a nosso ver faz Dombrowski (2012) ao utilizar como único eixo de análise o *continuum* seriedade não-seriedade, o que lhe permite entender «the sport as a competitive play».

Múltiplas são, com efeito, as abordagens que procuram explicar a origem e evolução da actividade física e desportiva, abordagens que referem a progressiva institucionalização dessas actividades, a desportivização dos jogos, a super-seriedade do desporto moderno e sua gradual desludização, algo que acompanha a rotinização e controlo, a especialização e hierarquização que invade todas as esferas da vida.

Se para uns (Freezell, 2004: 95) o desporto se situa «between excessive seriousness, which misunderstands the importance of the spirit of play, and an excessive sense of playfulness [...] which misunderstands the importance of victory and achievement when play is competitive», para outros, como aponta Keating (1964), o espírito de jogo perde-se necessariamente nos jogos competitivos.

Não esqueçamos, no entanto, que até ao século XIX, as sociedades ocidentais mantiveram um relativo equilíbrio entre a seriedade do trabalho e o jogo como actividade conscientemente não-séria, equilíbrio que, com a revolução industrial, o desenvolvimento científico e tecnológico, se desfaz a favor da seriedade.

Fala-se igualmente da vinculação entre o desporto e a luta pela existência e sobrevivência do mais apto, do esforço do homem para desenvolver aquelas actividades corporais que melhor o preparam, fisicamente, para superar as dificuldades e constrangimentos que a luta pela vida sempre coloca, das conexões entre o exercício corporal, a actividade produtiva e a divisão do trabalho, como se fala do desporto como preparação para a guerra, como campo simbólico de batalha, domesticação da guerra ou «abstraction away from war» (Metheny, 1972).

Já aqueles que privilegiam as abordagens lúdico-festivas centram a sua atenção no acesso ao sagrado através do lúdico, no facto de o lúdico estar impregnado de um significado profundo de *acção sagrada*, no facto de as festas e jogos arcaicos, como aberturas ao sagrado, como genuínos actos de culto, não se esgotarem na dimensão agónica, ao assumirem igualmente a expressão do equilíbrio dos contrários, a procura da unidade e do diálogo.

Confrontados com esta multiplicidade de posições, embora incluindo a dimensão da seriedade/não-seriedade na análise das actividades físicas e desportivas com que a obra de Homero nos confronta, suportando-nos no pensamento de Darlene James (1978), centraremos a nossa atenção em três eixos essenciais. O primeiro é o da fuga ao *só isso*, ao tédio do quotidiano. O segundo é o da procura da excelência, de algo maior e mais elevado, de algo que nos engrandeça. O terceiro é o do desporto como meio de expressão do

Regime Diurno, do princípio masculino, com as suas características antitéticas e esquizóides.

Começaremos esta análise com os jogos dos Feaces (Canto VIII da Odisseia), por alguns (Dombrowski, 2012) considerados, em relação aos jogos fúnebres em honra de Pátroclo e aos jogos de Penélope, o protótipo do jogo, onde o desporto surge como uma espécie de jogo puro, frívolo, sem seriedade, onde, portanto, o lúdico e a não-seriedade quase aniquilariam o carácter agónico, sério e competitivo, da actividade.

Por certo que os jogos em honra da morte de Pátroclo e os jogos de Penélope se apresentam bem mais agónicos e competitivos, onde a dimensão de seriedade obscurece a dimensão lúdica e de diversão, o que não nos impede de ver nos jogos dos Feaces não a prevalência da não-seriedade, mas, pelo contrário, um imenso equilíbrio entre seriedade e não-seriedade.

Os jogos dos Feaces são um hino à contingência e superação dos conflitos, à hospitalidade, ao *fair-play*, à valorização da diferença, ao politeísmo dos valores, ao equilíbrio e à sensatez, à igual valorização do resultado e da relação, à igual valorização das relações e dos objectivos. Sem deixarem de ser sérios e competitivos.

Depois do episódio do cavalo de Tróia, depois do assalto à cidade, Ulisses, de regresso à sua amada Ítaca, aporta na Feácia (actual Corfu), onde o rei Alcínoo o acolhe e convida a participar em desportos competitivos, forma de manifestar a sua hospitalidade e simultaneamente convencer o estrangeiro (na altura o rei desconhecia ainda que se tratava de Ulisses) das proezas atléticas dos Feaces.

Importa desde já enfatizar que estes jogos, eles próprios e todo o clima que os envolve, são profundamente marcados por esse grande valor da cultura grega que é a hospitalidade.

« A todos darei generosa hospitalidade.»
(*disseia*, VIII, 39)

« [...] vinde agora ao meu belo
palácio, para que mostremos ao estrangeiro a nossa estima.
Que ninguém se recuse! E chamai ainda o divino aedo,
Demódoco, pois a ele concedeu o deus o apanágio de nos
deleitar quando canta aquilo que lhe inspira o coração.»
(*Odisseia*, VIII, 41-45)

No decurso dos jogos, quando Ulisses desafia os Feaces para com ele competirem, o tema da hospitalidade volta a surgir,

«Se algum de vós sentir vontade no coração e no espírito,
Que aqui venha para ser posto à prova [...]
Seja luta, pugilato ou corrida: não me importo.
Que seja qualquer um dos Feaces, à excepção de Laodamante:
Ele é meu anfitrião; quem combateria contra quem o estima?
Desprovido de siso e de valor é aquele homem
que desafia para contendas atléticas quem o recebe
em terra estrangeira: em tudo só a si mesmo se prejudica.»
(*Odisseia*, VIII, 204-211)

como volta a surgir quando Alcínoo, dirigindo-se aos Feaces, elogia Ulisses da seguinte forma:

«Ouvi, ó príncipes e conselheiros dos Feaces!
O estrangeiro parece-me um homem de grande sensatez.
Ofereçamos-lhe um presente de hospitalidade apropriado.»
(*Odisseia*, VIII – 387-389)

Na parte final do Canto VIII o tema da hospitalidade, da honra a dar ao estrangeiro, ao desconhecido, ao que é diferente, volta a emergir, quando mais uma vez Alcínoo, dirigindo-se aos Feaces, afirma que

> «Foi em honra do estrangeiro que preparámos tudo
> isto»
> (*Odisseia*, VIII, 544)

Ao longo de todo o Canto VIII é bem visível a sensibilidade dos Feaces e de Ulisses em adequarem os seus comportamentos às necessidades e expectativas do outro, a permanente preocupação em evitar os conflitos, ou superá-los, logo que eles surgem. Depois de os Feaces participarem em várias provas, na corrida, na luta, nos saltos, no disco, no pugilato, depois de se deleitarem com os jogos,

> «Mas depois de todos deleitarem o espírito com ogos»
> (*Odisseia*, VIII – 131)

as atenções viram-se para Ulisses que é publicamente desafiado a participar nos jogos. Neste desafio a participar em contendas atléticas, Euríalo excedesse e insulta Ulisses com palavras duras.

> «Não, estrangeiro, a mim não dás impressão de seres um homem
> conhecedor de contendas atléticas – das que praticam homens.
> [...] De atleta de facto não tens nada.»
> (*Odisseia*, VIII, 159-164)

Palavras duras, de facto, se tivermos em consideração que no mundo grego não havia maior glória, para o homem, que a de participar e alcançar grandes proezas em provas atléticas. Aceite o desafio, Ulisses escolhe o disco mais pesado que lança a maior distância do que qualquer dos Feaces havia anteriormente lançado. Faz de seguida o elogio da sua excelência, não apenas no disco mas igualmente no arco e na lança, o que leva a multidão a ficar atónita e em silêncio.

Tomando a palavra Alcínoo faz igualmente o elogio de tudo aquilo em que os Feaces são exímios, reconhece a sensatez das palavras com que Ulisses se havia dirigido aos Feaces e a deselegância com que anteriormente Euríalo havia tratado Ulisses,

> «Estrangeiro, não é com falta de gentileza que nos dizes
> tais coisas, mas antes porque queres realçar a excelência
> de que és dotado, ofendido como foste por aquele homem
> que te insultou no meio dos jogos. Não teria amesquinhado
> a tua excelência quem com decência soubesse falar.»
> (*Odisseia*, VIII, 236-240)

ordena que se dê início às contendas atléticas da dança, em que os Feaces eram magníficos, e solicita que Demódoco, o aedo, tanja a sua lira. Terminadas estas actividades, que acolhem a admiração e o espanto de Ulisses, Alcínoo oferece presentes de hospitalidade a Ulisses e solicita a Euríalo que se retracte da forma como anteriormente se havia dirigido a Ulisses.

> «E que Euríalo profira palavras em sinal de desgravo
> e ofereça um dom: o que disse antes não foi na medida certa.»
> (*Odisseia*, VIII, 396-397)

Então, Euríalo toma a palavra e dirige-se a Ulisses nestes termos:

> «Alcínoo poderoso, excelente entre todos os povos,
> darei ao estrangeiro um sinal de desagravo, como mandas.
> [...]
> Salve o pai estrangeiro. Se foi proferida alguma palavra
> terrível, que agora a levem os ventos da tempestade.
> E que os deuses te concedam rever a tua mulher e regressar
> à tua terra, pois à muito que sofres dores, longe da família.»
> (*Odisseia*, VIII, 401-411)

Para além da sua dimensão de hospitalidade, de cordialidade nas relações humanas, de equilíbrio e sensatez na forma como os contendores se tratam, de *medida certa*, os jogos dos Feaces são igualmente caracterizados pela valorização da diferença. Quer para Ulisses quer para os Feaces a diferença não é um problema mas um valor. Valoriza-se, sim, a excelência, assuma ela a forma que assumir. A diferença é entendida como uma dádiva divina. Ulisses expressa essa valorização da seguinte forma:

> «Mas afinal é verdade que nem a todos os homens os deuses
> concederam os dons da beleza, compreensão e eloquência.
> Pois ao homem que é inferior pelo aspecto físico
> Beleza dão os deuses às suas palavras, de forma que outros
> o contemplam com prazer [...]»
> (*Odisseia*, VIII, 167-171)

A valorização da excelência nas contendas atléticas que os Feaces, neste caso através das palavras do filho de Alcínoo, também reconhecem,

> «Para mim tens aspecto de atleta. Na vida não há maior valor
> para o homem do que os feitos alcançados pelos pés e pelos braços»
> (*Odisseia*, VIII, 147-148)

não retira valor à excelência, nobreza, eloquência, honra, dignidade, que igualmente se pode alcançar de muitas outras formas. Múltiplas podem ser as formas, os feitos, que trazem glória e deleite, que podem saciar o espírito e o coração do homem.

> «O coração já nos saciaram o banquete e a lira,
> que acompanha o abundante festim.
> Agora saiamos lá para for a para celebrarmos jogos
> atléticos, para que o estrangeiro conte depois aos amigos,
> quando chegar a casa, como nós somos excelentes

no pugilato, na luta, nos saltos e nas corridas.»
(*Odisseia*, VIII, 98-103)

Valorizam-se as contendas atléticas, como se valoriza o banquete e a lira, valoriza-se o pugilato, a luta, a corrida, os lançamentos, como se valoriza a lira, a dança, o canto ou os banhos quentes. Tudo isto sem atribuir menor valor aos *jogos atléticos* e à sua vertente competitiva. É certo que não se atribuem prémios, pois a excelência, os resultados alcançados, os feitos e proezas alcançadas, são elas próprias o verdadeiro prémio, a verdadeira recompensa. Uma forte componente lúdica está presente, pois o importante é «todos deleitarem o espírito com jogos», o que parece não retirar competitividade, seriedade, a esses jogos atléticos. Um igual equilíbrio entre a importância dada à hospitalidade e às provas atléticas, uma igual importância atribuída às relações (hospitalidade) e aos objectivos (alcançar a excelência nas contendas atléticas).

Na corrida, entre os melhores dos Feaces, o melhor foi Clitoneu, nos saltos distinguiu-se Anfíalo, no disco o que lançou mais longe foi Elatreu, no pugilato venceu o filho de Alcínoo. Com a participação de Ulisses na *contenda atlética*, o resultado de Elatreu é ultrapassado e Ulisses é reconhecido como inexcedível nesta prova, pois o disco por ele lançado voou «além das marcas de todos». Também a linguagem usada atesta da vertente agónica e competitiva das provas, da excelência que cada participante procurava alcançar, do espanto e admiração que procuravam infundir em todos aqueles que assistiam às provas. Fala-se em contendas atléticas, em competir na luta dolorosa, em todos os que participam serem postos à prova, em disputas e desafios. Mesmo na dança, onde os Feaces eram exímios, a competição estava presente.

«Foi então que Alcínoo ordenou a Hálio e Laodamante
que dançassem só os dois, pois com eles ninguém competia.»
(*Odisseia*, VIII, 370-371)

Mas nada, mesmo assim, que colidisse com os valores da hospitalidade, do lúdico e da diversão, do reconhecimento da diferença como um valor. Mas nada, mesmo assim, que colidisse com o prazer, o deleite e o regozijo de espírito, o espanto e a admiração.

« [...] para se admirarem com os jogos.»
(*Odisseia*, VIII, 108)

«Mas depois que todos deleitaram o espírito com jogos»
(*Odisseia*, VIII, 131)

« [...] e regozijou-se o sofredor e divino Ulisses»
(*Odisseia*, VIII, 199)

«Maravilhou-se Ulisses, encadeado com os passos faiscantes dos pés»
(*Odisseia*, VIII, 265)

«Depois que se saciaram de atirar a esfera em linha vertical, começaram os dois a dançar na terra provedora de dons]...]
Cumprem-se as tuas palavras: ao vê-los me domina o espanto.»
(*Odisseia*, VIII, 377-384)

Equilíbrio entre o sério e o não-sério, entre a hospitalidade e a competição, entre o conflito e a necessidade de o ultrapassar, entre a contenda atlética, o canto e a lira, entre as coisas sérias do quotidiano (regresso a Ítaca) e o jogo e divertimento (mostrar a sua excelência nas contendas atléticas), expressões, afinal, dessa grande máxima dos gregos «Nada em Excesso», que terá estado inscrita no templo de Delfos, tão fortemente vinculado a Apolo e aos jogos Píticos. Nada em excesso, justa medida, meio-termo, que Euríalo igualmente valoriza ao reconhecer que as palavras que dirigira a Ulisses, e tanto o ofenderam, não foram «na medida certa».

Meio-termo, medida certa, que Ulisses igualmente revela ao valorizar, simultaneamente, a participação nos jogos, fonte maior de glória, celebridade e reputação, sem esquecer o retorno a Ítaca, conciliação de interesses que os Feaces igualmente reconhecem.

> «Agora vem também tu, ó pai estrangeiro, experimentar
> qualquer contenda atlética, se porventura sabes alguma.
> [...]
> A tua viagem não será adiada: já está lançada a nau
> Que te levará; e a tripulação está já pronta.»
> (*Odisseia*, VIII, 145-151)

Meio-termo, medida certa, visível também no igual respeito pelas coisas sérias do quotidiano e pela glória que é participar em contendas atléticas. Aliás, as ofensas que Euríalo dirige a Ulisses, como forma de o convencer a participar nos jogos, assentam na desvalorização das suas competências atléticas, na afirmação de que ele é um mero mercador, unicamente preocupado com as coisas sérias do quotidiano, com as coisas da vida mundana, e que nada tem de atleta. Afronta grave, dada a importância que a *paideia* grega sempre atribuiu a todas aquelas facetas da vida, entre elas a cultura, o desporto, a diversão e os tempos livres, que permitem ao homem superar-se a si próprio, transcender-se, ser tão belo como os deuses e trilhar os caminhos da imortalidade.

> «Não, estrangeiro, a mim não dás impressão de seres um homem
> conhecedor de contendas atléticas – das que praticam homens.
> Pareces mais alguém que vai e vem na nau bem construída,
> comandante de marinheiros que são eles próprios mercadores:
> alguém que só pensa na carga e está sempre muito atento
> aos lucros do regateio. De atleta de facto não tens nada.»
> (*Odisseia*, VIII, 159-164)

O desporto é, pois, para os Feaces, como para Ulisses, algo de grande e elevado, forma de transcender as coisas do quotidiano e de nos aproximarmos dos deuses, de superar o tédio e os sofrimentos da vida, não de os esquecer.

«No espírito tenho mais sofrimentos que
contendas atléticas.»
(*Odisseia*, VIII, 154)

afirma Ulisses quando os Feaces o desafiam para participar nas provas atléticas, acrescentando que está ansioso por regressar à sua terra-natal, que sofreu muito e passou por demasiadas desgraças, tanto em terra como no mar, desde que há muitos anos saiu de Ítaca e dos braços de Penélope. No entanto, face à glória que vem dos jogos e à forma insolente como Euríalo o desafia para os jogos, acaba por aceitar.

«Mas mesmo assim, apesar disso, participarei nos vossos jogos.
Pois provocaste-me com o teu discurso e feriste-me o coração.»
(*Odisseia*, VIII, 184-185)

Importa ainda reter, mais uma vez a presença da hospitalidade, que os Feaces notam a profunda tristeza de Ulisses, as suas lágrimas e o seu sofrimento, pelo que organizam vários jogos para o consolarem. No palácio de Alcínoo, durante o banquete, quando o aedo canta as façanhas dos heróis de Tróia, uma profunda tristeza invade Ulisses, que procura cobrir o rosto com a capa ocultando dos presentes as lágrimas que lhe corriam dos olhos.

«Sentia vergonha dos Feaces porque das pálpebras lhe corriam
lágrimas: na verdade, cada vez que o aedo fazia uma pausa,
Ulisses limpava as lágrimas e tirava a capa da cabeça;»
(*Odisseia*, VIII, 86-88)

De todos conseguiu ocultar a sua tristeza, menos de Alcínoo, que quando se apercebeu do que se passava, manifestando uma grande sensibilidade, ordenou que o banquete terminasse e se desse início às provas atléticas.

> «O coração já nos saciaram o banquete e a lira,
> que acompanha o abundante festim.
> Agora saiamos lá para fora para celebrarmos jogos atléticos»
> (*Odisseia*, VIII, 98-100)

E, como que por encanto, a dor e o sofrimento dão lugar ao ânimo, ao alento, à alegria, ao regozijo.

Incontornavelmente, as contendas atléticas eram, para o homem grego, a procura de algo mais elevado, de algo que o aproximasse dos deuses. Não se tratava apenas de fugir às dificuldades, às limitações e constrangimentos do quotidiano, de estar entre os mais aptos na luta pela sobrevivência, mas, acima de tudo, de encontrar, de criar, um sentido para a vida. Ou, no dizer de James (1978: 30), «sport was one avenue throught which the individual could achieve something great, and thereby ennoble life.»

Procura de algo mais elevado na vida, que Lattimore (1947), citado por James (1978: 30), expressa em termos da procura da excelência, da realização de algum feito, de algum acto heróico, «which brough no calculable advantage, only honor and beauty.»

Procura da excelência (*arete*) que não é mais do que o esforço, a luta, por alcançar o objectivo da *Kalokagathia*, conceito fundamental da *paideia* grega que procura conjugar o ideal da beleza e excelência física (*Kalos*) e da excelência moral (*Agathos*), dimensões da realização humana que, separadamente, eram insuficientes ou pouco valor tinham aos olhos dos gregos.

Procura da excelência (*arete*), portanto, que no caso das contendas atléticas tanto englobava a vitória, o resultado, o ser o primeiro, o melhor, como englobava a *forma*, o *como*, o *fair-play*, com que essa vitória era alcançada. A vitória, o triunfo, altera quem o obtém, afasta-o do homem comum, engrandece-o, aproxima-o dos deuses, da imortalidade. Torna-se excelente, desenvolve ao máximo as suas potencialidades, transforma o sonho em realidade, o possível no concreto, vivendo esse ideal como projecto. A vitória nas contendas atléticas é uma das expressões possíveis das «excelências mortais».

> «É dos deuses que chegam todos os estratagemas com vista às excelências mortais, é deles que nascem os sábios, os fortes de mãos e os que têm o poder da linguagem.»
> (Píndaro, *Odes Píticas*, I, 41-42)

> « [...] não abras mão do belo, Guia com leme justo a multidão. Forja a língua na bigorna infalível da verdade.»
> (Píndaro, *Odes Píticas*, I, 85-86)

> «Que os deuses me ajudem a amar as coisas belas.»
> (Píndaro, *Odes Píticas*, XI, 51)

> « [...] deixando à sua doce descendência a graça de um bom nome, o melhor de todos os bens.»
> (Píndaro, *Odes Píticas*, XI, 59)

As *Odes* de Píndaro são um hino à excelência, à excelência em que cada um se pode tornar exímio, seja ela nas contendas atléticas, na hospitalidade, nos conselhos, na mestria com cavalos, na palavra, na música ou nas danças. As próprias *Odes* são como que uma recompensa da excelência, aproximam da imortalidade, perpetuam o que é efémero. A palavra inscreve essa excelência no futuro, torna os feitos ainda mais esplendorosos, retira-os da morte a que estão destinados, pois (Píndaro, Odes Ístmicas, VII, 17) «os mortais são esquecidos», a não ser que (Camões, Lusíadas, Canto I) «[...] por obras valorosas se vão da lei da Morte libertando.»

« [...] compor hinos bem sonantes, recompensa da excelência.»
(Píndaro, *Odes Píticas*, II, 15)

«A excelência torna-se duradoura através de canções que a tornam famosa.»(Píndaro, *Odes Píticas*, III, 112)

«Viveu abençoado entre os homens e foi venerado depois pelo povo como herói.»
(Píndaro, *Odes Píticas*, V, 95)

As *Odes* de Píndaro chamam a nossa atenção para a importância do equilíbrio na demanda da excelência, equilíbrio entre o *daimónico* e o esforço, entre o esperar e o fazer acontecer, entre o tempo da espera e o tempo do esforço, entre o determinismo absoluto e o voluntarismo, entre nada fazer e o *furor agendi* de tudo trazer à luz do dia com urgência.

«Não peças, amada alma, uma existência imortal, esgota antes todos os recursos do possível.»
(Píndaro, *Odes Píticas*, III, 64)

«Quando a alguém cabe em sorte um novo feito esplendoroso, ele voa para lá da esperança
(Píndaro, *Odes Píticas*, VIII, 90)

«Esforço-me por alcançar as excelências que todos partilham.»
(Píndaro, *Odes Píticas*, XI, 54)

«A bênção não aparecerá aos homens sem esforço, e é um deus que a cumpre hoje, seguramente. O que está destinado não pode ser evitado.» (Píndaro, *Odes Píticas*, XII, 30)

As *Odes*, partindo da excelência nos concursos atléticos, são uma metáfora da própria vida, do permanente confronto entre o possível e o impossível, o visível e o que ainda o não é, o controlo e a falta dele, a antecipação das expectativas e a possibilidade da sua realização. Entre a possibilidade do êxito e a tragédia da derrota. Entre a certeza e a incerteza.

As *Odes* são uma metáfora da própria vida, da condição humana, com as suas fraquezas e forças gigantescas. Uma metáfora do destino do homem como descoberta e construção de si mesmo, do seu permanente transformar-se naquilo que ainda não é mas poderá vir a ser. Do homem como possibilidade de um caminho de excelência. Do homem como ininterrupto «maquinar» estratégias (*machaná* – agir de acordo com as possibilidades), «astúcias», cuidados, técnicas, espaços de manobra, que lhe permitam outras e renovadas formas de se situar na travessia do tempo, de governar a sua própria embarcação, de se fundar e estabelecer face às circunstâncias que se vão forjando, de se descobrir como alma, como sentido.

A vitória, portanto, não apenas como resultado concreto, tangível, alcançado aqui e agora, mas como superação do real, do *só isso*, do que condiciona e limita. As contendas atléticas como forma de excelência, como *arete*, na duplicidade da sua dimensão de performance, de realização física e de realização ética, honra e beleza, verticalidade e grandeza. De elevação ao mundo dos heróis, dos deuses, dos imortais.

Nesta valorização da excelência (*arete*), neste ideal da *Kalokagathia*, neste sentido da vida como superação, sempre os gregos tiveram presente a importância da conciliação dos contrários, da valorização do outro e do diferente, da medida, do justo equilíbrio, da honra e veneração a prestar a todas as divindades. O que de forma redundante encontramos quer nas *Odes* de Píndaro quer na *Odisseia*, nomeadamente naquele trecho que aqui mais nos interessa (Canto VIII), os jogos dos Feaces.

Na segunda Ode Pítica, dedicada a Herão pela sua excelência na corrida de carro, Píndaro valoriza a reverência e gratidão como forma de «recompensar alguém pelo bem que faz», como valoriza a sensatez e a medida justa.

> «Mas é necessário olhar sempre a medida de si a
> respeito de tudo.»
> (Píndaro, *Odes Píticas*, II, 34)

Equilíbrio, medida justa, que encontramos no próprio ideal da *Kalokagathia*, na igual atenção a dar ao elemento *Kalos* (beleza e excelência física) e ao elemento *Agathos* (excelência moral), evitando grandes desequilíbrios entre os dois pólos da equação. Equilíbrio entre o resultado e o lúdico, a honra e a riqueza, o confronto e a hospitalidade, o combate e a gentileza das palavras. Palavras «apetrechadas de asas», palavras com «a medida certa».

Equilíbrio, medida justa, que encontramos, nos jogos dos Feaces, no dilema com que Ulisses se confronta quando empurrado pelo desejo, pela glória, de participar nos jogos, e pelo desejo de regressar a Ítaca. Partir demasiado cedo retirar-lhe-ia a maior das glórias, participar nos jogos. Participar nos jogos não o pode fazer esquecer o seu grande desígnio, regressar a Ítaca. Regressar a Ítaca demasiado cedo, abdicando da glória, seria esquecer os motivos da viagem, seria como que uma *falsa partida* que o impediria de cumprir o seu destino. Destino, descobrir-se como sentido, como projecto de vida, que passa pela *seriedade*, pela honra e pela glória, de participar nos jogos. Para além da vitória, a honra e a glória.

É essa a *seriedade* dos jogos, o serem a expressão possível, nunca definitivamente assegurada, mas sempre procurada, da excelência, da *Kalokagathia*. Os jogos como expressão viva, literal e simbólica, do homem descobrindo-se como sentido. Como cumprimento de um destino, como destino que se cumpre nos jogos. Como caminho, como viagem a descobrir e inventar, rumo a essa pátria, a essa terra nunca definitivamente alcançada mas sempre inquebrantavelmente almejada, a que podemos chamar Utopia ou terra dos Hiperbóreos.

> «Sem dúvida, os pés dos mortais jamais hão-de pisar o céu cor de bronze; mas qualquer que seja o esplendor que eles possam alcançar, será ele a chegar ao limite da viagem. Pois nem de barco nem a pé se pode descobrir o caminho maravilhoso para a assembleia dos Hiperbóreos.»
> (Píndaro, *Odes Píticas*, X, 26-30)

De realçar que esta *Ode* é dedicada a Hipócles «vencedor na corrida de rapazes», aludindo ao «princípio e fim dos humanos», ao «crescer», ao seguir «as pegadas do pai», ao tornar-se «digno de admiração», digno de «cânticos às coroas da sua vitória», sabendo nós à partida que o caminho para os Hiperbóreos nos está vedado, que após a vitória o insucesso futuro pode ser uma possibilidade, pois «O que vem para o ano ainda não pode ser visto», mas enfatizando igualmente que «digno de admiração», dos «cânticos», das «coroas», de ser «celebrado», « [...] apenas se torna o homem que, superior nas mãos ou na excelência dos seus pés, conquista os maiores prémios em disputa, pelo seu arrojo e pela sus força [...] » (Píndaro, Odes Píticas, X, 22-24).

A justa medida, o elogio da diversidade, a valorização da diferença, uma atitude espiritual profundamente inclusiva, são características fortes, como temos vindo a constatar, dos jogos Feaces. Algo similar ao que ocorre com as *Odes*. Se as contendas atléticas dos Feaces incorporam a excelência alcançada nas danças, as *Odes Píticas*, curiosamente, encerram com o louvor da Píndaro à vitória de Midas de Agrigento no concurso de Flauta. Nesta XII *Ode* assistimos ao elogio da conciliação do agonismo e da cooperação, ao elogio da transformação da fealdade em beleza. Assistimos à transfiguração do «grito agudo» no «som harmónico das flautas». Assistimos a essa musicalidade que é aceder à excelência.

Justa medida, convívio dos contrários, que no plano do simbólico talvez possam ser entendidos como a expressão da musicalidade inerente à vida, como a expressão da vida como acontecimento musical. A vida, portanto, como produção da harmonia e do sentido, da excelência, com os seus múltiplos rostos, com as suas múltiplas tonalidades. Vida que não exclui a possibilidade da desarmonia, das notas falsas, do absurdo, do sem sentido. A vida como transmutação do «lamento mortal das Górgones insolentes», da Medusa, no «som harmónico das flautas», na excelência «das belas danças».

A excelência, a harmonia, a harmonia dos sons,

«Descoberta de uma deusa para a dar aos mortais.»
(Píndaro, *Odes Píticas*, XII, 23)

que repousa na intimidade, no abraço fraterno, entre diferentes absolutos, entre diferentes sons, entre múltiplas cabeças.

«Chamou-lhe a melodia de muitas cabeças.»
(Píndaro, *Odes Píticas*, XII, 23)

Harmonia, justa medida, que ressoa nesse festim conjunto que inclui «o banquete e a lira», as «contendas atléticas», o pugilato, a luta os saltos ou as corridas, numa sã camaradagem com o «belo canto» ou os «exímios bailarinos». Toda uma multiplicidade de divindades, de absolutos, de excelências, que tanto maravilhavam Ulisses.

« [...] agarrou num disco maior e mais grosso [...] Dando voltas com o corpo, lançou-o da mão possante [...] voou o disco além das marcas de todos [...] »
(*Odisseia*, VIII, 187-193)

« [...] exímios bailarinos, que o solo sagrado percutiram
com os pés.»
(*Odisseia*, VIII, 265)

A presença conjunta, a igual valorização, das contendas
atléticas e das

« [...] competições entre os povos, que ressoa
constantemente através do fino cobre e das canas, canas
que crescem junto à cidade das belas danças [...] canas
que são o testemunho fiel dos bailarinos.»
(Píndaro, *Odes Píticas*, XII, 25-29)

Contendas atléticas, hospitalidade, *arete*, *Kalokagathia*, luta
dolorosa, canto, dança, harmonia, musicalidade, tudo parece entrar,
na justa medida, nessa «melodia de muitas cabeças» que são os jogos
dos Feaces. Jogos que sendo competitivos preservam o espírito lúdico,
jogos sérios que convivem com a diversão, jogos onde a dimensão
Kalos e a dimensão *Agathos* se entrecruzam e reciprocamente
valorizam. Politeísmo de rostos onde o equilíbrio entre união e
oposição de contrários nos parece eloquentemente expresso nos
versos que encerram o Canto VIII da *Odisseia*, o canto dos jogos dos
Feaces.

«Pois de modo algum é inferior a um irmão o camarada
conhecedor da sensatez.»
Odisseia, VIII, 585-586)

Aqui chegados, importa agora tecer algumas considerações
sobre o desenvolvimento da consciência como fenómeno decisivo da
história do homem, o que nos permitirá contextualizar as reflexões
que continuaremos a produzir sobre os jogos dos Feaces e,
posteriormente, sobre os jogos em honra da morte de Pátroclo e os
jogos de Penélope, na medida em que (James, 1978), em grande
parte, o estudo do desporto, como mito, se confunde com o
desenvolvimento da própria consciência.

Francisco Alberto Ramos Leitão & Isilda Maria de Sousa Leitão

Ao longo deste percurso procuraremos, acima de tudo, as companhias de Carl Jung e Erich Neumann, para os quais a génese e desenvolvimento da consciência podem ser conceptualizados em termos da evolução de uma condição em que o inconsciente era preponderante e a consciência fraca, para uma situação em que o desenvolvimento da consciência deriva da construção de laços produtivos e construtivos entre o consciente e o inconsciente. Ou seja, de uma condição inicial em que a consciência é ainda incapaz de diferenciações, em que a psique é abusivamente inconsciente, urobórica, pouco desenvolvida, em que o inconsciente é dominante, caminha-se para um mundo em que a psique consciente se diferencia e emerge do fundo inconsciente.

Na análise de todo este processo evolutivo, Jung e Neumann identificam a consciência com o princípio Masculino, o Logos, a Luz, o Dia, reporte-se ela à psique individual do homem ou da mulher, da mesma forma que identificam o inconsciente colectivo com o princípio Feminino, a Natureza, a Noite, seja ele encontrado no homem ou na mulher. Ou seja, se para Jung e Neumann a consciência é masculina e o inconsciente feminino, tal situação nada tem a ver com questões de género.

Expressão do princípio masculino da vida, a consciência tem inicialmente que se separar do inconsciente, o que origina o mundo dos opostos, dos processos psicológicos de separação e diferenciação, clivagem que encerra todo um mundo de potencialidades construtivas ou destrutivas, mas clivagem indispensável do ponto de vista evolutivo.

Em *The Great Mother* (Neumann, 1996: 25) refere-se que «The elementary character of the Feminine becomes evident wherever the ego and consciousness are still small and undeveloped and the unconscious is dominant», para mais à frente se afirmar (Neumann, 1996: 90) que

Jogar é Estar Perto dos Deuses - A Estrutura Lúdica do Universo.

«The development of consciousness, from almost total containment in the unconscious in primitive man to the Western form of consciousness, has been glimpsed as the central factor in human history as a whole. »

Esta tendência «toward the light» (Neumann), a que Carl Jung também chamou «heliotropismo», neste longo percurso na via de uma consciência cada vez mais forte e construtiva, tem-se manifestado mais forte que aquelas «forces of darkness» (Neumann) que parecem pressionar o homem na direcção oposta, a da obliteração da consciência.

«Amem a noite os magros crapulodos,
   [...]
Viva e trabalhe em plena luz: depois,
Seja-me dado ainda ver, morrendo,
O claro sol, amigo dos heróis!»
(Antero de Quental, *Mais Luz!*)

A cisão entre o princípio Masculino e o princípio Feminino, necessária e decisiva nas primeiras fases do desenvolvimento da consciência, expressou-se, continua a expressar-se, de formas diversas, em termos sociais. Ou, ainda no dizer de Neumann (1996: 90) «can be shown to be operative in every culture and age. »

Tudo parece ter evoluído de uma situação primordial em que o arquétipo da Grande Deusa Mãe, o arquétipo do Eterno Feminino, dirige e domina quer os processos psíquicos individuais quer os de grupo, para uma situação mais recente em que, gradual e paulatinamente, esse arquétipo vai perdendo terreno em relação ao arquétipo do Grande Deus Pai, ao princípio masculino, que com os seus diferentes simbolismos, valores e tendências, passa a ser dominante.

Uma das implicações, no plano social deste processo de progressiva depreciação dos valores do Feminino e crescente valorização do princípio masculino, prende-se com o facto de o princípio Masculino ter vindo a ser identificado com o domínio do género masculino, com toda a gama de valorizações positivas que tal identificação acarretou (o Bem, o Espírito, a Razão, o Dia, a Luz), por oposição ao desvalorizado princípio Feminino (o Mal, a Natureza, a noite, as Trevas).

O princípio Masculino passou a ser identificado com o homem, com o género masculino, mais do que com a consciência. O princípio Feminino passou a ser identificado com a mulher, com o género feminino, quase deixando de ser visto como a expressão do lado inconsciente da psique humana.

O desporto, como mito, encarna, representa de alguma forma, a separação do princípio Masculino em relação ao princípio Feminino, mesmo no que ao género diz respeito, reforçando o domínio e valorização do masculino e subsequente depreciação do feminino.

Esta profunda assimetria entre o princípio Masculino e o princípio Feminino, equacionada em termos antitéticos e traduzida na sobrevalorização do primeiro e desvalorização do segundo, é um dos aspectos que mais significativamente caracteriza a civilização ocidental e todo o mundo moderno.

Foram bem definidos, desde muito cedo na história do homem, os limites que marcavam o que era do mundo masculino, limites que a mulher, de forma alguma, podia transgredir. Os tempos homéricos são um testemunho bem evidente. A guerra e o desporto eram dois desses limites. A mulher não participava na guerra como não participava nas contendas atléticas.

Em muita da literatura da antiguidade trespassa esse processo psicossocial de valorização do masculino. Os dez anos de guerra entre Gregos e Troianos tiveram a sua origem na disputa por Helena, raptada pelos Troianos. A mulher surge, ao longo de todo o poema épico, como *propriedade* do seu senhor, como objecto ou bem que se possui. O momento em que tudo se desencadeia surge logo no Canto I, quando na Assembleia dos Aqueus, na disputa entre Aquiles e Agamémnon sobre Briseida, mulher de «lindo rosto», o orgulho de Aquiles é ferido de morte, pois o prémio que por direito era seu (Briseida), lhe é retirado. Desconsideração, ofensa, que Aquiles não consegue suportar. O conflito entre Aquiles e Agamémnon mantém-se, nada demove Aquiles da sua decisão de não voltar a combater os troianos, nem mesmo a demanda da honra e da glória que o haviam levado a Tróia. O conflito só é interrompido com a morte de Pátroclo, o grande amigo de Aquiles. Só essa morte, só esse acontecimento íntimo, o levará a pegar de novo em armas.

> « [...] Briseida de lindo rosto,
> essa que te calhou como prémio»
> (*Odisseia*, I, 184-185)

> «Pois o filho de Atreu, Agamémnon de vasto poder,
> desonrou-me. Tirou-me o prémio, pela própria arrogância.»
> (*Odisseia*, I, 355-356)

Nos jogos em honra de Pátroclo, nas oito disputas atléticas que são realizadas, entre os prémios que são atribuídos pela participação ou pela vitória, estão mulheres.

> «Das naus trouxe prémios: caldeirões e trípodes
> cavalos e mulas, e robusto gado bovino;
> mulheres de belas cinturas e o ferro cinzento.»
> (*Odisseia*, XXIII, 259-261)

Esta dicotomização dos princípios Masculino e Feminino, com a progressiva valorização do primeiro e desvalorização do segundo, traduz-se em visões completamente distintas do mundo. O princípio Masculino, virado para o resultado e o desempenho, paras o sucesso na guerra ou nas contendas atléticas, o princípio Feminino assumindo-se como o princípio da vida, do amor e da concórdia, dos vínculos e das relações.

Agamémnon, uma das tragédias de Ésquilo, é bem a expressão deste confronto entre uma visão Masculina e Feminina do mundo. Paras o princípio Masculino, que neste caso coincide com o mundo dos homens, o «sucesso» da guerra de Tróia é o grande valor, a grande referência, o que já não acontece com a sua esposa Clitemnestra, o pólo e visão do Feminino. Tudo começa com o eminente regresso de Agamémnon e dos seus exércitos, com a glorificação da guerra e dos actos heróicos aí ocorridos, por parte da *Sentinela* que vislumbra os primeiros sinais desse regresso. *Sentinela* que anuncia «um grito estrepitoso de contentamento» pois «finalmente Tróia forte foi vencida», vaticinando já o começo das festividades com cantos e danças. Celebrações em honra do sucesso da guerra, em honra de «homens empenhados em combates árduos», em honra de Agamémnon, o «corajoso comandante de guerreiros». Mas a tragédia começa a desenrolar-se quando pela voz do *Ancião* se recorda que esse corajoso comandante foi o mesmo que sacrificou o sangue de uma virgem inocente, Ifigénia, a sua própria filha. Que foi Agamémnon, o pai de Ifigénia, que ordenou o holocausto da sua jovem filha. Eis as palavras do *Ancião*.

> «As súplicas da vítima, seus gritos
> pungentes pelo pai, a idade virginal
> em nada comoveram os guerreiros
> ansiosos por saciar a sede de combates»
> (Ésquilo, *Agamémnon*, 11)

Guerreiros heróicos, unicamente movidos pela honra do sucesso, da vitória na guerra, mas insensíveis às súplicas da vítima, que logo colocam no altar do sacrifício. Guerreiros incapazes de se compadecerem, incapazes de entender que outros se compadecem, como revelam as palavras que Agamémnon, durante a guerra de Tróia, dirige a Menelau.

> «Menelau amolecido! Por que deste modo te compadeces
> de homens? Será que em tua casa recebeste dos Troianos
> nobres favores? Que nenhum deles fuja da ingreme desgraça
> às nossas mãos, nem mesmo o rapaz que se encontre ainda
> no ventre da mãe [...]»
> (*Ilíada*, VI, 55-59)

Incapaz de suportar o assassínio da sua filha às mãos de um pai insensível, unicamente interessado com vitórias em «combates árduos», Clitemnestra, que acaba de tirar a vida a esse pai assassino, expressa o ponto de vista do Feminino, mais virado para os sentimentos e as relações, da seguinte forma:

> «Agora me condenam ao amargo exílio,
> ao ódio da cidade, à maldição do povo,
> mas contra este homem nada foi falado.
> No entanto ele, sem escrúpulos, sem dó,
> indiferentemente, como se lidasse
> com algum irracional [...]
> Sacrificou a sua própria filha – e minha –,
> a mais querida que saiu do meu ventre,
> apenas para bajular os ventos trácios!
> Não era esse pai cruel quem merecia
> ter sido desterrado, expulso deste solo
> em retribuição ao crime inominável?»
> (Ésquilo, *Agamémnon*, 57)

As diferenças entre um mundo e o outro são tão acentuadas, parecem tão insanáveis, tão intransponíveis, que no fragor da luta o recurso à condição de mulher é usado como insulto, como exaltação da virilidade. Vejamos três situações retiradas da Ilíada. No Canto VII, Heitor, heróico general Troiano, dirigindo-se a Ajax Telamónio, afirma,

«Não me ponhas à prova como se fosse um rapaz franzino
ou uma mulher, que nada sabe de façanhas guerreiras.»
(*Ilíada*, VII, 235-236)

O mesmo Heitor, dirigindo-se ao grego Tidida, desafiando-o ao combate, usa termos semelhantes.

« [...] Afinal sempre foste uma mulher.
Foge lá, menina medrosa! [...] »
(*Ilíada*, VIII, 163-164)

Menelau incentiva os Aqueus, insulta-os por não quererem lutar contra Heitor, utilizando a mesma estratégia.

«Ai de mim, fanfarrões! Mulheres aqueias, já não Aqueus!»
(*Ilíada*, VII, 96)

Bem mais tarde, Platão, apesar de reservar à mulher outros papéis na sua *República*, que vão para além do tear, do fuso e da roca, como era usual nos tempos homéricos, na Grécia como em Tróia,

«Agora volta para os teus aposentos e presta atenção
aos teus lavores, ao tear e à roca; e ordena às tuas servas
que façam os seus trabalhos. Pois a Guerra é aos homens
todos que compete [...] »
(*Ilíada*, VI, 490-493)

continua a defender a superioridade do homem em relação à mulher.

Esta diferenciação está tão acentuada, tão profundamente marcada no imaginário humano, na psique individual e social, fruto de milhares de anos de evolução, que um interminável número de mitos não poderia deixar de expressar esta assimetria entre o princípio Masculino e o princípio Feminino. É o caso do mito de Pandora e do mito de Eros e Psique.

O mito de Pandora é o mito da mulher como origem de todos os males. Hesíodo relata-nos na *Teogonia* e em *Os Trabalhos e os Dias*, a forma como Zeus ficou profundamente irritado e «ferido no seu coração» com o roubo do fogo perpetrado por Prometeu, fogo que o pai dos deuses zelosamente guardava para si. Como sabemos, o roubo do fogo pode ser interpretado como o esforço do homem por atingir o princípio Masculino do Logos, da razão e da consciência, princípio que simbolicamente é representado pelo fogo. Por essa sua veleidade Prometeu deve ser castigado. A punição é a mulher, Pandora, o princípio do Feminino, o inconsciente. Flagelo ou mal com o qual o homem tem que aprender a viver.

> «Imediatamente, em lugar do fogo, criou um mal, destinado aos homens. [...] Porque é dela que saiu a raça, a casta maldita das mulheres, temível flagelo instalado no meio dos homens mortais.»
> (Hesíodo, *Teogonia*, 70)

O mal é a mulher, Pandora, «espírito de dissimulação», de «mentiras», de «dizeres sedutores», de «génio pérfido». Para o mito, ela se contrapõe ao bem que os homens receberam com o roubo do fogo.

> «Outrora viviam na terra as tribos dos homens ao abrigo dos males, da penosa fadiga e das dolorosas moléstias que dão morte aos homens. Mas, tendo a mulher com as suas mãos levantado a tampa do vaso, deixou espalhar os males e, assim, votou os homens a tristes trabalhos.»
> (Hesíodo, *Os Trabalhos e os Dias*, 83)

Organizou-se, assim, toda uma forma de imaginar o mundo, de o percepcionar, de o pensar, de o viver, assente em oposições, onde o pólo espiritual e masculino é valorizado (homem, espírito, razão, consciente, dia, luz, pureza) e o pólo material e feminino é desvalorizado (mulher, corpo, emoção, inconsciente, noite, trevas, impureza).

Para a mitologia grega, Hercules, no contexto do mito do herói, é a personificação das ideias de força e de conquista, a personificação do princípio masculino. É o herói guerreiro, combatente, sempre envolvido em lutas. A ele se atribui a invenção dos jogos Olímpicos. Esta atitude combativa, de luta contra o feminino, começa antes ainda do nascimento, pois Hercules está de tal forma impaciente por sair da obscuridade e ver a luz do dia, que força o ventre materno, ansioso por antecipar o momento do seu próprio nascimento.

Subjugado pelos valores heróicos da luz e do dia, possuído pelas forças nocturnas que despreza e procura afastar (uma vez mais a ideia de que os deuses ignorados – no caso o princípio Feminino – se vingam desencadeando ocorrências trágicas), Hercules enlouquece e mata os seus próprios filhos. Eurípedes, no seu *Hercules Enlouquecido*, bem como Séneca, estão entre aqueles que relatam episódios da loucura de Hercules. Como castigo pela sua violência, pelos seus excessos, pelas suas desmesuradas acções, deve purificar-se no sofrimento até que a sua alma se liberte das paixões. Assim, encontramos Ulisses como servo de Euristeu, cumprindo as tarefas por ele impostas – os Trabalhos de Hercules – redimindo-se, desta forma, das transgressões cometidas, alcançando por esta via a imortalidade e a purificação da alma.

Entre esses trabalhos estava a morte do leão de Nemeia, da hidra de Lerna, do javali de Erimanto, dos bois de Gerião, do medonho Cérbero, cão de muitas cabeças que guardava os infernos, tendo ainda lutado e vencido as Amazonas e abatido os centauros, símbolos do princípio Feminino ou dessa síntese mítica da natureza humana e animal. Hercules, imagem do domínio e controlo do princípio Masculino, da morte e supressão do princípio Feminino, Hercules, o matador de animais, expressa, simbolicamente, o processo de separação e diferenciação dos dois princípios da psique como condição de desenvolvimento da consciência com todo o seus papel integrador e de identidade colectiva.

Tal situação não significa que o princípio Feminino não seja igualmente importante. Revela apenas que os dois princípios, ao estarem em oposição, não sendo a consciência masculina capaz de se estabelecer, a si própria, sem um corte com o princípio Feminino, se por um lado forja o desenvolvimento da consciência, por outro lado arrasta consigo o perigo da desmedida e da loucura.

Para esta solução heróica, a mulher, o Feminino, desde sempre o símbolo fundamental da vida e da fertilidade, torna-se em algo negativo e intolerável. Intolerável para o *puro*, para a alma *pura*, para o *Espírito*, para o mundo dos valores diurnos e luminosos. É também nesta cisão entre princípios que assenta o mito do desporto que, desde os tempos homéricos, se tem vindo a estruturar, mito que não teria sobrevivido, não teria chegado aos nossos tempos, se o princípio Feminino não tivesse sido claramente excluído.

O mito de Eros e Psique ajuda-nos igualmente a compreender esta situação, já que, simbolicamente, narra a odisseia da alma humana, história feita de uniões, separações e sofrimentos, que levam à união final de Eros e Psique, do amor e da alma, do princípio Masculino e do princípio Feminino. Ajuda-nos a compreender que a história de Eros e Psique está sempre a ocorrer com cada um de nós.

Psique é serva da deusa Afrodite, deusa que ciumenta da beleza de Psique, procura impedir que a alma (Psique) encontre o amor (Eros), procura impedir que o amor (Eros) encontre a alma (Psique). Que o princípio Masculino e o princípio Feminino se unam e se conjuguem. Contra a vontade da deusa, o amor de Eros dirige-se a Psique e Psique dirige o seu amor a Eros. Mas o jovem deus insiste em não mostrar o seu rosto à amada, em manter Psique escondida e afastada na solidão do seu palácio, sem nenhum contacto com a família, o mundo, o dia, encontrando-se apenas com ela na escuridão da noite.

Instigada pelas irmãs e pela sua própria curiosidade, cresce em Psique o desejo de ver o rosto do amado, até porque o oráculo pressagiara que Psique se apaixonaria por um monstro. Aumenta, assim, o desejo de saber se a pessoa por quem tão profundamente se apaixonara era um monstro ou em belo príncipe. Psique, neste ponto a verdadeira heroína da história, expressão do princípio Feminino, recusa a escuridão, acende uma vela e expõe Eros à luz, ultrapassando assim as suas dúvidas ao ver o belo rosto de um deus dormindo.

Por esta acção Psique deverá ser punida. Eros afasta-se destroçado e Psique deverá cumprir uma série de difíceis e humilhantes *Trabalhos* como condição para poder de novo unir-se a Eros. Ou seja, antes que o reencontro entre os dois possa de novo acontecer Psique deve passar por todo um processo de *mortificatio*, as Tarefas que deverá cumprir, findo o qual, profundamente transformada, se une de novo a um Eros ele próprio igualmente transformado.

O mito é o claro reconhecimento de que a consequência de uma Psique sem Eros, de um Eros sem Psique, é o sofrimento. Sofrimento, estado de inquietude, de privação, que levará à possibilidade da aceitação e do encontro com o outro, que permitirá ganhar uma outra consciência psíquica, que permitirá a transformação da estrutura da consciência. Encontro que agora não mais estará condicionado a ocorrer na escuridão da noite. É como se Eros e Psique tivessem que *morrer* para poderem aceder a uma experiência directa da realidade do amor e da beleza. Os *Trabalhos* de Psique, em busca do amor perdido, revelam-se como um *opus* verdadeiramente criativo e transformador que permite a cada um, na subjectividade e intersubjectividade das suas relações, fazer-se alma, descobrir-se como alma, como sentido.

Uma enorme distância separa os Trabalhos de Hercules dos Trabalhos de Psique na sua demanda por Eros. Hercules, na sua heróica caminhada rumo à glória, à purificação, à imortalidade, centrado na unidimensionalidade do princípio diurno, luminoso e masculino, torna-se um matador de animais, do outro, da parte feminina que igualmente o constitui, mas exclui e não aceita. Vive no seio da violência e do sofrimento com as suas fúrias, excessos e loucuras. Nos seus trabalhos conta apenas consigo próprio, com a sua força, as suas habilidades individuais. Num mundo em que prevalece a vingança e as lutas ferozes e sangrentas, congemina as formas mais propícias de ataque. Com a sua espada, o arco e as flexas, as suas armas preferidas, investe, captura, aprisiona, domina, estrangula. Em combates corpo a corpo atira por terra e mata animais que caiem sem vida. Mata uma parte de si mesmo, a parte obscura e feminina que desconhece e não controla. É a luta pelo controlo, pelo domínio, pelo poder.

Os *Trabalhos* de Psique são bem diferentes. Não querendo encerrar-se em si mesma, no princípio Feminino que a constitui, anseia superar a escuridão do inconsciente e abrir-se à luz, ao dia, ao outro, ao diferente, a Eros. Almeja ver Eros e o seu rosto. Nessa demanda do outro, nessa abertura ao princípio masculino, não segue os caminhos apolíneos e separadores de Hercules, mas, fiel à sua natureza feminina, pede auxílio a todos os deuses, até mesmo a Afrodite, que sempre a procurou afastar de Eros. Ultrapassar os *Trabalhos*, as provas com que tem que se confrontar, tem o selo do amor, da intersubjectividade (princípio Feminino), não o selo da procura da fama ou da glória, da pureza ou da imortalidade (princípio Masculino). São trabalhos vinculados ao amor e ao sacrifício (de si mesma e não do outro), à compaixão, à ajuda e solidariedade.

Por isso conta consigo mesma, com os seus esforços, com a sua ineludível persistência, mas também com a ajuda e o apoio dos outros. Para ultrapassar essas provas despertou a compaixão das formigas, a solidariedade da águia, contou mesmo com a ajuda de uma torre. Na prova da tosquia dos carneiros ouve e segue o conselho de uma voz que se mantém mais ou menos oculta e dissimulada entre os arbustos.

Como dizíamos anteriormente, a emancipação do princípio Masculino teve e tem toda a sua importância no processo de desenvolvimento da reflexão e da consciência, mas o princípio Feminino e as suas conexões com o princípio oposto, são igualmente importantes. É que, como nos diz James Hillman (2000: 126) «La reflexión puede hacer consciencia, pero el amor hace alma».

Psicologicamente aprender é compreender, prender entre, vincularmo-nos a algo, prendermo-nos a alguma coisa. É esta a dimensão erótica da aprendizagem, da compreensão. É esta a importância da presença de Eros no processo de aprendizagem. Mas, reciprocamente, não podemos vincular-nos a nada, não podemos aprender e compreender nada, se Eros não penetrar na nossa alma, se Eros e Psique não se procurarem mútua e reciprocamente.

O mito de Hercules confronta-nos, essencialmente, com o confronto e a oposição dos princípios Masculino e Feminino, com a exclusão deste e a afirmação do primeiro. O mito de Eros e Psique confronta-nos com o processo psicológico de união e conjugação desses princípios. Hillman (2000: 129-130) diz-nos a este propósito:

> «Tales imágenes recuerdan la unión de lo masculino y lo femenino, del espíritu y el cuerpo, así como de otras parejas habitualmente consideradas como opuestas.»

Mas retornemos às contendas atléticas dos tempos homéricos, à Ilíada, à Odisseia, às Odes de Píndaro, para continuarmos a analisar a forma como o princípio Feminino se torna cada vez mais estranho ao princípio Masculino, a forma como o princípio Masculino, da realização e do desempenho, da glória e da imortalidade, subalternizando o princípio Feminino, da vida e do amor, da comoção e da solidariedade. Para continuarmos a analisar a forma como o princípio Masculino se organiza como a matriz fundadora das contendas atléticas.

Na IX Ode, Píndaro faz o elogio de Telesícrates de Cirene, partindo dos amores entre a ninfa Cirene, «condutora de cavalos», «rapariga selvagem», e o deus Apolo. Apolo «raptou-a dos vales» e quis impor-lhe a vida de «rainha da terra mais rica em frutos» (Ode IX, 4-7). Cirene «não gostava dos movimentos ao tear», de se balouçar, de viver dentro da casa, pois preferia «combater e degolar animais selvagens», Apolo apenas tem em mente, após o rapto, a «consumação do casamento», que ela lhe dê filhos. Quer «colher no seu leito a doçura do mel».

Na X Ode, dedicada a Hipócles de Tessália, vencedor da prova de corrida, diz-se,

> «Por todo o lado agitam-se os coros das raparigas, ecoam acordes
> de lira, sopram flautas.
> Elas atam os cabelos com folhas douradas de loureiro e
> Festejam com alegria»
> (Píndaro, *Odes Píticas*, X, 38-41)

para mais à frente Píndaro reconhecer que a sua expectativa é que com os seus cantos Hipócles se torne «ainda mais digno de admiração», que o feito se celebre «com cânticos às coroas da sua vitória», mas, acima de tudo, «que acorde o amor nas jovens raparigas».

Uma vez mais a cisão entre os dois princípios, as contendas atléticas, a honra e a glória, para os homens, o amor, a casa, o fuso e a roca, o deixarem de ser «selvagens» e submeterem-se ao princípio Masculino, para as mulheres. A mulher como recompensa, como prémio, surge mais uma vez na IX Ode. Depois de recordar o episódio de Dánao, em Argos, ele próprio alusivo ao facto de ser a «corrida a decidir qual das filhas se destinava a que herói», Píndaro escreve estes versos:

> «Também o líbio pretendia dar deste modo o noivo ajustado
> à sua filha. Pô-la sobre a linha, embelezada como meta final,
> e proclamou, no meio de todos, que o primeiro a tocar-lhe no
> vestido, no último esforço, a levaria para casa.» (Píndaro, *Odes Píticas*, IX, 118-121)

De qualquer forma, entre os jogos dos Feaces (Canto VIII da Odisseia), os jogos em honra da morte de Pátroclo (Canto XXIII da Ilíada) e os jogos de Penélope (Cantos XXI e XXII da Odisseia), encontramos graduações diferentes no que respeita à maior ou menos assimetria entre os princípios Masculino e Feminino. Como já referimos, os jogos dos Feaces são aqueles em que, embora num contexto exclusivamente masculino, como acontece com os jogos em honra de Pátroclo e os jogos de Penélope, a convergência entre esses dois princípios atinge níveis mais significativos.

Os jogos dos Feaces revelam que as lágrimas e tristeza de Ulisses coabitam com a alegria, a honra e a glória de participar, que a seriedade da competição vive lado a lado com a espontaneidade e a dimensão lúdica, que a luta pela vitória é irmã da hospitalidade e da convivência, que as lutas árduas dão as mãos à dança, ao canto e à lira. Nos jogos dos Feaces, onde não há prémios, onde o prémio é a própria vitória, a excelência, *arete*, vemos ainda a presença da justa medida, da comunhão entre *Kalos* e *Agathos*, do equilíbrio entre o desejo da vitória e a necessidade de manter interacções positivas e construtivas com o outro. Vemos a *coincidentia oppositorum* entre o princípio do desempenho (masculino) e o princípio do amor (feminino), entre *performance* e *relatedness*, entre resultado e vinculação.

Os jogos em honra da morte de Pátroclo assumem contornos claramente mais competitivos, preservando, no entanto, algum espírito lúdico. Mas dado esse carácter competitivo mais elevado, a presença de alguns excessos, de processos menos adequados ao espírito da *Kalokagathia*, torna-se bem visível. A seriedade dos combates, o desejo de vitória, leva Epeio, perito no pugilato, a proferir as seguintes palavras:

> « E isto eu direi, coisa que se irá cumprir:
> Rasgar-lhe-ei a carne e estilhaçar-lhe-ei os ossos,
> Que os seus familiares permaneçam no meio da turba,
> Para depois o levarem quando for subjugado às minhas mãos.»
> (*Ilíada*, XXIII, 672-675)

Os prémios atribuídos são para honrar a excelência, a excelência deveria ser reconhecida, mas Aquiles oferece prémios, onde estão incluídas mulheres, a todos os que participam, não apenas ao vencedor de cada prova, preservando assim a dimensão lúdica da competição, retirando-lhe algum excesso de hiper-competitividade sempre possível. Este equilíbrio que se procura manter entre a seriedade da competição e o espírito lúdico, de diversão, está bem patente no episódio da prova de corrida, quando Ulisses e Ajax disputam entre si o primeiro lugar.

Pedindo Ulisses a intervenção de Atena,

> «Ulisses rezou a Atena de olhos garços no seu coração:
> "Ouve-me ó deusa! Vem como auxiliadora dos meus pés!"»
> (*Ilíada*, XXIII, 769-770)

a deusa ouve-o e prejudica Ajax impedindo-o de alcançar o primeiro lugar.

> «foi então que Ajax escorregou (pois Atena o prejudicara)
> no local onde estava o esterco dos bois de fortes mugidos,
> [...]
> E com o esterco dos bois ficou cheia sua boca e narinas.»
> (*Ilíada*, XXIII, 774-777)

A reacção de Ajax, o elogio que de seguida Antíloco, sorrindo, dirige a Ulisses e Ajax aludindo às suas idades, os risos e gargalhadas de público e participantes, fazem com que o ocorrido não seja entendido como uma humilhação para Ajax, antes um episódio divertido que mitiga o que seria uma abordagem mais competitiva e unicamente centrada no valor do prémio a alcançar.

Cuspindo o esterco Ajax dirige-se assim aos Argivos:

> « "Ah, foi a deusa que me prejudicou os pés, ela que sempre
> está do lado de Ulisses como uma mãe a ajudá-lo."
> Assim falou; e aprazivelmente todos se riram dele.»
> (*Ilíada*, XXIII, 782-784)

De qualquer forma, os jogos em honra da morte de Pátroclo têm uma dimensão abertamente mais competitiva que os jogos dos Feaces, visível na preocupação com o que hoje chamaríamos a verdade desportiva, com os cuidados a ter para que efectivamente se recompense o mérito do vencedor, situação que na Ilíada (Canto XXIII) ganha relevo na corrida de carros a propósito da atribuição dos segundo e terceiro lugares entre Antíloco e Menelau, com a possibilidade de introdução da fraude e do engano, com a possibilidade de a vitória se dever mais aos processos fraudulentos usados do que ao mérito. Questão a que nos referimos já no primeiro volume desta obra a propósito da eterna presença de Pélops.

Quando a articulação entre o pólo do lúdico e da alegria e o pólo da possibilidade da humilhação e da derrota pende, demasiado, para este último prato da balança, a presença de Pélops torna-se mais eminente. Quando a ânsia de vitória obscurece outros valores, outros deuses,

> « [...] o coração de cada um palpitava,
> ávidos como estavam de vitória.»
> (*Ilíada*, XXIII, 370-371)

> «Dos olhos de Diomedes brotaram lágrimas de raiva»
> (*Ilíada*, XXIII, 385)

quando a ânsia de vitória dos mortais envolve os próprios imortais,

> « [...] se contra ele não se tivesse encolerizado Febo Apolo,
> Que lhe fez saltar das mãos o chicote luzente.»
> (*Ilíada*, XXIII, 383-384)

a necessidade de preservar as melhores condições de equidade torna-se mais imperiosa,

> «E depois montaram nos carros e atiraram as sortes.
>   [...]
> Tomaram seus lugares em fila; e Aquiles indicou-lhes o poste
> lá longe na lisa planície. Como árbitro de linha ali colocou
> o divino Félix, seguidor de seu pai, para que vigiasse
> a corrida e sobre ela se pronunciasse em verdade.»
> (*Ilíada*, XXIII, 352-361)

pois a possibilidade de Pélops, a fraude e o engano, serem convocados pelos concorrentes no fragor da luta, ganha outros contornos.

Na corrida de carros, o primeiro, por «mérito», foi Diomedes, mas o problema surge a propósito da atribuição do segundo e terceiros lugares, pois Menelau, a quem foi atribuído o terceiro lugar, acusa Antíloco de o ter ultrapassado «pela astúcia e não pela velocidade», de ter utilizado processos fraudulentos. Antíloco estava consciente de que os cavalos de Menelau eram mais velozes,

«Sabes como contornar o poste; só que teus cavalos
são os mais lentos na corrida. Por isso antevejo apuros»
(*Ilíada*, XXIII, 309-310)

desta forma, seu pai, Nestor, «como homem sensato para outro avisado» aconselha o filho a usar outros «expedientes» para poder vencer.

«Os cavalos dos outros são mais rápidos, mas os concorrentes
não sabem congeminar melhores expedientes que os teus.»
(*Ilíada*, XXIII, 311-312)

Assim, recomenda ao filho todo um conjunto de estratégias que o poderão ajudar a compensar a menor velocidade dos cavalos.

«Ora então, meu querido, lança no espírito a argúcia
toda, para que não fujam os prémios.
Pela argúcia é melhor o lenhador do que pela força.»
(*Ilíada*, XXIII, 313-315)

Recomenda-lhe, assim, para controlar os cavalos, para os não deixar serpentear «à toa por um lado e para outro». Indica-lhe como «segurar as rédeas de couro bovino», diz-lhe para se inclinar nas curvas, mostra-lhe como aplicar o acicate e usar as rédeas. Insiste, por fim, que deve fitar bem o poste onde deverá virar, aproximar-se bem dele mas sem o tocar, evitando tocar numa pedra que está junto desse poste,

> «para que não firas os cavalos e destruas o carro.»
> (*Ilíada*, XXIII, 341)

Mas as instruções dadas por Nestor situam-se todas dentro do que é justo e correcto, são como que, para além da velocidade dos cavalos, a técnica, a excelência, o quão exímio é o condutor.

> «Assim falando, Nestor, filho de Neleu, sentou-se de novo
> no seu lugar, depois que explicara ao filho os limites de
> cada coisa.»
> (*Ilíada*, XXIII, 349-350)

Mas o que Menelau recrimina no comportamento de Antíloco não é a destreza deste, a sua sagacidade na condução dos cavalos, mas o facto de ter ultrapassado esses limites ao colocar-se a si mesmo e aos seus calos em risco, para além de colocar em risco os seus adversários. Numa dada altura da prova, onde a pista é estreita e o terreno afunda, assustado e cheio de medo com as imprecações de Antíloco, Menelau reage assim:

> « Antíloco, és irresponsável a conduzir! Controla os teus
> cavalos!
> A pista aqui está muito estreita, mas depressa ficará
> mais larga.
> Não queiras prejudicar-nos a ambos, dando cabo do
> meu carro.»
> (*Ilíada*, XXIII, 426-428)

Mas Antíloco ignora o que Menelau lhe diz. Dada a ânsia de obter a vitória conduz ainda com mais velocidade, o que obriga Menelau a ficar voluntariamente para traz de forma a evitar que os cavalos colidam e os carros se virem. Menelau repreende de novo Antíloco dirigindo-se-lhe nestes termos:

«Antíloco, nenhum outro mortal é mais pernicioso que tu.
Vai para o raio que te parta! Falsamente nós Aqueus te considerámos
um homem sério. Mas não levarás o prémio sem jurares primeiro. »
(*Ilíada*, XXIII, 439-441)

Antíloco consegue chegar à frente de Menelau, mas a distância que os separa é muito curta. A seguir ao incidente anteriormente relatado, Menelau atrasa-se mas rapidamente recupera, a ponto de junto à meta quase conseguir ultrapassar Antíloco. Gera-se assim a dúvida sobre quem teria chegado em segundo lugar caso Antíloco não tivesse recorrido àqueles comportamentos perigosos.

«E se a pista tivesse sido mais longa para ambos,
te-lo-ia-ultrapassado e o caso não teria ficado na dúvida.»
(*Ilíada*, XXIII, 526-527)

Este elevado nível de competitividade está igualmente patente na animosidade que se cria, no seio dos próprios espectadores, sobre quem sairia vitorioso na prova da corrida de carros, situação bem visível nas apostas que a situação gera.

«Sou só eu que vislumbro os cavalos, ou também vós?
Parece-me que são outros os cavalos que vão à frente;
[...]
Insultuosamente o repreendeu o célebre Ajax [...]

> [...]
> São as próprias éguas que vêm à frente, as mesmas de há pouco.
> [...]
> Furioso lhe respondeu então o rei dos Cretenses:
> "Ajax, príncipe do insulto, mas vil de entendimento! Em tudo
> ficas atrás dos outros Argivos, pois acasmurrada é a tua mente.
> Anda cá! Apostemos uma trípode ou um caldeirão
> e que entre nós arbitre o Atrida Agamémnon, sobre quais
> são as éguas que vão à frente, para que aprendas, mas a pagar!"»
> (*Ilíada*, XXIII, 458-487)

E a situação teria por certo ido mais longe, não fosse a pronta intervenção de Ulisses, pois Ajax, «furibundo», retorquia já dirigindo ao rei dos Cretenses «palavras desabridas». Disse Ulisses às partes desavindas:

> «Não respondais um ao outro com palavras insultuosas,
> Ó Ajax e Idomeneu, nem com palavras vis, pois não vos fica bem.»
> (*Ilíada*, XXIII, 492-493)

Nas contendas atléticas dos gregos, não só os homens, mas igualmente os deuses, são conhecidos por *fazerem batota*. Também os próprios deuses, personificações de forças internas do próprio homem, parecem levar a competição demasiado a sério, ao surgirem como factores, para além do domínio e do controlo humano, que podem interferir nos resultados alcançados. Apolo faz saltar o chicote das mãos de Diomedes, prejudicando-o. Mas Atena, apercebendo-se da situação, interfere também. Dá de novo o chicote a Diomedes e «nos cavalos insuflou a força». Irada, vira-se também contra Eumelo, a quem prejudica, surgindo assim como a grande responsável pela vitória de Diomedes e pelo último lugar de Eumelo.

Apesar da maior competitividade dos jogos em honra de Pátroclo, também aqui, à semelhança do que já presenciámos a propósito dos jogos dos Feaces, os ideais da *Kalokagathia* estão bem presentes. Com efeito, rapidamente a discórdia entre Antíloco e Menelau dá lugar à conciliação e à concórdia, ao reconhecimento do valor e excelência do outro. Antíloco reconhece os seus excessos, que atribui à juventude, aceita a superioridade de Menelau, e dispõe-se a dar-lhe a égua que acabou de ganhar ao terminar a prova em segundo lugar, pois, acima de tudo, quer preservar a sua relação com Menelau.

Dirigindo-se a Menelau, a prudência de Antíloco leva-o a afirmar,

> «Contemporiza agora. Sou muito mais novo que tu,
> ó soberano Menelau; tu és mais velho e melhor.
> Sabes quais são as transgressões de um homem novo,
> [...]
> Por isso que sinta paciência teu coração. A égua que ganhei,
> quero eu próprio dar-ta; [...]»
> (*Ilíada*, XXIII, 587-592)

acrescentando mesmo que outras coisas, da sua casa, lhe poderá dar,

> «de preferência a ser expulso do teu coração todos os dias
> da minha vida e ficar como prevaricador perante os deuses.»
> (*Ilíada*, XXIII, 594-595)

Face a esta abertura alegrou-se o coração de Menelau, que retribuiu a sensatez e excelência das palavras de Antíloco da seguinte forma:

«Antíloco, eu próprio abandonarei agora a minha raiva
[...]
[...] A juventude é que te venceu o juízo.
[...]
Por isso darei ouvidos à tua súplica, além disso te darei
a égua, apesar de ser minha. Para que me compreendas, e estes
aqui também, que nem altivo nem inflexível é o meu coração.»
(*Ilíada*, XXIII, 602-611)

Algo vai errado quando a moderação, o equilíbrio e a sensatez, a justa medida, dão lugar à conflitualidade aberta entre os atletas que participam nas contendas, quando essa conflitualidade alastra ao público. Algo vai errado quando no prazer, no divertimento da competição, não se encontram os mecanismos que permitem superar essa conflitualidade. Algo vai errado quando se exagera a importância da competição atlética, quando o braço de *Kalos* se hipertrofia, em relação ao seu irmão *Agathos*, e não se sabe coordenar, harmoniosamente, com ele.

Nos jogos em honra da morte de Pátroclo este equilíbrio é bem visível. Assistimos a uma intensa e forte procura da excelência (*arete*), tão visível na árdua procura de *Kalos* como na árdua procura de *Agathos*. A *Kalokagathia*, portanto, com os seus dois braços, como o farol das contendas atléticas. A vitória, ganhar ou perder, fazem parte de um mundo mais alargado, de uma equação mais geral, regida pela necessidade de permanentemente encontrar os mecanismos da superação e reconciliação dos opostos.

A conflitualidade, a crise, a disputa, a luta de opostos, encerram em si a possibilidade da sua superação, a possibilidade do auto-reconhecimento que leva à superação do conflito. No caso dos jogos fúnebres em honra de Pátroclo, Menelau opera como o contraponto que permite a Antíloco reconhecer a sua *hybris*, os seus excessos e transgressões. Auto-reconhecimento que anteriormente não havia sido possível, apesar de Nestor, seu pai, o haver encorajado a tudo fazer para alcançar a vitória, mas tendo em consideração «os limites de cada coisa».

Agora, parece finalmente poder aceder a esse auto-reconhecimento, olhar para a sua própria *hybris*, para a sua própria *sombra*, e aceitar que as coisas foram demasiado longe. Antíloco mudou, incorporou nos seus comportamentos o princípio Feminino do amor, da reconciliação, da sensibilidade ao outro. Mas este deslizar para o centro da equação, este incorporar o princípio Feminino, não lhe retira de forma alguma virilidade, vontade de vencer, já que tal mudança não o impede de reivindicar a atribuição do segundo lugar quando Aquiles, com a concordância de todos, pretende atribuir esse lugar a Eumelo, filho de Admeto, «o melhor homem», que havia chegado em último lugar e do qual Aquiles se havia compadecido.

«Por último seus cavalos de casco não fendido conduz
o melhor homem. Demos-lhe um prémio (pois fica bem),
o segundo prémio; [...]
Assim falou; e todos concordaram fazer como mandara. »
(*Ilíada*, XXIII, 536-539)

Mas Antíloco levantou-se e reclamou o seu prémio dizendo:

«Ó Aquiles, muito me zangarei contigo se cumprires
essa palavra! Estás na disposição de me defraudares do prémio,

> [...]
> Mas eu não cederei a égua. [...] »
> (*Ilíada*, XXIII, 543-553)

Apesar de compadecido com Eumelo, homem de valor como Antíloco também reconhece, Aquiles concorda com a justificação de Antíloco, entrega-lhe a égua, a recompensa pelo segundo lugar, e atribui a Eumelo, seguindo as próprias sugestões de Antíloco, outra recompensa, recompensa que Eumelo recebe com agrado.

Mas os jogos em honra de Pátroclo, para além das marcas já anteriormente referidas, trazem-nos muitos outros sinais da *Kalokagathia*, da união dos opostos, das bodas alquímicas entre seriedade das contendas atléticas e espírito lúdico, entre fragor da luta e «palavras apetrechadas de asas». Evoquemos alguns desses sinais.

Os jogos em honra da morte de Pátroclo começam com o concurso da corrida de carros, na qual o próprio Ulisses, organizador do certame, se abstém de participar (dar o lugar aos outros), de forma a não viciar os resultados, pois caso participasse por certo arrecadaria o primeiro lugar.

> «Pois vós sabeis como os meus cavalos sobrelevam em
> excelência,
> visto que são imortais e foi Posídon que os ofereceu
> a meu pai, Peleu; depois ele deu-mos a mim.»
> (*Ilíada*, XXIII, 276-278)

A última prova, o lançamento do dardo, por sugestão de Aquiles, não chega a realizar-se. Iriam competir Agamémnon e Meríones, escudeiro de Idomeneu, mas como a excelência de Agamémnon no lançamento é por todos reconhecida, todos concordam com a atribuição dos prémios mesmo sem a efectiva realização das provas. Talvez como expressão de magnanimidade e excelência, Agamémnon aceita mas entende não ficar com o «lindíssimo prémio» e entrega-o ao arauto Taltíbio.

«Atrida, na realidade nós sabemos como superas todos os outros
e como na capacidade e no arremesso dos dardos és o melhor.
Leva tu então este prémio [...]»
(*Ilíada*, XXIII, 890-892)

Na terceira prova, a «luta dolorosa», combatem Ajax e Ulisses, combatem com tal vigor, com tanta excelência, que Aquiles, levantando-se, interrompe a prova dizendo:

«Não continueis a lutar! Mas não sofrais com tormentos!
A vitória é de ambos. Tomais prémios equivalents
e ide, para que compitam também os outros Aqueus.»
(*Ilíada*, XXIII, 735-737)

No certame com a lança, escudo e elmo, em que venceria aquele que primeiro atingisse «a bela carne do outro», ocorreu algo de similar. Combatem Ajax e Diomedes, mas a dada altura a prova é igualmente interrompida, sendo atribuídos iguais prémios, aos dois contendores.

«Foi então que os Aqueus tiveram receio por Ajax,
e ordenaram a ambos que parassem e recebessem prémios iguais.»
(*Ilíada*, XXIII, 822-823)

O último sinal de *Kalokagathia* que apresentaremos diz respeito à primeira prova, a prova da corrida de carros, pois dadas as peripécias relativas à atribuição do segundo e terceiro lugares, o quinto prémio, a urna de asa dupla, não havia sido distribuído, prémio que agora Aquiles entende entregar ao ancião Nestor, como reconhecimento da sua excelência, das proezas alcançadas no passado. O mesmo Nestor que aconselhou o seu filho a tudo fazer, no total respeito pelos «limites de cada coisa». Atravessando a assembleia dos Argivos Aquiles entrega o prémio nas mãos de Nestor proclamando:

> «Fica também tu agora, ó ancião, com este tesouro,
> como recordação do funeral de Pátroclo. Pois a ele nunca
> mais tu verás no meio dos Argivos. Ofereço-te este prémio
> sem ter sido ganho; pois não será no pugilato que competirás,
> nem na luta, nem no arremesso de dardos, nem na corrida
> com os pés. Já a penosa velhice pesa sobre ti.»
> (*Ilíada*, XXIII, 618-623)

Dirigindo a Aquiles «palavras apetrechadas de asas», Nestor reconhece a «medida certa» das palavras de Aquiles, congratula-se com o prémio, recorda os concursos em que participou e venceu, no pugilato, na luta, na corrida, no arremesso da lança, na corrida de cavalos, dizendo por fim,

> «Quanto a este prémio, recebo-o de bom grado, e alegra-se-me
> o coração, porque te lembraste de mim e não me ignoras.»
> (*Ilíada*, XXIII, 647-648)

Pois bem, se nos jogos em honra da morte de Pátroclo e nos jogos Feaces, mais nestes últimos, os ideias da *Kalokagathia* estão bem presentes, se para além da contenda atlética, as preocupações com a hospitalidade, a aceitação do outro, a nobreza das palavras, a reconciliação, em suma, a «medida justa», o «limite da cada coisa», marcam o clima da realização dos certames atléticos, com os jogos de

Penélope passasse exactamente o oposto. É a acentuação total da desmedida e da transgressão, a total unilateralidade de um dos princípios de que temos vindo a falar, o princípio Masculino. É a *hybris* da força, da arrogância, do insulto, da humilhação do outro, na base da prepotência do mais forte. Aqui o coração ou o perdão não têm assento.

Nos jogos de Penélope tudo evolui de uma situação de pré-guerra, com a ocupação do palácio de Ulisses pelos pretendentes à mão de Penélope, sua esposa, para uma competição atlética onde o prémio é a própria Penélope, certame atlético que degenera para a violência mais inqualificável. Os Cantos XXI e XXII da Odisseia não são mais do que a descrição de uma prova de arco que se torna sangrenta, um completo morticínio, quando Ulisses e o seu filho, Telémaco, matam os arrogantes pretendentes à mão de Penélope.

É no final do Canto XIX que Penélope revela a sua intenção de organizar o torneio de arco, onde o prémio em disputa seria a sua mão.

> «Estabelecerei pois um concurso, o dos machados,
> [...]
> Proporei este concurso aos pretendentes.
> Quem com mais facilidade armar o arco nas mãos
> e fizer passar a seta pelo meio dos doze machados,
> a esse eu seguirei [...] »
> (*Odisseia*, XIX, 572-579)

Tudo se passa num clima de grande conflitualidade, física e psicológica. Face à prolongada ausência de Ulisses, os pretendentes impõem a sua presença no palácio. Penélope, que ainda não sabe que Ulisses, disfarçado, já está em Ítaca, chora pelo marido. Das suas faces correm «torrentes de lágrimas» e a sua cama tornou-se uma «cama de lamentações». Os «arrogantes pretendentes», com os seus insultos, os seus «comportamentos ultrajantes», num contexto de grande «hostilidade» e «violência», congeminam «a matança de Telémaco». Ulisses, por sua vez, encoberto ainda sob o disfarce de estrangeiro mendigo, fala já da «chacina dos pretendentes».

É certo que as mortes que se seguiram ao torneio, foram actos de guerra, matança, assassínio, não parte efectiva de um torneio, como o próprio Ulisses reconhece no início do Canto XXII.

> «Na verdade chegou ao fim este certame tremendo.
> Agora noutro alvo, que nunca antes foi atingido, verei
> se consigo acertar, se Apolo der cumprimento à minha
> prece.
> Assim falou, e contra Antínoo disparou uma seta amarga.»
> (*Odisseia*, XXII, 5-8)

Não podemos igualmente ignorar, no entanto, que a entrada de Ulisses no torneio, embora só ele e Telémaco o soubessem, era já um acto de guerra, tinha já a marca da violência e da matança. Não acompanhamos a tese daqueles que entendem o desporto como uma espécie de guerra por outros meios, mas no caso dos jogos de Penélope o torneio encerra já, e encobre, o desfecho final. A matança já estava presente no decurso do próprio torneio. O torneio faz parte de uma estratégia de guerra, é verdadeiramente guerra por outros meios.

Uma outra faceta da realização do torneio amarra-o já ao sangue e à violência, o facto de o arco a usar ser o próprio arco de Ulisses e não os arcos de cada um dos participantes, arco ele próprio ligado à morte, ao sangue, à transgressão da hospitalidade, um dos valores maiores da cultura grega, já que fora oferecido a Ulisses por Ífito, ignobilmente morto por Hercules.

> «Foi Héracles que o matou, embora fosse seu hóspede,
> em sua própria casa – homem duro! Que não respeitou
> a ira dos deuses nem a mesa amiga que lhe pusera à
> frente.

Matou-o e ficou-lhe com as éguas de fortes cascos.»
(*Odisseia*, XXI, 27-30)

O arco de Ulisses é a completa negação do valor das relações, da hospitalidade, da preocupação em aceitar e valorizar o outro na sua diferença. O arco de Ulisses é a morte do outro por causa de uma disputa de doze éguas, é a total obsessão pelo resultado e o completo desprezo pelo valor das relações. Era este o arco, arco divino, que os participantes no torneio deveriam ser capazes de armar.

«Mas agora, ó pretendentes, tendes o prémio à vossa frente.
Estabeleço como certame o arco do divino Ulisses:
quem com mais facilidade armar o arco nas mãos
a esse eu seguirei [...]»
(*Odisseia*, XXI, 73-77)

O certame inicia-se com Telémaco a tentar armar o arco do pai, o que não consegue, pois, com a cumplicidade de Ulisses, desistiu precocemente do seu intento,

«Por fim tê-lo-ia conseguido, tentando uma quarta vez,
mas com um aceno lhe indicou Ulisses que desistisse,
apesar da sua ânsia [...]»
(*Odisseia*, XXI, 128-130)

já que pretendiam dar aos pretendentes a ideia de que Telémaco era fraco, débil, «demasiado novo», incapaz de se defender.

«Mas vós, que sois superiores a mim na força,
experimentai o arco e continuemos o certame.»
(*Odisseia*, XXI, 134-135)

Jogar é Estar Perto dos Deuses - A Estrutura Lúdica do Universo.

Uma estratégia de guerra, ocultar as forças ao adversário, criando a ilusão de que se é fraco, estratégia disfarçada sob a capa de certame. Homero continua descrevendo o sucessivo fracasso dos pretendentes em armarem o arco de Ulisses, sublinhando, assim, a arrogância dos pretendentes, a sua falta de carácter, as suas fraquezas e fragilidades. O não serem capazes de armar o arco é sentido como uma humilhação em relação à valentia de Ulisses, humilhação que mais uma vez levanta a questão do género, pois a mão de Penélope passa a ter um valor secundário, menor, que o reconhecimento por parte dos vindouros. Euríamo, um dos pretendentes, não tendo conseguido armar o arco, exclama:

> «Ah, como me entristeço, não só por mim, mas por todos!
> Não é tanto pelo casamento que choro, embora isso me afecte
> [...] é antes por ficarmos tão aquém, no que respeita a nossa força,
> do divino Aquiles, visto que não conseguimos armar
> o arco. É uma censura de que ouvirão falar os vindouros.»
> (*Odisseia*, XXI, 249-255)

Humilhação que irá aumentar quando Ulisses, disfarçado de «estrangeiro miserável», solicita que o deixem participar no torneio, algo que os pretendentes, inicialmente, fazem menção de recusar, pois receavam o que viria a dizer-se, no futuro, caso esse mendigo estrangeiro conseguisse armar o arco.

> «Mas temos vergonha daquilo que disserem homens e mulheres,
> não vá algum grosseiro dizer entre os Aqueus:
> "São homens fracos que fazem a corte à mulher de um homem
> irrepreensível; nem são capazes de armar o arco polido.
> Mas um outro, um mendigo que ali chegou nas suas errâncias,

facilmente armou o arco, e fez passar a seta através do ferro."»
(*Odisseia*, XXI, 323-328)

O que efectivamente viria a ocorrer, pois Ulisses, ainda disfarçado de mendigo, pegando no arco, o arma sem grande esforço. Acerta todos os alvos, não falhando nenhum dos orifícios dos machados. No decurso do certame, misto de torneio e de acto de guerra, o elemento lúdico está completamente ausente. A contenda atlética prima pelo excesso de violência e seriedade de homens arrogantes e encolerizados. Nem a forma como Telémaco exige ao porqueiro que entregue o arco a Ulisses, que como estratégia bélica de afirmação da lei do mais forte, pretendia criar a ilusão, nos pretendentes, que ele, Telémaco, forte com os fracos (o porqueiro) é muito mais fraco do que eles (os pretendentes),

> «Paizinho, leva o arco em frente! Ou depressa te arrependerás
> de dares ouvidos a todos. Vê lá se, embora mais novo,
> eu não te expulso é da terra, à pedrada. Sou mais forte.
> Quem me dera ser assim mais forte de mãos que todos
> os pretendentes que estão aqui no palácio.
> Então os expulsaria desta casa de modo bem odioso,
> pois são eles que congeminam desgraças. »
> (*Odisseia*, XXI, 369-375)

o que reduz a cólera dos pretendentes contra ele, divertindo-os.

> «Assim falou; e todos os pretendentes se riram, divertindo-os,
> e abandonaram a cólera amarga que sentiam contra
> Telémaco. [...] »
> (*Odisseia*, XXI, 376-378)

Consegue, assim, retirar ao torneio a sua hiper-seriedade, a violência, a animosidade e conflitualidade aberta que encerra.

Depois de armar o arco e acertar em todos os orifícios dos machados, Ulisses despe os farrapos que o disfarçavam como estrangeiro pedinte, revelando a sua verdadeira identidade, anuncia que «Na verdade chegou ao fim este certame tremendo», mata Antínoo com uma seta e dá início àquela terrível mortandade que, desde o início, de múltiplas formas, ensombrou o torneio.

O Canto XII é a descrição exaustiva da forma como o torneio derivou num morticínio geral dos pretendentes

> «Ó cães! Vós não pensastes que eu alguma vez regressaria a casa
> de Tróia, visto que me quisestes destruir a casa,
> [...]
> Agora sobre vós todos se ataram os nós do morticínio.»
> (*Odisseia*, XXII, 35-41)

e de todas as servas que desonraram Hercules, ao desrespeitaram Penélope e «enveredaram pela pouca-vergonha». Termina com aquela atitude tão típica do princípio Masculino, do Regime Diurno: depois do delito, da transgressão, da morte do outro, emerge a necessidade da purificação, da purificação pelo fogo.

> «"Primeiro quero que se traga fogo para a sala"
> [...]
> [...] e Ulisses purificou
> toda a sala de banquetes, toda a casa e o pátio.»
> (*Odisseia*, XXII, 491-494)

Longo foi o caminho que levou da primordial identificação do princípio feminino, da mãe e da mulher, com a natureza, a terra e a fertilidade, tempo das grandes deusas mães como símbolos de vida e regeneração, à ideia da inferioridade da mulher, agora associada à «matéria» como algo inferior e passivo, sem alma, sem vida, associada às paixões animais, à natureza instintiva, negativa e abissal.

Na cultura ocidental, a primazia do princípio masculino e a natureza inferior e secundária da mulher, está bem expressa no mito bíblico de Adão e Eva, na fantasia de que primeiro Adão, por deus criado, e só depois Eva, criação secundária a partir das costelas de Adão.

O platónico e apolíneo movimento ascendente do distanciamento do espírito (elevado e superior) em relação à matéria (vil e inferior), atesta já desse antagonismo entre dois princípios opostos e irreconciliáveis, que, de acordo com esta cosmovisão, jamais se poderão mesclar, conjugar, articular, casar. Atesta já a presença de uma estrutura da consciência que guarda uma relação de estranheza e desconfiança, de superioridade, discórdia e afastamento, com a matéria, o feminino, a natureza, o corpo.

Tudo se passa como se no desenvolvimento da consciência humana, «matéria» e «espírito», tenham seguido pólos opostos. A primeira, a «matéria», encerrando em si todas as valorizações negativas (Feminino, Efémero, Obscuro, Corpo, Inconsciente, Mal), o segundo, o «Espírito», congregando todas as valorizações positivas (Masculino, Eterno, Luminoso, Razão, Consciência, Bem).

Este apolíneo movimento ascendente, dirigido para o alto e para a luz, para essa luz espiritual que poderá iluminar a consciência, é bem perceptível no neoplatónico Porfírio. No seu escrito *De Abstinentia* (século IV) este divórcio entre espírito e matéria, entre espírito e alma, está bem patente.

> « [...] es necesario cambiar nuestra vida actual por otra, purificándonos a través de razonamientos y actividades [...] ¿Es que lo que nos separa de las percepciones sensibles y de las pasiones que con ello se relacionan y que, en la medida de lo posible, nos lleva a una vida intelectual, sin imaginación ni pasión, no sería de esa

> índole y, en cambio, lo opuesto hay que considerarlo
> extraño y rechazable tanto más cuanto que en la medida
> en que nos separa de la vida intelectual nos arrastra a la
> sensible? »
> (*De Abstinentia*, I, 29-30)

Porfírio propõe-nos um projecto de vida, uma concepção do mundo, em que separarmo-nos, abstermo-nos, lutar, desnudarmo-nos das «percepções sensíveis», das «paixões», do «mundo sensível», das «coisas terrenas», «do visível e do carnal», das «comoções corporais», é a condição da ascensão ao «inteligível», à «incorporeidade», a uma «vida intelectual sem imaginação nem paixão». Ou então, usando uma metáfora desportivas, metáfora que expressa a necessidade humana de superar e transcender o quotidiano, o *só isso*, e ascender à excelência, a algo mais elevado, diz-nos ainda Porfírio,

> «Desnudos y sin túnica, ascendamos al estadio para tomar
> parte en los juegos olímpicos del alma. El punto de partida
> es el desnudarse y sin este requisito no se puede luchar.»
> (*De Abstinentia*, I, 31)

Processo de ascensão e purificação que encerra, entre muitos outros aspectos, para além dos da alimentação, tema central do tratado,

> « [...] el espectáculo de la competición de caballos y
> atletas o de danzas lascivas y, por otro, la contemplación
> de mujeres»
> (*De Abstinentia*, I, 32)

Estamos, pois, no âmago de tudo o que temos vindo a dizer sobre a forma como o princípio Feminino, a mulher, as grandes deusas mães, como símbolos de vida, se tornaram intoleráveis e ameaçadoras para o princípio Masculino, para o puro espírito. Neste contexto, o

Espírito irradia luz e fogo, é rápido, fulgurante como o raio, acelera tudo aquilo em que toca. A sua direcção é a da ascensão e da verticalidade. Remete-nos para o elemento aéreo e sua leveza. É masculino, activo, cria formas e ordens claras e diferenciadas. Implica o arquétipo apolíneo, a sublimação e a purificação, o abstracto e incorpóreo.

A alma anuncia imagens e evocações mais femininas e sedutora, leva ao sonho e à fantasia, à imaginação, à noite, à lua. É labiríntica, apela à proximidade e intimidade. Profunda e vulnerável, leva ao tempo e à matéria, ao corpo, às transformações lentas e consentidas, não ao mundo aéreo dos espaços puros, incorpóreos e eternos.

Para a consciência apolínea e diurna, o princípio Feminino é algo a *matar*, a excluir, a afastar. Exclusão e separação que resulta numa vida mutilada, fragmentada e unilateral, à maneira de Hercules, o matador de animais, ou do Ulisses dos jogos de Penélope, onde um torneio desportivo degenera em hostis actos de guerra. Exclusão do princípio Feminino que deriva na *loucura* e nos *excessos* de Ulisses, nos *morticínios* e *carnificinas* perpetrados por Ulisses, no *holocausto* de Ifigénia às mãos do seu pai Agamémnon. Heróis do Regime Diurno que não estão sob os auspícios ou protecção de nenhuma musa, de nenhuma ninfa. Heróis que baniram da sua vida o princípio Feminino.

À luz da compreensão, dos desafios e exigências, que se colocam ao homem do século XXI, o mito do desporto que vem da antiguidade não mais parece apropriado. É necessário um novo mito do desporto para os nossos tempos. Os tempos mudam, mas os deuses, que vivem no nosso corpo, são eternos. Os grandes arquétipos são os mesmos, as suas manifestações temporais é que são distintas. Há que encontrar formas de o princípio Masculino (do resultado e do desempenho) e o princípio Feminino (do amor e da relação) encontrarem formas de, no respeito pelas suas diferenças, coexistirem de forma mais melodiosa, na base de uma relação em que nenhum deles subjugue ou esteja completamente submetido ao outro. Na base de uma relação em que o equilíbrio de poderes, suportado na cooperação, na solidariedade e reciprocidade mútua, seja outro. Novo mito que supere e transcenda a unilateralidade do antigo, que incorpore e valorize o resultado, o poder, a vitória e a derrota, tanto como o processo, a relação, o cuidar do outro e a sua inclusão.

Afinal, como nos sugere Carl Jung «Donde hay amor no existe el deseo de poder y donde predomina el poder el amor brilla por su ausencia. Uno es la sombra de otro». Mas, como nos indica o mesmo autor, é necessário dar atenção à sombra, a todos os deuses, a todos os demónios, condição para a sombra não se tornar perigosa (*le retour du refoulé*), para os deuses não se sentirem insultados, esquecidos e ignorados, caso contrário não tardarão em reclamar a sua presença e a nossa atenção.

Nos últimos dois milénios da cultura ocidental, os tabus instituídos por diversos tipos de poderes, seculares ou clericais, que apenas concedem importância aos elevados reinos do espírito, da mente, do pensamento racional, desterraram para a obscuridade, para a abissalidade do corpo efémero, os «apetites», os «impulsos animais», as «paixões sexuais». Face à luminosidade do espírito, o corpo é remetido, encerrado e enclausurado, no reino das coisas ignóbeis, das coisas menores, constituindo-se, assim, como a personificação da «sombra» do ego, com a sua contraparte negativa.

Transcender o corpo, a sua efemeridade e limitações, sublimar e desviar os seus impulsos para propósitos mais elevados, encerra em si toda uma valorização negativa do prazer e do ócio, entendidos como algo inferior, de somenos importância.

Cindir o mundo e a vida em dois reinos, um imaginado valorativamente como luz do meio-dia, luz plena, o outro imaginado depreciativamente como tenebroso e obscuro, é esquecer a advertência délfica do «nada em excesso», a importância da «justa medida», os «limites de cada coisa».

Uma vida desequilibrada e unilateral, compulsiva, unicamente dedicada a uma única divindade, a um único altar, corre o risco de morrer por excesso de luz. Sacrificar somente no altar dos resultados, abraçar o êxito como único critério de auto-estima, de construção de um projecto de vida, como farol que ilumina o ego ideal do momento, é ceifar, suprimir e aniquilar, mil outras possibilidades.

Esta *hybris* do êxito, do resultado, da maximização dos benefícios, esta inflação do ego, da necessidade de protagonismo, do convencimento de que se possuem dons especiais e se vive de acordo com princípios superiores e mais veneráveis, *hybris* quantas e quantas vezes disfarçada de bondade e superioridade, bloqueia e petrifica os aspectos receptivos e femininos da vida, a abertura ao outro, a relação, a empatia e a sensibilidade. *Hybris* do êxito que, como excesso de luminosidade, bloqueia e mata a própria alma, a descoberta de outros e renovados sentidos para a vida. Afinal, como poeticamente nos sugere Keats, em carta dirigida a sua irmã, o mundo é essa experiência única de sermos os construtores da nossa própria alma (Call de world [...] the vale of soul-making). Ou, no dizer de Rumi,

> «Si crees que en este momento no tienes ningún defecto, te convertirás de inmediato en el artífice de tus propia desgracia.»
> (Rumi)

Reconhecer que em todos nós vive um Antíloco – capaz de, na corrida de carros, dada a ânsia de vitória, «defraudar» ou «prejudicar» o outro, conduzir-se de forma «irresponsável», ser «pernicioso» e pouco «sério», «tolo e leviano», mas igualmente capaz de «prudência», de querer permanecer no coração dos outros, de não «ficar como prevaricador perante os deuses» – reconhecer a nossa própria sombra, com ela querermos conciliar-nos, é, antes de tudo, uma questão de amor, não propriamente de poder. De receptividade e aceitação do outro, de relativização e conciliação dos opostos. Uma questão de não identificação com nenhum dos opostos, de dar igual atenção à luz e à obscuridade, ao trabalho e ao lazer, ao sério e ao não-sério, ao que é útil e ao que não é considerado como tal. De dar atenção a todos os deuses. De não rejeitar, à partida, o que aparentemente parece «impuro», «inferior», «inútil».

Uma espécie de encontro com a sombra, o «corpo impuro», a *materia prima* ou *massa confusa*. Um conto taoista bem conhecido, escrito pelo filósofo Chuang Tzu (citado por Toub, 1991), chama a nossa atenção para a importância do trabalho com a «sombra», para a «utilidade» do «inútil», para os grandes princípio que regem o universo e a condição humana.

Trata-se da história de um aldeão a quem, num determinado dia, desaparece o cavalo. O seu vizinho ficou muito comovido com o que ocorrera, mas teve como reacção do aldeão o seguinte desabafo: "Quem sabe o que é bom e o que é mau?" No dia seguinte o cavalo reaparece na aldeia conjuntamente com uma manada de cavalos selvagens que encontrara. Logo o aldeão recebeu grandes felicitações do vizinho, mas a reacção do aldeão foi a mesma do dia anterior: "Quem sabe o que é bom e o que é mau?" Um dia depois o filho do aldeão, ao tentar montar um dos cavalos selvagens, parte uma perna, tendo o vizinho ficado muito contristado com o contratempo ocorrido com o filho do aldeão. O vizinho ouviu mais uma vez a mesma resposta: "Quem sabe o que é bom e o que é mau?" Na manhã do dia seguinte apareceram na aldeia os soldados do imperador com a missão de recrutar mancebos para o exército. Por ter a perna partida o filho do aldeão foi o único jovem da aldeia a escapar ao recrutamento.

A vida é esta permanente presença da luz e da obscuridade, do poder e do amor, do resultado e da relação. Mesmo quando não convocados, Antíloco e Pélops marcarão presença no jogo da vida e na vida do jogo. Nestor, com as suas recomendações sobre os «limites de cada coisa» será igualmente presença obrigatória, sem a qual o jogo não seria mesmo possível, sem a qual o jogo não poderia continuar. Também Ulisses, para regressar a Ítaca e aos braços de Penélope, teve que encontrar uma forma, descobrir um caminho, caminho árduo (saltar, agarrar, subir, aproveitar as oportunidades, remar com as próprias mãos),que o mantivesse suficientemente longe e suficientemente perto de dois monstros, Cila e Caríbdis, pois

« [...] de outro modo nunca teria fugido à morte escarpada.»
(*Odisseia*, XII, 446)

Estar demasiado perto ou demasiado longe pode ser igualmente perigoso. A beleza, o equilíbrio e a harmonia, não são um mero jogo de luzes, não são excesso de luz, mas jogo de múltiplos cambiantes de luz e sombra. O jogo está, ele próprio, em descobrir e captar o enigma e efeitos das sombras. Também a alma, o princípio feminino, é água para o fogo do espírito, também *o fair-play*, o acolhimento do outro, as «palavras apetrechadas de asas», são água para esse fogo que é a ânsia desmedida de ganhar a todo o custo.

Depois do heróico confronto com Cila e Caríbdis, que exige de Ulisses a mobilização de todas as suas capacidades, chegando mesmo ao ponto de ter que se sentar sobre os destroços do navio e ter que «remar com as mãos», o herói é levado pelos deuses para esse local «onde vive Calipso de belas tranças [...] que cuidou de mim e me amou.» (*Odisseia*, XII, 448-450).

Sempre a eterna presença do princípio feminino, de figuras femininas titulares, que cuidam, ajudam, orientam e sugerem. A eterna presença de ninfas e sereias que devem ser escutadas. A eterna presença da conjugação do canto e dos remos. De Calipso. De Atena. Da deusa Atena que ama Ulisses, que o aconselha, protege e favorece no seu regresso a Ítaca.

Da deusa Atena que humaniza Ulisses refreando-lhe as tendências belicistas,

«Então disse a Ulisses Atena, a deusa dos olhos garços:
"Filho de Laertes, criado por Zeus, Ulisses de mil ardis!

> Retém a tua mão e para o conflito desta guerra,
> para que contra ti se não encolerize Zeus, filho de Crono"»
> (*Odisseia*, XXIV, 541-544)

abrindo a porta ao diálogo e à mediação, à conciliação dos opostos, aos acordos e aos compromissos. Acordos e compromissos que parecem exigir a presença da deusa, do princípio feminino.

> «Assim falou Atena; e Ulisses obedeceu, alegrando-se no coração.
> Foram impostos juramentos, válidos no futuro para ambas as partes, por Atena, filha de Zeus detentor da égide,
> assemelhando-se a Mentor no corpo e na voz.»
> (*Odisseia*, XXIV, 545-548)

4.6. Inventar o Encontro com Outras *Ordens*, Outros *Corpos*

É preciso fugir à realidade
(Raul Brandão)

Finalmente liberto da *alma*, reduzido a instrumento, objecto, *corpo des-animado*, barro passivo, vamos assistindo também a uma crescente *medicalização* do corpo, agora transformado em máquina eficiente e de grande utilidade, que exige uma permanente e cientificamente controlada manutenção, condição para que os órgãos materiais, as peças de que a máquina é constituída, funcionem nas melhores condições durante o máximo tempo possível.

Ser útil é a palavra de ordem, útil ao seu *proprietário*, ao seu *senhor*. Convencido que o controla e domina, quando afinal o *corpo* pertence, em grande parte, ao reino da *abissalidade*, do que não se conhece, domina e controla. Útil ao seu *senhor* e a essa imensidade de poderes, sociais, políticos, económicos, religiosos, que constantemente o assediam. É a medicina, a indústria farmacêutica, a dietética, a lipo-aspiração, a cosmética e a perfumaria, a cirurgia estética, os *health clubs*, a publicidade, a moda, o próprio desporto, a formatação dos corpos por todos os meios.

O rendimento que dele se espera, desse instrumento que é o corpo, conduziu a um permanente *fitness training*, a um adestramento para nos mantermos em forma, bem à semelhança do que ocorre no mundo laboral com as suas exigências de rendimento, os seus procedimentos mecanizados e repetitivos, mundo onde os estados de alma são ignorados ou mesmo proibidos. De alguma forma este imaginário de um corpo-eficácia invadiu também os ainda designados *tempos livres*.

Antes, como agora, apesar de algumas vozes se levantarem contra esta relação objectivante com o corpo, apelando à descoberta do corpo como um dado subjectivo, práticas como as artes marciais, o *body building*, tantas e tantas formas de exercício físico, mesmo o próprio retorno à natureza ou a cultura do nudismo, acorrentadas à conveniência dos interesses económicos vigentes, converteram-se numa variante desse mesmo imaginário da utilidade e do rendimento.

Procuram-se músculos firmes, de aço, sem celulite, não se prescindindo, sempre que necessário, de uma boa dose de silicone. O colesterol, o *mau* colesterol, foi declarado o inimigo público número um. Vive-se, de uma ou outra forma, o *mito da eterna juventude*, o ideal de um físico saudável, puro, intocado pela gordura, mas onde a obesidade é um dos problemas mais sérios com que as autoridades se debatem.

Embora reconhecendo a sua importância, há que repensar formas de relação com o corpo, que vão para além do cuidar terapêutico, dos estilos de vida saudáveis, incorporando nessa relação, outros *absolutos*, outros *deuses*. Formas de relação mais politeístas com o corpo e que transcendam a submissão a programas altamente estruturados, personalizados e superiormente supervisionados por especialistas

As práticas corporais oriundas do oriente, como o Hatha-Yoga, com as suas *asanas* e técnicas respiratórias, o Tai-chi ou muitas outras práticas, descontextualizadas, privadas do seu fundo cultural, filosófico ou religioso, privadas do seu fundo espiritual, privadas da sua alma, incapazes de se constituírem como uma alternativa em relação à instrumentalização do corpo, vêm-se reduzidas a simples técnicas mais ou menos eficazes para a manutenção, a cura ou o tratamento do corpo.

O turismo tornou-se na multifacetada oferta de lugares mágicos, divinos, idílicos, paradisíacos. Espaços fantásticos, maravilhosos, encantadores, fascinantes, espaços de mil virtudes apresentados sobre a forma de *packs* que procuram responder à obsessiva procura da felicidade.

É todo um novo hedonismo de meditação quase mística e sensual, de terapias de reconciliação do corpo e do espírito, como as das ofertas centradas na multimilenar *Ayurveda* indiana, que tinha como objectivo, através da alimentação, do yoga, das massagens, dos banhos, prevenir e cuidar doenças, assegurar o rejuvenescimento, prolongar a longevidade, na base de um equilíbrio entre o físico e o psíquico.

Encontramos, aqui, toda uma linha de continuidade que da Antiguidade, das suas práticas médicas, lúdicas e recreativas, se prolonga, através do sistema hipocrático-galénico, até aos finais do século XIX. Linha evolutiva de que o Renascimento, com o grande incremento do turismo termal, ligado à nobreza, à aristocracia e a toda uma nova burguesia, é um marco relevante.

No mundo grego e romano, os banhos, que muitas vezes funcionavam junto dos santuários, integrando práticas tão diversificadas como o jejum, as dietas, os chás, o exercício físico, a massagem, o repouso, as termas, o prazer do convívio, a música e o canto, os festivais e os espectáculos, o teatro, os jogos, eram autênticos rituais de purificação do corpo e do espírito. A interpretação e revelação dos sonhos (*eukoimesis*) completavam essa panóplia de práticas.

No século XII A.C. no templo de Epidauro, Asclépio integrava já, nas suas práticas curativas, os banhos. Nos santuários de Esculápio, onde foram encontrados múltiplos *ex-votos*, estes usos eram igualmente recomendados. Relatos de há mais de 3.000 anos testemunham igualmente da presença destas tradições no Egipto, onde a farmacopeia estava igualmente muito desenvolvida. No mundo árabe, os *hammans*, que hoje o turismo igualmente inclui nas suas ofertas, eram o equivalente aos banhos gregos e romanos e incorporavam a higiene, o repouso, a massagem e outros rituais de purificação do corpo.

Nesta linha de continuidade, que vai das práticas milenares ao turismo moderno, não cabe, dada uma cultura dos corpos completamente distinta, a tradição católica. Os banhos e as termas foram severamente censurados pela Igreja, que conotava todas essas práticas com o ócio, a luxúria e o pecado. Para as autoridades religiosas, os banhos públicos eram o lugar da nudez dos corpos, e, assim, da promiscuidade. Nomeadamente durante o período medieval, a ausência de banhos e higiene era incontornável, pois ao considerar-se a doença como a expressão do pecado, os meios espirituais de cura são valorizados em detrimento da higiene e dos banhos. No mundo ocidental os banhos, para as classes populares, só se divulgam e vulgarizam no século XX.

Será que o corpo procura, nostalgicamente, a alma que lhe foi roubada? O corpo é esse templo sagrado onde ocorre a transfiguração espiritual. Afinal, o corpo, entendido como processo de individuação, sempre foi e continuará a ser uma construção social, uma edificação religiosa e política. A edificação do corpo sempre se estrutura a partir de ideias, a partir de imagens, a partir de representações e figurações veiculadas socialmente.

Hoje, nem mesmo os seniores escapam às mega-mitologias de que temos vindo a falar. São todos felizes e saudáveis, nunca estão sozinhos, fazem turismo e praticam desportos radicais, apresentam um ar juvenil e fresco, leve, simpático, sorridente. Nada que lembre a doença, a solidão, a velhice, o abandono, a exclusão ou a morte. Tudo muito bem entregue ao controlo de todo o tipo de *especialistas do corpo*. Numa perspectiva mais *interior*, as técnicas de desenvolvimento pessoal, que muitas vezes também são *técnicas do corpo*, prometem igualmente uma vida mais intensa e feliz. Mesmo no âmbito da política, da economia, do mundo empresarial, as grandes orientações, as orientações salvíficas, de superação da crise, vão no sentido de eliminar ao máximo as *gorduras do Estado*, no sentido do *emagrecimento*. Neste plano, o *mau* colesterol deu a vez a esse *monstro*, a esse *desvio colossal*, que é o *défice*.

A publicidade, os *media*, ao construírem e fazerem passar toda uma mitologia, toda uma simplificação, adulteração, portanto, das *imagens da felicidade*, ao propagarem, de forma tão aliciante e sedutora, a sua fé nos *ídolos*, nas *marcas*, nos *ícones*, nos *corpos ideias e utópicos* que produzem e nos querem vender, mundo onde essas imagens, tornadas hiper-realidade, abusivamente tomam o lugar do real (real entendido como a experiência simultaneamente heróica e trágica da vida), mais não fazem do que desenvolver um devastador *emagrecimento*, um perigoso *empobrecimento* do nosso imaginário e das formas de o viver corporalmente.

Talvez hoje, mais do que nunca, o corpo corra o risco de ser perseguido, não tanto por um *super-ego* que diligentemente o censura, vigia e reprime, mas antes por esse *ideal do eu*, por esse *absoluto* de exigências, igualmente exorbitantes, em que se tornou o caminho que, tiranicamente, impõe o preenchimento do abismo que dista entre o *eu real* e o *eu ideal*. Entre o corpo real e o corpo ideal.

Ora, o corpo não é, nunca foi, algo passivo. Não é, nunca foi, o local da inscrição e aceitação, indiferente, amorfa, apática, de forças que irremediavelmente o marcam, condenam, torturam, contra a sua própria vontade.

Forças que sempre o perseguem, que sempre procuram a sua domesticação, são bem visíveis na história do corpo, mas ele sempre encontrou espaços de luta e resistência. Não fosse o corpo, ele mesmo, um mundo de imaginação. Não fosse essa, antes de tudo, a essência da sua *alma*. Não fosse essa a força motriz que o alimenta e anima. Afinal, transfigurar o corpo, é, antes de mais, aboli-lo, condição essencial para lhe poder dar uma imensidade de figuras possíveis, uma imensidade de outras figuras. Não apenas aquelas a que um qualquer poder o quer limitar ou reduzir.

Não admira, pois, que caminhos marcadamente divergentes, se perfilem em todo o processo de imaginar o futuro, de imaginar outros futuros para o corpo e para as relações deste com a natureza. O relatório do Club de Roma, publicado em 1968, alertava já para o facto de o sistema de produção e consumo, em que assenta o actual conceito de progresso económico, não ser sustentável.

Face a esta constatação, um primeiro caminho insiste em que a crise ecológica mundial encontra a sua solução no desenvolvimento científico e tecnológico, na aplicação de mais ciência a novas formas de tecnologia. Os constantes progressos no campo da informática, da robótica, das tecnologias da informação e da comunicação, no contexto da *realidade virtual* e de sinais electrónicos imperceptíveis, em grande parte incompreensíveis para a generalidade dos cidadãos, parecem prometer aquelas formas de libertação corporal que definitivamente nos *curariam* da tragédia da morte e da efemeridade do corpo. Progresso, aparentemente sem limites, que finalmente nos libertaria das limitações do corpo, da carne, da matéria finita.

Ao longo dos tempos, o corpo sempre serviu de suporte e inspiração à construção da pluralidade das imagens. Ao longo da história, sempre o corpo se construiu com base em ideias ou imagens. Hoje, a situação parece ser bem mais complexa, pois vemos igualmente as imagens, suportando-se agora em tecnologias de ponta, invadir, atingir, talvez mesmo aniquilar, o biológico, que tão profundamente procuram transformar.

Como que se repete, assim, agora num outro plano, o antigo desprezo teológico pelo corpo. Neste sentido, a ideologia do ciberespaço, ao acentuar a ideia de um corpo supérfluo, mesmo suportando-se no desejo de superar os condicionamentos corporais, no desejo de liberdade total em relação às fragilidades da carne, não passaria de um novo véu, de uma nova máscara, para o ancestral ódio puritano ao corpo.

A moderna tecnologia, a robótica, a inteligência artificial, alimentam a esperança, vivem a pretensão, de que com as próteses electrónicas, com a implantação de *chips*, o corpo não será mais necessário, oferecendo a visão de um mundo futuro em que o homem seria como que um ser desencarnado, um ser finalmente liberto da efemeridade da carne. Um espécie de super-robot, qual *Data* da série *Star Trek*, criada por Gene Roddenberry. Um andróide com o seu *positronic brain* e ao qual não falta mesmo um *emotional chip*.

O corpo, como expressão de um irreversível processo de vulnerabilidade, decadência e envelhecimento, como expressão das limitações do nosso querer, como expressão da nossa condição de *ser-para-morrer*, sempre se viu assediado por todo o tipo de utopias que, de formas diversas, o procuravam transfigurar, substituir, suprimir. A utopia da liberdade total que a entrada no *ciberespaço* nos promete, que a ficção dos *cyborgs* e dos *corpos virtuais* nos anunciam, é a da permuta do corpo por um outro *hardware*. Seja como for, sendo o *ciberespaço* um espaço de símbolos, ele próprio não pode conceber-se de forma não sensível, sem aludir ou fazer referências ao corporal.

As debilidades da carne, as suas contingências e fragilidades, a condição de morte e extinção que lhe é inerente, as suas venturas e desventuras, nesta etapa de viragem para o pós-orgânico de que alguns já falam, seriam agora salvas não pela grandiosidade da alma, não pela promessa de uma vida eterna num etéreo paraíso, mas pela invasão tecnológica dos corpos. O que finalmente nos libertaria das limitações dessa matéria finita que é a carne. O eterno, o imortal e imperecível, introduz-se e insinua-se, assim, tecnologicamente, no seio do que de mais perecível, caduco e mortal, parece existir, o corpo.

Um segundo caminho, bem distinto e diferente, é delineado por todos aqueles (em primeira linha os movimentos ecologistas) que reivindicam uma profunda reconfiguração do tipo de relações, antitéticas, de conflitualidade, oposição e antagonismo, esquizóides e de separação, entre o corpo e a alma, o masculino e o feminino, o homem e a natureza, que caracterizam o mundo actual. Por todos aqueles que reivindicam uma profunda reconstrução do tipo de relações que o *Regime Diurno* do imaginário configura, relações centradas na valorização do Bem, da Luz, do Espírito, da Pureza, e consequente desvalorização e morte do pólo contrário (o Mal, as Trevas, a Matéria, a Impureza). Por todos aqueles que assumem uma outra ecologia para o corpo.

O *Regime Diurno*, heróico e antitético, pode ser entendido como o regime da imagem em que a amplificação dos aspectos tenebrosos e terríficos de Cronos, do tempo devorador, da carne, permite precisar e valorizar as antíteses que utiliza contra as ameaças da noite, da queda e da animalidade. Como refere Gilbert Durand (1969: 135), «L'hyperbole négative n'est qu'un prétexte à l'antithèse». *Regime Diurno* que, desde o advento da sociedade industrial, se tem acentuado, mas encontra as suas origens no Próximo Oriente, por volta do quinto milénio antes de Cristo. Tempos de conquista e invasão durante as quais tribos arianas e semitas, no seu caminho para a Mesopotâmia e a Anatólia, impõem os seus costumes guerreiros e patriarcais, aos povos sedentários, mais ligados à natureza e à agricultura.

Coloca-se, assim, a questão de saber que função desempenha o jogo, a felicidade e a alegria, na nossa sociedade, parecendo-nos curto, demasiado redutor, simplesmente falar de formas alienantes ou libertadoras de alegria e felicidade. Principalmente se não ignorarmos aquela imensa franja de pessoas e populações que foi condenada a esvair-se nos tenebrosos guetos da exclusão e marginalização que, neste mundo, de forma crescente, parecem institucionalizar-se e ganhar foros de cidadania.

Uma sociedade que educa os seus filhos na unilateralidade da ideia de que o *sentido da vida* repousa no *trabalho*, na *utilidade* e nos fins, que tudo valoriza em função de critérios de utilidade e competitividade, em função da produtividade no mundo laboral, promove e inculca, nos seus cidadãos, toda uma *moral da produção* que ensina que jogo e divertimento são coisas pouco *sérias*, pouco dignas de consideração, chegando-se mesmo à situação extrema daqueles puritanos, religiosos ou outros, que nos querem convencer que não estamos no mundo para nos divertirmos.

Mesmo quando a alegria e o divertimento, os jogos, são de alguma forma aceites ou valorizados, são-no na perspectiva das acções, actividades, fantasias, de natureza mimética, imitativa, reprodutiva, que prolongam e repetem, durante os tempos livres (se é que efectivamente ainda há tempos livres), o clima, o ritmo, a moral de produção do mundo laboral, enfeudando essas actividades aos valores da utilidade, dos objectivos e dos fins.

Dever-se-ia equacionar, na perspectiva do engrandecimento da vida em geral e dos tempos livres em particular, na perspectiva de um futuro mais humano, a passagem a uma fantasia criadora e libertadora do imaginário, não vinculada a um qualquer fim útil, em favor de um mundo mais livre, em favor de práticas corporais que promovam novas formas de autonomia. Afirmar que esta transição passa por libertar os jogos do controlo dos serviços e especialistas em preencher ou *ocupar* os nossos tempos livres, encerra em si uma contradição, pois, quando o jogo se deixa subjugar a esse domínio, a esse controlo, já não é jogo, já morreu como tal, tendo sido subvertido, transformado, num outro tipo de actividade, exercício ou prática corporal.

O jogo, no sentido em que temos vindo a utilizar esse termo, é incompatível com a ideia de firmas ou agentes exteriores terem, nas suas mãos, o poder de decidir sobre a *ocupação* dos meus tempos livres. Paradoxalmente, mesmo nas práticas físicas orientadas para uma visão mecanicista, preocupada em fazer do corpo uma máquina total, perfeita, ideal, em que somos informados dos músculos a serem trabalhados, da intensidade e tempo de duração de um determinado exercício, do número de batimentos cardíacos adequados, fantasia e imaginação não deixam de estar presentes. Mais que não seja na forma de imagens de *pureza* ou de fantasias de *perfeccionismo*, quase sempre associadas a objectivos de *aperfeiçoamento*.

Tudo parece mudar quando a actividade física apela para uma relação de maior intimidade entre o corpo e o mundo, a uma ligação afectiva de maior ternura, em que a valorização dos sentidos, não apenas da massa muscular, conduz a outras formas de diálogo e comunhão. Caminhar, correr, saltar entre as flores, os aromas da terra, os murmúrios do mar ou das estrelas, escutar a musicalidade da natureza, circunstâncias que emprestam ao corpo uma considerável carga de fantasia em que a actividade corporal ganha em intensidade e significado, acentua a fantasia e a imaginação.

Circunstâncias que nos poderão ajudar a libertar dessa funcionalidade e utilidade sempre tão presente em tantas das actividades em que nos envolvemos, em tantas das coisas que fazemos. Reaprendizagem, afinal, de que as coisas da vida, mesmo quando têm um carácter de utilidade, de funcionalidade, podem igualmente conter, encerrar em si, um significado especial.

Ao contrário dos rituais neuróticos e compulsivos, que claramente indiciam um empobrecimento da vida quotidiana e uma menorização do papel que o próprio ritual apresenta nessa mesma vida, o jogo, como ritual alheio a qualquer fim útil, engrandece a vida de quem joga, criança ou adulto. O jogo, o ritual, preservam o carácter sagrado do mundo, tornam a vida mais rica e preciosa, mais fascinante. São o rosto da vontade de superação do real, o efectivo reconhecimento de que tudo o que fazemos, por mais *adulto* ou *infantil* que seja, pode estar envolto num véu de fantasia e imaginação, de transfiguração das coisas, das pessoas, dos corpos. Transformar um encontro, uma aula, um jantar, num ritual, num momento festivo, é engrandecer e celebrar a vida. Vivê-la mais intensa e plenamente. Vivê-la como um jogo. Seria ainda preciso recordar, como nos diz Saint-Exupéry, que *são precisos rituais*? Seria ainda preciso recordar que o ritual «É o que faz com que um dia seja diferente dos outros dias e uma hora diferente das outras horas»? Seria ainda preciso recordar Antero de Quental e o seu soneto *Visita*, onde nos diz que adornou o quarto com a flor do cardo, se perfumou de almíscar e vestiu de púrpura, ensaiou cantos, ungiu mãos e face, para «receber com pompa, dignamente, misteriosa visita a quem aguardo»?

Numa altura em que a indústria do *design* corporal, em que os ateliers de transformação do corpo o procuram modelar, com imagens julgadas mais condizentes com um dado ambiente social, tornando-o num objecto de culto a partir dos mais variados sistemas ou práticas *higiénicas* e *salvíficas*, práticas orientadas para a construção dum corpo *puro* e *belo*, de um corpo atlético e musculado, qual Hercules ou Rambo, numa altura em que a conquista de um novo corpo parece guiar-se pela ética do *no pain no gain*, numa altura em que os tempos livres devem ser, eles mesmos, lucrativos, rentáveis, úteis, o *negotium*, não o *otium*, parece ter-se convertido, efectivamente, na raiz histórica, linguística e ideológica, da nossa sociedade.

Será que esquecemos que os tempos livres e o seu engrandecimento – devolvidos à liberdade porque não submetidos a interesses ou fins, a ideologias – o jogo, a alegria, o festivo, o lúdico, são os grandes construtores, os incontornáveis pilares, do sentido da vida humana?

Entendo a posição de Roland Barthes, quando afirma que «o mito é uma palavra escolhida pela história», palavra incontestável, discurso fechado, cuja finalidade última seria imobilizar o homem e o mundo, seria uma «interdição ao homem para se inventar» (o mito entendido como repressão). No entanto, não posso igualmente ignorar que o jogo, da mesma forma que o mito e o ritual, foram *criados* para quebrar, esvaziar ou eufemizar, o terror que o imediatismo e absolutismo da realidade, provocam no homem, fazendo com que, como diz o poeta, o mundo pule e avance.

Sabemos que a *alegria* do jogo encerra uma maior *leveza*, já que não sujeita ao peso do mito. Sabemos que o jogo é mito e ritual, mas mito e ritual liberto do peso do mitológico. Sabemos que é agir espontâneo, livre, genuíno, liberto de finalidades e obrigações, normas e regras, a não ser aquelas que são criadas no decurso do próprio jogo ou merecem o verdadeiro e autêntico consentimento de quem joga.

Não esqueçamos, no entanto, que o jogo, o faz-de-conta, o simulacro, são, desde as mais tenras idades, da criança e da espécie humana, uma via para fazer e *inventar o corpo*. Uma forma de ultrapassar a tirania do real, de transcender o *só isso* do corpo a que alguns autores chamam *carne*. O que está em causa, sempre esteve e estará, não é o redesenhar ou transformar o corpo, mas antes as formas, antigas e actuais, das imagens, das ideias, das fantasias da Psique, que alimenta ou anima essa reconstrução.

Talvez não seja incorrecto afirmar que a *psique* e o imaginário são a substância mesma do próprio corpo, substância sem rosto que tanto pode assumir os mil rostos da exaltação, da elevação e engrandecimento da *carne*, como os mil rostos do seu aviltamento, da sua abjecção. Corpos que sofrem e corpos que resistem, corpos que lutam e corpos que desistem. Corpos cansados. Corpos sagrados e corpos malditos, corpos petrificados e corpos espiritualizados. Corpos explorados, marginalizados, escravizados, torturados, deportados, executados. Corpos traficados e privados de direitos. Corpos que violam e corpos que são violados. Corpos envelhecidos, débeis e doentes, corpos deformados. Corpos perfeitos, atléticos, desportivos, musculados. Corpos obesos e corpos anoréxicos. Corpos brancos, pretos, mestiços. Corpos domesticados e corpos rebeldes. Corpos envergonhados. Corpos angustiados, atormentados, amargurados, mortificados. Corpos famintos de infinito.

Neste sentido, a própria cultura pode ser entendida como uma dissimulação, um abrigo, um véu, uma protecção e um apoio, para as debilidades da carne. Ou seja, o *corpo* é um desses véus, um desses fingimentos.

Não há propriamente um *corpo natural*, o corpo é sempre uma construção pessoal e social, sempre se faz corpo com uma representação, uma imagem, uma ideia, um sentimento. A própria ideia do que é natural e artificial é uma construção cultural, como o é a definição das fronteiras entre um e o outro. Assim, poderemos perguntar: para que corpos se pensam as políticas?

Inventar o *corpo* é um imperativo cultural, sem deixar de ser uma construção pessoal, uma tarefa individual que se inscreve numa matriz interactiva, social, cultural, mais alargada, em que ambos os pólos (pessoal e social) são igualmente activos e estruturadores. Se até à modernidade a relação entre a máquina e o corpo humano (ou entre a máquina e a natureza) se construiu na base de que o corpo humano funcionava à semelhança do relógio (o mecanismo mais complexo do tempo de Descartes), ou seja, a máquina olhada como imagem do corpo, tal relação inverteu-se radicalmente. Hoje é o corpo que funciona como imagem da máquina, tendo-se constituído como fonte inspiradora do desenvolvimento e aperfeiçoamento dos próprios engenhos tecnológicos.

O corpo não é algo que nos seja dado ou oferecido para sempre. Sempre existiram *corpos impossíveis*, como os das sereias, dos sátiros, dos faunos, dos silenos ou dos centauros. Muitas das aventuras dos próprios deuses firmavam-se na capacidade de se poderem metamorfosear em animais ou plantas, de reinventarem, para si mesmos, outros corpos. Os rituais antigos, pela dança, pelo canto, pela pintura e ornamentos, pelos comportamentos motores, pela máscara, permitiam a vivência corporal de toda uma infinidade de possibilidades que o próprio corpo impedia, negava e desmentia.

Este tornar corporalmente possível o que o próprio corpo impede, nega e desmente, este tornar possível o impossível, é apanágio do jogo, do simulacro, do faz-de-conta. O que dá sentido à afirmação de que talvez o *corpo* – no hibridismo da sua plasticidade e idealidade, da sua opacidade espácio-temporal e etérea leveza, da sua dimensão de *carne* e de *verbo*, de sonho e de matéria – nunca tenha existido, a não ser no plano do *imaginário*, nesse plano intermédio entre a realidade e a fantasia que é o próprio jogo.

O *corpo* não é pura matéria, organicidade, barro ou pó, lama. E se alguma vez o foi, qual Hefesto ou Vulcano, logo soube construir, forjar, aqueles véus, aqueles preciosos artefactos, que foram assinalando a sua transformação, a sua transfiguração, em *alma*, em *imaginação*, em *psique,* procurando desta forma superar, afastar-se, fugir, das fragilidades, das limitações e dificuldades, dos golpes, que o tempo inevitavelmente lhe desfere.

Hefesto, o senhor do fogo e da forja, não é apenas o habilidoso artesão, trabalhando febrilmente os metais, envolto em suor. Hefesto é também a inteligência aplicada à técnica, a arte de usar, de forma criativa e inventiva, a água, o fogo e os metais, da mesma forma que é o imaginativo inventor das ferramentas que usa na transformação dos metais.

Sem ele não haveria a armadura de Hércules, o ceptro de Agamémnon, as flechas de Apolo ou o escudo de Aquiles. Mas, acima de tudo, Hefesto, no seu titânico agir, ritmando o mundo com o fogo e com a água, é um ferreiro celeste, um deus que faz rir os outros deuses, símbolo da sua fecundidade criativa. Um deus que transforma a realidade, que recria o mundo, que com o seu agir configura outras realidades, cria outras *ordens*, outros *corpos*. Ultrapassando, assim, as suas próprias limitações e deformações corporais.

O *corpo* é uma estrutura físico-espiritual, a sua natureza física e psíquica encerra uma dinâmica de mudança e transfiguração, de superação ou idealização da *carne*. O *corpo* é uma unidade diádica, um todo, tornando-se imperioso *re-ligar* o que a nossa esquizóide postura sempre insiste em separar: o espírito da matéria, a alma do corpo, o dia do Senhor do dia do trabalho, o *logos* da *carne*, o espírito da técnica, o sério do lúdico.

Excluímos a *alma* da *matéria*, da natureza, do mundo da técnica, para de seguida nos queixarmos, dizendo que a *matéria*, a natureza, a técnica, são realidades frias, desnaturadas, desalmadas. Excluímos a *alma* do *corpo*, para logo afirmarmos o carácter demoníaco deste. Para logo divinizarmos a alma.

Esta dicotomização do mundo e de nós próprios, tão fortemente marcada por uma relação de controlo e domínio, de ascendência e hipervalorização, de um dos pólos da dicotomia (a alma, o masculino, a razão, o espírito, o trabalho) em relação ao pólo contrário (o corpo, o feminino, o emocional, o lúdico), entranha-se e ganha corpo em todas as dimensões da nossa vida. Na relação com o corpo e connosco mesmos, na relação com os outros e com a natureza.

O desmesurado crescimento desse eixo traduz-se na excessiva medicalização da vida, nas dietas, no recurso aos fármacos, nas preocupações com a longevidade, no mito da vida eterna, de um corpo eternamente jovem e saudável, em suma, no medo da morte. A morte, portanto, como o inimigo a abater.

Traduz-se na pretensão humana de dominar e controlar a natureza, de que são expressões a poluição, a extinção das espécies, a crueldade subjacente ao extermínio de plantas e animais. Relação de domínio e controlo que actualmente adquire a magnitude de uma catástrofe ecológica de dimensões cujas consequências queremos continuar a ignorar. O que de alguma forma indicia que o crescimento económico ilimitado e o progresso tecnológico descontrolado, modelos de desenvolvimento que guiam a nossa sociedade, insistem em ignorar os aspectos negativos, obscuros e tenebrosos, que são parte integrante desse mesmo modelo.

Traduz-se na desumanização do trabalho, na maximização de lucros e benefícios, na *hybris* do êxito. No materialismo hedonista, no consumismo e na publicidade que nos oferecem. No narcisismo egoísta, na exploração, na manipulação do outro, no imperioso desejo de controlar as incontroláveis dimensões da nossa vida e do próprio universo.

Tudo parece funcionar como se tivéssemos necessidade para progredirmos, para nos desenvolvermos e construirmos a nossa própria identidade, de criarmos inimigos internos ou externos, a quem atribuímos traços que recusamos em nós mesmos. Este confronto como os nossos inimigos, com os inimigos internos ou externos que nós próprios criamos, que se suporta na sua desumanização, em fazer deles algo inferior e carente de alma, teria, assim, uma função redentora, a função, real e ritual, de nos redimirmos do mal.

Sem questionar o valor e dignidade do trabalho, há igualmente que reconhecer o seu lado obscuro, o lado abissal e sombrio da actual ética laboral, que praticamente se sustenta nessa divindade única, que logo se transforma em nocturna e sombria, que é o êxito, a eficácia e produtividade. O problema, mais uma vez, não está no êxito, na eficácia e produtividade, mas no facto de esse deus ser o deus único e absoluto, de matar e aniquilar outros deuses, de com eles não saber conviver.

Quando, unidimensionalmente, tudo se focaliza na produtividade, na eficácia, no rendimento, no lucro, quando se ignoram outras dimensões, outros interesses e necessidades, quando se ignora o saudável jogo do convívio dos deuses, cria-se inevitavelmente um clima de desconfiança na relação entre as pessoas. Pessoas que não hesitam, como forma de alcançar, custe o que custar, esse desiderato supremo, em converter os outros em bodes expiatórios. Pessoas que não vacilam, um instante sequer, em sacrificar o outro, o estranho, o (des) conhecido. Em sacrificar o que previamente foi desvalorizado e desumanizado.

É esta a sombra negra do poder, do êxito, da compulsiva aspiração de chegar ao topo, ao cume. A sombra negra de uma carreira ascendente e vertiginosa, seja ela qual for, que se suporta no *insulto à divindade*, no esquecimento e anulação de outros deuses, assumam eles o rosto dos colegas, dos amigos, dos filhos, dos tempos livres, da intimidade ou da família.

Tudo centrar na produtividade, na eficácia e no rendimento, no resultado, é deixar de lado outras necessidades, outros interesses e dimensões da vida, é *idolatrar* um único deus, um único altar. É transformar o êxito no único critério da auto-estima, converter-se numa espécie de utensílio ao serviço de algo que nos escraviza. É, à semelhança de *Fausto*, vender a alma, vender o corpo, a um deus que logo assume feições demoníacas. É vender a alma ao diabo, a uma força que acaba por se tornar tão imperativa, tão densa e impenetrável, que chega a ganhar vida própria transformando-se em algo profundamente arrasador.

A vida como que se consome em responder, satisfazer e gratificar, essa imperiosa ânsia de êxito. Tudo o resto, todas as outras potenciais dimensões de vida, são desprezadas, anuladas, aniquiladas, esquecidas. O que nos faz lembrar o *Strange Case of Dr. Jekyll e Mr. Hyde*, esse mítico livro de ficção científica escrito por Robert Louis Stevenson e publicado em Londres, no ano de 1886.

Sejam quais forem as motivações, alguém que reduza e sacrifique a sua vida a essa unidimensionalidade que é o trabalho, ou a qualquer outra unidimensionalidade, acaba como que possuído por uma espécie de *ego demoníaco*, por uma *inflação do ego*, sem muitas vezes disso ter consciência, mas que quantas e quantas vezes o leva, como condição de alcançar esses imperativos desígnios, a violar determinados valores e princípios. Estamos como que vergados ao seu domínio, ao controlo compulsivo que essa inflação do ego, que esse ego demoníaco, que esse destrutivo alter-ego, exerce sobre nós. O que levou Carl Jung a interrogar-se sobre se possuímos um lado obscuro e sombrio, uma sombra, ou se é ela, a sombra, o nosso lado obscuro e sombrio, que nos possui, questão à qual responde, metaforicamente, com a pergunta

«Como podes encontrar um leão que te devorou?»

consciente que estava de que a sombra apenas se torna perigosa se não lhe prestarmos a devida atenção, se a esquecermos ou ignorarmos, se com ela não nos reconciliarmos. Saber cuidar da sombra, aceitar as nossa facetas menos positivas, reconhecer que fazem parte de nós mesmos, dar-lhes atenção, reconciliarmo-nos com os nossos inimigos internos, modificar a nossa relação com eles, parece potenciar, paradoxalmente, o aprofundamento da nossas potencialidades e aspectos mais positivos. Rilke, uma das expressões maiores da poesia romântica do século XX, referia-se a esta paradoxalidade do ser humano asseverando temer que, se os seus *demónios* o abandonassem, os seus *anjos*, a sua criatividade, a sua veia poética e artística, pudessem igualmente escapar e desaparecer.

Acrescentemos ainda que a questão da sombra, do nosso lado obscuro e sombrio, não é uma simples questão de representações psíquicas, pois ela está inscrita, cinzelada e esculpida, nos nossos corpos, nos nossos ossos e nos nossos músculos, na forma como se organiza, em todos os planos, a comunicação dos corpos. A sombra está gravada na história pessoal e social dos corpos.

Quando falamos de transfiguração ou espiritualização do corpo físico, do *corpo* como idealização ou superação da *carne*, ou, o que vai dar ao mesmo, quando vemos o *corpo* como uma espécie de *alma secularizada*, não estamos a pensar no *corpo glorioso* do cristianismo, no *corpo de luz* dos sufis, no *corpo de diamante* do budismo tântrico ou noutras formas de *corpo subtil*. É outro o nosso pensamento, a nossa imaginação, a nossa fantasia.

Estamos essencialmente a pensar nessa alquimia da transformação de um *coração*, de um *corpo* (tudo símbolos e metáforas) que, como *acontecimento humano*, como agir, agir corporal, se cumpre como relação. Se cumpre como maternidade ou paternidade, paixão, ideia, amor, ódio, ternura. Se realiza, personifica ou projecta, nesta ou naquela *devoção*, neste ou naquele *fascínio*, neste ou naquele *valor*, em cujos altares sacrificamos. Se realiza, personifica ou projecta, neste ou naquele *bem, máquina, objecto de consumo*. A que *deuses*, a que *valores*, a que *tesouros*, entregamos o nosso *coração*? Que *deuses* excluímos e que *deuses* honramos? Que *deuses* nos guiam? Que *deuses* estão presentes? A que *deuses* nos oferecemos *de corpo e alma*? A que *jogos* nos dedicamos?

O *corpo*, feito da mesma matéria dos sonhos, o *corpo*, como sistema imaginal, é inteligência e vida, coração, calor, emoção, um labiríntico emaranhado de ligações sistémicas, ecológicas, biopolíticas, que se fixam e ganham forma na exuberância e diversidade desse renovado *acontecer* (corpo-alegria, corpo-máquina, corpo-passional, corpo atlético) que insistimos em cristalizar à volta dos pólos da abissalidade e da espiritualidade, tendo o pólo da abissalidade dado origem ao *corpo* e o pólo da espiritualidade à *alma*.

Toda a realidade humana, económica, social, religiosa, como a própria constituição do *corpo* e da *alma*, derivam e encerram em si imagens psíquicas, individual e socialmente construídas. Produzimos, inventamos, diferentes imagens da *matéria*, com a sua carga de abissalidade ou espiritualidade, produzimos, inventamos, todo um lado *abissal* e *subtil* do corpo humano. O *corpo* é uma *imagem* em permanente construção, um impulso, uma transcendência, que para se inscrever no mundo, para se realizar, revelar, epifanizar, tem de assumir um dado rosto ou máscara.

Neste sentido, o corpo é sempre um impulso ou perspectiva utópica, um *corpo utópico*, que só pode *acontecer* na medida em que permanentemente nega, altera, muda, transforma, a forma como se *constrói* como *história*, seja no plano pessoal ou no plano da história da humanidade. Neste sentido o *corpo* só existe como *imagem*, como *psique,* como *alma*, como *corpo utópico* que renovadamente procura outras epifanias, outras formas de *acontecer* e de se revelar.

Chegados aqui, retornemos ao jogo, ao lúdico, ao faz-de-conta, a essa forma particular de o corpo *acontecer*, de o *corpo utópico*, como *psique,* como *imagem*, como *alma*, se constituir no espaço e no tempo da opacidade das coisas, de o sonho, a ficção, a ilusão, a fantasia, *acontecerem* no seio da fragilidade dos corpos. O que está em causa é a própria substância do corpo, a saber, a psique, o véu, a cultura, o imaginário, de que depende a transfiguração e engrandecimento da carne ou o seu aviltamento e abjecção.

Não sendo o jogo, como muitas vezes se pensa, impulso ou vontade de alucinar o real, não sendo o inadiável imperativo de obsessivamente inscrever no corpo um ideal, uma imagem, uma *figuração única e absoluta*, seja qual for o rosto ao qual temos de prestar vassalagem, não deixa no entanto de ser a livre criação de um *corpo utópico*, a esperança de uma figuração. Figuração que intensamente se alimenta e constrói, figuração que logo se esquece a abandona, para que *outros rostos*, outras figurações, outros ideais, possam *acontecer*, ganhar corpo.

O que autoriza afirmar que o jogo é esse *rictus*, esse caminho, esse método, que permite ao homem, mesmo na ausência do transcendente, do absoluto, experimentar a superação e a transcendência. Dizendo de outra forma, o jogo é o *rictus* da natureza humanizada, do *tornar-se outro*, do encontro com outras possibilidades, com outras formas de o corpo poder *acontecer*.

Procedendo de um *substractum* animal tornado cultura, ritual básico do encontro entre o indivíduo e o seu envolvimento, expressão da vinculação do indivíduo com o transpessoal, o jogo é uma amplificação do corpo, uma propedêutica ao estabelecimento e constituição de uma corporeidade, de uma gestualidade, aberta e cultural, uma forma primeira de fazer-se corpo, de fazer-se alma.

Transcendendo os modos inatos de *ordem*, essa espécie de *segurança forçada* a que as outras espécies estão condenadas, o jogo, como *encontro*, como a primeira e grande mediação cultural do próprio homem, como acolher e ser acolhido, inaugura a possibilidade da desobediência, da liberdade de escolha, assumindo-se como experiência primeira de *validação*, sempre efémera, da realidade. O jogo, portanto, como busca de outros valores, de outros sentidos, para essa realidade. Até porque, aqui, no campo do jogo, o compreender, o prender-se aos outros, ao novo, ao desconhecido, ao diferente, ao que nem sequer *existe*, é modo de ser e agir corporal.

Jogo que é partilha de corpos, corpos que como fronteira entre o indivíduo e o outro, tal como todas as fronteiras, tanto abre como fecha, tanto junta como separa. No jogo a partilha dos corpos é esse espaço em que cada um de nós lavra a configuração dos vínculos sociais, com todas as suas especificidades e particularidades. É o lugar do encontro com o outro e da invenção da própria identidade. O difícil lugar da descoberta e aprendizagem da *aceitação mútua*, dessa sabedoria que ao consentir e facilitar a expansão do outro, igualmente impulsiona o meu próprio engrandecimento.

Jogo é encontro, encontro com o outro, encontro com o outro através do qual existimos. Encontro com o mundo através do meu corpo, encontro que como a grande mediação cultural do próprio homem renovadamente se corporaliza, figura e representa, mediante papéis e configurações, mediante novas formas de ser. Jogo é encontro com o próprio destino, descoberta de configurações actuais que reorganizam, remodelam, refundam, configurações anteriormente constituídas. Jogo é contributo decisivo para o nosso engrandecimento, fundamento mesmo da génese espiritual do homem.

Neste sentido, o corpo funciona como o limite, a fronteira, entre o mediato e o imediato, entre mim e o mundo, os outros, o não-eu. Como o primeiro *medium* que me une, que permite o encontro, com o que eu próprio não sou. Cassirer, citado por Klaus Wiegerling (2002: 174), diz-nos a este propósito que o corpo é «el primer modelo y la imagen modélica de una relación simbólica»

Como lugar de encontro, no jogo descobre-se a autonomia e a pertença, a cumplicidade e o compromisso. Nele se vive a experiência da negociação, da reciprocidade, do acordo e do desacordo, a capacitação para selar alianças e para as romper. Acordos e contractos em que as *exigências de eficácia*, de realização de determinadas tarefas, coabitam com a presença de outros valores. Acordos que, enquanto vigoram, porque estão gravados nos corações de quem joga, nunca foram escritos em tábuas de pedra.

Acordos e contractos que na generalidade assumem contornos de *compromissos limitados*, pois a alteração de circunstâncias diversas logo aconselha, como condição para que o jogo possa prosseguir, que esse *compromisso* seja revisto, alterado, renegociado. Mas tendo sempre como horizonte a importância da reconciliação. Metaforicamente poderemos afirmar que a criança, jogando, aprende a *morrer* (presença da cruz) como condição de instauração de uma nova, mas transitória, aliança. É a aprendizagem do consentimento e do auto-sacrifício, dessa dura empreitada de reparar uma aliança quebrada.

Acordos e contractos que não exigem nenhuma forma de arbitragem, nenhuma forma de transferência de poder para um qualquer tipo de transcendente autoridade, chame-se Árbitro, Juiz,

Fiscal, Estado, Leviatán. A criança que joga, confia em si mesma, na sua capacidade de definir normas e regras, na sua capacidade de instaurar e manter acordos, de assegurar relações harmoniosas e de ajuda mútua entre os jogadores.

O jogo, como encontro que se organiza à volta dum *centro*, dele nos permite afastar. Encontro que é circularidade e linearidade, retorno e avanço, passado e futuro que se abraçam no presente. Nomadismo que, apesar dos caminhos e aventuras que o *afastam* dum centro, a ele se mantém *fiel*. Sedentarismo, centro, terra, alma, que como confiança básica, segurança, mãe, mãe-terra, se abre e dá sentido aos voos, aos sonhos, às necessidades de afastamento e distância. À autonomia a que todos somos convocados.

Talvez por isso esse *andariego*, esse *trotamundos* que foi Unamuno (2009: 55), *andariego* e *trotamundos* que sempre se soube manter *fiel* à sua *Madre Vizcaya*, observador perspicaz, possa ter afirmado:

> «Viaja-se para dizer que se esteve aqui ou ali, ou para fugir do sítio em que se está; o monomaníaco das viagens é-o por topofobia, foge de todos os lados. Viajar não é natural. As crianças não passeiam indo a um lugar determinado, mas brincam correndo em volta de um ponto. Obrigá-los a percorrer uma légua cansa-os mais do que deixá-los correr três léguas num jardim.»

Encontro que tanto exige e convoca o corpo aferente, como o corpo eferente, encontro que convoca o homem na sua totalidade. Que intensa e totalmente incorpora o mundo, hospitaleiramente o acolhe, ouve e escuta, respeita, valoriza. Que intensa e totalmente age sobre ele, transformando-o, mudando-o, transfigurando-o, incorporando-lhe outros sentidos, outros valores, outras visões. Validando-o de outras formas, dando-lhe outra alma.

Encontro que se joga no desejo de dar corpo a sonhos, visões, fantasias, de representar papéis e configurações, mas sem abdicar de integrar os sonhos, as visões, as fantasias, do outro. Que se joga nesse sempre difícil equilíbrio entre amplificar e seguir sinais, entre afirmar posições, tomar iniciativas, propor, sugerir, e ouvir, acolher, ganhar sensibilidade às iniciativas e sugestões do outro.

Encontro de subjectividades em que figurações discretas, autónomas, pessoais, logo se transformam em configurações livre e mutuamente consentidas, em que a compreensão mútua logo se transforma em compromisso, em que os mundos, os *cosmos*, os sonhos e fantasias, que emergem no jogo, são construídos e descobertos por quem neles participa. Mundos, *cosmos*, configurações, que mesmo como representações, simulacros, ilusões, não deixam de ser imagens de esperança, esperança feita corpo, um corpo de esperança.

Encontro que exige a presença, o compromisso e cumplicidade, do pessoal e do transpessoal, da liberdade, da criatividade, da espontaneidade, mas também a aceitação e o respeito da regra, da norma, da convenção, do já constituído, do já codificado e fixado por outros. Que exige a aceitação e a superação, o dentro e o fora, o sim e o não, o eu e os outros, que exige a construção, a invenção, de toda uma dialéctica do sentido que, ao não excluir o sem-sentido, o labiríntico, o diferente, o desconhecido, o estranho, fecundando-se nele, abre as portas à possibilidade da reconciliação com um destino forjado na fidelidade a si mesmo, à sua história pessoal, mas fidelidade que incorpora a vinculação a uma cultura, a uma história, a um passado. Cultura, história, passado, que nos ultrapassa e transcende, mas da qual fazemos parte.

Encontro que tem por guia Hermes, o mediador, o facilitador do diálogo e da comunicação entre os homens e os deuses, encontro que se constitui no respeito e valorização das diferenças, que honra e sacrifica a todos os deuses, com todas as suas virtualidades e múltiplas imperfeições. Que aposta no respeito pela multiplicidade de pontos de vista, no desenvolvimento das forças que nos ensinam a importância da descentração, do saber colocar-se no lugar do outro. Que nos ajuda, portanto, a compreender o papel estruturante e organizador dos conflitos, do que aparentemente é débil e frágil, pouco *sério* ou *infantil*. Que nos ajuda a compreender a importância do que é imperfeito e limitado. Não fosse o próprio Hermes o deus dos limites e das fronteiras, o deus que paradoxalmente nos ensina a acolhê-las e respeitá-las, mas também, de forma positiva e construtiva, a derrubá-las e transcendê-las.

Que permanentemente nos recorda que um mundo *puro* – sem a agitação e o colorido das fronteiras, dos intercâmbios, das transacções, sem a agitação e o colorido do ser e do parecer, do dizer e do desdizer, do concordar e do discordar, do obedecer e do desobedecer, sem esse carnaval da *realidade* que logo se descobre como *fantasia* e da *fantasia* que logo se traveste em *realidade* e *seriedade*, sem essa arca de Noé, símbolo de uma nova criação, onde mesmo os animais impuros são bem recebidos, sem esse acolhimento mútuo dos corpos que nas suas limitações e fragilidades se transfiguram em almas, almas com as suas iguais fragilidades e limitações – seria um mundo de homens petrificados, um mundo onde, como diz o poeta, a pedra já não tem a esperança de ser flor.

4.7. Convívio de Absolutos

> *Et l'heure vient où les bras s'ouvrent et se tendent*
> (Brentano)

Na sua infinita vontade de superar barreiras e privações, de encontrar rosto e corpo, de demandar a plenitude, de tornar presente o que está ausente, no seu irreverente *politeísmo*, na sua abertura a *todos os deuses*, o jogo não tem *Absoluto*. O jogo é a veemente recusa da *absolutização* de um qualquer *relativo*, de elevar à posição de deus único e absoluto, de primeiro e único altar ao qual tudo se sacrifica, o que é particular, local e específico. A recusa, portanto, de esquecer a diversidade, de esquecer o Outro. A recusa do empobrecimento da vida. Se no jogo habitam alguns *absolutos*, serão por certo os da *liberdade*, da *espontaneidade*, da *alegria*, da *inclusão* e da *vinculação*.

Jogo é expressão de *liberdade*, liberdade que não se sente ameaçada ao consentir na coacção, antes se situa nesse espaço intermédio entre emancipação e submissão, sujeição e rebelião, legitimação e libertação. Liberdade que tem mais a ver com *amor* do que com *poder*, mas onde um é quase sempre, se não sempre, a sombra do outro. Liberdade que tanto sabe aceitar como transgredir limites, reconhecer normas, ordens, regras, tradições, convenções, como denunciar o estatuto social e institucional do corpo. Pois, se o corpo é escolha e herança, o jogo é-o também, não fosse o próprio jogo o lugar da resistência e contestação dos valores que petrificam o corpo, o escravizam e mutilam. Jogo que tanto insere o homem numa multiplicidade de significações já dadas, como o insere no mundo dos criadores de novos sentidos.

O que nos leva a outro dos *absolutos* do jogo, a *espontaneidade*, espontaneidade que não é puro subjectivismo e *idiossincrasia*, já que convive, joga e dança, com o sentido da *convenção* e do *outro*, das normas e das regras, do passado e da história. Espontaneidade que é simultaneamente convenção e voz interior, tradição e esperança, ordem e desordem, previsibilidade e imprevisibilidade. Que é improviso e organização, certeza e incerteza, instituição inovadora e conservadora. Que é memória, recordação, lembrança, mas também esperança noutras formas de vida.

No microcosmo dos jogos vive-se, interpreta-se, representa-se, de forma exemplar, o que no dia-a-dia é o papel do homem na comédia cósmica. O jogo, os jogos de sorte e azar (*alea*), de competição (*agon*), de vertigem (*ilinx*) ou de faz-de-conta (*mimicry*), são uma representação perfeita do cosmos.

Se a bola cai, no jogo da roleta, no número escolhido, se acertei nos números do euro milhões, se não paguei a bica porque no lançamento da moeda ao ar, qual aprendiz de profeta, tracei o meu destino ao escolher a face correcta da moeda (caras ou coroas), o mundo torna-se radioso e sorridente, um mundo com sentido que harmoniosamente se adapta e responde aos meus desejos e necessidades. Um mundo onde parece termos encontrado resposta, solução, para os diferentes mistérios e enigmas da vida.

Mas, se a bola nos é infiel, nos atraiçoa, ao não cair no número que tínhamos previsto, se não acertarmos no euro milhões ou escolhermos a alternativa errada no jogo do *caras ou coroas,* então tudo parece desmoronar-se. Instala-se a desilusão e a desorientação. Encontramo-nos como que perdidos num mundo sem sentido. De uma ou de outra forma, no jogo, as coisas da terra, o *só isso*, ganham a qualidade do mistério, do imprevisível e enigmático.

Em qualquer dos casos, seja na *infantilidade* dos jogos seja na *seriedade* dos nossos papéis e deveres como homens, trata-se, sempre, de continuar o jogo, o jogo da vida. De renovar a aposta, de apostar de novo, na expectativa, na esperança que os próximos lances, as próximas jogadas, confirmem as nossas expectativas. Num jogo sem fim em que o rosto da privação, do azar e da fragilidade, aprende a dançar com a ilusão da sorte e da fortuna.

Foi nos jogos de sorte e azar, nomeadamente com a roleta e os casinos, com a grande roda do mundo, que teve origem a teoria matemática dos jogos, mas todas as evidências indicam que nunca um único jogador dela tirou partido. Não há *estratégia óptima*. Nenhuma estratégia, por mais adequada que pareça ser, garante ao jogador a obtenção do seu objectivo último. No jogo como na vida.

Em *Os Sete Contra Tebas*, de Ésquilo, as estratégias usadas pelos beligerantes, na escolha dos nomes daqueles que iriam atacar ou defender as sete portas da cidade de Tebas, foram bem distintas. Também aqui o jogo da sorte e do azar marcou a sua presença. Atente-se nos seguintes excertos:

« [...] los dejé echando suertes a que puerta cada uno de ellos, según obtuviera en el sorteo, conduciría sus tropas.» (Mensajero)

«Siete distinguidos capitanes del ejército blandiendo lanzas impetuosas, avanzan hacia las siete puertas, escogidas a suerte.» (Coro)

Não existe, no caso do homem, acção perfeitamente racional, parecendo confirmar-se a tese que postula a finitude do conhecimento na acção. Na ausência da garantia de uma *estratégia óptima*, algum grau de irracionalidade, na acção, parece estar sempre presente.

A acção perfeitamente racional exigiria o conhecimento perfeito de todos os termos envolvidos numa dada situação, de todos os dados que deveríamos ter em conta para decidir, com rigor, quando confrontados com uma dada conjuntura. Ora, a análise de uma dada situação, a multiplicidade dos dados a ter em conta, os meios de que dispomos, os fins a alcançar, a urgência da decisão, a forma como a própria situação se transforma e modifica, como que multiplicam, *ad infinitum*, os factores a ter em consideração, o que impede, condiciona ou limita, a elucidação sistemática, racional e definitiva, de uma situação concreta. Assim, na base da racionalidade possível, resta ao homem lançar-se à acção *fiel* a um *compromisso* (a uma tradição, a um presente, a uma história, a valores) assumindo os riscos a ele inerentes.

Os jogos têm uma natureza labiríntica. Quantas e quantas vezes a *estratégia óptima* está na *magia* de um número para o qual casualmente olhámos, na data de nascimento de uma pessoa que nos é querida ou noutra qualquer ocorrência. A presença, pois, da espontaneidade, do imprevisto, do acaso, em fraterno convívio com a regra e a norma. A presença de Apolo, da autoridade do oráculo de Delfos, da medida, do respeito pelas leis e sua criação, em franca intimidade com os excessos das exigências dionisíacas. A presença da regra que nos diz que *Les jeux sont faits, rien va de plus*, princípio de limitação que, ao indicar que acabou o tempo de jogo, igualmente sinaliza que há que aguardar por um novo início, por uma nova partida, por uma nova esperança. A repetição do jogo, a possibilidade de ele continuar, é a condição dessa esperança.

Embora de forma distinta, algo de similar ocorre com os jogos de competição, de vertigem e de fantasia. Confrontamo-nos, logo após o *pontapé de saída*, com a incerteza e imprevisibilidade dos lances que se seguem, com a certeza de que cada vitória só torna mais próxima a inevitabilidade da tragédia, do *monstro* da derrota. Os dados nunca estão definitivamente lançados. É o desafio, a aventura de caminhar no fio da navalha, naquele limite entre o que se controla e o que escapa completamente aos nossos desígnios, que está para além, que transcende, o que pensamos poder dominar. É a permanente flutuação das fronteiras entre a realidade e a ficção, a posse e a despossessão, o ser e o não ser, o habitar no mundo do sonho e dele ficarmos privados.

No jogo, nas suas fantasias, na sua capacidade transfiguradora, no confronto com aquilo de que é privada e de múltiplas formas consegue restaurar, na experimentação da espontaneidade e da regra, da sorte e do azar, a criança intui, inicia-se, vive, tudo o que se passa, tudo o que se virá a passar, na vida adulta, na tensão entre o herói e a esfinge. Embora transformando o homem num outro, o jogo confirma e não confirma a finitude do homem. Na sua exuberância, alegria e leveza, no seu anelo pelo infinito, o jogo é a crença de que a catástrofe não pode ser evitada, de que a tragédia é imperecível. Intui tudo o que se passa, tudo o que se virá a passar, no templo, na rua ou no local de trabalho. Intui da sua liberdade e do seu destino, intui que a esfinge não é para definitivamente abater, que faz parte integrante da vida, que estamos condenados a conviver com ela. No jogo, a criança vive já essa tragicomédia cósmica em que o homem está mergulhado, no jogo a criança vive já nesse espaço intermédio entre a alegria e a gravidade, a comédia e a tragédia, que é a própria vida.

A inclusão é um desses *absolutos* do jogo que igualmente não podemos ignorar. Na *seriedade* e no entusiasmo que coloca no jogo, a criança não é um ser irresponsável conformado a padrões técnicos, fechado ao outro e à possibilidade das suas múltiplas manifestações. Não é um corpo submetido a uma epistemologia marcial, bélica, invasora, que antiteticamente se deixa enclausurar numa moral do êxito e da luta, da carreira, da competição, da meritocracia. Jogar é fazer coisas em conjunto, *descobrir o valor do outro*, da sua presença, da sua participação, para que o jogo possa continuar.

Seja no jogo solitário seja no jogo de grupo, a magia da competição consigo mesmo, a magia da competição com o outro, é sempre equilibrada, inclui sempre, a magia da *aceitação* e do *acolhimento*, a magia e a aceitação do outro de nós mesmos. Inclui, no respeito pela diferença, na valorização dos contrários, dos opostos, toda uma abundância de processos de *unificação* dos participantes.

Como recusa do *Absoluto* (Absoluto significa desligado e o jogo é inclusão e unificação), como vontade de trazer para o centro todas as periferias, como *policentrismo*, o jogo é um politeísmo de *absolutos*. Para além da colisão e do conflito é o convívio dos deuses, a recusa da submissão ao domínio e totalitária preponderância de um qualquer valor único e absoluto. Para que o jogo possa acontecer, qualquer valor candidato ao estatuto de deus único e absoluto deverá retirar-se, abdicar desse estatuto e abandonar qualquer ilusão de poder. Abrindo-se a outras grandezas, incluindo-as, acolhendo-as, aprendendo a conviver com todos os *absolutos*, partilhando com eles o terreno de jogo.

Jogar é recusar a unilateralidade, recusar o absolutismo duma cultura do corpo que transforma o homem numa máquina de produzir resultados e performances. A passiva acomodação a um mundo desses – a um mundo unicamente centrado no pragmatismo de alcançar finalidades e objectivos exteriores à própria actividade, mundo onde a única seriedade é a seriedade das coisas *sérias*, das actividades corporais *sérias*, sancionadas pela autoridade, pelas convenções, pela restrição de toda a liberdade corporal, pela menorização da espontaneidade criativa, pela obediência a regras estritas e inflexíveis, pela eficácia dos tempos, pela eficácia das marcas – é um dos mais poderosos factores de desludização corporal.

Os jogos *sérios* dos adultos, com os seus esquemas organizados de corpos e de lugares, com os seus esquemas organizados de corpos e lugares dominantes,

> «Y yo mismo bailaré el preludio pues voy a mover mis
> fichas de acuerdo con la jugada de mis amos [...] »
> (Ésquilo, *Agamenón*)

jogos de domínio e satisfação que relegam o outro para o lugar de objecto, com os seus lances eróticos de utilização e destruição do corpo do outro, com os seus lances económicos, onde se multiplica o dinheiro só porque se põe em jogo, jogos do *puro desequilíbrio* centrados no valor absoluto da mais-valia, do lucro, do resultado, são a pura negação do jogo. Jogo que tendo o seu sentido em si mesmo, tendo a sua finalidade e justificação em si mesmo, visto do exterior, se apresenta como algo inútil e pouco *sério*.

Será que a *desportivização* do homem e da sociedade, o culto a esse valor absoluto que é a competição, o êxito e o rendimento, o resultado, seja no contexto estritamente desportivo, seja no contexto geral da sociedade, impelem a concepções e práticas redutoras, acentuando a unidimensionalidade do homem? Será que Krotow, citado por Mieth (1989), tinha razão, ao afirmar que o desporto atesta os princípios da sociedade industrial muito melhor que ela própria?

Até há muito pouco tempo, o controlo sociopolítico do corpo cumpria-se de forma clara e aberta através da religião. Não surpreende, assim, que as reivindicações de libertação corporal se dirigissem contra a própria religião. Hoje, pese o facto de esta persistir em marcar vastos contextos políticos, esse controlo exerce-se de formas bem mais subtis, difusas e indirectas. Uma dessas formas é, inequivocamente, o desporto, com todo o culto que encerra e consequente redução da corporeidade a esse culto.

Que tipo de relações, que simetrias e assimetrias, encontramos, na actividade lúdica, no actividade desportiva, na vida em geral, entre a teologia da glória e a teologia da cruz? Que tipo de relações, que simetrias e assimetrias, encontramos, na actividade lúdica, no actividade desportiva, na vida em geral, entre o pessimismo da queda e o optimismo da salvação? Entre o imaginário da alegria e do penoso?

É que o lúdico não é, de forma alguma, a unilateralidade do sofrimento do homem adâmico, do *Agamémnon* de Ésquilo (onde o Coro estabelece como lei o *aprender sofrendo*) ou dos *Trabalhos e Dias* de Hesíodo.

«Sufriendo aprende el necio»
(Hesíodo, 1990; 96)

O problema social da corporeidade reside na sua instrumentalização, no caso do desporto a sua submissão ao culto da competição. Também o desporto, à semelhança de todas as outras actividades humanas, é um lugar de comunicação, caracterizado por uma linguagem própria. Quanto mais o mundo do desporto se sujeita às leis específicas da competição, do consumo de resultados e êxitos, mais unidimensionais e redutoras serão as possibilidades de comunicação entre os participantes.

O princípio ético de que participar é mais importante que ganhar é absorvido pelo *absolutismo* do resultado, pela prevalência do símbolo do êxito. Tudo parece reduzir-se a uma mera prestação de serviços onde cada um faz o seu trabalho.

O retorno do desporto a uma dimensão mais humana, àquelas dimensões que tão significativamente caracterizam o jogo, a ser possível, implicaria que jogar fosse mais importante que ganhar. O que efectivamente não parece ser o pensamento dos agentes envolvidos no universo do desporto, aí incluído o próprio público. Face a esse *Absoluto* que é o resultado, será possível redescobrir o que de jogo há no desporto?

É certo que seria errado contrapor, de forma total e absoluta, o jogo e a competição. Com efeito, como aliás temos vindo a referir, o próprio jogo abraça a linguagem da competição. Mas sem a converter na única divindade. A redução do desporto ao culto da competição envolve toda uma hierarquização que, ao colocar no topo, como único altar, o êxito e o resultado, mutila, condiciona, limita, toda uma multiplicidade de formas de expressão corporal. Dizendo de uma outra forma, a competição, centrando a sua orientação no resultado, como que filtra, como que selecciona, aqueles elementos do jogo que são admitidos e aqueles que são liminarmente excluídos.

A redução do desporto ao culto da competição, a desportivização da sociedade, configuram-se mutuamente, configurando ao mesmo tempo aquele tipo de consumidor de desporto que, ao consumir resultados, assiste à redução da sua própria corporeidade.

Jogar não é a experiência unilateral do endeusamento deste ou daquele caminho, jogar é saber viver no centro das contradições, ser mediador, procurar a sempre instável e flutuante equidistância entre opostos. Não é desejo tanático, fuga, evasão, ilusão enganosa e consoladora, mas antes ficção que não volta as costas ao real, que não abdica dele, que o inclui. Por isso afirmamos que o jogo nada tem de adâmico ou escatológico. É o confronto e a convergência, a oposição e a unificação, de Eros e da violência, do que se mantém e do que se transforma, da norma e da sua superação, do real e do que se projecta para fora dele.

É sonhar sem aniquilar a vida, viver sem prescindir do sonho. Estar suficientemente perto e suficientemente longe, estar ao mesmo tempo no mundo e fora dele. Não fosse o jogo esse fenómeno limite, de encruzilhada, de fronteira, que permite conjugar os mais diversos contrários. Que permite, simultaneamente, manter as normas e ultrapassá-las, normas que palpitam fundo no nosso coração como no nosso coração palpitam as novas normas. Que permite conjugar homens e deuses, sério e não-sério, liberdade e vinculação.

Neste sentido, o jogo é movimento de ruptura e movimento de retorno, onde a reconciliação sempre se mantém possível. É cosmogonia instantânea sem traços de infantilismo ao fazer-se história e sentido na palavra, na acção, no compromisso com o outro. É não aceitar um só caminho, um só rosto, um só deus. Saber estar entre o imediato e o que o transcende, aceitar outros caminhos e acolher o caminho dos outros. Saber situar-se entre a absoluta posse e a absoluta limitação, recusando ambas. Incluir, aceitar e valorizar a diferença, não para a manter, mas para a procurar superar e transcender. Superar a inabilidade de imaginar outros caminhos para os deuses, tornando-os corpo e acção.

Jogar também significa mudar e transformar a forma de viver e existir. Embrenhada nos seus jogos, talvez a criança saiba, aprenda ou pressinta, que o absoluto só nos é acessível através das suas manifestações contingentes, por isso se dedica, com tanta intensidade e seriedade, ao elemento finito, ao jogo. Por isso o ama e adora, por isso nele se perde. Afinal, como diziam os românticos, o infinito pelo finito enamorado.

A aparição dos deuses, do convívio dos *absolutos*, sinaliza a presença do mundo festivo dos jogos. Tais *aparições*, das quais somos *co-construtores*, são possíveis, mas não são iguais para todos nós, da mesma forma que não se manifestam da mesma forma em todos os momentos e circunstâncias.

O *daimon*, a face do divino que sob este ou aquele disfarce se revela no destino humano, se revela ao poeta, ao artista, ao cientista, a cada um de nós, marcou já, com a sua presença, o jogo da criança. Presença que sempre se cumprirá onde o jogo acontecer. Como o jogo ajuda a compreender que a existência corporal deve ser entendida como existência subjectiva. Como ajuda a compreender que a subjectividade é algo de bem concreto, que coincide com o próprio corpo. Como ajuda a compreender a ideia de *corpo subjectivo* ou de *subjectividade corporal* (Maine de Biran), a ideia de que corpo e subjectividade têm uma mesma estrutura, a ideia de que a estrutura da subjectividade é a do nosso corpo.

Afirmar a máxima *mens sana in corpore sano*, ainda que valorizando, à maneira grega, quer a mente quer o corpo, afirmar uma relação saudável, positiva e equilibrada, entre uma e a outra, é pensar ainda ambos os elementos a partir da ideia de uma heterogeneidade radical, substancial, ontológica. É ignorar que o corpo não é um objecto, que a subjectividade é real e o corpo é subjectivo, que o corpo é simbólico e não um simples, embora bem complexo, mecanismo biológico.

Em *Filosofía y Fenomenología del Cuerpo*, obra que em grande parte se inspira no pensamento de Maine de Biran, no Prefácio Michel Henry (2007: 21) afirma:

«Mi propósito en él era establecer frente al idealismo el carácter concreto de la subjetividad, mostrando para ello que dicha subjetividad coincide con nuestro proprio cuerpo.»

Só através do simbólico, da imagem, do jogo, da poesia, o ar, o fogo, a terra, a água, o próprio corpo, se desdobram, se multiplicam, se realizam e actualizam, na diversidade da sua *inteireza*, na infinidade das suas *aparições*.

O fogo pode ser amor e paixão, o ar pode assumir os contornos do sonho e do devaneio, da liberdade, da superação e da transcendência. A água ganha os contornos do infinito, do informe e caótico, da purificação ou da angústia e da morte, como no caso das águas ofelizadas. A terra, como nos recorda Gaston Bachelard, tanto pode levar à *rêverie* do descanso e do repouso como à *rêverie* da vontade, do esforço e do trabalho, do mover e remover montanhas.

Objectos, coisas, pessoas, brinquedos, são por certo algo de finito, palpável, tangível, mas para a *alma*, para a subjectividade que os anima, revestem significações muito particulares. Um objecto, enquanto elemento *finito*, enquanto elemento do mundo do *relativo*, pode adquirir, para a subjectividade que o apreende, a significação de ser algo *absoluto*, de ser, de algum modo, um *objecto mágico*, distinto da forma como esse mesmo objecto se manifesta noutros contextos ou circunstâncias. Assim se afirma o infinito da subjectividade, que em segredo habita esse objecto. Jogar é querer penetrar, de forma sensível, concreta e tangível, na base da própria corporeidade, querer penetrar o inalcançável e inacessível, destino sempre votado ao fracasso, mas do qual a criança não desiste. Jogar é criar e dar vida, fecundar fecundando-se.

Mas o jogo não é a imperiosa paixão pela verdade, pela criação de uma verdade final, última, definitiva. É criação dinâmica e aberta, que encerra em si mesma a possibilidade da sua negação, da sua morte, da sua superação e transcendência. Exige a presença, não a morte, à maneira edipiana, da Esfinge. Exige a presença do opositor, do adversário, do inimigo, da serpente, do maligno, do diabo, do Outro. Por isso dizíamos antes que o jogo nada tem a ver com o adâmico e escatológico.

Também por esta razão o jogo, sobre o qual tantos se pronunciam desvalorizando-o, reduzindo-o a infantilidade e mera *ilusão*, encerra uma tão profunda visão da condição humana. Confronta-nos com a cegueira e finitude do homem, mantendo em aberto a possibilidade da saída, face à privação e à perda. Face à inevitabilidade da catástrofe. Assumindo-se como a recusa da resignação e da acomodação, como o veemente desejo de ir mais além. É esta a sua religiosidade.

O simbólico, o jogo, a imagem, a poesia, sempre acrescentam algo, sempre amplificam, instaurando outras e novas possibilidades. Pelo jogo, pelo símbolo, as coisas perceptíveis sempre apontam para além dessas mesmas formas. Neste sentido, jogar é inventar novas imagens, novas figurações, novas realidades. É inventar uma mitologia pessoal vivida individual ou colectivamente, inventar outras formas de viver o corpo, de descobrir novos destinos. De resistir a esse caudal de imagens mais rígidas e codificadas, de imagens pré-fabricadas, que o desporto sempre exige.

O jogo reivindica a comparência de um imaginário que se situe para além das antíteses e das diferenças, dos confrontos e das oposições, embora acolhendo-as, tendo-as em conta, valorizando-as até, mas sem nunca esquecer ou ignorar os ensinamentos de Hermes e a reconciliação entre Apolo e Dionísio. Sem deixar de convocar a presença e o convívio de todos os deuses, de todos os *absolutos*.

O jogo é o festim dos deuses, a festa do encontro, do imaginário da *corda*, dos *nós*, dos *vínculos*, como símbolos da mediação entre opostos, do acolher, da ligação, da implicação e do consentimento, da festa e da epistemologia do amor. Desse amor, dessa paixão, que nos inicia na restauração do sentido das coisas e das relações, na recriação do sentido da vida. É, portanto, recreação e recriação. Ao longo das nossas vidas sempre se mantiveram episódicos, aparentemente acessórios e secundários, mas sempre se revestiram, igualmente, do significado de uma fundação, de uma recriação.

Ora, este é, precisamente, outro dos *absolutos* do jogo, o absoluto da vinculação, dos laços, dos nós, do que une. O *absoluto* do desafio da construção de sentidos com os outros. O desafio da construção de vínculos aos brinquedos, às coisas, às pessoas, à vida.

Jogar é andar seduzido, acreditar que ninfas e sereias são eternas, apesar de muitas vezes nos terem já desiludido. É saber fugir à banalidade das coisas, engrandecê-las, dar-lhes um carácter sagrado. É reanimar a vida, devolver a alma ao mundo, devolver a alma ao corpo, *animá-lo*, erigir múltiplos *absolutos* e múltiplos altares.

O mundo em que vivemos, o mundo dos homens, não é penas o mundo das relações científicas do positivismo, mundo objectivo que se baseia noutro tipo de relações e parece não ter qualquer tipo de relação com o homem. O mundo de que falamos, o mundo dos homens, é um mundo com vida, com alma, com a alma e a vida que eu mesmo lhe concedo.

O mundo, o meu próprio corpo como mundo, estão impregnados de uma vida que é a minha. Tudo, objectos, pessoas, relações, transportam no seu âmago, o sopro do destino humano, do meu destino, do destino daqueles a que estou ligado, do destino de uma colectividade, de um povo, de uma nação. O destino da própria humanidade.

O que ganha uma profundidade imensa, um renovado sentido, se o lermos a partir do pensamento de Paracelso quando afirma que

«Onde não há amor não há arte.»

Desde as suas origens o jogo é superação de uma perda, *separatio*, afastamento, fim de uma relação na sua forma actual, como condição de criação de algo diferente e mais profundo. Como condição de instauração de novas relações, de novas fidelidades, pois jogar é criar laços, vínculos, nós, a uma mãe, à terra, à língua, à história, aos sabores e aos saberes.

De entre muitos outros *absolutos* do jogo, a *alegria* sem limites, que a vulnerabilidade e fragilidade dos corpos, que a tragicidade da condição humana, não suprime, é por certo um dos mais genuínos sinais da energia, da paixão, da vontade, que a criança sempre coloca no jogo. No jogo, a alegria, a alegria do espírito, encontra expressão nas palavras, no olhar, nos gestos, no corpo.

Alegria que por certo não é estranha à abertura do jogo a mundos possíveis e imaginários, ao reinvestimento do real pela conduta lúdica, à vivência, no plano lúdico, de esperanças, desejos e ilusões. Afinal, o jogo é essa espécie de infinito que, se tem limites, nos são desconhecidos. Infinito que não ignora o tempo e a história, que não se organiza contra ela, antes a amplifica e fecunda, transcende e supera. Mesmo quando face à perda e à desilusão, não se vislumbra uma só flor, um único colo, um único apoio, uma única mão amiga.

«A nossa necessidade de consolo é insaciável»
(Stig Dagerman)

Habitante do sonho, o jogador é a alegria de criar, a exuberância da expansão do sentido das coisas e da vida. Alegria gravada nos corpos, corpos que partilham a alegria de jogar. E se o jogo confirma a presença do *monstro*, do enigmático, do labiríntico, do que nos faz sentir frágeis e vulneráveis, ele é também o engenho de transcender essa vulnerabilidade, de inscrever nos vínculos do corpo a tudo o que o envolve, a beleza multicolor do arco-íris.

Talvez seja esta a mensagem mais importante que Stéphane Mallarmé nos quer fazer chegar quando, no seu notável poema de juventude, intitulado *Brise Marine*, nos fala da tristeza da *carne*, da angústia perante um corpo que não dominamos e em grande parte nos escapa, da recusa à passiva acomodação ao real, ao *só isso*, à finitude da condição humana, e, consequentemente, do irresistível apelo da partida, da viagem sonhada, da própria criação poética, como viagem, como liberdade. Do irresistível apelo a uma outra realidade, mais perigosa e sedutora, com os seus pássaros, o seu exótico, os seus céus e os seus mares. Viagem que não se fecha à possibilidade do encontro com o canto dos marinheiros, e, portanto, das sereias. Eis como se expressa a mallarmeana tristeza da carne e o impulso criador de a superar e transcender.

> «La chaire est triste, hélas! Et j´ai lu tous les livres.
> Fuir ! Là-bas fuir. Je sens que les oiseux sont ivres
> D´être parmi l´écume inconnue et les cieux !
> [...]
> Un ennui désolé par les cruels espoirs,
> [...]
> Mais, ô mon cœur entends le chant des matelots !»

Não se trata propriamente de uma suspensão da condição humana, de uma cura para a sua condição. Não se trata de oferecer uma saída não-trágica, de uma fuga para um mundo ideal, mas de, através do próprio acto criador – um pouco à semelhança do *drama da criação*, onde a única forma de salvação conhecida é o acto criador em si – sem negar o real nem virar as costas às *vãs ilusões*, o homem procurar a reconciliação consigo mesmo.

Nos primórdios da humanidade, nos seus rituais tribais, os mesmos homens, que faziam as máscaras e criavam os seus *monstros*, assustavam-se uns aos outros, provocando sentimentos de medo e pânico. Sentimentos que viviam com a máxima seriedade, mas sem nunca perderem a noção de que estavam a fingir, a fazer-de-conta. Sem perderem a noção de que tudo aquilo era um jogo. Hoje, como antes, continuamos a assustar-nos a nós mesmos, graças à nossa própria imaginação, numa espécie de transposição estética do trágico, tornado jogo, festa, espectáculo. Tornado em todo esse tipo de véus a que chamamos cultura.

Ao longo da história, este equilíbrio e fraterno abraço, entre o sério e o não-sério, tanto se deslocou na direcção de uma dessas dimensões, como na direcção da outra. No seu tempo, Juvenal critica o facto de os rituais festivos ignorarem a sua dimensão de jogo, a sua natureza lúdica – «Nada se imita allí por jugar, todo ocurre en serio» – o que não impediu que os próprios jogos saturnalícios se tivessem desprendido das suas motivações míticas e amplificassem a vertente lúdica, de faz-de-conta, de jogo.

Hoje, os nossos filhos e netos, na alegria e exuberância dos seus jogos, continuam a simular situações de medo, a inventar perigos, a fazer-de-conta que caiem e se magoam, a imaginar dragões ameaçadores e perigosas nuvens escuras, no que são acompanhados pelos seus pais e avós.

Pulsão básica, profunda, estrutural, a de associar o medo e o riso, os perigos e o faz-de-conta, o humor e o sagrado. Formas de interdependência que assumem rostos diferentes, formas diversas de expressão, na infância ou na maturidade, na literatura, na arte ou na religião. Divindades terríveis e implacáveis que não deixam de ter o seu lado cómico e burlesco. Deuses criadores de cultura que não deixam de provocar distúrbios e desacatos. Missas e procissões, onde o silêncio e piedoso recolhimento coabitam com o humor, a sátira e a galhofa. Danças sensuais e gestos lascivos em frente do *Santíssimo*. Formas concretas, múltiplas, plurais, do compromisso, do comprometimento, da liberdade, da alegria, da espontaneidade, com o mito e a instituição social.

A dimensão lúdica, de jogo, mantém-se precisamente quando este equilíbrio entre o sério e o não-sério não é quebrado, quando o *mysterium coniunctionis*, a união dos opostos, é possível.

Esse equilíbrio era possível mesmo na seriedade e intensidade dos autos e representações da procissão do *Corpus Christi*, com as suas danças, cantos, serpentes e dragões. Mesmo que aqui e além, ultrapassados os limites desse sempre instável equilíbrio, o simulacro do *hilariante combate* entre São Jorge e o Dragão desse lugar a *brigas e combates verdadeiros*. Esse equilíbrio era possível mesmo nas Vias-Sacras dos irmãos franciscanos ou nas procissões dos *fogaréos*. Como em contextos ditos mais profanos, como os do Carnaval ou dos *reis de pastores*, também o era.

Baroja (2006: 383-384) apresenta-nos alguns fragmentos da obra de Lope de Veja, *Lo que está Determinado*, que a propósito do costume popular do *rei de pastores*, não deixam de revelar a importância que nessas festividades assumia esse equilíbrio. A condição do jogo é essa consciência de que tudo é a fingir, de que tudo se passa no plano do faz-de-conta. A consciência de que o rei eleito é um fingido rei, de que há limites, de que as coisas e os papéis não podem ser tomados demasiado a sério. Eis a selecção que desses fragmentos fazemos:

> «hagámoste rey aqui
> [...]
> que aunque por burlas y juego,
> queremos obedecerte.
> [...]
> Como prenderme? En las burlas
> manda tú, mientras te hacen
> para solo entretenerse
> rey los pastores del valle,
> pero en las cosas de veras,
> en la villa hay dos alcaldes,
> que si yo fuera culpado
> allá sabrán castigarme.»

Da mesma forma, o que no jogo é bispo, barbeiro, papa ou sacristão, sem deixar de o ser, não o é de facto. O são convívio do *só isso* e da sua superação, a não-aceitação de um só caminho, de uma única verdade, de um único mito. A presença do questionamento e da atitude interrogativa, o pôr em causa os valores únicos e absolutos. O pôr em causa a própria sabedoria de Deus, como faz Job (6, 5), o abandonado e incompreendido, que face à injustiça não se cala, já que não se contenta com o consolo da barriga.

> «Porventura zurrará o jumento montês junto à relva? Ou berrará o boi junto ao seu pasto?»

O boi e o jumento montês, esses sim, vivem do *só isso*, do conforto da barriga. Mas como não zurrar, como não berrar contra as injustiças, tenham elas o rosto que tiverem, vistam elas o disfarce do sagrado ou o disfarce do profano, a máscara deste ou daquele Absoluto, deste ou daquele mito? Mito que se arvora no único e definitivo desvendar de um significado oculto.

O jogo é a pluralidade dos discursos, a diversidade das narrativas. É o discurso antropológico, sociológico, psicológico, filosófico. O discurso mitológico, religioso, moralista, educativo. Mesmo quando falamos dos seus *absolutos*, da colisão e convívio desses *absolutos*, longe estamos de querer procurar uma essência, a essência, do lúdico. O jogo, os diferentes conceitos de jogo, têm uma história, história que nos convoca para o confronto com a verdade e a mentira, a seriedade e a não seriedade, a alegria e o sofrimento, a elevação e a queda, a culpa e a inocência. Que nos convoca para o confronto com as limitações da condição humana, das finitudes, privações e carências do homem, mas também para a sua incorrigível ânsia de infinito, de superação dessas limitações.

Nesse percurso tivemos a companhia, entre tantas e tantas outras, de Homero, Platão, Aristóteles, dos Pais da Igreja, dos Românticos. De Kerényi, Moltmann, Rahner ou Wunenburger. A companhia de múltiplas e diversas sensibilidades, a companhia da forma tão distinta como essas sensibilidades definem termos, conceitos, critérios, características formais, ou recorrem a observações, relatos, documentos, testemunhos, no seu esforço de apreensão mais aprofundada daquilo a que chamamos jogo.

Companhias que nos permitiram perceber que, figuras que pretendiam fazer-se passar por verdades eternas, não eram mais que ilusões, que figuras desacreditadas e conotadas com a falta de rigor e seriedade, não deixavam de ter um fundo de justeza. A lúdica presença, afinal, do espírito de Hermes, dos seus erros, das suas virtualidades e imperfeições. Erro e ilusão, análise e criticismo, intuição, musas e razão.

Com todos aprendemos. Com os autores que nos acompanharam e com os autores do *Jogo do Ali Babá*. Todos nos ajudaram a perceber o mérito relativo das diferentes perspectivas. O mérito relativo das nossas próprias perspectivas.

Nunca foi nosso intuito, ao longo de toda esta caminhada, assimilar os jogos, nas suas diferenças e dissemelhanças, a um único modelo de jogo, fosse esse modelo o jogo do *Fort Da* ou o *jogo do Ali Babá*, embora tenhamos que reconhecer a importância que esses dois jogos assumiram na estruturação do nosso próprio pensamento.

Como dizíamos atrás, os jogos são realidades complexas, diferem uns dos outros, têm a sua história. São parte integrante do tempo e do espaço em que emergem, são parte integrante de uma dada realidade social, sem a qual nunca poderão ser compreendidos.

O deus Hermes, no seu primeiro dia de vida, sai da caverna onde nascera e protela a tarefa de sacrificar aos deuses, de os cantar e louvar, de inventar a primeira acção ritual, porque *maquinava* já o que viria a ser, efectivamente, o seu primeiro acto lúdico, a transformação da milenar tartaruga em brinquedo (cítara), nesse brinquedo, nesse instrumento musical, que posteriormente irá oferecer a Apolo.

O acto lúdico, o jogo, o gerar e criar símbolos, como acto cosmogónico primordial, como condição de acesso a outras formas de criar símbolos, de criar cultura, no caso a invenção do rito, do fogo sacrificial. O paradigma, talvez, da importância do contacto, na sua expressão de vivência corporal, de subjectividade corporal, com os símbolos fundamentais da consciência, contacto bem anterior a qualquer forma de especulação filosófica sobre esses mesmos símbolos. Ricoeur (s.d.) tinha razão, quando afirmava que o que o símbolo nos dá é que pensar.

Liberta do peso do mitológico, como já Kerényi nos ensinava, a alegria do jogo encerra em si uma grande leveza. Como recusa da absolutização do relativo, jogar é descobrir o valor do outro e do diferente, do estranho e do desconhecido, do que está para além de. É expandir o sentido das coisas e da vida. Oportunidade de construção de novos e transitórios mitos, de novos e transitórios sentidos. É superar e transcender, fecundando-se nele, o imaginário da nossa tradição, dos nossos mitos, para entrar, como criador de novos mundos, nos enigmas da nossa experiência vivida.

O jogo tem por hábito tudo metamorfosear. No jogo, a *alma* parece falar uma outra linguagem. Ele é a alegria da flor, a alegria de viver no mito. A alegria de se tornar adulto, a alquimia da transfiguração da fragilidade em força criadora, em superação dos limites e das privações. O jogo é essa pedra filosofal.

Jogar é tornar-se adulto, engrandecer-se, sentir-se grande, sentir-se mito. Por certo que é no tempo e no espaço, na história e pela história, na história dos corpos, na história dos seus vínculos ao mundo físico e social, que tudo se manifesta, acontece e intui. Todo o passado é mítico. Os mitos modernos são o rosto do presente. O futuro, na forma como o sonhamos e projectamos, é já mito também.

É esta a fantástica obra da humanidade, obra que se vive e constrói nesse interminável caminho de encontrar os limites, o sempre instável equilíbrio, entre o finito e o infinito, entre o conhecido e o desconhecido. Entre a finitude do real, do *só isso*, e o ilimitado dos nossos sonhos e representações. Face às limitações da condição humana, ao azar e ao acaso, ao confronto com o *monstro*, com a esfinge, com o enigmático, respondemos com os nossos mitos. Com os nossos jogos.

REFERÊNCIAS BIBLIOGRÁFICAS

Aleaz, K. (2004). Play and Religion: Indication of an Interconnection. *Journal of the Asian Research Center for Religion and social Communication*. Vol. 2, nº 1.

Anselmo, A. (1916). Costumes Religiosos Populares – os Antigos «Autos» e «Procissões». In *Terra Portuguesa. Revista Ilustrada de Arqueologia Artística e Etnografia*. Volume nº 2. Lisboa: Sebastião Pessanha.

Argullol, R. (2010). *Visión desde el fondo del mar*. Barcelona: Acantilado.

Aristófanes (s.d.). *Las nubes*. Livrodot.com.

Aristóteles (1991). *Ética a Nicómaco*. São Paulo: Nova Cultural.

Aristóteles. *Política*. Livrodot.com.

Autor Anónimo (1989). Descrição sobre a Cidade de Lisboa, 1730. In *O Portugal de D. João V Visto por Três Forasteiros*. Lisboa: Biblioteca Nacional.

Axelos, K. (1969). *Le Jeu du Monde*. Paris: Les Éditions de Minuit.

Bachelard, G. (1990). *O Ar e os Sonhos*. São Paulo: Martins Fontes.

Baring, A. e Cashford, J. (1993). *The myth of the goddess*. London: Arkana.

Baroja, J. (2006). *El Carnaval*. Madrid: Alianza Editorial.

Bataille, G. (1974). *La Parte Maldita*. Barcelona: Edhasa.

Bebiano, R. (1987). *D. João V, Poder e Espectáculo.* Aveiro: Livraria Estante Editora.

Beckford, W. (1988). *Diário de William Beckford em Portugal e Espanha*. Lisboa: Biblioteca Nacional.

Béguin, A. (1991). *L'Âme Romantique et le Rêve*. Paris: Librairie José Corti.

Bíblia Sagrada (1968). Lisboa: Depósito das Escrituras Sagradas.

Bragança de Miranda, J. (2008). *Corpo e Imagem*. Lisboa: Nova Vega.

Brazelton, T. (1989). The importance of early intervention. In J. Gomes-Pedro (Ed.), *Biopsychology of early parent-infant communication*. Lisboa: F. C. G.

Bremer, J. (2000. *Uma História Cultural do Humor*. Rio de Janeiro: Record.

Bringel, M. (2005). *Cegadas e Enterros do Entrudo na Região de Mafra*. Mafra: C.M.M.

Brun, J. (1991). *Os Pré-Socráticos*. Lisboa: Edições 70.

Caillois, R. (1958). *Les jeux et les hommes*. Paris: Gallimard.

Campbell, J. (1992). *Las mascaras de Dios: mitología occidental*. Madrid: Alianza Editorial.

Campbell, J. (2000). *Las mascaras de Dios: mitología primitiva*. Madrid: Alianza Editorial.

Carrère, J. (1989). *Panorama de Lisboa de 1796*. Lisboa: Biblioteca Nacional.

Carvalho, M. (2009). Nietzsche e a sabedoria do riso: aprender com os gregos para além dos gregos. *Revista de Humanidades*. Universidade de Fortaleza, Vol. 24, nº 2.

Cassirer, J. (s.d.). *Linguagem, Mito e Religião*. Porto: Rés-Editora.

Cassirer, E. (2006). Antropología filosófica. México: Fondo de Cultura Económica.

Cervantes, M. (2005). *Dom Quixote de la Mancha*. Lisboa: Publicações Dom Quixote.

Chateau, J. (1961). *A Criança e o Jogo*. Coimbra: Atlântida.

Chateau, J. (1972). *Les Sources de l'imaginaire*. Paris: Éditions Universitaires.

Coelho, M. (2010). A Festa – A convivialidade. In Vasconcelos e Sousa (Coor.). *História da Vida Privada em Portugal – A Idade Média*. Maia: Círculo de Leitores.

Costa, S. (1916). Auto do Natal. In *Terra Portuguesa. Revista Ilustrada de Arqueologia Artística e Etnografia*. Volume nº 2. Lisboa: Sebastião Pessanha.

Cox, H. (1972). *Las Fiestas de Locos*. Madrid: Taurus Ediciones.

Francisco Alberto Ramos Leitão & Isilda Maria de Sousa Leitão

Crespo, J. (1990). *A História do Corpo*. Lisboa: Difel.

Crespo, J. (1999). Os Jogos da morte e da vida. A aprendizagem do Mundo. In *Arquivos da Memória, Centro de Estudos de Etnologia Portuguesa*. Lisboa: Edições Colibri.

Crespo, J. (2012). *O Espírito do Jogo – Estudos e Ensaios*. Lisboa: Edições Colibri.

Dante, A. (1984). *A Divina Comédia*. Belo Horizonte: Editora Itatiaia Limitada.

De Tour, F. (1989). Itinerário em Portugal, *Portugal nos séculos XVII&XVIII, Quatro Testemunhos*. Lisboa: Lisóptima Edições.

Díaz-Plaja, F. (1993). *A Vida Quotidiana na Espanha Muçulmana*. Lisboa: Editorial Notícias.

Dombrowski, D. (2009). *Contemporary Athletics and Ancient Ideals*. Chicago: The University of Chicago Press.

Dombrowski, D. (2012). Homer, Competition, and Sport. *Journal of Philosophy of Sport*, 39 (1), 33-51.

Durand, G. (1969). *Les Structures Anthropologiques de L'Imaginaire*. Paris: Bordas.

Durand, G. (1979). *A Imaginação Simbólica*. Lisboa: Arcádia.

Eliade, M. (1954). *Le Yoga - immortalité et liberté*. Paris: Éditiones Payot.

Ésquilo e Vários (s.d.). *Édipo Antigo*. Biblioteca Mitológica. Porto: RÉS-Editora.

Ésquilo (2008). *Oresteia – Agamémnon, Coéforas, Euménides*. Lisboa: Edições 70.

Ésquilo (2009). *Os Sete Contra Tebas*. Lisboa: Edições 70.

Erikson, E. (1959). *Enfance et Société*. Neufchâtel: Delachaux et Niestlé.

Fein, G. (1975). A Transformational analysis of pretending. *Developmental Psychology*, 11, 291-296.

Figueiredo, B. e Sousa, A. (1887). Constituições do Arcebispado de Lisboa Decretadas por D. João Esteves d'Azambuja, 1402-1414.

Revista Archeologia e Historica, Vol. 1. Lisboa: Typographia de Adolpho Modesto & Cª.

Figueiredo, B. e Sousa, A. (1887). Visitação á egreja de S. João de Mocharro D'Óbidos. *Revista Archeologia e Historica,* Vol. 1. Lisboa: Typographia de Adolpho Modesto & Cª.

Foucault, M. (1984). *Microfísica do Poder.* Rio de Janeiro: Graal.

Frederic de Merveilleux, C. (1989). Memórias Instrutivas sobre Portugal, 1723-1726, *O Portugal de D. João V Visto por Três Forasteiros.* Lisboa: Biblioteca Nacional.

Freezell, R. (2004). *Sport, Play, and Ethical Reflection.* Chicago: University of Illinois Press.

Galán, P. (1996). *Las Máscaras de lo trágico.* Madrid: Editorial Trotta.

Girard, R. (2002). *El Chivo Expiatorio.* Barcelona: Editorial Anagrama.

Guimarães, A. (1916). As Vias-Sacras. In *Terra Portuguesa. Revista Ilustrada de Arqueologia Artística e Etnografia.* Volume nº 1. Lisboa: Sebastião Pessanha.

Gutton, F. (1973). *Le jeu chez l'enfant – Essai psychanalytique.* Paris: Larousse.

Henriques, M. (1996). *O Sopro das Vozes.* Lisboa: Assírio e Alvim.

Hesíodo (1990). *Poemas Hesiódicos.* Madrid: Ediciones AKAL.

Hesíodo, *Teogonia,* In *Prometeu Antigo.* (s/d). Porto: RÉS-Editora.

Hesíodo, *Os Trabalhos e os Dias,* In *Prometeu Antigo.* (s/d). Porto: RÉS-Editora.

Hillman, J. (1999). *Re-imaginar la psicología.* Madrid: Ediciones Siruela.

Hillman, J. (2000). *El Mito del Análisis.* Madrid: Ediciones Siruela.

Himnos Homéricos (2005). Madrid: Ediciones Cátedra.

Holderlin, F. (1993). *Hiperión.* Madrid: Ediciones Hiperión, S.L.

Homero (2008). *Odisseia.* Lisboa: Biblioteca Editores Independentes.

Homero (2007). *Ilíada.* Lisboa: Edições Cotovia.

Huizinga, J. (1994). *Homo Ludens.* Madrid: Alianza Editorial.

Humbert, J. (1985). *Mitología griega y romana.* Barcelona: Gustavo Gili.

James, D. (1978). Sport: A Myth About Consciousness. *Quest*, 30(1), 28-35. Routledge and Taylor & Francis Group.

Jung, C. (1972). *Synchronicity an Acausal Connecting Principle*. London: Routledge e Kegan Paul.

Jung, C. (1972). On the Psychology of the Trickster Figure. In *The Trickster – A Study in American Indian Mythology*. New York: Schocken Books.

Jung, C. (1991). *Tipos Psicológicos.* Petropólis: Vozes.

Jung, C. (1993). *Símbolos de Transformación.* Barcelona: Paidós Ibérica.

Jung, C. (1998). *Resposta a Jó.* Petropólis: Vozes.

Jung, C. (1999). *Psicologia e Religião.* Petropólis: Vozes.

Jung, C. (s.d.). *Psicología y Alquimia.* Barcelona: Plaza e Janes, S.A.

Jung, C. e Kerényi, K. (2003). *Introducción a la esencia de la mitología*. Madrid: Ediciones Siruela.

Kaufmann, W. (1992). *Tragedy and Philosophy*. New Jersey: Princeton University Press.

Keating, J. (1964). Sportsmanship as a Moral Category. *Ethics*, 75, 25-35.

Kerényi, K. (1998). *Dionisios - Raíz de la vida indestructible*. Barcelona: Herder.

Kerényi, K. (1999). *La Religión Antigua*. Barcelona: Herder.

Kerényi, K. (2002). *The Gods of the Greeks*. London: Thames e Hudson.

Kerényi, K. (2004). *Eleusis*. Madrid: Ediciones Siruela.

Kerneiz, C. (1973). *Karma Yoga*. Paris: Libraire Jules Tallandier.

Lauand, L. (2000). *Deus Ludens – O Lúdico no Pensamento de Tomás de Aquino e na Pedagogia Medieval*. Provas Públicas para Professor Titular. Universidade de São Paulo.

Leitão, F. (1994). *Interacção Mãe-Criança e Actividade Simbólica*. Lisboa: S.N.R.

Leitão, F. (1997). Símbolo e Actividade Lúdica. In Carlos Neto (Ed.), *Jogo e Desenvolvimento da Criança*, Lisboa: F.M.H.

Leitão, F. e Leitão I. (2013). *Jogar é Estar Perto dos Deuses – A Transformação do Real*. Salamanca: Luso-Española de Ediciones.

Lévi-Strauss, C. (1972). *El pensamiento Selvaje*, México: FCE.

Lichnowsky, F. (1946). *Príncipe Felix Lichnowsky – Portugal, Recordações do Ano de 1842*. Lisboa: Edições Ática.

Lopez-Pedraza, R. (1999). *Hermes e seus Filhos*. São Paulo: Paullus.

Macedo, J. (1997). Riso Ritual, Cultos Pagãos e Moral Cristã na Alta Idade Média. *Boletim do CPA*, Campinas, nº 4, Jul./Dez.

Marcos, S. (2002). Cuerpos y Género en las Religiones Mesoamericanas. *Concilium*, nº 295, Abril, 275-286.

Marcuse, H. (1969). *Eros e Civilização*. Rio de Janeiro: Zahar Editores.

Metheny, E. (1972). The Symbolic Power of Sport. In *Sport and the body: A Philosophical Symposium*. Philadelphia: Lea and Febiger.

Mieth, D. (1989). Ética del Deporte. *Concilium*, nº 225, Setembro, 241-258.

Minois, G. (2003). *História do riso e do escárnio*. São Paulo: Ed. Unesp.

Moltmann, J. (1981). *Un Nuevo Estilo de Vida – Sobre la Libertad, la Alegría y el Juego*. Salamanca: Ediciones Sígueme.

Moltmann, J. (1987). *Dios en la Creación – Doctrina Ecológica de la creación*. Salamanca: Ediciones Sígueme.

Murphy, J. (1998). *Viajens em Portugal*. Lisboa: Livros Horizonte.

Nakamura, J. e Csikszentmihalyi, M. (2002). The Concept of Flow. In C. Snyder e S. Lopez (Eds.). *Handbook of Positive Psychology* (pp. 89-105). Oxford: Oxford University Press.

Neumann, E. (1996). *The great mother*. London: Routledge.

Nietzsche, F. (1972). *Assim Falava Zaratustra*. Lisboa: Editorial Presença.

Ortiz-Osés, A. (1994). Una Interpretación Evaluativa de Nuestra Cultura. *Suplementos Eranos*, nº 42. Barcelona: Editorial Anthropos.

Os Upanishades (s.d.). Mem Martins: Publicações Europa-América.

Pereira, L. (2001). Sagrado e Profano. In Carlos Moreira Azevedo (Dir.), *Dicionário de História Religiosa de Portugal*. Mem Martins: Círculo de Leitores.

Piaget, J. (1971). *A Formação do Símbolo na Criança – Imitação, Jogo e Sonho, Imagem e Representação*. Rio de Janeiro: Zahar Editores.

Piaget, J. e Inhelder, B. (1966). *L'Image mentale chez l'Enfant*. Paris: PUF.

Píndaro (2010). *Odes*. Lisboa: Quetzal Editores. Tradução de António de Castro Caeiro.

Pinto, M. (1916). Notas para a Historia da Dansa em Portugal – Os «Bailarotes». In *Terra Portuguesa. Revista Ilustrada de Arqueologia Artística e Etnografia*. Volume nº 2. Lisboa: Sebastião Pessanha.

Platão (2001). *A República.* Lisboa: Fundação Calouste Gulbenkian.

Platão (1991). *Fédon*. São Paulo: Nova Cultura.

Porfirio (1984). *Sobre la abstinencia*. Madrid: Editorial Gredos.

Quental, A. (1980). *Sonetos Completos*. Porto: Anagrama.

Quental, A.(1989). *Obras Completas.* Lisboa: Comunicação/Universidade dos Açores.

Radin, P. (1972). *The Trickster – A Study in American Indian Mythology*. New York: Schocken Books.

Rahner, H. (1967). *Man at Play*. New York: Herder and Herder.

Rappaport, R. (2001). *Ritual y Religión en la formación de la humanidad*. Madrid: Cambridge University Press.

Ricoeur, P. (s.d.). *O Conflito das Interpretações*. Porto: Rés-Editora.

Ricoeur, P. (1975). *La Métaphore Vive*. Paris: Le Seuil.

Ricoeur, P. (2013). *A Simbólica do Mal*. Lisboa: Edições 70.

Roochnik, D. (1975). Play and Sport. *Journal of the Philosophy of Sport*, 2, 36-44.

Rosset, C. (1991). *La Philosophie Tragique*. Paris: P.U.F.

São João da Cruz (1977). *Obras Completas*. Coimbra: Gráfica de Coimbra.

Jogar é Estar Perto dos Deuses - A Estrutura Lúdica do Universo.

Saraiva, A. (1984). *A Cultura em Portugal- Livro II Primeira Época: A Formação*. Amadora: Livraria Bertrand.

Sasportes, J. e Ribeiro, A. (1991). *História da Dança*. Lisboa: Imprensa Nacional Casa da Moeda.

Schubart, W. (1975). *Eros e Religião*. Lisboa: Editora Artenova.

Serra, M. (2001). *O Jogo e o Trabalho*. Lisboa: Colibri.

Sófocles (2005). *Filoctetes*. Lisboa: Edições 70.

Sun Tzu (2007). *A Arte da Guerra*. Hohenzollernring: Taschen GmbH.

Torga, M. (1999). *Diários*, Vols. IX a XVI. Lisboa: D. Quixote.

Toub, G. (1991). La utilidad de lo inútil. In *Encuentro con la Sombra*. Eds.Jeremiah Abrams e Connie Zweig.

Trías, E. (1994). *La edad del espíritu*. Barcelona: Ediciones Destino.

Tse, Lao (1977). *Tao te King*. Lisboa: Editorial Estampa.

Unamuno, M. (1958). *Obras Completas.* Madrid: Afrodisio Aguado.

Wiegerling, K. (2002). El cuerpo superfluo: Utopías de las Tecnologías de la Información y de la Comunicación. *Concilium,* nº 295, Abril, 169-181.

Winnicott, D. (2002). *Realidad y Juego*. Barcelona: Gedisa Editorial.

Wunenburger, J. (1977). *La fête, le jeu et le sacré*. Paris : Jean-Pierre Delarge.

Wunenburger, J. (2003). *L´Imaginaire.* Paris: Presses Universitaires de France.